장애와 사회참여

故 이익섭 · 박수경 편저

머리말

장애인복지정책의 방향 설정은 장애인복지의 기본 이념을 확립한 후에야 그 견고성을 가질 수 있다. 그동안 우리나라 장애인복지가 양적으로 확대되어 왔음에도 그 효과에 대한 의문이 제기되고 있는 것은 정책의 우선순위나 방향성을 공고히 해 주는 기본 이념에 대한 이해와 이론적 토대가 빈약했기 때문이다. 최근 장애인복지에 대한 전반적인 사회의 관심이 높아지고 전공하는 학생들도 증가하고 있다. 또한 정책결정자나 장애인의 재활을 담당하고 있는 현장에서도 보다 근본적인 목적을 달성하기 위해 전문지식에 대한 갈망도 점차 커지고 있다.

최근 장애학 분야에서는 장애인을 단순한 서비스를 제공하는 대상으로 보는 시각에서 벗어나 장애인의 사회참여(social participation)를 궁극적인 목적으로 삼고 있다. 그러나 지금까지 국내에서 출간된 장애인복지 관련 저술을 보면 장애 개념의 이론적 이해는 물론 장애인복지의 이념과 철학, 개인과 사회 속에서 장애문제를 근본적으로 접근하고 어떤 시각에서 장애를 조명하고 해결해야 할 것인가에 대한 심도 있는 논의를 포함하지 못하였다. 이러한 상황에서 장애를 연구하는 필자들은 이 책을 통해 장애인의 사회참여를 증진시키기 위한 개인 및 환경에 대한 심층적인 분석과 접근을 시도하였다.

이 책의 주요 내용은 다음과 같다.

우선 장애와 권리에 대한 이념적 기반을 다루었다. 장애인의 사회참여의 출발은 권리이고, 인권이 전제가 될 때 포괄적으로 가능하다. 장애인의 사회참여를 위한 활동을 장애인의 권리나 인권의 차원에서 접근하고 분석하는 것은 적어도 장애인을 비장애인과 마찬가지로 동등한 사회구성원으로서 인정하고 사회참여를 위한 모든 법, 제도 및 서비스 등을 기획할 수 있는 기반을 제공한다는 점에서 기존의 보호대상으로서의 장애인을 보는 시각과는 차원이 다르다.

두 번째로 장애인 개인의 심리사회적 특성과 정신건강 특성을 살펴봄으로써 사회참여를 위한 장애인 개인의 특성을 심층적으로 분석하였다. 이러한 접근을 통해 동일한 환경에서 나타나는 다양한 장애인의 특성을 파악하는 것을 가능하게 한다는 점에서 장애를 입체적으로 파악하는 데 보다 더 큰 도움을 줄 수 있다.

세 번째로 장애인의 사회참여가 다양한 법과 제도와 같은 환경을 통해 가능하므로 이 책에서는 고용보장, 소득보장, 자립생활서비스 및 사회서비스 등의 사회참여의 제도적 기반을 분석하였다.

네 번째로 다양한 장애집단의 사회참여를 다루었다. 장애의 사회참여를 증진시키기 위해서는 성별과 연령, 생애주기 등 다양한 장애집단에 대한 이해가 필요하다. 아동 · 청소년, 노인, 여성 등 장애인 중에서도 특히 취약한 대상의 사회참여를 위한 실제적인 방안은 이들의 특성을 파악하는 것에서부터 시작될 수 있다.

이 책은 지금은 고인(故人)이 되신 이익섭 교수님의 제자들이 스승을 추모하며 장애인복지의 궁극적인 목적으로서의 사회참여를 인권, 개인과 환경적 특성을 통해서, 다양한 특성을 가진 대상으로서 접근하고자 집필되었다. 제1부 장애와 권리는 고(故) 이익섭 교수, 제2부 장애인 사회참여를 위한 영역별 이해에서 제5장 장애 개념의 보편적 접근과 사회심리적 이해는 신은경 교수, 제6장 장애와 정신건강은 김혜성 교수, 제7장 장애와 소득보장은 박수경 교수, 제8장 장애와 고용은 백인립 교수, 제9장 장애와 사회서비스는 박수지 박사, 제10장 장애와 자립생활은 김동기 교수, 제11장 장애를 가진 아동과 청소년은 정소연 교수, 제12장 장애와 여성은 곽지영 교수, 제13장 장애와 노인은 문수경 교수가 담당하여 집필하였다.

필자들은 이 책을 통해 고(故) 이익섭 교수님이 평소 중요하게 생각하셨던 내용을 담고자 노력하였다. 그러나 독자들의 눈에는 여전히 미흡한 점이 남아 있으리라 생각되며, 이후 개정을 통해 보완될 수 있을 것으로 기대한다. 그러나 필자들은 장애인 전문서적이 희귀한 국내 상황에서 이 책이 장애를 공부하려는 학생이나 실천가들에게 장애인의 문제를 근본적으로 접근하기 위한 다양한 시각을 제공할 수 있는 토대가 되기를 바란다.

갑작스러운 요청에도 선뜻 책을 출간하도록 지원해 주신 학지사 김진환 사장님과 출판을 위해 애써 주신 김은석 부장님, 꼼꼼한 교정을 위해 노력해 주신 이하나 대리께도 진심으로 감사드린다. 마지막으로 필자들에게 항상 장애 연구를 할 수 있는 안목과 이를 현장에 적용하는 용기를 갖도록 격려를 아끼지 않으셨던 고(故) 이익섭 교수님께 이 책을 바친다.

2012년

저자 일동

차 례

제 1 부

장애와 권리

제 1 장

장애인당사자주의와 장애인인권운동의 배경과 철학

이익섭

학습 목표

1. 장애인이 사회 안에서 경험하는 사회적 배제를 이해한다.
2. 국제장애인인권운동의 흐름에 대해서 살펴본다.
3. 장애인인권운동과 당사자주의의 관계를 설명할 수 있다.
4. 장애인당사자주의의 정의와 철학에 대해 설명할 수 있다.

이 장은 2003년 『장애와 사회』에 수록된 故 이익섭 교수의 논문 「장애인당사자주의와 장애인인권운동: 그 배경과 철학」을 옮긴 것이다.

1. 서 론

장애 영역이 시급한 변화를 요청받고 있는가에 대한 질문에는 선뜻 가부의 답이 나오지 않는다. 가장 큰 이유는 표면상으로 노출된 갈등이나 대립이 극단으로 치닫는다거나 하는 가시적인 현상이 나타나지 않고 있기 때문일 것이다. 그러나 이러한 표면의 관찰만으로는 본질을 파악하지 못할 수 있다. 만일 장애인 부문에 만성적인 갈등이나 모순이 상존하고 있다면 우리는 어느 정도 잠재적 위기의 상태를 조심스럽게 언급해 볼 수 있을 것이다.

장애문제는 그동안의 발전이라는 수식어에도 불구하고 늘상 불만과 반목이 증가하고 있다. 혹자는 이를 욕구의 증가와 다양화라고 보기도 하지만 그 원인을 장애인복지 체계 자체의 모순을 통해 검토해 볼 필요가 있다. 장애인인권과 차별의 과제를 복지 프로그램이나 사회보장을 통해 해결하려는 오늘의 공급자 중심의 접근이 바로 문제의 본질이라는 현실 비판론이 그 화두가 될 수 있을 것이다. 공급자 중심의 복지모형이 지니고 있는 모순은 단지 장애 영역에 국한되어 있는 문제만은 아니다. 이것이 갖는 구조적 취약성과 기능상의 제약, 그리고 궁극적으로 만족의 한계는 자주 비판의 대상이 되어 왔다. 공급자 중심으로부터 소비자 중심으로의 전환은 선진국이나 국제사회 곳곳에서 관찰되고 있으며, 이는 우리의 비판적 의식을 자극하는 동인 중의 하나다.

자립생활(Independent Living; IL)은 장애인복지의 새로운 패러다임으로 제시되었다고 하겠다. 이는 하나의 운동으로도 전개되고 있는 바 그 확산 정도는 이미 전 세계적인 추세라 할 수 있으며 그 핵심 개념은 소비자의 선택이다. IL을 지지하는 제도적 뒷받침 역시 미국과 일본 등 여러 선진국에서 관찰되는 바 개호서비스 혹은 활동보조인제도(Personal Assistance Service) 등은 그 대표적인 예라 하겠다. 국제사회의 움직임 역시 장애인당사자의 권익을 강조하는 당사자 중심 이념으로의 괄목할 만한 진전을 거듭해 오고 있으며, 최근 '국제장애인권리조약(A Comprehensive and Integral International Convention on the Protection and Promotion of the Rights and Dignity of Persons with Disabilities)'이 유엔에서 채택되었고, 또한 세계보건기구(WHO)는 장애의 새로운 정의인 국제 기능·장애·건강 분류(ICF)를 채택하고 의료모형에서 사회모형으로의 변화가 개정판의 핵심 철학이었음을 천명하고 있다.

한국 사회에 아직도 극복하지 못한 문제가 있다면 바로 이러한 전환적 이념에의 신속한 대응과 실천의 부재라고 할 수 있을 것이다. 구조적 취약성은 모든 권한과 운영이 공급자에게 집중된 전근대적인 모순에 기인하고 있음은 더 이상 한두 학자의 주장이 아니다. 다시 말해 공급자 중심 장애인 복지모형은 우리나라가 경험하고 있는 1차적 모순이며 제일 먼저 극복해야 할 당면 과제라는 것이다.

우리가 직면하고 있는 또 하나의 문제는 정책 대안상의 모순이다. 공급자 중심으로 이루어진 전달체계상의 모순에 대한 해법으로 단순한 예산의 확대나 시설 및 프로그램의 확충이라는 정책적 대안은 또 다른 모순이 될 수밖에 없다. 이러한 결과의 원인은 1차적 모순을 파악하지 못한 분석의 오류와 함께 복지지상주의와 같은 근시안도 중요한 원인이다. 이러한 관점은 오늘의 장애문제를 복지 공급의 결핍으로 보고 끊임없는 예산 투쟁과 제도 개선과 같은 양적 증대를 지향한다. 그리고 이러한 접근은 또다시 개선되지 않은 현실과 더 많은 불만의 소리에 직면하고 그 대안은 더 많은 확대로 이어진다. 전달체계상 그리고 대안상의 모순이 악순환하는 이중의 모순 상황이 문제 해결을 빗겨가는 현상이라고 하겠다.

논의의 핵심은 이러한 이중의 모순 상태가 위기인가 하는 질문에 있다.

Pierson(1991: 144)은 위기라는 용어 사용의 세 가지 주요 용도를 제시하였다. 전환기(turning point)로서의 위기, 외부 충격(external shock)으로서의 위기, 그리고 만성적 모순(longstanding contradiction)으로서의 위기가 그것이다. 이들 세 가지 위기가 갖고 있는 공통점은 이전과 이후를 가르는 시기를 함축하고 있다는 점일 것이다. 즉, 위기는 이전의 상황이 바람직하지 않은 이후의 불확실성을 예고하고 있는 시점을 의미하고 있다. 과연 우리나라 장애인문제가 이러한 중요한 시점을 지나고 있는 것인가? 만성적인 모순이 더 이상 양보할 수 없는 시점에까지 이르렀다고 한다면 이는 Pierson이 지적한 세 번째 위기에 해당될 것이지만 변화의 시대적 요청에 우리가 복지부동했을 때 후세로부터 받을 비판이야말로 긴장과 위기가 아닐 수 없다.

최근 한국의 장애인복지 역시 그 외형상의 변화 외에 이념이나 사상 등에서도 변화를 거듭하고 있다고 하겠다. 1981년 「심신장애자복지법」으로부터 시작한 복지 관련 법이 고용과 편의시설 분야를 포함하면서 이전의 「특수교육진흥법」과 함께 4대 법을 형성하고 있다. 나아가 국제사회의 장애 관련 노력이 국내에 확산되고 그 결과 아 · 태 장애인 10년을 비롯한 세계보건기구의 새로운 장애 분류 그리고 장애인인권조약에 이르는 다양한 철학의 변화도 주목할 만하다. 이에 더하여, 장애인단체의 활동이 활성화됨에 따라 장애인의 적극적인 참여는 물론 제도 변화를 요청하는 강력한 운동이 여러 곳에서 관찰되고 있어 이전 시대와의 차별화를 가속화하고 있다.

이 책은 이러한 최근의 국내외 변화를 전제로 우리나라 장애인복지의 보다 근본적인 전환을 지향하는 논의의 의미를 갖는다. 그 핵심은 지난날의 노력에도 불구하고 그 만족이 증가하지 못하는 현실이 장애인복지 자체의 구조적 모순에 있음을 지적하는 데 있으며 그 해결의 모색으로 장애인당사자 주도의 방향 전환을 제시하고자 한다. 이 제안의 얼개를 먼저 제시하면 다음과 같다.

1. 오늘날 문제가 되는 장애의 현실은 신체적 및 정신적 장애 자체가 아니라 사회구조, 환경 및 제도에 의한 장애인 배제다.
2. 우리나라 장애인복지는 아직 공급자 중심 체계에 치우쳐 있어 사회모형으로의 전환이 시급하다.
3. 향후 장애인복지 전환의 중요 지표는 장애인당사자운동의 정착이 될 수 있다.

2. 장애와 사회: 문제의 재확인

영국의 지난 과거를 회상하면서 Hales는 주류 사회에서 발견되는 사회적 배제를 지적하고 있다. 특히 그는 다수의 지배사상에 근거한 공급자 중심의 접근에 내재해 있는 비장애 중심 철학과 불평등한 억압을 비판하고 있다. 그가 본 영국은 장애인이 법적 조치의 대상에 포함되었던 지난 400여 년 동안 장애인을 완전한 사회참여의 권리를 가진 동등 시민으로서가 아니라 특별조치가 필요한 문제로 취급해 온 나라였다. 많은 예산이 장애문제의 원인에 관한 연구나 장애인 치료 · 재활 · 교육, 또는 비장애인을 닮도록 하거나 비장애인이 영구히 유리하도록 고안된 사회에 장애인을 끼어 맞추기 위한 시도에 투자되어 왔고 또 투자되고 있다. 그러나 이런 노력에도 불구하고 장애인이 잘 맞지 않거나, 잘 기능할 수 없을 때, 혹은 직업을 찾지 못할 때, 더 많은 예산이 장애인을 추락시킨 개인의 비극을 보상하기 위해 고안된 사회보장이나 사회복지서비스 혹은 동정적 자선사업 등에 투여된다 (Hales, 1996: 124-125).

그동안 장애인은 수동적으로 동의만 하던 것으로부터 불확실성과 불만족을 표출하기에 이르렀고 최근에는 이런 미해결 상황에 대해 분노를 경험하기에 이르렀다. 장애인단체를 통해 장애인은 장애의 원인이 신체가 아니라 우리 사회임을 주장해 왔다. 장애인이 주장해 온 것은 장애인을 특별한 욕구가 있는 사람으로 취급하는 법의 제정이 아니라 오히려 그러한 법을 폐지하는 것, 장애인을 일상의 평범한 활동에 동등한 자격에서의 참여를 막는 환경적 · 사회적 장벽의 철폐였다. 장애인은 장애인 자신의 삶을 통제함으로써 독립적으로 살아가며 장애인으로 하여금 사회에 기여할 수 있게 하는 법의 필요성을 지적해 왔다. 장애인은 이러한 법이 제정되기 전에는 아무리 많은 돈을 지출하더라도 그 돈은 단지 장애인을 의존적인 2등 시민의 상태로 머물게 하는 데 허비되고 말 것임을 경고하였다.

계속해서 그는 이러한 국고의 지속적인 낭비를 중단시키기 위한 많은 노력과 운동이 일어났음에도 불구하고 다수의 장애인들이 실업자로 남아 있다고 지적하고 있다. 또한 많은 장애인들이 국가 급여제도의 대상에 머물러 있으며, 아직도 장애인은 거의 모든 사회생활에서 소외되고 배제되고 차별받고 있음이 사실이라고 주장하고 있다. 이에 장애인운동은 장애인단체를 통해 한 목소리로 정부가 장애인 차별에 종지부를 찍고, 동등한 시민권을 보장하는 적합한 법적 근거를 마련해야 한다고 주장하고 있다(Hales, 1996: 124-125).

사회적 배제와 복지제도의 모순을 해결하기 위한 노력은 이제 새로운 전환을 요청하고 있다. 바로 장애인당사자의 경험과 선택을 중시하는 움직임이 하나의 방향으로 제시될 수 있을 것이다. 이는 결정의 중심을 옮기는 권한이양운동이며 보다 효과적인 변화를 위한 장애인당사자단체의 활성화를 통한 장애인당사자주의의 구현이라 할 수 있다.

경험은 지식을 가능하게 하는 실이며 동시에 확인과 검증의 기준이다. 우리 자신도 많은 경험을 통해 자신의 삶에 대한 지혜와 지식을 터득하고 있고 항상 새로운 경험은 이전의 생각과 판단을 재조명해 준다. 장애는 실존이며 장애는 인간에게 강하게 경험되는 현상이다. 다시 말해 장애는 신체적 · 기능적 · 사회적 경험을 우리의 삶 속에 각인시켜 주는 경험의 실체인 것이다. 이러한 장애의 경험 중 우리의 관심의 대상이 되는 것은 장애의 사회적 관계다. 장애 경험의 내용은 사회와 문화의 특성과 밀접한 상관관계를 갖고 있고 또 영향받기 때문이다(Albrecht, 1992).

많은 경우 장애인은 사회 속의 자신을 발견하고 물리적 장벽 이상으로 넘기 어려운 벽을 경험하는 것이 사실이다. 이러한 경험이 주는 지식 혹은 사회의식은 각 개인마다 상이한 시기와 상황 속에서 발생되지만 그 성격은 보편적이다. 장애를 갖고 있는 사람은 거의 모두가 예외없이 부정적인 사회 경험을 하게 마련이다. 그 경험은 매우 보편적이어서 장애인 삶의 당연한 전제가 되기도 한다.

그런데 어느 순간 장애인은 이러한 사회적 처우에 대해 저항을 느끼는 동시에 의문을 갖게 된다. 바로 이러한 저항감과 의문은 흔히 장애인운동의 계기가 된다. 바로 이것이 깨어난 의식(raised consciousness)인 것이다. '너네 장애인들'이라는 말을 듣는 순간 저항감과 동시에 새로운 의식이 깨어남을 경험한 한 장애 여성의 체험은 개인의 경험이지만 모든 장애인이 느끼는 보편적 현실이다. 평범한 사업가였던 주디 레이스는 우연히 참석한 어떤 집회에서 당국자로부터 듣게 된 '너네 장애인들'이라는 말이 계기가 되어 그 이후로 장애인운동에 적극적인 활동가가 되었다(Charlton, 1998: 117).

깨어난 의식 속에는 새롭게 발견된 자신이 있다. 이러한 자신이 새로운 이유는 그것이 사회 속에서만 발견되기 때문이다. 그동안 생각해 오던 자신(I)과 '너네 장애인들' 혹은 '장애인 그들'이라는 표현 속에 비친 사회적 자아(me) 사이에 존재하는 충격적 괴리가 어떤 생각을 자극한다. 이러한 경험 이후 장애인은 더 이상 순수 개인이 아닌 '장애인당사자'라는 보다 사회적이고 정치적인 의미의 자신이 된다. 깨어난 의식 속에서 발견한 새로운 자신, 즉 사회의 여러 관계에 직면한 당사자가 되는 경험은 장애인운동의 또 다른 중요 계기가 된다.

최근 장애 영역에서 흔히 들을 수 있는 '장애인당사자' 혹은 '장애인당사자주의'는 장애 개인이 느끼는 특수성과 보편성을 포함하고 있을 뿐 아니라 사회운동과 정치를 포함하는 일련의 복합 개념으로 구성되어 있다. 장애인당사자주의는 사회 속에 왜곡되고 억압된 자신을 발견하는 개인적 경험을 통해 발전되는 특수성을 내포하고 있다. 이는 단순히 장애 자체의 비극적 현실보다 그 현실의 원인이 사회임을 알게 되는 각성의 과정이다. 이런 의미에서 장애인당사자주의는 장애인의 마음에 맺힌 분노가 폭발한 저항과는 차별화되는, 보다 실재적인 사회비판의식이다.

장애인당사자주의가 갖는 보편성이란 사회와 자신의 관계에서 나타난 사회적 억압 현상이 지구촌 전체 모든 장애인의 문제임을 의미한다. 장애인의 교육과 취업은 전 세계 모든 곳에서 장애인에게 불이익을 주는 영역이며 여성 장애인의 사회적 억압은 어느 곳을 막론하고 더 심각하다. 그 결과 장애와 빈곤은 병존하는 현상이 되어 있으며 본질적인 전환이 없는 한 앞으로도 이러한 사회현상의 개선은 요원한 것으로 보인다. 이러한 사회구조적 및 제도적 모순과 억압이 사회 스스로의 진화에 의해 수정되기 어렵다는 인식이 바로 장애인당사자주의의 기본 입장이기도 하다.

장애 현실에 대한 개인의 경험과 보편성의 인식은 그것이 조직화되기 전까지는 특별한 정치적 의미를 갖기 어렵다. 사회변화의 필요성과 당위성에 대한 공감대가 형성되고 하나의 조직화된 운동이 장애인당사자에 의해 추진된 것이 현대적 의미에서의 장애인운동이다. 장애인당사자주의는 바로 이러한 사회운동이며 이 운동의 성격을 한마디로 대변하는 표현이 장애인당사자주의라 할 수 있다. 장애인당사자주의는 철학이나 이론이 아닌 사회운동의 차원, 곧 하나의 관점으로 이해되어야 한다. 중요한 점은 이러한 운동의 성격, 지향하는 목적 그리고 실천 방법이다. 다음에서 보다 자세히 논의하겠지만 장애인당사자주의를 표방하고 있는 장애운동은 단순한 개선을 넘는 사회의 지배사상에 대한 저항이다.

3. 국제 장애인인권운동

장애 · 비장애 동수분할론과 장애인 배제 불가론

장애운동은 국제사회를 중심으로 그 면모가 보다 구체적으로 드러났다고 하겠다. 여러 유형의 장애인조직과 단체가 국제사회에서 활동해 왔지만 장애운동다운 운동이 출현한 최초의 시기는 1980년 캐나다 위니펙에서 열린 국제재활협회(Rehabilitation International; RI), 즉 RI의 세계대회 이후라고 하겠다. 당시 위니펙의 세계대회에는 수천 명의 전문가가 참석하고 있었고 소수이지만 장애인당사자들도 끼어 있었다. 그런데 바로 이들 소수 장애인 200여 명이 국제재활협회 이사회 의석의 동수분할을 제안한 것이다. 예상 밖의 제안에 당황한 국제재활협회 이사회는 이를 기각하게 되고 이에 장애인 참석자들은 별도의 회동을 가진 자리에서 전문가들이 주도하는 RI에 대응하는 장애인당사자 주도의 국제기구가 필요하다는 데에 의견의 일치를 보기에 이르렀다. 계획과 구상은 신속히 진행되어 세계 각국의 장애인들은 모든 장애유형을 연합한 세계 장애인기구를 구성하고 세계장애인의 해인 이듬해 1981년에 그 출범을 만방에 알리기에 이르렀다. 이렇게 탄생한 조직이 바로 세계장애인연맹(Disabled People's International; DPI)인 것이다.

이들이 장애인당사자 조직을 추진하게 된 배경에는 오늘 우리가 이야기하는 소위 당사자주의의 중심 사상이 자리 잡고 있다고 보아야 할 것이다. 당시 세계장애인연맹의 설립자들은 장애문제를 논하고 결정하는 과정이 다수의 장애인의 참여에 의해 이루어져야 한다고 생각하였다. 이른바 '장애 · 비장애 동수분할론'으로 대변되는 기본 사상인 것이다. 이들은 RI는 물론 국제사회 장애 관련 기구의 구성과 세력 형성에 이르기까지 모든 결정과정과 권력구조의 적어도 그 반은 장애인에게 할당되어야 한다고 주장하는 데 조금도 서슴지 않았다. 이런 점에서 국제사회의 장애 부문을 RI와

DPI로 양분하려는 의도적인 노력은 우연한 결과가 아니다.

장애인당사자운동에 나타난 동수분할론은 단순한 권력 쟁탈의 지침이 아니라 정당성과 공정성을 주장하는 경험적 근거에 비롯된 결론이다. 즉, 장애 경험의 주체인 장애인당사자를 제외하고서는 장애문제를 논의할 수 없으며 나아가 다양한 장애 관련 노력들의 최종 평가 역시 장애인당사자를 배제하고서는 그 정당성과 공정성을 확보하기 어렵다는 논리와 역사적 경험이 그 근거인 것이다. 당사자운동의 범세계적 구호 "Nothing about Us, without Us(우리를 제외하고 우리에 관해 논하는 것은 의미가 없다.)."로 대표되는 장애인당사자 배제 불가론은 이를 함축하고 있는 상징이다. 1993년 남아프리카 장애인운동에서 처음 사용되기 시작한 이 구호는 1995년 3월의 멕시코 농민운동에서도 농민 배제 불가(Never again without Us)로 사용되기도 하였다(Charlton, 1998: 16). 당사자가 배제된다면 그것은 의미가 없을 뿐 아니라 정당성을 상실한다는 소수자의 요청인 것이다. 지금은 이러한 생각이 그다지 어색하게 들리지 않는 것은 그동안 이들을 포함한 많은 장애인당사자단체가 당시로서는 매우 호전적인 저항운동을 펼쳐 오늘에 이르렀기 때문이다. 사실 경제와 정치에서 나타나는 소비자의 권한과 유권자의 압력, 그리고 정치적으로 세력화하고 있는 시민단체의 연대는 이제 더 이상 새로운 일이 아니다.

동수분할 혹은 장애인 다수참여를 강제화한 미국의 예는 앞으로 동수분할에 대한 범사회적 공감대의 확산을 예고하는 예로 적절할 것이다. 즉, 1970년에 제정된 미국 「발달장애법」이 주정부 장애위원회의 51%를 관련 서비스 이용자로 구성할 것을 규정하고 있고, 1977년의 재활법 개정안이 IL 이사회의 50% 이상의 다수가 장애인당사자로 구성되어야 함을 적시하고 있으며, 「직업재활법」과 「전 장애아교육법」 등이 역시 부모와 소비자의 참여를 명시하고 있는 것 등은 동수분할의 법적 장치다(Karan & Greenspan, 1995: 64).

장애운동은 비장애인과 동등한 권리 그리고 인간으로서 누릴 수 있는 최소한의 삶을 보장하라는 인권운동이다. 발전하는 장애인 재활 분야와 복지 프로그램에 정면으로 대치하려는 장애운동의 의도는 이들 노력의 시작과 끝이 장애인을 배제하고 있고 최악의 경우 전문가 자신들을 위한 프로그램 잔치에 머물러 있다는 점을 부각시키려는 데 있었다고 하겠다. 또한 전문가가 제공하는 교육, 훈련 및 고용 프로그램에 의존된 장애인은 궁극적으로 동등한 시민으로서의 권리를 회복하기 원하는 당사자의 기대보다는 전문가에게 의존하는 무기력한 장애인으로 전락한다고 본 것이다.

국제사회의 장애인인권운동은 1980년대와 1990년대에 걸쳐 끊임없이 국제장애인권리조약의 체결을 유엔에 호소해 왔으며 이러한 조약만이 각종 장애인 관련 노력의 의미 있는 현실화를 꾀할 수 있다고 주장해 왔다. 이 운동은 우리가 지향하는 사회는 장애인의 기본권이 보장되는 사회이며 인권조약을 통해서만 프로그램의 진정한 목적을 달성할 수 있다고 주장했던 것이다.

국제장애인권리조약은 유엔 장애인 10년 중간 평가시점인 1987년과 새천년 NGO 헌장을 구성하던 1999년 두 차례 이상 심도 있게 논의된 바 있었으나 합의에 이르지 못하였다.

그동안 유엔이 인권조약을 거부한 주요 이유는 대략 두 가지로 볼 수 있는데, 그 첫째는 1945년에 채택된 세계인권선언과의 중복성이고, 둘째는 장애인인권문제가 심각하다고 판단되는 회원국들의 반대라 하겠다.

4. 장애인인권운동과 당사자주의

장애인인권운동(Disability Rights Movement; DRM), 즉 DRM과 장애인당사자주의는 동질성과 동시에 차별성을 갖는다. 장애인당사자주의는 분명 장애인인권운동을 그 뿌리로 두고 있고 같은 운동의 형태를 취하고 있다. 그럼에도 불구하고 몇 가지 점에서 이 둘은 차이점을 갖는다.

먼저 이 둘 모두는 기존의 장애에 대한 개인 모형을 비판하고 사회모형을 지향한다. 신체적 및 정신적 손상을 초점으로 하는 개인 모형과 사회적 억압을 장애문제의 근본으로 보는 사회모형은 Oliver에 의해 처음 제시되고 발전되었다(Oliver, 1983; 1996). 인권운동은 장애의 문제를 재활과 복지를 통해 개인의 능력 향상을 주안점으로 하는 접근 형태를 거부하고 사회가 장애인을 동등한 구성원으로서 인정하고 동등한 권리를 부여하고 이를 위해 사회 스스로 변화해야 한다는 모형을 지향한다. 마찬가지로 당사자주의 역시 장애문제를 사회적 억압으로 봄과 동시에 공급자 중심의 복지에서 소비자, 곧 당사자 중심의 변화를 지향하고 있다. 이러한 점에서 이 둘은 장애인당사자가 주도하는 사회운동의 성격을 공유하고 있다.

그러나 장애인당사자주의는 인권운동이 안고 있는 몇 가지 한계를 비판하고 보다 의미 있는 사회변화를 도모하고자 한다. 즉, 장애인인권운동은 기존의 사회규범을 전제로 기존의 장애 관련 노력의 효과성을 향상 보완하려는 노력을 시도하려 한다. 기존 질서의 보존과 효율성 제고를 추구하는 비교적 기능주의적 관점이 내재되어 있다. 미국 장애인법(American with Disabilities Act; ADA)으로 대표되는 기회 평등의 법적 보장이 그동안 차별받아 왔던 장애인의 권리를 동등한 출발점에 올려 놓을 수 있는 계기가 된 점은 인권운동의 성과로 평가할 수 있을 것이다. 그러나 인권운동이 간과한 사실은 비장애인 가운데에도 기회는 평등하지 않다는 점이다. 따라서 동등한 기회의 보상이란 본질적인 해결이 아니어서 공허할 수밖에 없다는 것이다.

인권운동이 갖는 보다 심각한 한계는 인권의 보장은 최소한 기회와 환경을 보장할 뿐, 장애인에게 관련되는 각종 결정과정에의 참여를 보장하지는 않는다는 사실이다. 결정과정은 인권의 문제가 아닌 정치적 사항이며 기회의 평등을 통해 도달할 수 없는 정치체계다. 동등한 권리의 보장을 통해 얻은 동등한 기회가 보다 통합된 형태의 삶을 제시해 줄 수 있을지는 몰라도 그 이상의 가능성을 시사하지는 못한다. Gill은 장애인당사자의 투쟁 과제를 통합이 아닌 권력이라고 주장하고 있다. "투쟁은 통합을 위한 것이 아니라 권력을 위한 것이어야 한다. 권력이 있을 때 우리는 언제든 통합할 수 있다(Gill, 1994)." 이는 권력이 통합을 포함한 당사자의 자율성과 권한을 보장하고 있음을 설명하고 있다고 하겠다.

권력과 정책의 관계를 설명하는 가장 설득력 있는 이론은 Gramsci의 헤게모니, 즉 패권 학설이다. Gramsci는 어떤 계급이나 집단의 패권은 자신들의 세계관을 지배사조로 정착시키는 능력에 달려 있다고 보았다(Gramsci, 1971). 이 사상은 1974년 Lukes이 분석한 '권력의 3차원'의 핵심을 이루고 있다. 이를 살펴보면, 장애인운동이 기존 체계에 대해 보다 정치적인 대응을 구사하는 이론적 관련성이 설명된다.

첫째, 권력은 능동적 개념이다. 즉, 결정과정에 나타나는 직접적인 권력의 행사나 힘 혹은 권위의 사용이다. 둘째, 권력은 이것 외에 '의도적 무결정'으로서 이는 결정권자의 가치와 이익에 반하는 잠재적 혹은 노골적 도전을 잠재우는 결과를 가져오는 사실상의 결정이다. 예를 들어, 정부는 특정 목적을 달성하기 위해 격렬한 적극성을 보일 수도 있지만 의도적인 침묵의 전략을 구사함으로써 아무 일도 하지 않는 가운데 실리를 챙기는 무정책을 결정할 수 있다. 물론 정부의 무정책은 새로운 조치로 인해 발생할 수 있는 부작용을 경계하는 속성에서도 기인한다.

Gramsci의 헤게모니 학설에 가장 근접하는 Lukes의 분석은 권력의 세 번째 차원이다. Lukes(1974: 24)에 따르면, 대안을 찾을 수 없고, 변화 가능성이 없어 보이기도 하고, 또 어쩔 수 없는 현실이라고 인식하게 함으로써 기존 질서에서의 역할을 수용하는 데 불만을 갖지 못하도록 방해하는 것이야말로 가장 강력하고 위해한 권력행사의 형태다. 그래서 Lukes에게 있어 진정한 이익의 발견은 결정권에서 배제된 이들을 위한 것이며 이는 권력자로부터 상당히 자율적이고 독립적인 민주적 참여를 통해 가능하다 (Lukes, 1974: 24-25).

5. 결 론

장애인당사자주의란 장애인의 정치적 연대를 통해 장애인을 억압하는 사회환경과 서비스 공급체계의 불평등한 권력관계를 비판 · 견제함으로써 장애인의 권한과 선택 및 평가가 중시되는 장애인복지를 추구하며 그 결과 장애인의 권리, 통합과 독립, 그리고 자조와 자기결정을 달성하려는 장애인당사자 주도의 발전된 권리운동이라고 정의할 수 있다. 이를 위해 당사자주의운동은 장애정책 전반에 영향을 미칠 수 있는 권력을 지향함과 동시에 정책결정자 및 서비스 제공자 그리고 전문가와의 건전한 긴장관계를 유지하며 결정과정에 대한 실질적이고 영향력 있는 참여를 통한 장애인당사자의 권익을 추구하는 성격을 갖는다. 이 정의는 그동안 장애인 관련 노력에 나타난 다양한 개념과 원리들을 포괄하고 있으며 나아가 이들 상호 연관된 원리들의 시간적 흐름을 반영하고 있다.

장애인당사자주의는 장애인을 억압하는 지배사상에 대한 저항을 포함하고 있으며 이를 위한 정치적 세력화가 중시된다. 이는 역량강화 등으로 번역되는 empowerment가 포함하는 무력감의 회복이나 자신 및 자원의 통세 등의 내용과 일정 부분 일치하기도 한다. Miley 등에 따르면 역량강화는 세 가지 영역을 그 초점으로 삼고 있는데, 클라이언트의 장점, 주변의 자원, 그리고 희망적 비전이 그것이다(Miley et al., 1995). 역량강화의 결과는 사회 및 조직 환경에 대한 자신의 통제력의 증가가 되며(Cohen, 1994) 이는 개인이나 대인 그리고 정치적인 힘을 증가시킴으로써 생활 상황을 향상시키려는 과정이다. 또한 솔로몬이 강조하고 있는 역량강화는 자원의 활용으로서 이를 통한 클라이언트의 자립이 목적이며 이때 전문가의 역할은 자원연계자가 된다(Solomon, 1976). 그러나 이러한 역량강화는 정치적 권력을 지향함으로써 사회적 억압에 저항한다는 보다 집합적이고 연대적인 성격을 띠고 있는 당사자주의와 일정 부분 차별화되고 있다.

Young은 억압을 착취, 주변화, 무력감, 문화적 우월주의, 그리고 폭력의 다섯 가지 요소로 제시하였다(Young, 1990). 억압에 저항하는 당사자주의는 장애인의 노동에 대한 불법적인 착취를 저지하고, 장애인의 정치 · 경제 · 문화 생활로부터의 주변화를 거부하고, 장애인을 무기력화하는 여러 요소를 제거하고, 장애인을 경시하는 지배문화의 우월주의와 장애인에 대한 폭력에 조직적으로 저항한다. 이러한 저항과 정치성은 일반적으로 논의되는 역량강화와 일정 부분 차별성을 갖는다.

마찬가지 이유에서 당사자주의는 자립생활이나 자기결정 및 소비자주의와 동질성과 아울러 일정 수준 차별성을 갖는다. 비록 소비자운동이 공급자에 대한 불신에 기본 이념을 두고 있고 장애 분야에서의 운동 방향이 공급체계에 대한 도전과 서비스에 대한 소비자 관여로 연계되기는 하지만 소비자의 권한은 이미 정해진 내용에 대한 선택의 범위를 벗어나지 못한다(Drake, 1999: 43). 또한 욕구가 공급을 상위하는 경우 소비자에게는 선택의 여지가 없어지기 때문에 소비자주권이라는 의미가 없다(Borsay, 1990: 118).

종합해 보면, 차별성의 핵심 요소가 되는 것은 저항성과 정치성, 그리고 집합성이라고 할 수 있다. 저항성은 기존의 지배사상을 포함한 장애 관련 전통의식과 정책결정자와의 불평등한 권력관계 등에 대한 의식적 노력이며 그 노력의 성격은 대립 혹은 갈등관계를 의미하는 경우가 많다. 물론 그 저항 수준은 억압과 불평등 수준과 비례하며 대립에서 합의와 동반자관계로의 발전이 신속히 이루어질 수도 있다.

정치성 역시 장애인의 불평등한 권력관계를 극복하기 위한 방법인 점에서는 저항성과 같으나 정치성은 권력을 더욱 강조하고 있다는 점에서 목적이 보다 뚜렷하게 드러난다고 하겠다. 권력은 한마디로 장애인이 '대상에서 주체'로 전환하는 것을 의미하며 결정과 선택의 권한이 장애인당사자에게 옮겨짐을 의미한다. 집합성은 장애인당사자주의가 장애 개인의 행동지침이 아니라 장애인이 함께 한 목소리로 조직화됨을 의미한다. 그 이유는 장애인은 사회로부터 함께 차별받으며 함께 억압받는 보편적 현실을 경험하고 있어 그 현실 극복이 자기 개인만의 과제가 아니며 동시에 개인이 해결할 수 있는 과제가 아니기 때문이다.

장애인인권운동가인 Judy Heumann은 장애인에게 제시할 수 있는 역할모델의 중요성을 강조한다. 미국의 특수교육 및 재활 담당 교육부차관을 역임하기도 했던 그녀는 비장애 시민권운동가와 여성해방운동가의 자기비판과 사회적 저항이 유일한 역할모델이었음을 아쉬워한다. 그녀는 장애인문화와 연대, 그리고 정치적 운동이 장애인당사자 개인은 물론 장애인 모두에게 있어 매우 중요함을 강조하고 있다(Mackelprang & Saisgiver, 1999: 51-54). 범세계적으로 확산되고 있는 장애인운동이 그 주제와 이념에 있어 공감대를 얻는 데 어려움이 없는 이유는 바로 이러한 장애문제의 보편성과 동시에 이를 해결하려는 집단적 노력의 필요성이 확인되고 있기 때문일 것이다. 장애인당사자주의를 대변하는 "우리를 제외하고 우리에 관해 논하는 것은 의미가 없다(Nothing About Us, without Us.)."라는 당사자 배제 불가론은 이 세 가지 핵심적 요소를 함축하고 있으며 이것이 지구촌 전역에서 외쳐지고 있음은 장애운동의 세계성을 시사한다고 하겠다. 나 개인이라는 말 대신 우리라는 집합적 표현을 사용하고 있으며 다분히 정치적이고 저항이 담긴 결사적인 참여의 의지로 사용되고 있음은 주목할 만한 점이다. 같은 의미로 '우리 자신의 소리', 즉 'Voice of Our Own' 역시 많이 사용되는 표현이기도 하다.

장애인당사자주의는 오늘의 장애문제를 사회적 억압으로 보는 사회모형을 근간으로 하고 있어 사회구조의 변화를 요구하는 운동을 지향하게 된다. 그 내용은 「장애인차별금지법」의 제정을 비롯한 장애인단체 육성 정책의 강화 그리고 장애정책 수립에 대한 실질적인 참여 등을 골자로 할 수 있다. 나아가, 복지체계의 개혁을 통한 당사자 주도의 재편을 향해 노력하며 선택의 권한과 평가 주체로 참여함을 지향할 것이다. 형식적으로 표방된 장애인당사자의 참여는 당사자주의의 극복 대상이 되며 장애인을 배제하는 사회로부터 동등한 시민권이 보장된 사회로의 전환의 달성을 위한 권력이 운동의 목적이자 수단이 될 수 있을 것이다. 이러한 움직임은 개별 지역이나 사안을 넘는 범세계적 노력과 연대하게 되고 자연스럽게 국제사회의 공감대를 기초로 하는 보편성을 보이게 될 것이다. 정부 및 서비스 공급자와는 건전한 긴장관계를 유지하고 비판과 점검의 기능을 수행하는 당사자주의는 궁극적으로 장애인복지 전달체계의 재편을 지향한다.

참 | 고 | 문 | 헌

Albrecht, G. L. (1992). *The Disability Business: Rehabilitation in America.* London: Sage.

Borsay, A. (1990). Disability and Attitudes to Family Care in Britain: Towards a Sociological Perspective. Disability. *Handicap and Society, 5*(2): 107-122.

Charlton, J. (1998). *Nothing About Us Without Us: Disability Oppression and Empowerment* 16. University of California Press.

Cohen, M. B. (1994). Overcoming Obstacles to Forming Empowerment Groups: A Consumer Advisory Board of Homeless Clients. *Social Work, 39*(6): 742-749.

Drake, R. F. (1999). *Understanding Disability Policies.* Macmillan.

Gill, C. (1994). Questioning Continuum. *The Disability Experience from the Pages of the First Fifteen Years of the Disability Rag* (pp. 44-45). Louisville: Avocado Press.

Gramsci, A. B. (1971). *Selections from the Prison Notebooks.* London: Lawrence and Wishart.

Hales, G. (1996). *Beyond Disability: Towards an Enabling Society.* London: Sage.

Karan, C., & Greenspan, S. (1995). *Community Rehabilitation Services for People Disabilities, 64.* New York: Butterworth-heineman.

Lukes, S. (1974). *Power: A Radical View.* London: Macmillan.

Mackelprang, R., & Saisgiver, R. (1999). *Disability: a Diversity Model Approach in Human Service Practice.* Fresno: Brooks-cole.

Miley, K. K., O'melia, M., & Dubois, B. L. (1995). *Generalist Social Work Practice and Empowering Approach.* Boston: Allyn and Bacon.

Oliver, M. (1983). *Social Work Disabled People.* Basingstoke: Macmillan.

Oliver, M. (1996). *Understanding Disability.* London: Macmillian.

Pierson, C. (1991). *Beyond The Welfare State?* Cambridge: Polity.

Solomon, B. B. (1976). *Black Empowerment: Social Work in Oppressed Communities.* New York: Columbia University Press.

Young, I. M. (1990). *Justice and the Politics of Difference.* Princeton: Princeton University Press.

제 2 장

장애인인권보장을 위한 국제적 노력

이익섭

학습 목표

1. 장애인의 권리에 대한 국제적 노력을 3단계로 구분할 수 있다.
2. 장애인의 권리에 관한 장애인문제에 대한 계발의 단계에 대해 설명할 수 있다.
3. 장애인의 권리에 관한 장애인문제에 대한 실천의 단계에 대해 설명할 수 있다.
4. 장애인의 권리에 관한 장애인문제에 대한 종합의 단계에 대해 설명할 수 있다.

이 장은 1993년 『연세사회복지연구』 1권에 수록된 故 이익섭 교수의 논문 「장애인에 관한 국제문헌과 행동지침」을 옮긴 것이다.

1. 서 론

장애인문제가 인권과 사회통합의 관점에서 조명되기 시작한 시기는 1970년대로 거슬러 올라간다. 1971년 '정신지체장애인의 권리선언(the Declaration on the Rights of Mentally Retarded Persons)'과 1975년 '장애인의 권리선언(the Declaration on the Rights of the Disabled Persons)'을 필두로 한 국제적 노력은 1980년대에 이르러 구체적인 모습을 갖추게 된다. 이러한 움직임이 1990년대 평가와 반성의 과정을 거쳐 2000년대를 향한 새로운 지침과 규칙이 마련된다. 동시에 유엔의 실천적 노력보다는 뒤늦게, 아시아 태평양 지역과 여러 국가들이 장애인의 인권 회복과 사회통합을 위한 실천 시책을 시도하기 시작한다.

유엔의 장애인에 관한 움직임은 1971년 '정신지체장애인의 권리선언(the Declaration on the Rights of Mentally Retarded Persons)', 1975년 '장애인의 권리선언(the Declaration on the Rights of the Disabled Persons)', 1981년의 '세계 장애인의 해(International Year of Disabled Persons; IYDP)' '장애인에 관한 세계행동계획(World Programme of Action Concerning Disabled Persons)' 그리고 1983~1992년의 '유엔 장애인 10년(UN Decade of Disabled Persons, 1983-1992)', 1992년의 '장애인의 기회평등화에 관한 기본규칙 초안'으로 대별된다. 이러한 전개 과정은 크게 3단계로 구분될 수 있다.

그 처음 단계는 장애인문제를 인식하고 모든 국가들로부터의 관심과 주목을 촉구하는 2대 권리선언으로 나타나며 이는 장애인문제에 대한 계발(awareness)의 단계다. 다음 단계는 이 계발에 기초하여 모든 국가가 실행해야 할 행동지침을 규정하고 이의 시행을 촉구하는 행동(action)의 단계라고 할 수 있다. 마지막 단계로 나타나고 있는 것은 이러한 실천에 대한 평가와 반성이며 이는 2000년대를 향한 포괄적인 접근을 담고 있는 종합의 단계라고 할 수 있다.

그러나 유엔이 주도하는 장애인문제에 대한 접근이 유엔 장애인 10년 기간 동안 계발을 통해 실질적인 실천으로 구현되지는 못하였다. 아 · 태 지역을 포함한 세계 각처에서의 장애인문제는 미해결 상태로 남아 있고 이에 대한 유엔의 보고서인 『인권과 장애』는 그 실상을 극명하게 보여 주고 있다. 그 결과 유엔 장애인 10년이 종료되는 1992년의 시점에서, 유엔을 포함한 국제기구 및 전문 기구들은 세계 모든 국가에게 재차 '계발에서 행동으로(From Awareness to Action)'를 촉구하고 있는 것이다. 이러한 촉구에 대한 반응으로 제시된 것이 '장애인의 기회 평등화에 관한 기본규칙 초안'과 '아 · 태 장애인 10년'의 선포라 하겠다.

따라서 장애인의 권리 회복과 사회통합을 위한 국제적 노력은 반복적 형태를 취하고 있으며, 그 전기에 해당하는 1970년대와 1980년대의 '계발에서 행동으로'는 1990년대에 이르러 다시 반복되는 후기적 형태를 갖게 된다. 1992년 '아 · 태 장애인 10년(Asian and Pacific Decade of Disabled Persons, 1993-2002)'의 선포와 일본 및 필리핀 등지에서의 장기계획 설립을 위한 노력 등은 국제적 추이에 비추어 볼 때 시기적으로는 후기에 속하지만 그 내용에 있어서는 전기적 형태에 가깝다.

이 분석에 근거하여 다음에서는 국제적 추이의 단계에 따라 그 변화와 내용을 전개하기로 한다. 즉, 1단계에 속하는 권리선언을 그 형성과 내용 및 의미에 따라 논하고, 2단계에 속하는 행동지침과 실천 기간에 관하여 논의한다. 나아가 3단계에서는 유엔이 제시하는 기본규칙을 검토하고, 끝으로 아시아 태평양 지역에 나타난 변화와 그 내용들을 분석해 본다. 미국에서의 변화가 아 · 태 지역의 그것과 같이 후발적 성격을 갖는 것은 아니지만 1990년대의 여러 변화에 밀접히 관련되어 있다고 보기 때문에 미국

장애인법(Americans with Disabilities Act; ADA)을 아 · 태 지역 국가들과 함께 검토하기로 한다.

2. 장애인의 권리선언: 계발의 단계

1) 정신지체장애인의 권리선언

장애인의 권리에 관한 유엔의 선언은 정신지체장애인에 관한 것으로부터 시작된다. 유엔총회는 1971년 12월 20일 제26차 회의에서 정신지체장애인의 권리선언(the Declaration on the Rights of Mentally Retarded Persons)을 채택하였다. 이하의 모든 선언과 행동지침이 그러하듯, 이 권리선언은 그동안 유엔이 선포한 기존의 다른 선언에 근거하여 설정되었다. 이 선언의 기초가 되고 있는 기존의 문헌과 준거틀은 세계인권선언(Universal Declaration of Human Rights), 국제인권규약(International Covenants on Human Rights), 그리고 아동의 권리선언(Declaration of the Rights of the Child) 등에서 제시되고 있는 원칙과 국제노동기구(ILO), 국제연합교육과학문화기구(UNESCO), 세계보건기구(WHO), 국제연합아동기금(UN Children's Fund) 및 기타 관련된 규약, 조약, 권고 및 결의에서 사회진보를 목적으로 이미 설정되었던 기준이다.

이 선언의 서문에 나타난 기본 이념은 권리보호와 재화 및 복지의 확보 그리고 정상적인 생활(normal life), 즉 사회통합이다. 이러한 기본 이념은 7개의 보다 명시적 조항으로 제시되고 있다.

> 1. 정신지체장애인은 실제적으로 최대한 다른 일반 시민들과 동등한 권리를 가진다.

2. 정신지체장애인은 적절한 의료적 보호 및 물리적 치료를 받을 권리를 가지며 그 능력을 계발하고 가능성을 최대 한도로 발휘할 수 있도록 교육과 훈련, 재활훈련, 재활지도를 받을 권리를 가진다.
3. 정신지체장애인은 경제적 보장과 적절한 생활수준 유지의 권리를 가진다. 또한, 이들은 자기의 능력을 최대한 계발시키기 위하여 생산적인 일을 수행하거나 다른 의미 있는 직업에 종사할 권리를 가진다.
4. 장소에 제한됨이 없이, 정신지체장애인은 자신의 가족이나 위탁부모(foster parent)와 동거하며, 각종 지역사회생활에 참여할 수 있어야 한다. 정신지체장애인과 동거하는 가족들은 원조를 받아야 한다. 시설보호가 필요한 경우에는 통상적인 생활에 최대한 접근된 환경과 조건이 조성되어야 한다.
5. 정신지체장애인은 자기의 개인적 복지와 이익을 보호하기 위하여 필요할 경우, 자격 있는 후견인을 둘 권리가 있다.
6. 정신지체장애인은 착취와 유기, 학대로부터 보호받을 권리를 가진다. 만일 범죄행위로 인하여 기소된다면, 정신지체장애인은 그의 정신적 책임이 충분히 감안된 상태에서 공정한 사법적 재판을 받을 권리를 가진다.
7. 중증장애로 인하여, 정신지체장애인이 그 모든 권리를 유용하게 행사할 수 없거나 또는 그 권리의 일부나 전부가 제한되거나 배제되어야 할 필요가 생겼을 경우, 권리의 제한이나 배제가 행사되는 절차가 남용되지 않도록 적절한 법적인 보장을 받아야 한다. 이러한 절차는 자격을 갖춘 전문가들에 의한 정신지체장애인의 사회적 능력 평가에 기초를 두어야 하며, 또한 정기적인 재검토와 상급기관에의 항소권이 전제되어야 한다.

정신지체장애인의 권리선언은 이후에 전개되는 선언과 행동지침, 실천 과정에 중요한 의미를 갖는다. 즉, 유엔은 장애의 여러 영역 중 그 문제가 가장 심각한 정신지체장애인의 여건 개선을 첫 출발점으로 삼고 있다. 이는 많은 국가들이 사회통합이 가장 수월한 경증 장애 영역으로부터 출발하고 있다는 현실과 대치되는 점이라 하겠다. 또한 유엔은 그 해결 접근에 있어 향후의 근간이 되는 권리보장을 제일로 하고, 그 실현을 장애인 자신이 살고 있는 지역사회와 가족 내에 둠으로써 접근 모형의 기초를 제시하고 있다.

2) 장애인의 권리선언

유엔총회는 1975년 12월 9일 제30차 회의에서 '장애인의 권리선언(the Declaration on the Rights of Disabled Persons)'을 채택하였는 바, 이는 장애인이 타인과 동등한 시민권 및 정치적 권리를 가짐을 선포하고 있다. 그 선언은 장애인이 자신의 능력과 기술을 최대한으로 계발하고 자신의 사회통합 또는 재통합 과정을 단축시키는 평등한 대우와 서비스를 받아야 한다고 기술하고 있다. 이 선언 역시 그 기본 이념을 앞에서의 선언과 같이 기존의 문헌에 나타난 원칙 및 기준 위에 두고 있다.

1. '장애인'이라 함은 선천적이든 후천적이든, 신체적 · 정신적 능력의 불완전으로 인하여 자기 자신만으로는 완전하게 또는 부분적으로 일상의 개인적 또는 사회적 생활에서 필요한 것을 확보할 수 없는 사람을 의미한다.
2. 장애인은 본 선언에 제시된 모든 권리를 누린다. 이들의 권리는 어떠한 예외도 없이, 인종, 피부색, 성, 언어, 종교, 정치 혹은 기타 의견, 국가 또는 사회적 신분, 빈부, 출생, 장애인 자신이나 그 가족이 처해 있는 상황에 따른 구별이나 차별 없이 모든 장애인에게 인정된다.

3. 장애인은 인간으로서의 존엄이 존중되는 권리를 출생하면서부터 갖고 있다. 장애인은 장애의 원인, 특질, 정도에 관계없이, 같은 연령의 시민과 동등한 기본적 권리를 가진다. 이는 무엇보다도(first and foremost) 가능한 한 통상적이고 만족스러운 일상생활을 할 수 있는 권리를 의미한다.
4. 장애인은 다른 시민들과 동등한 시민권 및 정치적 권리를 갖는다. 정신지체장애인의 권리선언 제7조는 정신지체장애인의 이와 같은 권리로부터의 어떠한 제한이나 배제에도 적용된다.
5. 장애인은 가능한 한 자신이 자립할 수 있도록 계획된 여러 시책을 누릴 자격이 있다.
6. 장애인은 보장구를 포함한 의료적 · 심리적 · 기능적 치료와 의료적 · 사회적 재활, 교육, 직업교육, 훈련 및 재활, 원조, 상담, 직업알선 및 기타 장애인의 능력과 기술을 최대한으로 계발하고 이들의 사회통합 또는 재통합 과정을 촉진시킬 수 있는 서비스를 받을 권리가 있다.
7. 장애인은 경제적 · 사회적 보장 및 상당한 수준의 생활을 누릴 권리를 가진다. 장애인은 그 능력에 따라서 보장을 받고, 고용되고, 유익하고 생산적이며 보수를 받는 직업에 종사하고 노동조합에 참여할 권리를 가진다.
8. 장애인은 경제 · 사회계획의 모든 단계에 있어서 이들의 특별한 요구가 고려되도록 할 자격이 있다.
9. 장애인은 자신의 가족이나 위탁부모와 함께 생활하고, 모든 사회적, 창조적 활동이나 여가 활동에 참여할 권리를 가진다. 장애인은 그의 주거와 관련하여, 그 상태로 인하여 그가 필요하다든가 혹은 그 주거 상태 개선을 요구할 경우 이외에는 차별대우를 받지 않는다. 만일 장애인이 특수한 시설에 입소하는 것이 반드시 필요할 때에도 그곳의

환경이나 생활조건은 같은 연령의 사람의 통상적 생활과 가능한 유사한 것이라야 한다.

10. 장애인은 차별적, 모욕적 또는 천박한 모든 착취와 모든 규칙, 그리고 모든 취급으로부터 보호되어야 한다.
11. 장애인은 그의 인격과 재산의 보호를 위하여 적격한 법적인 원조가 필요할 때에는 그러한 것을 제공받을 수 있어야 한다. 만일 장애인에 대해 사법적인 소송절차가 있을 경우에, 그것에 적용되는 법적 수속은 장애인들의 신체적 · 정신적 상태를 충분히 고려하여야 한다.
12. 장애인단체들은 장애인의 권리에 관한 모든 사항에 대하여 유효하게 협의할 수 있어야 한다.
13. 장애인과 그 가족 및 지역사회는 모든 적절한 방법을 통하여, 본 선언에 포함된 권리에 대해 충분히 주지하여야 한다.

유엔총회는 나아가 1976년 12월 13일의 31/28 결의에서, "모든 회원국이 각국의 정책과 계획 및 프로그램을 수립함에 있어 장애인의 권리에 관한 선언에 규정된 권리와 원칙을 고려할 것"과 "세계 모든 관련 조직과 기관이 그 프로그램에 이들 권리와 원칙의 효과적인 집행을 보장하는 규정을 포함할 것"을 권고하였다(이익섭, 1992: 33-34).

이 선언을 정신지체장애인의 권리선언과 비교할 때 몇 가지 차이점을 보이고 있다. 선언은 앞에서의 그것과 달리, 그 적용 범위를 전 장애 영역에 확대시키고 있다. 특히 장애의 정의를 규명하고 그 범위를 신체적인 것에서 정신적인 영역까지를 포함하는 포괄적 접근을 보이고 있다. 이로써 이 권리선언은 전 영역의 장애에 적용되는, 그리고 확대된 정의에 기초한 국제선언의 완성이라고 할 수 있다.

이러한 특징 이외에도 이 선언은 몇 가지 점에서 발전된 모습을 보이고 있다. 즉, 이 선언은 장애인의 자립을 중시하고 이를 위한 가능한 개입을 촉구하고 있다. 미국과 선진 자본주의 사회에서 더 강조되고 있는 장애인의 자립생활과 자기통제 등과 맥을 같이하는 것으로 보인다. 나아가 장애인은 경제 · 사회 계획의 모든 단계에 있어서 이들의 특별한 요구가 고려되도록 할 자격이 있다고 명시함으로써 국가적 혹은 지역적 차원에서 이들의 문제를 타 계획에 포함시키도록 촉구하고 있다

끝으로 주목할 만한 진전은 이 선언이 장애인단체의 역할을 중시함으로써 장애인에 대한 이전의 노력이 장애인을 배제한 상태에서 형성되었다는 점을 간과하지 않고 있다는 것이다. 이는 이후의 각종 문헌과 행동지침에 지대한 영향을 준 중요 이념으로 이해할 수 있다.

3. 유엔의 행동계획과 실행 기간: 실천의 단계

1) 세계 장애인의 해

유엔 회원국은 물론 세계 많은 국가에 장애인에 관한 관심을 크게 일깨워 주었던 계기는 1981년의 '세계 장애인의 해'다. 1981년의 명칭이 원래는 '세계 장애인을 위한 해(International Year for Disabled Persons)'였다가 '세계 장애인의 해(International Year of Disabled Persons)'로 변경된 사실은 또 다른 의미를 시사한다. 세계 장애인의 해는 이전에 선포되었던 1968년 '세계 인권의 해', 1975년 '세계 여성의 해', 1979년 '세계 어린이의 해'와 같은 연장선상에 있었으며, 그 후 1985년에는 '세계 청소년의 해'를 선포함으로써 각각의 계층이나 사회문제, 그리고 발달단계에 따른 여러 가지 과제를 세계적 차원에서 검토해 보게 하였다. 또한 이해는 '장애인의 인권선언'과 연속선상에서 채택되었음을 주시할 필요가 있다. 즉, 유엔총회는 1976년 12월 16일 결의(A/RES/31/123)를 통해 1981년을 '세계 장애인의

해'로 선언하고, 그 주제는 '완전 참여'로 하였다. 나아가 총회는 이해의 목적을 다음과 같이 설정하였다(한국DPI, 1992: 159).

1. 장애인들이 신체적, 심리적으로 사회에 적응하도록 돕는다.
2. 장애인에 대해 적절한 원조, 훈련, 치료, 지도를 수행하고, 유용한 고용기회를 창출하며, 그들이 사회에 완전 통합될 수 있도록 국내적 및 국제적 노력을 촉구한다.
3. 장애인이 일상생활을 하는 데 있어서 실제적인 참여를 원활하게 할 수 있도록 하기 위하여 설계된, 예를 들어 공공건물과 교통기관을 이용할 수 있도록 개선하는 것과 같은 연구조사사업을 장려한다.
4. 장애인은 경제 · 사회 · 정치 활동의 다양한 방면에 참여하고 기여할 권리를 가지고 있음을 일반인들에게 교육하고 주지시켜야 한다.
5. 장애의 예방과 장애인의 재활을 위하여 효과적인 시책을 추진하여야 한다.

장애인의 해가 갖는 중요한 의미를 보면, 세계 장애인의 해의 여러 활동은 장기행동 프로그램을 통하여 사후 관리되어야 한다는 점을 강조하고 있다. 이러한 점은 선언적 규정을 실천에 투영시키려는 국제적 노력을 보여준다. 특히 유엔은 사무총장으로 하여금 자문위원회를 구성하여 장애인의 해 실행을 위해 실질적인 방침을 강구하도록 규정하고 있다. 그리고 세계 장애인의 해의 주요 초점은 지역이나 국가들 간의 지속적이고 강화된 국가 상호협조적인 자원에서의 시원적 활동과 함께, 국내적인 자원에 두고 있음을 명시하고, 민간단체와 특별히 장애인단체들의 적극적인 참여의 중요성을 강조한다. 끝으로 회원국에 대해, 각국의 행동계획의 실행에 관한 보고서를 사무총장에게 제출해 줄 것을 촉구하고 있다.

세계 장애인의 해는 유엔이 각 회원국들에게 실질적인 행동과 개선을 촉구한 특별한 의미를 갖는다. 많은 국가가 1981년을 장애인에 관한 노력의 원년으로 삼고 있음은 이를 입증해 주는 것이라 하겠다.

그러나 장애인의 해에 나타난 기본 이념은 제한점을 갖고 있다. 이후에 나타난 국제 문헌들과 비교할 때 그 노력의 초점이 환경보다 예방과 재활에 편중되어 있다. 즉, 다국 간이나 혹은 양국 간의 기술협조가 예방과 재활에만 국한되어 있고 장애인의 기회 평등과 환경의 개선은 이에 비해 결여되고 있다.

2) 세계 장애인의 해 행동계획

유엔총회는 1980년 1월 30일, A/RES/34/158 결의를 통해 '세계 장애인의 해 행동계획'을 채택하여 회원국들로 하여금 1981년의 이념을 보다 효과적으로 실천하도록 권고하고 있다. 세계 장애인의 해(IYDP)는 개인적 특질인 손상(impairment), 손상으로 인한 기능적 제한인 기능 제약(disability), 그리고 장애의 사회적 결과인 불리(handicap) 간에 구별이 있다는 사실을 인식시켜야 한다고 명시하고 있다(한국 DPI, 1992: 159).

세계 장애인의 해 행동계획은 장애인의 권리와 사회통합을 위한 각국의 실천을 제시하고 있어 유엔의 장애인에 관한 구체적 실행 노력을 처음으로 명시하고 있다. 특히 장애인의 해 행동계획 12조는 국내 차원에서의 활동을 다음과 같이 권고하고 있다.

1. 장애인의 완전한 사회참여를 위한 선언을 공표할 것.
2. 국내 위원회 등을 설립할 것. 위원회의 대표에는 장애인을 위한 조직이나 장애인 조직의 대표가 참가하는 데 우선순위가 주어져야 한다.
3. 1981년 말까지 국가적 계획을 준비할 것.
4. 세계장애인의 해를 알리는 캠페인을 촉진하고 대중을 계몽할 것.

5. 일반 프로그램에 장애인을 위한 사업을 통합할 것.
6. 통합적 재활의 모든 측면에 관계된 국가적 계획의 실행을 확보하기 위하여 전문적이고 기술적인 요원을 훈련시킬 것.
7. 재활에 관련된 정부의 서비스를 조정, 강화할 것.
8. 재활을 위한 정책의 조정을 위하여 적절한 정부기구를 설립할 것.
9. 장애인의 차별적인 관례를 제거하기 위한 기존의 법률을 감도할 것.
10. 예방과 재활 프로그램을 국가계획 과정의 통합적 부분으로 만들 것.
11. 장애 예방의 중요한 단계로서, 각종 질병의 예방을 위한 기존 프로그램을 실행할 것.
12. 장애 발생에 대한 평가에 노력할 것.
13. 장애인의 사회통합을 위하여 서비스 및 급부금을 검토할 것.
14. 장애인의 능력 개발을 위한 서비스와 급부에 관해 정보를 제공할 것.
15. 차별적 관행에 대한 조사와 조치를 취할 것.
16. 각종 활동과 건물 구내에 접근을 위한 적절한 조건을 제공할 것.
17. 신개축 건물의 접근성을 보장하는 법안에 관심을 가질 것과 시 · 청각 장애인의 대중 정보에 대한 접근성을 포함할 것.
18. 분리적 주택 계획을 피할 것과 국가 재원을 시설지원에서 개방적인 지원으로 전환할 것. 그리고 재가 장애인과 가족들에게 지원을 보장할 것.
19. 장애 발생 예방을 위한 프로그램을 고안, 검토하고 활성화시킬 것.
20. 출생 전, 출생 시, 유아기의 장애 발생 예방을 위한 보건사업을 촉진할 것.
21. 작업안전법규를 강화시킬 것.
22. 노동환경을 정비하고 심리적 · 개인적 정신건강을 위한 작업조건을 고려할 것.
23. 보장구, 이용기구 및 다른 자재에 대한 관세 및 세금을 면제하고 수

입면허와 외환할당을 제공할 것.

장애의 문제는 개인과 환경 간의 관계 속에서 파악되어야 한다는 사실이 가장 건설적인 접근 방법으로 명백해지고 있다. 경험에 비추어 볼 때 환경은 개인의 일상생활에 있어 손상의 정도를 결정한다. 사회는 대체로 신체적 · 정신적 능력을 완전히 소유하고 있는 사람들에게만 영합하고 있다. 사회는 여전히 모든 사람들의 욕구에 적절히 대응하는 것을 배워야 한다. 사회는 스포츠를 포함한 문화, 사회생활뿐 아니라 일반적인 물리적 환경, 사회보건서비스, 교육과 노동의 기회 등을 전반적으로 장애인이 접근할 수 있도록 만들 의무가 있다. 이것은 단지 장애인에게만 이익이 되는 것이 아니라 전체 사회에도 이익이 된다. 많은 수의 사회구성원을 배제시킨 사회는 메마른 사회다. 장애인은 공동체의 다른 성원들과 다른 욕구를 충족하는 데 특별한 곤란을 가지는 보통의 시민으로 생각되어야 한다. 장애인을 위한 조건을 개선하기 위한 행동은 사회의 모든 분야에 걸쳐 일반적인 정책과 계획의 통합된 한 부분이 되어야 한다. 이것은 국가 개혁 프로그램과 국제협력을 위한 일반적인 프로그램의 일부분이 되어야 한다.

3) 장애인에 관한 세계행동계획

1982년 12월 3일 유엔총회는 37/52 선언을 통해 '장애인에 관한 세계행동계획(World Programme of Action Concerning Disabled Persons)'을 만장일치로 채택하였다. 그 채택 과정은 세계 장애인의 해와 밀접히 연관되어 있다. 즉, 세계 장애인의 해를 위한 자문위원회는 활동을 계속하여 1981년 8월 유엔 장애인 10년(UN Decade of Disabled Persons, 1983-1992)을 위한 세계행동계획(World Programme of Action Concerning Disabled Persons)의 초안을 작성하고 이를 회원국과 국제기구에 배포하여 의견을 들은 다음 수정을 가하여 이듬해 최종 초안을 만들고 같은 해 12월 3일 37차 유엔총회에서 이를 결의 52호로 채택하기에 이르렀다. 그 계획은 장애 예방(Disability Prevention), 재활(Rehabilitation) 그리고 기회의 평등화(Equalization of Opportunities)를 핵심으로 하여 사회생활과 개발에 있어서의 장애인의 평등과 완전참여를 달성하기 위한 효과적인 방법을 채택하도록 하는 세계전략지침을 설정하고 있다. 중요한 것은 '세계행동계획'이 모든 사람의 평등한 기회에 관한 권리를 명백히 인식하고 있는 바, 이는 사실상 인권 개념의 확대를 의미하고 있다는 점이다. 이는 그 계획을 채택한 다음 해에 총회가 37/53 선언을 통해 '장애인에 관한 세계행동계획 시행'을 승인하고 국제연합의 인권기구들로 하여금 대부분의 장애인들이 처해 있는 부적절한 환경에 대한 심의를 지시하였으며, 또 이들로 하여금 그 여건 개선을 위한 조치를 촉구하게 된 이유를 설명해 준다(이익섭, 1992: 10-11).

유엔 장애인 10년을 위한 세계행동계획은 3개 장(Chapters), 18개 절(Sections)로 구성되어, 여기에 201개 항의 내용을 담고 있다. 따라서 각 절 또는 소절마다 한 개 내지 수개의 항이 서술되어 있는데, 이러한 구성체계를 요약하면 〈표 2-1〉과 같다.

이 세계행동계획의 지배적 개념은 연대책임이며, 동시에 이 계획은 장애인들의 통합과 완전한 참여를 방해하는 장애물을 제거하는 주된 의무가 정

〈표 2-1〉 유엔 장애인 10년을 위한 세계행동계획 구성체계

장	절	항목번호(수)
1. 목적 · 배경 및 개념	목적, 배경, 정의, 예방, 재활기회의 균등화, 유엔 활동	1-36(36)
2. 현황	개관(개발도상국 및 특수집단), 예방, 재활, 기회의 균등화(교육, 취업, 사회문제), 국제경제, 사회경제 개발	37-81(45)
3. 실현을 위한 제언	머리말, 국가적 사업(장애인의 참여예방 82-201 『102』재활, 기회의 균등화, 지역사회활동, 전문인력의 양성, 정보와 대중교육), 국제적 활동, 연구, 감시 및 평가	82-201(120)

부 측에 있다는 것을 지적하고 있다. 장애인에 관한 세계행동계획은 특히 재활서비스를 일반 공공서비스 안으로 통합해 가는 경향이 점증해 가는 데 대해서 언급하고 있다. 이러한 일은 자연스러운 환경 속에서 이루어져야 하며, 지역사회 그 자체와 전문화된 시설에 기반을 둔 과정의 지원을 받아야 한다는 사실을 명시적으로 지적하고 있다(이익섭, 1992: 99-100).

4) 유엔 장애인 10년

이러한 국제적, 지역적 혹은 국가적 차원에서 형성, 발전된 장애인에 대한 계발(awareness)은 유엔총회가 1982년 12월 3일 결의 37/53에서 채택한 '유엔 장애인 10년(UN Decade of Disabled Persons, 1983-1992)'을 통해 세계 전역에 확산되어 적지 않은 기대효과를 얻은 바 있다. 유엔 장애인 10년이 끝나는 1992년의 시점에서 발간된 유엔 사무총장 평가보고서(Report of Secretary General, A/47/415, Sep.11, 1992)에 따르면, 이 기간 동안 세계 각국에서는 법률의 제정은 물론 정부 내 장애인 전담부서의 설치와 장애인 정책을 포함시킨 국가정책 수립 등의 변화가 있었음이 사실이다. 특히 장애인 정책 및 서비스 개발 등에 장애인 및 장애인단체의 참여가 괄목할 만하게 증가한 것은 바람직한 기대효과로 평가되고 있다(UN, 1992, Sec 1).

그럼에도 불구하고 유엔 장애인 10년이 '장애인의 완전한 참여와 기회 평등'으로 표현되는 궁극의 이념을 실현하였느냐는 질문에 대해서는 만족할 수 없음도 또한 인정된다. 그것은 이 기간이 세계 여러 곳에서 장애인에 대한 이해와 계발에는 크게 기여하였지만, 그 구체적 결과를 가능케 하는 행동(action)은 미흡했다는 말이다. 비록 '유엔 장애인 10년'은 국제사회가 합의한 철학과 각 국가가 규명한 요구에 기초하여 장애인에 관한 정책 프로그램 및 서비스에 있어서의 후속 발전을 위한 발판을 마련하였지만 국가 수준 및 국제 수준의 다양한 활동에도 불구하고 장애 예방과 재활, 기회

평등이라는 행동계획의 목표 달성은 부진했다. 대부분의 개발도상국에서는 유엔 장애인 10년 동안 장애인의 조건이 향상되었다는 증거가 거의 없는 실정이다(UN, 1992, Sec 5).

그 주요한 원인은 매년 국제기구가 반복해서 채택하는 결의에도 불구하고, 대부분의 국가는 사태를 효과적으로 개선하기 위한 결정적인 협력조치를 아직까지 강구하지 못하고 있기 때문이다. '장애인에 관한 세계행동계획'의 목표는 국가 수준의 광범위한 활동 없이 성취될 가능성이 거의 없다. 국가 차원에서 정치적인 의지가 표명되어야 하며, 실질적으로 재원이 증가되어야 한다. 또한 유엔의 지도 역할을 강화시켜 각 회원국의 노력을 지원하고 옹호자, 조정자 및 평가자로서의 역할뿐 아니라, 원조를 요청하는 국가에 대한 자문과 혹은 정보 제공자로서의 역할을 수행하도록 할 필요가 있다(UN, 1992, Sec 6).

결론적으로 장애인문제에 대한 정부와 사회 대중의 인지와 관심은 촉진되었으나, 그 대부분의 경우가 구속력이 없는 선언적 형태에 머물러 있고, 그 구체적이고 실천적인 행동이 취약하다. 이러한 현상은 개발도상국이 밀집되어 있는 아시아 태평양 지역 국가들의 경우 더욱 두드러져, 장애인복지의 불균형이 해소되지 않고 있는 것이다.

4. 유엔의 새로운 행동지침: 종합의 단계

1) 유엔의 장애인의 기회 평등화에 관한 기본규칙 초안에 나타난 사회통합

장애인의 권리와 이에 대한 사회적 책임의 실천을 달성하려는 유엔의 노력이라고 할 수 있는 '장애인의 기회 평등화에 관한 기본규칙 초안'은

1992년으로 막을 내린 '유엔 장애인 10년'과 같은 맥락에서 진행되었다. 기본규칙 제정의 근원은 바로 유엔 장애인 10년에 대한 중간평가에서 기인한다. 중간평가를 위한 회의에서 전문가들은 유엔 장애인 10년과 향후 장애인의 권리 회복을 겨냥한 실천 순위를 제시해 주는 지침철학이 필요하다는 점에 공감하였고 조속히 이를 만들어 실행할 것에 합의하였다. 1990년 경제사회이사회는 결의 1990/26에서 사회개발위원회(Commission for Social Development)로 하여금 특수기관, 타 정부 간 기구, 민간단체, 특히 장애인단체와의 긴밀한 협조하에 정부 전문가로 구성된 특별사업단을 구성하고 장애를 갖고 있는 아동, 청소년 및 성인의 기회 평등화에 관한 기본규칙을 검토하게 하였다. 이사회는 또한 위원회로 하여금 1993년 검토를 거쳐, 제48차 유엔총회에 상정할 수 있도록 이 문서를 완성해 줄 것을 요청하였다.

'장애인의 기회 평등화에 관한 기본규칙'은 서론과 전문, 그리고 4개 장으로 구성되어 있으며, 행동지침에 해당하는 총 22개의 규칙과 191개의 세부 조항으로 구분되어 있다. 이 초안은 〈표 2-2〉에서 보는 바와 같이 단계적 접근을 시도하고 있다.

기본규칙이 시사하고 있는 점은 장애인의 여건 개선을 위한 기본 이념이다. 이 초안의 서론과 전문에서 지적하고 있듯이, 장애인의 여건 개선을 위한 노력은 장애인의 권리에 관한 이해를 기본으로 하고 있다. 이는 장애인복지가 성취해야 할 대상 과제가 무엇인가를 묻기에 앞서 문제의 본질을 이해하려는 노력이다. 장애인복지에 있어 욕구와 이에 대응하는 정책 · 서비스는 중요한 함수관계를 갖는다. 그러나 기본규칙이 지적하고 있는 점은 욕구와 그 욕구 발생 원인 간의 함수관계이며 오늘의 장애인문제를 서비스의 부족으로 보기보다 장애인의 권리 시각에서 접근해야 한다는 것이다. 기본규칙이 강조하고 있는 또 다른 점은 사회통합이다. 기본규칙이 장애인을 위한 시설의 확충보다 가족생활과 지역사회통합을 강조하고 있고 이를

〈표 2-2〉 장애인의 기회 평등화에 관한 기본규칙

장	절	항목번호(수)
서론	• 배경 및 현재의 욕구 • 이전의 국제적 행동 • 기본규칙으로의 전환 • 장애인의 기회 평등화에 관한 기본규칙의 목적과 내용 • 장애정책에 있어서의 기본 개념들	1-27(27)
전문		28-44(17)
Ⅰ. 평등한 참여를 위한 대상 영역	규칙 1. 이해증진 규칙 2. 의료보호 규칙 3. 재활 규칙 4. 지원서비스	45-73(29)
Ⅱ. 평등한 참여를 위한 대상 영역	규칙 5. 접근성 규칙 6. 교육접근성 규칙 7. 고용 규칙 8. 소득 및 사회보장 규칙 9. 가족생활과 전인격 규칙 10. 문화 혹은 교양 규칙 11. 여가와 체육 규칙 12. 종교	74-127(54)
Ⅲ. 시행 방법	규칙 13. 정보와 연구 규칙 14. 정책결정과 계획 규칙 15. 입법화 규칙 16. 경제정책 규칙 17. 사업협력 규칙 18. 장애인단체 규칙 19. 전문요원의 훈련 규칙 20. 기본규칙 수행에 필요한 장애프로그램의 국가감독과 평가 규칙 21. 기술적 및 경제력 협력 규칙 22. 국제협력	128-178 (51)
Ⅳ. 감독기구		179-191(13)

위한 정책 역시 국가 전체의 일반계획 내에 포함시킬 것을 권고하고 있다는 점은 주목할 만하다. 예컨대 규칙 6은 장애인의 교육기회는 동등하게, 통합적 형태로 이루어져야 한다는 원칙을 천명하고 있다.

끝으로 이 기본규칙이 강조하고 있는 바는 장애인과 부모, 장애인단체의 참여와 자문역할이다. 즉, 기본규칙은 장애인과 그 단체의 참여와 자문역할의 범위를 거의 모든 규칙 세부 내용에 적용시키고 있다(이익섭, 1993: 206-244).

5. 아 · 태 지역의 후발적 동향

1) 아 · 태 장애인 10년 행동계획에 나타난 사회통합적 이념

아 · 태 장애인 10년의 실현을 위한 행동계획은 지난 유엔 장애인 10년 동안 이룩한 업적을 계승하여, 이 지역에서의 실천의 방향을 제시하는 행동지침이다. 계발(awareness)에서 행동(action)으로 향하는 기본 방침을 담고 있는 실천지향적 의안이라고 할 수 있다. 이 계획안 역시 장애인의 사회통합을 그 이념의 근간으로 구성되어 있으며, 이 지역 내에서의 각국의 참여를 요청하고 있는 것이다. 이 행동계획의 구성을 요약하면 〈표 2-3〉과 같다.

이에 나타난 사회통합적 이념을 보면, 국가적 조정위원회는 정부 관련 부처의 대표와 비정부조직의 대표로 구성되며, 장애인단체의 대표를 포함한다. 이 기구는 장애문제에 관한 국가 핵심기구로 기능하며, 장애인의 권리를 보호하는 법안의 강화와 장애인에게 불리한 해석의 금지를 위한 지침을 각료들에게 제공할 것을 명시하고 있다. 또한 현존 법률에 관해 장애인을 제한하는 법률 조항을 확인하기 위한 조사를 실시하고, 그러한 제한적

〈표 2-3〉 아 · 태 장애인 10년 행동계획 주요사항

장	절	항목번호(수)
Ⅰ. 서언		
Ⅱ. 문제 영역	1. 국가적 조정	a-c(3)
	2. 입법	a-i(9)
	3. 정보	a-d(4)
	4. 일반인의 지식	a-d(4)
	5. 접근 가능성과 커뮤니케이션	a-l(12)
	6. 교육	a-i(9)
	7. 훈련 및 고용	a-i(9)
	8. 장애 원인의 예방	a-f(6)
	9. 재활서비스	a-e(5)
	10. 보장구	a-j(10)
Ⅲ. 행동계획의 수행을 위한 지역협력과 지원	1. 네트워크 구성 2. 감시 및 재검토	a-e(5)

법률 조항을 수정하거나 폐지하고 장애인에게 불리한 해석을 금지하도록 규정하고 있다. 나아가 모든 장애인의 권리보호와 그들에 대한 학대, 방치 및 차별금지에 관한 기본법을 제정하도록 규정하고 있다. 장애시민의 이동의 자유를 저해하는 건축상, 지원상(logistical)의 장벽을 제거하기 위한 법률을 제정할 것을 제시하고 있다. 끝으로 장애인이 일반적으로 직면하는 사회적 · 물리적 고립 상태를 경감하기 위하여 커뮤니케이션 장벽(communication barriers)을 제거하기 위한 법률을 제정할 것을 규정하고 있다.

이와 같이 아 · 태 장애인 10년 행동계획안은 그 초점을 전반적인 환경을 개선하여 장애인의 사회통합을 꾀하는 데 두고 있다. 즉, 이 계획안은 장애인을 저해하는 각종 장벽(건축, 법률, 의사전달 등), 불리, 차별 등을 제거함으로써 장애인의 권리를 보호하는 데 목적을 두고 있는 것이다.

2) 유엔 장애인 10년 이후의 일본 장애인 대책

일본은 아 · 태 장애인 10년 행동계획을 국내에 확산시키기 위하여 구체적이고 실천적인 국가적 노력을 기울이고 있다. 특히 1993년 3월 '장애인 대책에 관한 신 · 장기계획'을 확정 발표하였고 같은 해 10월 중 「심신장해자 대책 기본법」의 개정안인 「장해자 기본법」 통과가 예측되는 등 일련의 변화를 추진하고 있다.

장애인에 관한 시책을 추진하기 위하여, 일본 정부는 평성 5년(1993년)부터 평성 14년(2002년)까지 10년간을 상정한 새로운 '장애인 대책에 관한 장기 행동계획'을 수립하여, 이 시책을 착실하게 전개하여 갈 필요가 있다고 지적하고 있다. 일본의 장기 계획에 포함되고 있는 재활이념과 정상화 그리고 '완전 참가와 평등'으로 대표될 수 있다. 이 이념의 실천적 방향은 장애인의 '인권'과 '책임'에 근거한 장애인의 주체성과 자립, 장애인에 대한 각종 장벽과 불리(handicap)를 제거하는 평등한 사회의 조성, 시민참가에 의한 정상화(normalization)의 실현 등으로 표현되는 사회통합적 목표를 지향하고 있다. 동시에 장애인의 각종 문제에 따른 접근상의 영역화도 제시되어 있음을 볼 수 있다. 이러한 목표는 장애의 중증화 · 중복화와 장애인의 고령화에 대한 대응이 한 예라 할 수 있다.

1993년 개정된 일본의 「장해자 기본법」은 장애인을 위한 국가정책을 구속력 있는 강제 규정으로 강화하여 계발에서 실천으로의 변화를 보이고 있다. 이 법 제9조(연차보고)는 "정부는 매년 국회에 장해인을 위하여 강구한 시책의 개황에 관한 보고서를 제출하여야 한다"고 규정함으로써 장애인에 관한 국가시책을 광범위하게 객관화시키고 있다. 이 기본법에서 특히 주목되는 사항은 장애인의 사회통합을 보장하는 새로운 규정이다. 즉, 제10조 2항의 2에서는 "국가 및 지방자치단체는, 장해인의 가정을 방문하는 등의 방법으로 필요한 지도 또는 훈련을 실시하고, 일상생활을 영위함에 필요한 편의를 제공하도록 필요한 시책을 강구하여야 한다"고 규정하고 있다.

3) 필리핀의 장애인을 위한 마그나 카르타

필리핀 정부는 향후 장애인정책의 방향을 설정하는 중요한 법을 통과시켰다. 이 법에서 제시하고 있는 기본이념은 최근의 국세사회와 유엔 등이 추구하고 있는 이념과 철학을 반영하고 있다는 점에서 주목할 만한 것이다. 필리핀의 '장애인을 위한 마그나 카르타'의 기본 원칙은 첫째, 장애인에 대한 사회의 책임을 명시하고 그 기본 목표가 장애인의 사회 주류를 향한 통합임을 규정하고 있다. 둘째, 장애인을 위한 마그나 카르타는 장애인의 정당한 사회적 권리를 명시하고 있으며, 특히 그 권리가 '결코' 정부에 의한 복지서비스로 이해되어서는 안 된다고 명시하고 있다. 셋째, 그러나 이 권리의 실현을 위한 수단으로서의 재활서비스는 정부가 제공할 책임이 있고 그 재활서비스의 기본 목표는 전통적인 도시 복지관의 형태를 탈피하여 지역사회 중심 재활로 전환되어야 한다고 규정하고 있다.

넷째, 또한 정부는 장애인의 사회통합을 저해하는 모든 사회적 · 경제적 · 문화적 · 환경적 장벽을 제거해야 한다는 것이다.

다섯째, 1991년 필리핀의 장애인법인 장애인을 위한 마그나 카르타가 장애인의 사회통합적 측면을 특히 강조하는 것으로 파악되는 사항은 차별금지에 대한 부분이다. 이 법은 고용(32-33조), 교통(34조), 공공시설, 서비스(35-38조) 등에서 장애인에 대한 차별의 금지를 규정하고 있다(필리핀 장애인을 위한 마그나카르타: 공화국법 7277).

4) 미국 장애인법

미국의 1970~1980년대는 장애인문제에 관한 진보적 입법의 상정 및 제정이라는 점에 특별한 의의가 있다. 입법을 통해 강조된 이념 중에는 장애에 대한 자선과 의료 및 재활모형으로부터 인권 개념으로의 전환이 반영되어 있다. 전자의 경우에는 장애인의 권익옹호가 강제적 성격을 갖고 있지 않았다. 새로운 인권모형은 법 앞에서의 평등한 보호가 시민의 자격을 갖고 있는 모든 장애인에게 주어지는 마땅한 권리이며 또한 사회의 평등한 처우가 더 이상 일반의 의견이나 선의에 종속되지 않음을 천명하고 있다.

미국에서 제정된 가장 중요한 법 중 대표적인 것으로는 직업과 재활 서비스에 관한 혁신적 조항을 포함하고 있는 1973년의 재활법, 1975년 모든 장애 아동을 위한 교육법 그리고 발달장애인법 개정안이 있다. 또한 1978년의 보호 및 옹호 서비스 법안은 정신지체아동 등의 욕구를 언급하고 있다. 이러한 법들 대부분은 장애 및 재활서비스 협력을 강조하고 정부기관들의 책임의식에 전환을 촉구하였다. 그러나 가장 혁신적인 법은 장애인에 관한 세계 최고의 종합적 · 진보적 입법을 이룬 '미국 장애인법(Americans with Disabilities Act; ADA)'이라 할 수 있다.

이 법은 개인에게 부여된 민권법(1964)과 마찬가지로 장애를 가진 개인에게 민권보호를 약속하고 있다. 이 ADA는 장애를 가진 개인에게 고용, 공공서비스, 대중교통, 민간교통, 대중 이용시설과 장소, 일반전화서비스 등에 있어서 평등한 기회를 보장하는 것이다. 그러므로 1990년 ADA의 근거는 1970~1980년대 걸쳐 장애인들의 교육 · 직업의 훈련기회는 상당히 개선되었지만 민간기업 부문에 있어서의 취업 기회와 공 · 민 기관에서 운영하는 교통서비스의 대중 이용 편의시설에의 접근성은 별로 개선된 것이 없다는 데서 찾을 수 있다.

6. 결 론

장애인에 관련되는 국제 문헌 및 실천 과정은 기본 이념의 정립을 그 출발점으로 하고 있다. 장애인문제를 해결하기 위한 각종 복지서비스의 확대는 그 기본 이념의 관점에서 조명되어야 함을 지적하고 있는 것이다. 한국을 비롯한 세계 각처에서 발견되는 장애인문제는 보편적 성격을 갖고 있으며, 따라서 이미 나타난 현상으로서의 장애인 욕구는 근본적인 원인으로부터 발생한다는 관점에서 이해될 때 그 해결의 효과성은 배가한다. 즉, 오늘의 장애인문제가 장애인 욕구에 대응하는 복지서비스의 결핍이라는 각도에서 파악되기 이전에, 그 욕구의 발생을 지속시키고 있는 문제의 원인을 이해하는 것이 요청된다.

지금까지 검토한 국제 문헌과 실천 행동은 장애인문제를 장애인인권이라는 각도에서 해결점을 찾고 있다. 1971년 최초의 장애인에 관한 선언으로부터 1993년의 기본규칙과 같은 행동지침에 걸쳐 나타난 국제적 노력은 바로 이러한 인권을 일관된 문제 해결의 기본원칙으로 두고 있다.

우리 모두에게 매우 공통적인 의문은 인권이 법적인 대상인가, 도덕의 대상인가, 혹은 그 중간의 자연법 대상인가, 아니면 이 셋 모두의 대상인가 하는 점이다. 어떤 역사적 맥락에서 보아 인권이 법적 권리로 인식되어 왔다는 점은 의심의 여지가 없다. 그러나 우리가 법이나 제도, 그리고 조치와 행동 등을 평가함에 있어 인권이라는 준거틀을 중시한다는 사실로 볼 때 법적 권리는 그 법적 체계와 논리적으로 독립된 권리 인정의 결과에 따라 창출된 것이다. 즉, 법적 권리로 표현된 인권은 결과이지 원인이 아니라는 점에서 인권에 대한 인정이 선행됨을 인식해야 한다. 따라서 우리의 법이 인권에 관한 올바른 인정에 의해 형성된 결과인지를 주목해 본다는 것은 중요한 의미를 갖는다 하겠다. 법과 서비스의 전개 과정에서 인권을 인식하지 못한다는 점은 많은 사례를 통해 알 수 있으며 그 대표적인 예가 장애인에 관련된 인권이라 할 것이다.

이러한 점에서 수세기 동안 많은 사상가는 인권의 근원을 법적 질서에서 찾기보다 자연법 안에서 구하려 하였다. 인권은 일부 혹은 다수의 개인들에 의해 제정되고 인정된 바에 의해 근거하지 않고 그 자체의 내재적 당위성에 근거하고 있는 규범체계다. 본질적 정당성을 내포하고 있는 인권은 인류가 발원함에 따라 점차적으로 인정되고 법 안에 인권 존중의 규범체계로 자리 잡게 된다.

"인권이란 인간이라고 하는 단 하나만의 이유로 그 기본권을 보장받는 조건이 되는 권리다."라는 표현은 인도주의에 깊이 뿌리를 둔 정의일 것이다. 이 표현이 타당성을 갖는 이유는 인간이 된다는 것은 신장이나 부와 달리 전적으로 그렇거나 그렇지 않거나 둘 중 하나일 뿐이라는 점에 있다. 이는 다음과 같은 중요한 결론을 가져온다.

인권의 기준이 인간 존재에 있기 때문에 그 권리의 정도에는 크고 작은 차이가 있을 수 없다. 다시 말해, 어떤 권리의 향유를 위한 유일한 조건이 인간적 존재이고 그 차이를 용인하지 않는다면 사람마다 소유하고 있는 인권의 양은 결코 다를 수 없게 된다. 인권의 소유에 관한 자격이나 조건은 차등적 점진성이 아닌 구체적인 존재론적 이분법에 근거한다.

앞에서 제시한 인권에 대한 해석에 근거하면, 인간으로 태어난 우리 모두는 그 본성에 있어 동등한 인권을 갖는다. 그러나 이러한 자격이나 조건에서 그 실질적인 권리의 영위와 행사가 자동적으로 도출되는가에 대해 주목해야 한다. 모든 인간에게 동등한 권리를 부여하고 인정하는 것만으로 그 권리가 갖는 실천적이고 관행적인 면이 자동적으로 구현되는 것은 아니다. 우리는 인권에 대한 자격이 인간이라는 기본원칙을 확인할 수 있음과 같이 그 현실적 실천에 있어 그 권리의 행사에 동등한 보장을 검토해야 할 것이다.

〈표 2-4〉 국제 문헌에 나타난 개념의 전개

권리	시민적 · 정치적
평등	보장: 치료, 경제, 재활 등 보호: 학대, 인격, 재산, 법적 과정 처우: 차별, 비인격적 대우
정상화	서비스: 보장구, 훈련, 상담 환경개선: 주택, 거주
사회통합	자립 고용

장애인에 관한 국제 문헌이 장애인의 인권을 실천적 개념으로 제시하고 있음은 주목할 만하다. 권리의 실천적 개념은 크게 세 가지로 구분되는 바, 평등과 정상화, 사회통합이 그것이다. 〈표 2-4〉에 제시한 바와 같이 권리는 평등과 정상화, 사회통합이라는 세 측면을 갖고 있으며, 또한 이들 세 측면이 동시에 충족되어야만 그 권리가 실현된다고 볼 수 있다.

첫째, 국제 문헌에 나타난 권리는 장애인이 타 시민과 동등한 생활을 영위할 수 있는 평등이 보장될 때 실현될 수 있다. '정신지체장애인의 권리선언'의 1조와 '장애인에 관한 세계행동계획'의 3장 및 '장애인의 기회 평등화에 관한 기본 원칙' 등은 장애인이 갖는 권리의 평등성을 강조하고 있다.

둘째, 이러한 평등은 정상적이고 일반적인 환경 속에서 실천될 때에만 정당화된다. 예컨대 '정신지체장애인의 권리선언'의 4조와 '장애인의 권리선언'의 3조는 장애인에게 보장되는 생활은 최대한 정상적이고 통상적인 것이어야 함을 명시하고 있다.

셋째, 평등하고 정상화된 장애인의 권리는 또한 사회통합이라는 형태를 달성할 때 비로소 완성된다고 할 수 있다. '장애인의 기회 평등화에 관한 기본규칙'이 규정하고 있는 장애인문제의 해결은 이전의 문헌과 행동지침이 추구해 온 노력을 장애인의 사회통합이라는 완성된 형태로 귀결되고 있다.

결론적으로 장애인 권리는 문제 해결의 출발점이며 그 구체적 실천은 평등과 정상화, 사회통합의 세 가지 형태가 동시에 충족될 때 가능해진다. 장애인의 권리는 타 시민과 동등할 때에 보장받을 수 있고, 이 평등은 통상적인 환경을 조건으로 만족될 수 있으며, 평등과 정상화는 장애인의 사회통합을 충족시킬 때에만 정당화될 수 있다. 많은 경우 장애인의 복지는 장애인의 불평등을 간과하고 정상화에 집중되어 왔다. 또 다른 경우, 장애인의 특수화가 평등을 이유로 인정되고 사회로부터의 분리가 정상화를 이유로 수용되어 왔다. 국제 문헌이 제시하고 있는 장애인의 권리는 이러한 현실에 대한 접근상의 전환을 제시하고 있으며 그 평가의 기준을 설정하고 있다.

장애인의 문제 해결의 전환은 1990년대의 중요 과제 중 하나였다. 1980년대에 뒤늦게 형성된 한국의 장애인복지 개선과 확대 노력은 그 총량에 있어 장애인의 욕구에 미흡할 뿐 아니라 그 접근의 본질에 있어 타당성을 재고받아야 한다. 이는 장애인의 문제를 서비스 대상으로 봄으로써 서비스 자체가 갖는 한계를 내포하고 있기 때문이며, 이에 대한 반성은 뒤늦은 바가 없지 않다. 앞에서 지적한 바와 같이 우리는 출발점을 다시금 확인하고 현실을 분석함으로써 그 접근에 있어서의 전환을 인식하게 된다. 그 출발점은 인권이며 이는 새로운 아이디어의 창출이 아니라 회복의 과정이라 하겠다. 인권의 회복은 그 자격과 적합성의 인정에 머물지 않고 그 집행의 구체적 실현을 꾀할 때 비로소 지금 우리가 요청하고 있는 전환기적 의미를 갖게 된다.

참 고 문 헌

송영욱 역(1993). ADA의 충격. 서울: 한국장애인연맹출판부.

이익섭(1992). 제3차 국제장애인연맹 세계대회의 보고. 아 · 태 장애인 10년 행동계획 수립을 위한 간담회 자료집.

이익섭(1993). UN 장애인의 기회평등화에 관한 기본규칙 초안과 한국의 장애인복지 정책. 아 · 태 장애인 10년 행동계획 수립을 위한 북경회의 보고대회 강연 자료집.

이익섭 역(1992). 인권과 장애(UN 인권위원회 편). 한국 DPI.

이익섭 외 역(1993). 아 · 태 장애인 10년 자료집.

한국 DPI(1992). 인권과 장애. 제1회 한국 DPI 국내지도자 연수세미나.

한국 DPI(1993). 영역화와 통합화. 제2회 한국 DPI 국내지도자 연수세미나.

Ahmed, R. (1992). *Message Presented to ESCAP Meeting in Beijing China.* 1-5 December 1992.

Burke, C. J. (Eds.). (1989). *New Directions in Human Rights.* Philadelpia: Univ. of Pennsylvania Press.

Dundes, A. (1990). *International Human Rights.*

ESCAP. (1992). *Agenda for Action for the Asian and Pacific Decade of Disabled Persons, 1993-2002.*

ESCAP. (1992). *Proclamation on the Full Participation and Equality of People with Disabilities in the Asian and Pacific Region.*

Gibson, J. S. (1989). *International Organizations, Constitutional Law, and Human Rights.* New York. Westport. Connecticut.

Nino, C. S. (1991). *The Ethics of Human Rights.* Oxford: Clarendon Press.

Robertson, A. H., & Merrills, J. G. (1989). *Human Rights in the World.* Manchester University Press.

UN. (1992). *Report of the Secretary-General: implementation of the World Programme of Action Concerning Disabled Persons and the United Nations Decade of Disabled Persons.*

제 3 장

장애인 사회통합을 위한 국제장애인권리조약의 의의

이익섭 · 최정아

학습 목표

1. 장애와 사회적 배제의 관계를 설명할 수 있다.
2. 국제장애인권리조약을 중심으로 한 장애인의 사회통합(social inclusion)과 인권보장을 설명할 수 있다.
3. 장애인의 사회통합을 위한 국제장애인권리조약의 의의와 한계를 설명할 수 있다.

이 장은 2005년 『한국사회복지조사연구』 13권에 수록한 故 이익섭 교수와 최정아 박사의 논문 「국제장애인권리조약의 의의와 한계: 장애인의 사회적 배제를 중심으로」를 옮긴 것이다. 이 장에서 사용된 '국제장애인권리조약'은 실제로 '국제장애인권리협약'과 같은 용어로 필자가 집필 당시 사용한 용어를 그대로 두기로 한다.

1. 서 론

장애와 관련된 문제는 그동안의 발전이라는 수식어에도 불구하고 지속적인 불만과 갈등이 존재해 왔으며, 또한 증가해 왔다. 이러한 현상에 대해서 장애인의 욕구 증가와 다양화로 설명하려는 시도가 있긴 하지만, 그 원인을 장애인복지체계 자체의 모순을 통해 검토해 볼 필요가 있다. 장애인은 사회적 소수집단이자 취약집단으로 간주되어 이들에 대한 사회복지적 접근은 장애를 바라보는 시대의 관점에 따라 다양하게 변화되어 왔다. 하지만, 어떤 관점으로 이들을 바라보든 현재 당면한 문제는 다양한 정책이나 서비스의 발달에도 불구하고 여전히 이들의 문제 또는 욕구가 해결되지 않은 채 남아 있다는 것이다(이익섭, 2003). 다양한 정책 및 서비스 발달과 이에 따른 막대한 예산의 투입, 하지만 그럼에도 불구하고 여전히 해결되지 않고 존재하는 장애 관련 문제에 관해서 우리는 어떤 대안을 찾을 수 있을지 고민하지 않을 수 없다. 이러한 고민 과정에서 우리는 최근 유럽에서 활발하게 논의되고 있는 사회적 배제(social exclusion) 개념에 관심을 가질 필요가 있다. 사회적 배제는 그동안 효과적이지 못했던 기존의 빈곤에 대한 논의를 대신하는 새로운 접근 방법이자 개념으로서, 기존의 제한적인 접근 방법에서 벗어나 보다 다차원적이고 포괄적이며, 역동적인 측면에 대한 고려를 포함하고 있다. 즉, 사회적 배제는 정치, 경제, 사회, 문화 등 다양한 영역에 걸친 비수듀 눈제에 대한 포괄적 섭근으로, 한 사회의 징상직인 사회질서 작용 원리의 부당성이나 작용 기제의 훼손에 기인한다고 할 수 있다.

장애에 대한 관점 역시 이와 유사한 측면에서 고려할 수 있다. 즉, 기존의 장애에 대한 주요 관점은 주로 장애인 개인의 신체적 결함이 장애를 초래한다는 개별적 · 의료적 모델로서 장애를 발생시키는 사회적 억압이나 장벽을 고려하지 않음으로써 장애인 개인의 변화만을 강조하였고, 이로 인해 이들을 위한 사회복지정책이나 서비스 역시 전문가를 중심으로 이루어짐으로써 진정한 장애인들의 욕구를 담아내지 못했다는 비판을 받고 있다. 또한 현재 국제사회에서 이루어지고 있는 장애인에 대한 사회통합(social inclusion) 노력은 지구촌에서의 장애인 배제가 심각한 현상임을 반영하고 있으며, 그 해결의 시급성을 시사하고 있다. 아시아 태평양 지역을 중심으로 한 유엔 아시아 태평양 경제사회위원회(Economic and Social Commission for Asia and Pacific; ESCAP)의 움직임은 장애인의 사회적 배제를 극복하기 위한 지역 내의 범사회적 노력을 보여 주고 있다.[1] 나아가 최근 유엔총회 결의를 앞두고 있는 국제장애인권리조약 역시 장애인의 완전한 통합을 기본 원칙으로 천명하고 있는데,[2] 이를 통해서도 장애인의 사회통합에 대한 국제적인 관심을 엿볼 수 있다.

장애인의 문제를 사회적 배제의 관점에서 이해하고 이에 대한 대안을 마련하는 것은 또한 개별적 모델에 대한 비판에서 나온 사회적 모델의 입장과도 맥을 같이하고 있다. 사회적 모델은 손상을 가진 사람들이 경험하는 활동의 제약과 다양한 차원의 불리를 사회적 차원의 문제에 위치하게 함으로써 개인에서부터 사회적 억압과 차별 및 배제의 과정으로 장애의 개념화와 분석의 방향을 전환하게 하였다(박승희, 2004). 이러한 사회적 모델에서는 장애인을 다양한 주류 사회로부터 배제시켜 온 사회적 장벽을 철폐하고 장애인에게도 비장애인과 동등한 시민권을 보장하는 것을 통해서 장애인

1) 그 명칭 'the Biwako Millennium Framework for Action towards an Inclusive, Barrier-free and Rights-based Society for Persons with Disabilities in Asia and the Pacific' 에서도 장애인의 사회통합의 중요성이 반영되고 있음을 알 수 있다.

2) 제3조 일반 원칙(General Principles) (C)항은 장애인의 평등한 사회참여 및 통합에 관하여 다음과 같이 규정하고 있다. Article3 General Principles (c) Full and effective participation and inclusion in society on an equal basis with others for persons with disabilities.

에 대한 사회적 배제가 극복될 수 있다고 주장하고 있다. 결국 사회적 모델은 장애인의 인권 회복 및 보장을 해결책으로 제시하고 있다.

여기에서는 장애인의 문제를 사회적 배제라고 하는 관점에서 조명해 보고, 장애인의 인권보장을 위한 국제사회의 움직임, 특히 국제장애인권리조약의 추진 과정과 내용을 중심으로 장애인의 인권보장이 가지는 사회통합에 대한 대안으로서의 가능성을 검토해 보고자 한다.

2. 장애인에 대한 사회적 배제

1) 사회적 배제의 개념

1970년대 당시 프랑스의 사회부 장관이었던 Rene Lenoir에 의해 대두된 사회적 배제(social exclusion) 개념은 1980년대와 1990년대를 거치면서 영국 및 프랑스를 비롯한 유럽에서 빈곤이나 불평등의 문제에 대한 새로운 패러다임으로 활발한 논의의 대상이 되어 왔다. 사회적 배제라고 하는 용어가 공식적으로 처음 사용되었을 당시, 사회적 배제는 사회보험체계에서 제외된 이들을 언급할 때 주로 사용되었다. 즉, 사회적으로 배제된 이들이란 국가에 의해 행정적으로 제외된 이들을 의미하는 것으로(Burchardt, Le Grand, & Piachaud, 1999), 경제적 발달이나 그 결과로 발생한 성과물 분배의 가장자리에 위치하고 있는 일부 인구집단의 생존 현상을 강조하기 위해 사용되었던 것이다(심창학, 2001). 1980년대 중반 이후부터는 배제가 공식적인 국가 정책과 직결되어 나타나기 시작하였으며, 당시 프랑스의 집권당인 사회당 정부는 배제에 보다 광범위한 의미를 부여하였다. 즉, 장기적이고 반복적인 실업뿐 아니라 가족의 위기, 1인 단독 가구의 증가, 사회적 고립, 계급 연대의 퇴조에 따른 사회적 유대의 불안정성까지 포함하는 의미를 부여한 것이다(문진영, 2004; 심창학, 2001). 프랑스뿐 아니라 영국에서도 사회적 배제에 대한 관심이 증가해 오다가 노동당 집권 이후 '사회적 배제 극복 기획단(Social Exclusion Unit)'을 조직하여 다양한 사회적 배제 극복 정책을 실행하고 있으며, 유럽연합(European Union; EU)에서도 유럽사회헌장(The European Social Charter, 1989)에서 '사회적 배제' 개념을 사용한 이후 배제 극복을 위한 다양한 노력을 기울이고 있다(문진영, 2004).

이렇게 사회적 배제 개념이 대두되어 논의되는 과정에서 그 개념은 빈곤과는 독립적인 개념으로써, 또는 빈곤에 대한 보완적 개념으로써 그 의미가 확대되어 왔다. 하지만 이러한 개념을 엄밀하게 정의하고자 하는 충분한 노력이 결여된 경향성을 부정할 수 없으며, 이러한 맥락에서 사회적 배제에 대한 개념 정의는 합의된 대표적인 방식이라기보다는 다양한 입장과 관점을 반영하는 방식으로 이루어져 왔다고 볼 수 있다(박병현, 최선미, 2001; 송다영, 2003; Hills, Le Grand, & Piachaud, 2002; Jordan, 1996). 사회적 배제에 대한 몇 가지 대표적인 정의를 살펴보면 다음과 같다.

CASE(Centre for Analysis of Social Exclusion)에서는 Julian Le Grand의 다음과 같은 정의를 주로 사용하고 있다. 즉, 한 사회에 지리적으로 거주하고 있으나, 자신이 통제할 수 없는 어떤 이유로 인해 그 사회의 시민으로서의 정상적 활동에 참여할 수 없으며, 그러한 활동에 참여하고자 한다면, 그 사람은 사회적으로 배제된 것이다. 여기서 정상적 활동이라 함은 시민들이 합리적인 생활수준을 누리기 위하여, 안정감을 느끼기 위하여, 다른 사람들에게 가치 있게 여겨지는 활동에 참여하기 위하여, 의사결정권을 가지기 위하여, 가족, 친구, 지역사회로부터의 지지를 이끌어 낼 수 있기 위하여 참여하는 가장 중요한 활동인 다음과 같은 다섯 가지 차원, 즉 소비 활동(consumption activity), 저축 활동(savings activity), 생산 활동(production activity), 정치적 활동(political activity), 사회적 활동(social activity) 등을 의미한다(Burchardt, Le Grand, and Piachaud, 1999).

사회적 배제 극복 기획단(Social Exclusion Unit)에서는 실업, 차별, 낮은 수준의 기술, 저소득, 열악한 주거, 높은 범죄율, 나쁜 건강 상태, 가족 붕괴 등과 같은 일련의 문제들로부터 개인이나 지역이 고통을 받을 때 사회적 배제가 발생하며, 이러한 문제들이 결합될 때 악순환의 고리를 형성하게 된다(Social Exclusion Unit, n.d.).

또한 개발국 및 개발도상국에서의 사회적 배제를 개념화하고자 했던 유엔개발계획(United Nations Development Programme; UNDP)은 관련 연구들을 통하여 적절한 건강관리, 교육, 물질적 측면 등에 대한 시민적 · 사회적 권리(civil and social rights)의 중요성을 지적하고 있다. 이에 따라서 사회적 배제는 기본적인 권리 인식의 결여 또는 이러한 인식이 이루어지고는 있으나 기본적 권리를 실현하는 데 필요한 정치적 · 법적 체계에 대한 접근성이 결여된 것으로 개념화되고 있다(Hills et al., 2002).

Bhalla와 Lapeyre(1997)는 사회적 배제가 발생하는 영역을 경제적 차원, 사회적 차원, 정치적 차원으로 구분하여 각각의 차원에서 발생하는 접근 및 기회의 제한 또는 권리의 박탈로 배제를 설명하고 있는데, 이는 Marshall의 시민권 개념과 맥을 같이하는 것이다(강신욱, 김안나, 박능후, 김은희, 유진영, 2005 재인용). 박병현 등(2001)도 이와 유사하게 '특정 개인이나 집단이 사회의 구조적 특성으로 인해 경제적, 심리적, 문화적으로 다양한 차원에서 주류화되어 있는 영역에 대해 참여의 기회가 차단되어 그 권리가 침해되고 있는 상태' 를 사회적 배제로 규정하고 있다.

이상에서 살펴본 바와 같이 사회적 배제는 사회보험에서 제외된 다양한 사람을 의미하는 것에서 시작되어 1990년대 이후부터는 시민권 소유에 있어서의 불평등과 결핍으로 인한 '불완전한 시민권'을 의미하는 개념으로 자리 잡아 가고 있다(박병현, 최선미, 2001). 하지만 아직 그 개념에 있어서 광범위함과 모호성 등 이론적 정밀성이나 엄격함이 부족한 것을 부인하기는 어렵다. 그럼에도 불구하고 사회적 배제라는 개념이 기여한 바가 없는 것은 아니다. 새로운 접근법으로서의 사회적 배제는 물질적인 정태적 현상에 초점이 맞추어져 있던 기존의 빈곤 개념과는 달리 빈곤 현상이 나타나게 된 원인과 과정, 즉 빈곤의 역동성에 초점을 두고 있으며, 경제적 측면에만 국한되지 않고 사회적 · 심리적 측면까지도 포괄하고 있다는 측면에서 빈곤에 대한 기존의 접근과는 차별성을 가진다고 할 수 있다(Berghman, 1995). 유럽에서는 '사회적 배제'가 가지는 이러한 차별성을 근거로 하여 빈곤 및 불평등과 관련된 문제에 대한 새로운 접근법을 제시하고 있는데, 이는 기존의 빈곤에 대한 논의 및 대책이 가지는 다양한 한계성 때문이라고 할 수 있다. 기존의 빈곤 관련 논의는 사회구조적 측면에서의 영향을 고려했음에도 불구하고 이와 관련된 해결 방안 모색에 있어 사회적 책임을 부정할 수 있는 가능성을 부여한 반면, 배제의 개념은 그 원인의 중심에 사회구조를 놓음으로써 사회 전체적 차원의 통합을 모색할 수 있는 이론적 계기를 마련한 것이다(송다영, 2003). 이처럼 사회적 배제라고 하는 개념에는 빈곤이나 불평등, 또는 박탈의 원인으로서 사회구조적인 측면에 대한 고려와 이의 해결을 위한 시민적 권리에 대한 인식이 자리 잡고 있다. 물론 국가 및 사회에 따라 사회적 배제에 대한 논의가 매우 다양하고 상이하게 이루어지고 있지만, 그럼에도 불구하고 유럽연합을 중심으로 이루어지고 있는 사회적 배제에 대한 공식적 대응을 통해서 나타난 바에 의하면 공통적으로 시민권 개념에 기초한 사회적 통합과 시민 개개인의 사회적 권리보장을 강조하고 있는 것이다(박병현, 최선미, 2001).

2) 사회적 배제와 장애

"장애인은 사회의 모든 불이익 집단 중에서 가장 심하게 사회적으로 배제된 이들이다. …… 이들에게 있어 삶의 기회는 심각하게 제한되어 있다"

(Howard, 1999; O'Grady, Pleasence, Balmer, Buck, & Genn, 2004 재인용).

Hales는 영국의 주류 사회에서 발견되는 사회적 배제에 관해 지적하면서, 장애인이 법적 조치의 대상에 포함되었던 지난 400여 년 동안 장애인은 완전한 사회참여의 권리를 가진 동등한 시민으로서가 아니라 특별 조치가 필요한 문제로 취급되어 왔다고 하였다(Hales, 1996; 이익섭, 2003 재인용). 또한 장애인으로 하여금 비장애인과 마찬가지로 사회에서 살아가게끔 하기 위하여 치료, 재활, 교육, 사회보장 및 서비스 등에 막대한 예산을 투입했음에도 불구하고 다수의 장애인들이 여전히 모든 사회생활로부터 소외되고 또한 배제되고 있다고 장애인들은 주장하고 있다.

앞에서 언급한 바와 같이 장애인은 사회적으로 배제된 대표적인 집단으로서 사회적 배제 논의에서 중요하게 다루어져야 할 대상이라고 할 수 있다. 사회적 배제는 기존의 빈곤에 대한 논의가 가지는 한계성, 즉 경제적 측면과 정태적인 빈곤 현상에 대한 제한적 논의로 인한 문제점의 인식으로부터 출발하여 경제적 · 심리적 · 사회적 측면 등 포괄적인 측면에 대한 고려와 나타난 현상뿐 아니라 그 현상이 도출되는 역동적 과정에 대한 관심 등을 통하여 그러한 한계성을 극복하고자 하고 있다. 이러한 측면에서 경제적, 심리적, 사회적, 문화적, 정치적으로 다양한 차원에서의 소외와 차별을 경험하고 있는 장애인들의 문제를 사회적 배제 관점에 비추어 이해하는 것은 이들이 더 이상 사회적 배제를 경험하지 않도록 대안을 도출하는 데 있어 중요한 의미를 지닌다고 할 수 있을 것이다.

21세기의 첨단 과학화 시대를 살아가면서도 여전히 경제적, 사회적으로 'the poorest of the poor'의 상징이 되고 있는 장애인은 자본주의와 시장 논리에서 생산성 및 이윤추구와는 무관한 부류의 대상으로서 '타자화' 되었고 격리와 수용의 대상으로 인식되어 왔다. 인류학자인 Murphy (1987)는 어떤 사회에서든 장애인은 사회적으로 어중간한 상태에서 살고 있다고 지적하면서, 장애인은 아프지도 건강하지도 않고, 죽은 것도 산 것도 아니며, 사회 내에서 완전히 배제된 것도, 또 통합된 것도 아니라고 하고 있다. 장애인들이 경험하는 이러한 통합의 실패는 사회에서의 적소에 대한 접근이 불가능하거나 어려운 것으로 해석될 수 있다.

역사적으로 장애인에 대한 배제는 주류 사회 내에서 다양한 형태로 이루어져 왔으며, 또 현재도 이루어지고 있다. 즉, 장애인은 말살이나 유기라고 하는 극단적인 형태의 사회로부터의 배제에서 격리나 주변화, 차별 등 사회 내에서의 배제에 이르기까지 다양한 형태의 배제를 경험해 왔다(Albrecht, Seelman, & Bury, 2001). 장애아 낙태, 안락사, 자살에 대한 방임, 장애 영유아 유기 등의 형태로 이루어졌던 사회로부터의 배제는 장애에 부여된 부정적인 사회적 표상을 반영하는 것이다. 이러한 장애에 대한 부정적 표상은 또한 비생산성, 환자 역할(sick role), 의존성 등으로 이어졌으며, 이로 인해 장애인들은 노동 능력이 없는, 따라서 '사회에 쓸모없는(useless to society)' 이들로 간주되었다. 따라서 장애인은 사회적으로 무가치한 존재로서 일반 사회로부터 격리되어 시설 또는 의료 기관에 수용, 보호되었다. 이에 반하여 장애인 역시 사회의 구성원으로서 일반 시민들과 동일한 삶을 누려야 한다고 주장하는 정상화(normalization) 담론은 장애인의 시설 보호를 반대하고 지역사회에서의 통합된 삶을 강조하였다. 정상화 이념은 개인의 성장과 발달에서 정상적인 발달 경험, 인생주기에서의 선택의 자유, 정상적인 이웃과 함께하는 정상적인 가정에서의 삶, 그리고 지역사회에 통합되어 있는 삶을 강조하면서 시설 집중화에 대하여 반대하는 것이다(오혜경, 1999; 이영환, 2003 재인용). 이러한 정상화 이념이 장애인의 권리와 함께 장애인의 사회통합 이념을 발전시키는 데 기여했음은 부인할 수 없을 것이다(이영환, 2003). 하지만 정상화라고 하는 것은 평균을 규정하고, 이러한 평균으로부터의 일탈 정도를 비교하여 개인으로 하여금 평균에 더욱 가깝게 함으로써 일탈을 감소시키고자 하는 것과 관련된 문제다

(Albrecht et al., 2001). 즉, 정상화 이념으로 인해 장애인들은 사회의 규범 또는 평균에 도달하기 위하여 재활의 과정을 거쳐야 하며, 일정 수준에 미치지 못하는 장애인의 경우, 그러한 규범에 도달하게끔 하는 것으로 기대되는 시설(또는 기관)에 분리 배치되어야 하는 것이다. 이런 경우, 장애인들은 또다시 사회로부터 격리(분리)될 위험에 처하게 된다. 결국 재활이라고 하는 것은 장애인과 비장애인 간의 차이를 감소시키자 하는 것이며, 따라서 '다른 사람들' 처럼 되고, 또 '다른 사람들'처럼 하는 것을 목표로 하는 것이다.

이러한 입장은 결국 장애 개념을 이해하는 가장 기본적인 두 갈래 접근 중 하나인 개별적 모델(의료 모델)과 맥을 같이하고 있다. 장애에 대한 개별적 모델은 장애를 개인이 가진 의학적 · 기능적 문제라고 보는 시각으로서, 개인 및 기능적 한계에 초점을 두고 있다. 따라서 이러한 개별적 모델에서는 의료 전문가나 재활 전문가 등에 의한 전문적 예방이나 치료, 재활을 통해 장애문제를 해결하고자 하며, 이 과정에서 장애인들은 다양한 전문가들에게 의존하는 경향성을 가지게 된다. Humphrey(2000)에 의하면 개별적 모델은 장애를 개인의 신체나 정신 내에 있는 것으로 간주하여 장애를 손상(impairment)으로 환원시키는 한편, 장애인을 규정하고 통제하며 의료 전문가 또는 준의료 전문가에게 이들을 치료하는 권한을 부여하고 있다고 하였다.

물론 이러한 개별적 모델이 장애인의 정상화와 재활, 그리고 이를 통한 지역사회에의 통합(integration) 등 장애문제 해결을 위해 기여한 바가 적지 않음은 주지의 사실이며, 사회복지 역시 이러한 패러다임에 의해 많은 영향을 받아온 것 역시 부인할 수 없다. 하지만 개별적 모델은 개인적이며 기능적인 한계에 초점을 맞춤으로써 장애인들이 경험하는 광범위한 불평등과 주류 사회로부터의 배제를 정당화하는 결과를 초래하였다. 그뿐 아니라 장애인으로 하여금 의료적 치료 및 재활, 그리고 가족 또는 사회복지 급여 및 서비스 등에 의존하게끔 함으로써 무기력한 존재로 인식되도록 하였다. Oliver(1983)는 '기능적 제한'의 관점으로 인해 정치가나 전문가 또는 실천가들이 장애인을 문제라고 생각하게 되었으며, 따라서 장애인을 '치료'나 '보호'를 필요로 하는 의존적인 존재로 간주하게 되었다고 하였다. 그리고 이러한 개별적/의료적 접근에 의해 자본주의 사회에서의 생산성과 관련하여 노동시장 참여에서의 장애인에 대한 배제 역시 정당화되었다. 즉, 장애인은 비장애인에 비해 비생산적인 존재로 점점 더 많이 평가됨에 따라 심각하게 불리한 상태에 처하게 된다는 것이다(Barnes & Mercer, 2005).

요컨대 개별적 모델은 장애와 관련하여 사회적으로 부과된 결함과 억압을 간과하고 있으며, 장애가 발생하는 사회적 맥락을 고려하지 않는 문제점을 가지고 있다. 또한 정상화를 강조함으로써 신체적 결함을 가진 장애인을 비정상으로 간주하게 되어 정상성에 보다 높은 가치를 부여하는 결과를 초래하게 되며, 원조 과정에 있어서도 전문가에게 보다 높은 지위와 권한을 부여함으로써 일방적인 원조가 이루어지게 되고 이러한 과정에서 장애인들의 이익과 욕구가 반영되지 못한다는 문제점 역시 지니고 있는 것이다.

반면 사회적 모델은 장애인을 주류 사회로부터 배제시키는 환경적·문화적 요인에 초점을 둠으로써 사회체계에 의해 야기된 상태로서 장애를 이해하며 사회 전체에 그 책임이 있다고 주장한다. 이러한 사회적 모델은 의료적 모델에 대한 반응으로 생겨나기 시작했으며, 장애에 대한 사회적 모델로의 첫 번째 움직임은 1976년에 이루어진 분리에 반대하는 지체장애인연합(Union of Physically Impaired Against Segregation; UPIAS)의 선언에서 나타나기 시작하여(O'Grady, Pleasence, Balmer, Buck, & Genn, 2004), 이후 Finkelstein(1980) 및 Oliver(1983)와 같은 학자들을 통해 발전하였다. UPIAS에서는 장애를 손상된 사람들을 용납하지 않는 사회에 의해 주어지는 사회적 장벽으로써 규정하고 있다(UPIAS, 1976; Barnes, &

Mercer, 2005 재인용). 그리고 UPIAS의 접근을 사회적 모델로 재구성하여 발전시킨 Oliver는 다음과 같은 세 가지를 강조하고 있다(Barnes & Mercer, 2005). 첫째, 사회적 모델은 개인적인 기능적 결함이 아니라 장애를 야기하는 환경과 태도, 그리고 문화로 인해 발생하는 사회통합(social inclusion)에 대한 장벽에 분석적 초점을 둔다. 둘째, 사회적 모델은 접근 불가능한 교육, 정보통신시스템, 작업환경, 불충분한 장애 관련 혜택, 차별적인 보건 및 사회적 지지 서비스, 접근 불가능한 교통수단, 주택, 공공건물 및 문화설비, 문화 및 대중매체에서의 장애인에 대한 부정적 표현 등과 같은 일상생활에서의 장벽들 간의 상호관계를 강조하는 총체적 접근을 취한다. 셋째, 사회적 모델은 장애인의 삶에 대한 개별적 개입, 즉 의료적 개입, 재활치료, 교육 및 고용과 관련된 개입 등의 중요성을 무시하는 것이 아니라 그러한 개입만으로는 사회통합(social inclusion)이 이루어질 수 없다는 것을 강조하고 있다. 또한 Howard 역시 "장애인의 사회적 배제를 심각하게 만드는 것은 배제를 지속시키도록 이러한 장벽들이 상호작용하는 방식이다. 예를 들어, 부실한 교육은 취업 기회를 제한하게 되며, 따라서 소득이나 주거에 대한 접근도 제한하게 된다"고 함으로써 장애인이 사회적으로 배제되는 과정에서의 사회적 요인들이 가지는 중요성을 강조하고 있다(Howard, 1999).

장애를 바라보는 이러한 관점과 맥락을 같이하여 사회적 모델에서는 장애와 관련된 문제를 해결하기 위한 '사회행동'의 중요성을 강조하며, 사회생활에 대한 장애인의 완전한 참여를 위해서는 환경을 변화시키는 것이 필수적이고, 이러한 변화의 책임은 장애인이 아닌 사회 전체에 있다고 주장한다. 결국 사회적 모델은 사회적 변화를 요구하는 이데올로기적인 것이며 정치적으로는 인권과 관련된 것이라고 볼 수 있다(김용득, 2003). 실제로 영국에서는 1960년대 이후 장애인들이 자신들의 경험을 취합하고자 함께 모이기 시작했으며, 이러한 과정을 통하여 자신들의 욕구에 대해 사회가 적절히 부응하지 못하는 것과 자신들이 주류 사회 활동으로부터 체계적으로 배제되어 온 것에 관심을 가지기 시작하였다(Oliver & Barnes, 1998). 1970년대 이후에는 비록 소수지만 점점 더 많은 장애인들이 자신들의 조직을 결성하고 자신들의 시민적 권리가 존중되는 것, 그리고 교육 · 고용 · 주거 · 교통 · 여가 · 사회적 관계 · 성 등과 관련된 사회의 태도나 장벽을 철폐하는 것과 관련된 운동에 참여하기 시작하였다. 그리고 이러한 움직임 속에서 장애인들은 자신들에게 주어지는 서비스에 대한 의미 있고 실현 가능한 통제권과 '다름(difference)'과 상관없이 모든 시민을 수용할 수 있는 사회를 만들 수 있는 정책을 요구하였다. 즉, 그동안 장애인을 다양한 주류 사회로부터 배제시켜 온 사회적 장벽을 철폐하고 장애인에게도 비장애인과 동등한 시민권을 보장하도록 요구하고 있는 것이다.

이상에서 살펴본 바와 같이 장애인은 역사적으로 수많은 형태의 배제를 경험해 왔으며, 장애 담론들에 이러한 측면이 반영되어 있음을 알 수 있다. 장애 및 장애인을 사회에서 완전히 제거하고자 했었던 사회적 반응으로부터 시작하여 장애인을 사회에 통합시키고자 했던 시도로 인해 오히려 이들이 사회에서 배제되는 결과를 초래하게 되는 모순적 측면이 반영되어 있으며, 이제는 이러한 모순을 해결하고자 하는 새롭고 다양한 시도들이 이루어지고 있음을 알 수 있다. 요컨대 '복지에서 권리로(from welfare to rights)' 장애에 대한 패러다임이 옮겨져 가고 있으며, 정상화와 이를 통한 사회통합을 강조하는 전문가주의가 비판을 받고 있다. 즉, 손상 및 의료적 특수성을 가지고 있음에도 불구하고 장애란 개념은 사회적으로 배제되고 차별받는 사회적 구성에 의해 규정되는 것임이 분명하다는 것을 반영하고 있는 것이다. 이러한 패러다임의 변화는 재활과 전문가중심주의를 근간으로 하는 사고에서 인권과 당사자중심주의로 그 무게 중심을 옮겨 놓고 있다. 이처럼 장애인이 사회적으로 배제되지 않고 진정한 사회통합(social inclusion)을 이루도록 하기 위한 방안으로서 장애인의 인권을 회복하고자 하는 국제적 움직임에 이제 주목하지 않을 수 없는 것이다.

3. 장애인의 사회통합(social inclusion)과 인권보장
국제장애인권리조약을 중심으로

1) 사회통합을 위한 출발점으로서의 인권보장

앞에서 살펴본 바와 같이 장애인에 대한 사회적 배제는 매우 오랜 시간 다양한 형태로 이루어져 왔다. 특히 장애문제에 대한 해결 방안으로 제시되었던 방편들이 오히려 장애인들을 사회적으로 배제시키는 결과를 야기하였다는 것은 역사적 모순이 아닐 수 없다. 장애 담론을 통해 나타난 장애 개념의 변화와 이에 따른 장애문제에 대한 접근 방법의 변화는 장애인의 사회적 배제에 대한 대안 모색에 있어 다양한 함의를 제시해 주고 있다. 그뿐 아니라 사회적 배제라고 하는 개념에 담겨 있는 사회구조의 문제와 이의 해결에 있어서의 시민적 · 사회적 권리 및 이를 구현하기 위한 기제의 중요성 역시 장애문제 해결을 위한 새로운 대안의 방향을 제시해 주고 있다.

장애인과 관련된 또는 장애인에게 영향을 미치는 장애정책의 다양한 형태를 통해서 장애인에 대한 사회적 배제 문제 해결 노력이 어떻게 다르게 나타날 수 있는지를 알 수 있다. Drake(1999)는 부정적 정책 모델(the negative policy model), 자유방임정책 모델(the laissez-faire policy model), 단편적 접근 정책 모델(the piecemeal approach to policy making), 최적 정책 모델(the maximal policy model), 사회적 정책 모델 또는 권리 정책 모델(the social or rights-based policy model) 등으로 장애정책 모델을 분류하여 설명하면서, 장애정책의 가치를 평가하는 가장 적절한 방식은 그러한 정책이

〈표 3-1〉 장애정책 모델

정책 모델	특징
부정적 정책 모델 (the negative policy model)	장애인의 인권 및 시민권 부인
자유방임정책 모델 (the laissez-faire policy model)	장애인 또는 시민들의 삶에 있어서 국가가 최소한의 역할 수행
단편적 접근 정책 모델 (the piecemeal approach to policy making)	국가가 장애(disablement)에 대하여 마지못해 단편적으로 접근
최적 정책 모델 (the maximal policy model)	국가가 장애로 인한 불이익을 가려내 이들에 대한 대안 마련
사회적 또는 권리 정책 모델 (the social or rights-based policy model)	국가에 의해서 장애인의 시민권 보장

출처: Drake(1999) 재구성.

시민적 권리에 대한 장애인의 접근을 얼마나 확장(또는 제한)하고 있는가를 평가하는 것이라고 하고 있다(〈표 3-1〉 참조).

이러한 장애정책은 장애인들의 복지에 해가 되는 것에서 장애인의 시민권이 보장되는 것에 이르기까지의 연속선상에서 설명될 수 있다. 그러한 연속선상의 한 극단에 존재하고 있는 부정적 정책 모델은 장애인의 인권과 시민권을 부인하는 것으로서, 이러한 정책하에서 장애인에 대한 의도적 말살, 장애아의 낙태 등이 이루어졌다. 자유방임정책 모델은 장애와 관련된 문제의 존재를 무시하거나 부정하려는 목적을 가진 정책으로서, 장애인 문제에 대하여 어떠한 조치도 취하지 않는 것을 그 특징으로 한다. 이러한 정책하에서 자원이나 지지망이 없는 장애인들은 비장애인들에 의해 비장애인들을 위해 만들어진 세상에서 제대로 대처하는 것이 어려워질 수밖에 없게 된다. 단편적 접근 방법은 장애화(disablement)에 대해 무계획적, 제한적으로 반응하는 것으로서, 장애인의 사회통합(social integration)을 위한 정책을 시행하지만, 통합시키고자 하는 사회가 여전히 비장애인들에 의해, 비장애인들을 위해 만들어진 사회적 · 물리적 환경이라는 문제점을 안고 있다. 이러한 정책적 맥락하에서 서구의 여러 나라는 장애의 의료적 모델을 수용하여 손상에 따라서 장애인을 분류하고 지역사회에 적응(재활)시키기 위한 서비스, 원조, 장비 등을 제공하는 정책을 시행해 왔다. 최적정책 모델은 장애로 인한 불이익을 가려내 이들에 대한 대안을 마련하고자 하지만, 결국 사회구조가 아닌 개인적인 손상에 의한 장애 발생을 전제하여 장애인의 신체적 측면에서의 변화에 초점을 맞추어 장애인 개인의 상태를 개선시키고 완화시키는 것을 목표로 하는 서비스를 구축하고 유지하고자 한다. 따라서 장애인을 통합시키고자 하는 이런 서비스조차 장애인들을 가려내고 실제적으로는 그들을 사회로부터 격리시키는 것에서부터 시작하게 된다. 물론 이러한 모델에서는 장애인 개인에 대한 개입의 필요성을 인정하면서도 환경에 대한 변화를 초래하고자 하기도 하지만 이러한 접근 방법은 단편적으로 이루어지게 된다. 즉, 정부의 관심에 따라서 이러한 조치는 각기 다른 법률에 의해 이루어지고 그 결과, 정책의 조정과 수행이 어려워지게 되는데, 이는 한 가지 정책 영역에 대해서 여러 부서 또는 기관이 의무와 책임을 가지기 때문이다. 이런 체제에서는 단절과 이해관계의 충돌이 불가피하게 된다. 반면 사회적/권리 정책 모델은 모든 시민에 대한 국가의 책임을 수용하며 장애가 비장애인에 의해, 그리고 비장애인을 위해 만들어진 사회와 환경의 산물이라는 것을 인정함과 동시에 시민권 보장을 목표로 하고 있다. 이렇게 장애를 사회 자체의 산물로 생각하는 사회에서는 모든 사람들에게 접근 가능한 환경을 제공하고 개별적인 신체적 · 인지적 상태와 상관없이 모든 시민의 권리를 보호하는 통일되고 일관된 일련의(일체의) 법들을 제공하고자 하게 되며, 개인에 대한 변화보다는 사회의 변화를 추구하게 된다(Drake, 1999).

이상에서 살펴본 바와 같이 장애정책 모델은 사회로부터 장애인을 직접적으로 배제하는 것에서부터 통합(inclusion)을 위한 시도에 이르기까지 다양한 형태로 존재하고 있으며, 후자의 경우, 장애인은 비장애인과 모든 면에서 동등한 지위를 점유하며 따라서 시민으로서의 권리와 기회의 평등을 향유하게 된다. 이처럼 장애인의 사회적 배제를 극복하고 사회통합을 이루는 데 있어 시민으로서의 권리보장은 필수적이라고 할 수 있다. 그리고 이러한 장애인의 시민권 보장은 사회적 모델과도 입장을 같이하고 있다. 장애인들에 의하여 제기된 사회적 모델에서는 사회적 · 정치적 · 경제적 환경에 대한 변화를 추구하였으며, 이러한 도전의 결과로 기존의 법률이 침묵하는 바, 즉 광범위한 차별적 태도와 실천을 허용하는 침묵을 인식하게 되었다.

장애의 문제를 개인적 차원이 아닌 사회적 차원에서 규정하고 사회구조적인 측면에서 장애문제에 접근하고자 하는 사회적 모델을 최근 미국 문헌들에서는 소수집단 모델(minority group model)이라고 표현하고 있다. 이러한 소수집단 접근에서는 장애를 가진 이들을 사회적 소수집단으로 차별하는 사회적 구조에 의해 장애가 발생한다고 간주하며, 장애인이 경험하는 불리를 소수집단의 문제로 보고 있다. 따라서 사회적 소수집단으로서의 장애인의 기본적 시민권을 취득하기 위한, 그리고 과거와 현재의 부당함(injustice)을 변화시키기 위한 투쟁이 이러한 접근의 특징이라고 할 수 있을 것이다(박승희, 2004). 이러한 소수집단 모델은 1994년, Harlan Hahn에 의해 공식적으로 제안되었는데, 그녀에 의하면 장애와 관련된 문제를 해결하기 위해서는 환경 내에 존재하는 사회적 · 신체적 불공평함(inequity)을 해결하고 장애인에 대한 편견과 이로 인한 차별적인 대우를 법으로 교정하기 위한 공공정책의 변화가 필요하다고 하고 있다(Putnam, 2001).

이상에서 검토한 바와 같이 사회적 모델, 사회적/권리 정책 모델, 소수집단 모델 등에서 장애인의 사회적 배제에 대한 접근 방식으로 공통적으로 주장하고 있는 바는 바로 장애인의 시민적 · 사회적 권리, 즉 인권에 대한 보장이라고 할 수 있다. 인권이란 '인간이라고 하는 단 하나만의 이유로 그 기본권을 보장받는 조건이 되는 권리'라는 해석이 가능하며, 이에 근거하면 인간은 모두 그 본성에 있어 동등한 인권을 갖는다고 볼 수 있다. 하지만 모든 인간에게 동등하게 권리를 부여하고 인정하는 것만으로 그 권리가 갖는 실천적이고 관행적인 면이 자동적으로 구현되는 것은 아니다. 즉, 인권의 구현을 위해서는 인간으로서 가지는 기본적인 권리의 행사에 대하여 동등한 보장을 할 수 있는 기제가 필요한 것이다(이익섭, 2005).

결국 인권은 인간의 존엄성을 표현하는 개념으로 인간성 회복을 위한 인류의 보편적 과제를 나타내는 실천적 용어라고 할 수 있다. 장애와 관련된 문제를 해결함에 있어서 인권은 그 출발점이 될 수 있으며, 이는 새로운 아이디어의 창출이 아니라 회복의 과정이라고 할 수 있을 것이다. 또한 인권의 회복은 그 자격과 적합성의 인정에 머무르지 않고 그 집행의 구체적 실현을 꾀할 때 비로소 현재 요청되고 있는 장애인문제 해결의 전환기적 의미를 갖게 될 것이다(이익섭, 2005). 그런데 인권의 구현은 소규모의 집단이나 제한된 지역의 활동만으로는 성공하기 어려운데, 이는 인권이 세계적 성격을 띠며, 그 구현은 국제사회의 협력을 통해 가능하기 때문이다. 국가와 개인 그리고 사회와 그 구성원 사이에 힘의 차이가 증가함에 따라서 결국 한 개인의 인권문제에 대한 해결은 국가나 사회를 대상으로 하는 국제사회의 노력으로 변화될 수밖에 없는 것이다. 이러한 의미에서 장애인인권 구현을 위한 국제사회의 움직임과 현재 유엔에서 추진되어 총회 채택을 앞두고 있는 국제장애인권리조약이 가지는 장애인의 사회적 배제 극복에의 함의를 살펴보는 것은 앞으로 장애문제에 대한 접근 방식의 전환을 위한 의의가 클 것으로 생각된다.

2) 장애인의 인권보장을 위한 국제사회의 움직임

국제장애인권리조약은 유엔이 채택하고자 하는 국제인권협약으로서, 그 사상적 뿌리는 1948년 12월 10일 유엔총회가 채택한 세계인권선언에 두고 있다고 볼 수 있다. 1946년 2월 유엔 경제사회이사회(ECOSOC)는 유엔에서 권위를 부여받아 인권위원회라는 이름하에 제1차 회의를 시작하였고 이것이 오늘날 수많은 국제인권조약의 근간을 이루는 세계인권선언을 탄생시키게 된 것이다.

최초의 세계인권선언은 선언적 동의를 얻어 내었으나[3] 규범적 효력은 갖지 못하였다. 그러면서 유엔 회원국들은 인권보호에 대한 의무를 정의해 줄 유권해석이 절실히 필요했고 그러한 법적인 효력을 가진 인권규약을 초안으로 채택하는 일은 예상보다 훨씬 어려움에 직면하여 거의 20년 후인 1966년 12월 유엔총회에서 '경제적 · 사회적 · 문화적 권리에 관한 국제규약(The Covenant on Economic, Social and Cultural Rights－약칭 사회권 규약)'과 '시민적 · 정치적 권리에 관한 국제 규약(The Covenant on Civil and Political Rights－약칭 자유권 규약)'을 채택하게 되었다. 그러나 이 규약은 최소 35개국 이상이 가입하여야만 그 효력을 발생하게 되므로 채택 후 또다시 10년이 경과해서야 그 조건을 충족하게 되어 규약으로 발효하게 되었다.[4]

그 이후 유엔은 지난 수년간에 걸쳐 인종차별금지조약(The Convention on the Elimination of All Forms of Racial Discrimination: 1965년 채택, 1969년 발효), 여성차별금지조약(The Convention on the Elimination of All Forms of Discrimination Against Women: 1979년 채택, 1981년 발효), 고문 및 그

---

3) 세계인권선언은 '조약(treaty)'이 아니라 '결의문(resolution)'으로 체결되었다.

4) 현재는 약 80여 개국 이상이 이 규약에 가입하였으며, 우리나라는 1990년에 이들 두 규약 및 시민적 · 정치적 권리에 관한 규약에 부속된 선택의정서에 서명하였다.

밖의 잔혹한 · 비인도적인 또는 굴욕적인 대우나 처벌의 방지에 관한 협약(The Convention Relating to the Status of Refugee: 1984년 채택, 1987년 발효), 아동의 권리에 관한 조약(The Convention on the Rights of the Child: 1989년 채택, 1990년 발효), 이주노동자와 그 가족의 권리보호에 관한 조약(The Convention on the Protection of the Rights of all Migrant Workers and Members of their Families: 1990년 채택, 1995년 발효) 등 특정 분야를 다루는 많은 조약을 채택해 왔다.

이러한 조약들과 함께 인권과 사회통합 관점에서 장애인문제를 조명하기 시작한 시기는 1970년대로 거슬러 올라간다. 1971년 '정신지체장애인의 권리선언(the Declaration on the Rights of Mentally Retarded Persons)'과 1975년 '장애인의 권리선언(the Declaration on the Rights of Disabled Persons)'을 필두로 한 국제적 노력은 1980년대에 이르러 1981년 '세계 장애인의 해'[5] '장애인에 관한 세계행동계획(World Programme of Action Concerning Disabled Persons)', 그리고 1983년부터 1992년에 이르는 유엔 장애인 10년[6] 등 구체적인 모습을 갖추게 된다. 그리고 1990년대에는 이러한 움직임에 대한 평가와 반성의 과정을 거쳐 2000년대를 향한 새로운 지침과 규칙을 마련하고자 하는 시도들이 이루어졌으며 현재 또한 진행 중에 있다.

그런데 그동안 진행되어 온 장애인의 인권보장을 위한 국제사회의 움직임에 대하여 장애인의 인권 회복이 우선이라는 인권론적 담론과는 상당한 거리를 두고 있었다는 자평을 하게 되었다. 즉, 이 선포와 행동지침이 장애인을 거부하고 배제하는 사회의 근서를 비판하고 사회직으로 구성된 장애의 개념을 재구성하기 위한 변화를 지향하지는 않았다는 뜻이다. 그저 장

5) 1981년 12월 8일, 유엔총회 결의문 A/RES/36/77, International Year of Disabled Persons.

6) 1982년 유엔총회 결의문 37/52, UN Decade of Disabled Persons, 1983-1992.

애의 발생을 예방함으로써 장애의 비극을 최소화하고 전문가적 사정과 적격성 기준에 입각하여 장애인에게 재활과 교육을 잘 시키는 것이 최선의 방법이었으며 늘 주류 문화에 근접하도록 노력하는 장애인을 만들었던 것이다. 따라서 이러한 장애인의 인권에 대한 기존의 접근에 대한 비판과 더불어 장애인에 대한 배제를 야기하는 사회를 변화시키기 위한 새로운 대안 모색의 필요성이 야기되었다. 즉, 기존의 인권조약이 안고 있는 한계를 인정하고 장애인의 인권을 보장하는 별도의 조약이 필요하다는 인식을 국제사회에서 공유하게 된 것이다. 요컨대 사회권과 자유권의 기본에 도달하지 못하여 빈곤과 인간존엄성의 박탈을 경험하는 장애인의 인권부재 현실과 지금까지 지속되어 온 전문가 중심의 국제 운동에 대한 반성을 안고 국제장애인권리조약 제정이 추진되고 있는 것이며, 그 제정 과정은 다음과 같이 이루어지고 있다.

1987년 장애인의 인권에 대한 국제적인 문제 제기[7]가 이루어진 이후, 유엔 인권위원회에서는 1996년, 1998년, 그리고 2000년도에 장애인의 인권을 인정하는 결의문을 발표하였으며, 2003년 제2차 유엔 특별위원회에서부터는 국제장애인권리조약이 채택되고 발효되도록 그 초안 작성을 위한 실무그룹(Working Group)회의가 추진되었다. 이후 2004년 1월 실무그룹회의에 이어, 5월에 제3차, 그리고 8월에 제4차 특별위원회(Ad Hoc Committee)를 개최하였으며, 2005년 1월에 제5차 특별위원회, 그리고 6월에 제6차 특별위원회를 통하여 그 성과를 집약함으로써 같은 해 10월 특별위원회 의장안이 제출되어 2006년 1월 제7차 특별위원회에서 다루어질 예정이다. 이렇게 7차에 걸친 특별 위원회의 토의를 거쳐 국제장애인권리조약의 대략적인 골격이 형성되었으며, 2006년 제8차 회의를 거쳐 그 최종본

---

7) 1987년 유엔총회에서 이탈리아의 발의에 의해 장애인 인권에 관한 최초의 국제 협정이 제안되었으나 재정적 이유 (호주, 일본 및 영국 등의 회원국) 및 기존의 세계인권문서와 유사하다는 이유(북유럽 회원국)로 부결되었다.

이 정리될 것으로 예상된다.

현재 이루어지고 있는 이러한 국제적 움직임은 결국 배제되고 소외된 장애인의 현실에 대한 인식이 인권 실체 문제로서 국제적으로 부각되었음을 보여 주고 있는 것이며, 따라서 국제장애인권리조약에서 다루어질 장애인의 인권보장 관련 내용을 검토함으로써 장애인의 사회적 배제와 관련된 문제 해결의 근간으로서의 가능성을 고찰하는 것은 그 의의가 매우 크다고 할 수 있을 것이다.

3) 장애인의 사회통합을 위한 국제장애인권리조약의 의의와 한계

2006년 1월 제7차 특별위원회에서 다루어질 국제장애인권리조약 의장안[8)]은 회의 결과를 토대로 각 국가의 합의를 도출하기 위한 근거로 제시된 것으로서, 이 의장안의 내용을 검토하는 것은 최종 권리조약의 내용을 이해하는 데 중요한 자료가 될 것이다. 따라서 이 의장안 내용에 대한 검토를 통하여 국제장애인권리조약이 장애인의 사회통합을 위한 출발점으로서 인권보장을 담보해 낼 가능성에 관하여 가늠해 보고자 한다.

먼저 국제장애인권리조약 의장안의 구성은 〈표 3-2〉에 제시된 바와 같다.

〈표 3-2〉와 같이 국제장애인권리조약은 전문과 34개의 조항으로 구성되어 있다. 제1부(Part I)는 목적, 개념 정의, 일반 원칙, 일반 의무, 평등과 차별금지, 여성 장애인, 장애아동, 장애에 관한 인식 개선, 접근성 등 총론적 조항들로 구성되어 있으며, 제2부(Part II)에서는 시빈적 · 정치적 권리

---

8) 의장안은 제7차 회의가 진행되기 전에 각 국가 내에서 검토되었으며, 다음에서 다루게 될 각 조항의 내용은 의장안을 기초로 한 것이다. 다음에서 검토할 의장안은 국가인권위원회 국제협력담당관실에서 한글 번역한 내용을 근거로 사용하였다.

〈표 3-2〉 국제장애인권리조약 의장안의 구성

구 성	내 용
전문	• 조약의 핵심 철학 제시 • 각 조항에서 구체적인 행동원칙 명시
제1부 (Part Ⅰ)	• 제1조~제9조 • 목적, 개념 정의, 일반 원칙, 일반 의무, 평등과 차별금지, 여성 장애인, 장애아동, 장애에 관한 인식 개선, 접근성 등 총론적 조항
제2부 (Part Ⅱ)	• 제10조~제30조 • 생명권, 위험상황, 법 앞에서의 평등권 인정, 사법 접근권, 개인의 자유와 안전, 고문 또는 잔혹한, 비인도적이거나 굴욕적인 대우 및 처벌로부터의 자유, 착취, 폭력과 학대로부터의 자유, 개인의 존엄성 보호, 이주의 자유, 자립적 생활과 사회통합, 개인의 이동, 의사표현의 자유와 정보 접근성, 사생활 존중, 가정과 가족에 대한 존중, 교육, 건강, 선천적 장애에 대한 재활 및 후천적 장애에 대한 재활, 근로 및 고용, 적정 삶의 기준과 사회적 보호, 정치적 공적 생활 참여, 문화생활, 레크리에이션, 여가생활과 스포츠 참여
제3부 (Part Ⅲ)	• 제31조~제34조 • 통계와 자료 수집, 국제 협력, 국내적 시행 및 모니터링, 국제적 모니터링
제4부 (Part Ⅳ)	• 서명, 비준, 가입, 발표, 수정, 유보, 분쟁조정, 기탁, 정본

출처: 이익섭(2005).

와 경제적 · 사회적 · 문화적 권리가 합쳐져 제시되어 있다.[9] 그리고 제3부(Part Ⅲ)에서는 권리조약의 원활한 운영을 위해 수반되는 국제기구의 운영 원칙과 국제 협력 등을 핵심적으로 다루고 있다. 여기에서는 의장안의 각 조항들을 중심으로 그 의의를 살펴보도록 하겠다.

제1조에서는 조약의 목적을 "본 협약의 목적은 장애인이 모든 인권과 기본적인 자유를 완전하고 동등하게 향유하도록 촉진, 보호, 완성시키는 것이다."라고 명시함으로써 기존의 인권 문헌에도 불구하고 사각지대로 남

9) 이러한 권리에 대해서 본 조항에서는 그 구분이 어려우며 시민적 · 정치적 권리를 우선 규정할지의 여부에 대하여 논란 중이어서 그 합의를 도출한 바 없다.

아 있는 장애인들의 인권과 자유에 대한 완전하고 동등한 실현을 추구하고 있다. 이러한 장애인의 인권보장에 관한 별도 조약의 필요성에 관한 논쟁은 유엔이 정한 1981년 '세계 장애인의 날' 이후 끊임없이 제기된 바 있다. 인권의 보편성을 달성하기 위한 장애인 고유의 권리를 주장하는 입장과 기존의 조약 및 협약을 통한 실천을 강조하는 견해가 서로 합의에 이른 것은 그리 오래된 것이 아니다. 다양한 일반적인 국제인권장치와 장애인에 관한 특별한 국제적 조치에도 불구하고 장애인이 경험하는 차별과 사회적 배제, 그리고 기본적 권리의 부정 등은 지속되어 왔으며, 이는 그러한 국제적 장치 및 조치들이 가지는 한계를 반영하는 것이라고 할 수 있다. 이렇게 장애인의 인권보장을 위한 별도 조약의 필요성을 인정하고 그 목적을 명시하는 것은 장애인의 권리를 성취하기 위한 정치적 행동의 중요성을 강조하는 사회적 모델 및 소수집단 모델과 맥을 같이하는 것이라 볼 수 있을 것이다.

권리조약의 핵심 개념을 정의하고 있는 제2조는 적용 범위와 그 내용을 규정하려는 목적을 가지고 있으나 각 개념의 정의에 관한 합의가 어렵고 다양한 의견수렴 과정이 복잡하여 현재 그 개념 정의를 도출하지 못하고 있는 실정이다.

제3조[10]는 국제장애인권리조약 전반에 나타난 행동 조치를 규율하는 대원칙을 제시하고 있는데, 이러한 원칙에서 제시되고 있는 바와 같이 국제장애인권리조약은 장애인으로 하여금 한 인간으로서 또 시민의 한 사람으로서 이 사회에 동등하게 참여하게 함으로써 진정한 통합(inclusion)을 이루도록 하는 것을 기반으로 하고 있다고 볼 수 있다. 또한 장애인을 다양성

10) (a) 개인의 자립과 선택의 자유를 포함한 존엄, 개인의 자율, (b) 차별 금지, (c) 장애인과 비장애인의 동등함을 전제로 완전하고 효과적인 사회 참여 및 통합(inclusion), (d) 인간의 다양성과 인간성의 일부분으로서의 차이에 대한 존중과 장애의 수용, (e) 기회의 균등, (f) 접근성, (g) 남성과 여성의 평등.

의 차원에서 조명함으로써 사회통합을 추구하고자 기본 방향을 제시하고 있어 '다름(difference)'과 상관없이 모든 시민을 수용할 수 있는 사회를 만들어 진정한 사회통합을 요구하는 장애인당사자들의 입장이 반영된 것이라고 볼 수 있을 것이다.

제4조에서는 장애인권리에 관한 당사국들의 정책적, 입법적, 행정적, 기타 관련 행위를 규정하고 있다. 이 중에서 중요한 쟁점이 되었던 내용으로는 당사국들에서의 조약 적용 과정이 점진적 실현(progressive realization)이라는 원칙에 근거해야 한다는 점이다. 장애인의 현실은 상당 부분 시급한 조치와 적극적인 변화를 요구하는 경우가 많이 있으나 그 실현 과정에서 발생할 수 있는 비용과 사회적 부담 등은 간과할 수 없는 요소로 논의되었다. 그 결과 경제적 · 사회적 · 문화적 규약(The Covenant on Economic, Social and Cultural Rights)의 원칙인 점진적 실현이 장애인 권리조약 적용에서도 동일하게 적용되어야 한다는 것을 일반원칙으로 부득이하게 명시하게 된 것이다. 그러나 자유권, 즉 시민적 및 정치적 권리에 관한 규약(The Covenant on Civil and Political Rights)이 즉각적인 실천(immediate realization)을 함의하고 있고 따라서 장애인 권리조약의 내용 중 자유권에 관한 사항에서는 보다 즉각적이고 적극적인 실현이 적용되어야 한다는 점에는 이견이 없었다. 특히 차별적 행위에 관한 시정에 있어서는 권리의 즉각적인 실현이 적용되어야 한다는 것이다.

제5조에서는 장애인에 대한 평등을 보장하고 모든 형태의 차별을 금지하며, 장애인에 대한 합리적인 편의 제공(reasonable accommodation)이 이루어져야 함을 명시하고 있다. 대부분의 조항들이 보편적 권리를 장애인에게 보다 강화된 형태로 적용한다는 확대의 의미를 갖고 있지만 합리적인 편의 제공은 장애인에게 특수하게 적용되는 다양한 조건을 명시하고 있어 그 고유한 성격이 강조된다고 할 수 있다. 합리적인 편의 제공이 이루어지지 않음에 따라 발생되는 상황을 차별적 상황으로 해석하는 경우, 당사국

들은 이에 대해 즉각적이고 적극적인 조치를 취해야 한다는 해석이 가능하다. 금번 조항에서 합리적인 편의 제공을 차별금지의 주요 내용으로 삼고 있다는 점은 이러한 권리는 경제적 · 사회적 권리, 즉 점진적으로 실현할 수 있는 권리가 아니라 하나의 시민권으로서 즉각적으로 시행되지 않으면 차별로 간주되고 그에 대한 시정이 법적 구속력을 가지게 된다는 강력한 의미를 가지고 있다고 볼 수 있을 것이다.

장애 여성 조항인 제6조는 한국이 제5차 특별위원회에서 별도 조항을 제시한 이후 합의점에 도달하지 못하고 있다. 그 중요성, 즉 장애 여성이 직면하고 있는 이중 차별의 현실에 대해서는 이견이 없으나 그 해결을 위한 접근 중 별도 조항의 필요성에 관한 찬반은 아직 정리되지 않은 상태다.

제7조인 장애아동 조항은 실무그룹 초안에서 별도 조항으로 제시된 바 있으나 여성 조항이 별도로 제시되면서 그 존치 여부가 논란의 대상으로 부상되었다. 즉 여성 조항이 별도로 설치되는 경우, 아동 조항 역시 이에 따를 수 있고 그 반대의 경우 존치 여부가 어려울 것으로 예상되고 있다.

장애에 관한 인식 개선을 명시하고 있는 제8조는 장애인 권리 회복에 중요한 도구가 된다는 측면에서 그 중요성을 가지고 있다. 장애인에 대한 편견 및 잘못된 사회적 인식을 개선 또는 변화시키고자 하는 노력은 사회적 모델에서 주장하고 있는 사회적 태도 및 장벽을 철폐하는 것과 관련되는 것으로서 장애인의 사회적 배제 및 통합의 문제와 직결된 것이라고 할 수 있다.

제9조에서는 장애인의 접근성을 보장하고 있는데, 이 조항에서 언급하는 접근권은 장애인을 둘러싸고 있는 환경적 요인, 즉 대중교통, 정보, 커뮤니케이션 기술, 기타 지원 서비스를 포함한 정보와 의사소통에의 접근을 포괄하여 다루고 있다. 접근권은 국제장애인권리조약에 있어 또 하나의 고유한 장애 관련 조항으로 그 중요성이 크다고 할 수 있다. 앞에서도 언급한 바와 같이 기타 조항이 기존의 권리를 장애인에게 강조하여 적용시키고 있

는 반면 접근권은 장애인이 직면하고 있는 특수한 상황을 다루고 있다는 점에서 의미가 있다고 하겠다. 또한 장애인이 한 사회의 시민으로서 참여할 수 있어야 하는 정상적 활동에 동등하게 참여하는 데 있어 이러한 접근권은 매우 중요하고도 기초적인 권리라고 할 수 있으며, 따라서 장애인이 사회에 통합되는 데 있어 기초적인 요건이라고 할 수 있다. 장애를 개인에게 발생한 의학적 손상이 아니라 사회적 배제 혹은 환경의 결과로 정의하는 사회적 모델에서는 장애문제의 해결 대상을 장애를 갖고 있는 개인으로부터 장벽을 초래하는 사회환경의 변화로 바꿔 나가고 있으며, 접근권은 바로 이러한 입장이 반영된 것이라고 볼 수 있을 것이다.

제2부는 시민적 · 정치적 권리에 관한 규약이 규정하고 있는 인간의 자유권 보장과 관련된 조항들—제10조 생명권, 제11조 위험상황, 제12조 법 앞에서의 평등권 인정, 제13조 사법 접근권, 제14조 개인의 자유와 안전, 제15조 고문 또는 잔혹한, 비인도적이거나 굴욕적인 대우 및 처벌로부터의 자유, 제16조 착취, 폭력과 학대로부터의 자유, 제17조 개인의 존엄성 보호, 제18조 이주의 자유, 제19조 자립적 생활과 사회통합, 제21조 의사표현의 자유와 정보 접근성, 제22조 사생활 존중, 제23조 가정과 가족에 대한 존중, 제29조 정치적 공적 생활 참여—과 경제 · 사회 · 문화적 권리에 관한 규약에 나타난 사회권 보장과 관련된 조항들—제20조 개인의 이동, 제24조 교육, 제25조 건강, 제26조 선천적 장애에 대한 재활 및 후천적 장애에 대한 재활, 제27조 근로 및 고용, 제28조 적정 삶의 기준과 사회적 보호, 제30조 문화생활, 레크리에이션, 여가생활과 스포츠 참여—로 이루어져 있으나 그 구분이 명확한 것은 아니다.

이상에서 살펴본 바와 같이 전문과 조문에 나타난 핵심적 내용은 첫째, 보편적인 인권 문헌에서 제시된 자유권과 사회권을 재확인하고 있으며, 둘째, 장애인의 고유한 권리를 강조하고 있다. 이는 그동안 인권과 관련한 다양한 국제적인 움직임과 그 결과물이 존재함에도 불구하고 장애인은 그 사각지대에 놓여 있었음을 간과하지 않은 것으로 장애인에게 새로운 권리를 부여하고자 함이 아니라 그동안 박탈되었던 권리를 회복시키고자 함을 의미하는 것이다. 아울러 인간의 다양성과 다름(difference)을 인정하여 장애인의 보편적 권리를 보장하기 위한 선결 과제로서 이들의 고유한 권리를 강조하여 규정함으로써 인간으로서의 보편적 권리 구현을 위해 보다 한길음 다가갔다고 볼 수 있을 것이다.

이렇게 장애인의 인권보장을 위한 핵심적이고도 필수적인 내용들이 포함될 수 있도록 이루어져 온 과정 역시 매우 중요한 가치를 지닌다. 85개 회원 국가 대표단 및 장애인 NGO 단체들이 참석한 제2차 유엔 특별위원회에서는 국제장애인권리조약을 위한 실무그룹을 구성하기로 합의하였으며, 27명의 정부 대표와 1명의 국가인권위원, 그리고 국제장애인협의체(International Disability Alliances; IDA) 및 장애인 지역단체를 대변하는 12명의 대표로 실무그룹이 구성되었다. 이 가운데 IDA를 구성하고 있는 단체들은 국제재활협회(Rehabilitation International; RI)를 제외하고는 모두 장애인당사자단체다. 이들 장애인당사자단체는 전 회의 과정을 통해 당사자가 경험하는 삶의 현실을 증언하는 역할을 수행하는 한편 조약의 필요성을 희석하려는 몇몇 참가자들의 견해를 견제하는 역할도 겸함으로써 기존의 몇몇 국제적 움직임들이 장애인당사자들의 목소리를 담아내지 못했던 것과는 차별성을 지녔다고 할 수 있을 것이다.

이렇듯 국제장애인권리조약은 장애인의 기본적인 인권을 재확인하고 장애를 초래하는 다양한 사회적 장벽에 대한 철폐와 변화를 규정함으로써 그동안 부정되어 왔던 장애인의 인권을 구현하고, 이를 통해 장애인의 진정한 사회통합을 이루는 데 있어 기여하는 바가 크리라 기대할 수 있다. 즉, 그동안 장애인의 재활과 교육이 강조되거나 사회 변화를 단편적, 제한적으로 추구해 왔던 기존의 장애정책 및 제도가 변화해야 할 기본적인 틀과 방향을 제시해 줄 수 있을 것이라는 것이다. 이는 장애인의 문제에 대하여 기본적인 권리 차원에서 접근함으로써 모든 사람에게 접근 가능한 환경을 제공하고 개별적인 신체적 및 인지적 상태와 상관없이 모든 시민의 권리를 보호하는 통일되고 일관된 일련의 정책 및 법들이 제공될 수 있는 기반 제공과도 맥을 같이하는 것이다. 하지만 국제조약이 가지는 한계점 역시 간과할 수 없다.

국제장애인권리조약이 장애인의 사회통합에 직접적인 영향을 미치기 위해서는 제도나 정책, 법률 등을 통해서 구체적인 구현이 이루어져야 할 것이다. 국제인권조약은 인권이사회,[11] 국가보고서,[12] 개인통보제도, 국가간 통보제도 등을 통하여 국제인권조약의 이행을 담보하고자 하는 제도적 장치를 마련하고 있다. 국가보고제도는 인권조약이 가장 일반적으로 채택하고 있는 이행 확보 수단이며, 보고서의 공개적 심의는 당사국의 의무이행을 촉진시키는 기능을 담당한다. 그리고 이러한 보고서의 심의가 끝나면 인권이사회는 개별 국가별로 검토 결과를 발표한다(정인섭, 2000). 개인통보제도는 규약상의 권리를 침해당한 피해자가 인권이사회에 그 사실을 통보하여 권리 구제를 요청할 수 있는 제도로서(정인섭, 2000), 개인에 대하여도 국제법상 적극적 · 능동적 역할을 부여하고 있다는 점에서 의의를 지니는 제도다(이근관, 2000). 국가 간 통보제도란 인권조약의 당사국이 조약상의 인권보장의무를 이행하고 있지 않는 경우, 타 당사국이 이 사실을 해당 국가 또는 인권조약상의 기구에 통보하여 사태의 해결을 도모하는 제도다(정인섭, 2000). 하지만 이러한 장치들은 법적 구속력이 아닌 권고적 효력만

---

11) 인권이사회는 국가별 보고서의 심사와 개인통보의 심리, 그리고 일반논평(General Comment) 발표를 통한 규약 내용에 관한 표준적 해석 제공 등을 수행한다(정인섭, 2000).

12) 규약당사국은 조약상의 권리실현을 위하여 자국이 취한 조치와 이에 관련된 발전상황을 인권이사회에 정기적으로 보고해야 한다. 또한 당사국이 규약을 시행하는 데 영향을 미치는 요소와 장애가 있는 경우 이 역시 보고하여야 한다(시민적 및 정치적 권리에 관한 규약 제40조; 정인섭, 2000).

을 지니거나 제대로 활용되지 않는 등의 한계를 지니고 있는 실정이다(정인섭, 2000). 이러한 상황에서는 국제장애인권리조약에 장애인의 인권을 담보해 내기 위한 다양한 조항이 존재한다 하더라도 국내에서 이의 구체적인 실현을 기대하기 어려울 수도 있을 것이다. 따라서 가입한 국제조약의 내용이 국내에서도 현실적으로 적용되고 또 인권이사회와 같은 국제인권기구의 권고를 최대한 존중할 수 있는 제도적 장치의 마련이 필요할 것이다.

4. 결 론

이상에서 장애인의 사회통합(social inclusion)에 대한 대안으로서의 인권보장과 이의 구체적 실현을 위한 기초적 장치로서 국제장애인권리조약이 가지는 의의와 한계에 대해서 살펴보았다. 장애인은 역사적으로 가장 심하게 사회적으로 배제되어 온 집단 중 하나로, 이들에 대한 진정한 사회통합은 국내적으로뿐 아니라 세계적으로도 시급히 해결되어야 할 과제라고 할 수 있다.

한 사회의 시민이 된다는 것은 사회를 구성하거나 재구성하는 결정 과정에 참여할 수 있는 것, 그리고 노동, 여가, 정치적 논쟁, 여행, 종교 등과 같은 주요 기능에 참여할 수 있는 것을 의미하는데(Drake, 1999) 이러한 시민권의 반대편에 바로 사회적 배제가 존재하고 있는 것이다. 결국 사회적 배제 문제를 해결한다는 것은 시민권의 회복과 보장을 의미하며, 사회적 모델 또는 소수집단 모델은 이러한 권리 회복 및 보장을 주장하고 있다. 즉, 사회의 구조적 특성으로 인해 경제적, 심리적, 문화적으로 다양한 차원에서 주류화되어 있는 영역에 대해 참여의 기회가 차단되어 그 권리가 침해되고 있는 상태인 사회적 배제를 극복하기 위해서는 사회구조의 변화와 시민권의 보장이 필수적이라는 것이다.

이러한 사회적 모델은 장애인당사자들에 의해 시작되어 장애 이해에 대한 새로운 지평을 연 것으로 장애를 개인적인 문제에서 사회적 행동(예: 인권 접근, 법적인 보호, 접근성 증진 등)을 요하는 사회적 차원의 문제로 전이시켜 놓은 중대한 성과를 초래하였으며, 장애인에 대한 사회적 환경(법, 물리적 환경, 태도 등)을 변화시키는 데 효과적으로 작용하고 있다(박승희, 2004). 하지만 사회적 모델 역시 한계를 지니고 있다는 비판을 받고 있는 것 역시 주지의 사실이며, 그 대략적 내용은 다음과 같다. 첫째, 사회적 모델은 장애를 사회적 구성물로 규정함으로써 개인적인 손상의 경험을 과소평가하고 있으며, 환경의 변화만으로 신체적인 기능에 대한 보완이 이루어질 수 없다는 것을 인정해야 한다는 것이다. 둘째, 장애유형에 따라 매우 다양하고 상이한 경험을 할 수밖에 없어 장애인집단을 동일한 집단으로 보기 어려움에도 불구하고 사회적 모델은 장애인집단을 동질적인 집단으로 간주하고 있다. 즉, 사회적 모델은 학습 · 지적 · 심리적 또는 비가시적(nonvisible) 손상을 지닌 사람들의 문제를 적절히 반영하지 못하고 있으며(Gill, 2001; 박승희, 2004 재인용), 따라서 다양한 유형의 장애를 아우를 수 있는 연대가 어렵다는 점 역시 문제점으로 지적되고 있다. 셋째, 장애문제에 대한 보편주의적 접근(universalistic approach)에서는 사회적 모델이 의도한 바와는 달리 장애의 의학적 개념을 강화하고 있다고 지적하고 있다. 즉, 장애인이라는 소수집단을 정확하게 정의하기 위하여 장애와 비장애를 이분화하여 고정적으로 정의하게 한다는 것이다(박승희, 2004). 이러한 측면은 국제장애인권리조약 의장안의 제2조 '개념 정의'에서 '장애'와 '장애인'의 정의에 관한 합의가 도출되지 못하고 있는 점에서도 나타나고 있다. 이와 관련하여 장애와 장애인에 대하여 개념 정의를 내린다는 것이 오히려 권리조약의 적용에 제약이 될 가능성이 있다는 점에서 볼 때, 정의를 유보하여 당사국들의 권한으로 남겨 두는 것이 보다 탄력적일 수 있다는 해석이 가능할 수 있을 것이다.

국제장애인권리조약은 소수집단인 장애인의 인권보장을 위하여 장애를 초래하는 다양한 사회적 환경의 변화를 그 목표로 하고 있다는 점에서 상당 부분 사회적 모델의 입장을 반영하고 있다고 볼 수 있다. 하지만 앞서 언급한 바와 같이 사회적 모델 역시 한계성을 지니고 있는 것이 현실이며, 이러한 측면에 대한 현실적인 고려가 국제장애인권리조약 추진 과정에서도 반영되고 있음을 알 수 있다.[13] 이렇게 사회적 모델의 한계에 대한 인식과 이에 대한 반영에도 불구하고 국제장애인권리조약이 장애인의 사회적 배제 문제를 해결하는 대안으로서 현실적인 기능을 하기 위해서는 여러 가지 보완을 필요로 한다. 즉, 국제장애인권리조약에서 천명하고 있는 다양한 장애인인권보장의 내용을 실제적으로 구현할 수 있도록 다양한 작동 기제들이 마련되어야 하는 것이다. 이를 위해 장애인당사자나 장애인복지 관련자 및 정부의 지속적인 관심과 움직임이 뒤따라야 할 것이다.

이러한 한계에도 불구하고 국제장애인권리조약은 한국 정부의 관심과 참여 속에 진행되는 최초의 국제 인권 관련 조약이라는 점, 국제사회에서 장애인인권조약에 대한 국제 장애인단체의 요구를 재확인했다는 점, 그리고 무엇보다도 '복지에서 권리로' 표현되는 기본 시각의 변화와 이로 인한 국내 장애 관련 영역에 대한 파급효과가 기대되는 점 등 그 의의가 매우 크다고 할 수 있을 것이다. 사회적 모델이 사회적인 차원만을 강조함으로써

---

13) '장애'를 사회적 구성물로 보고 있는 사회적 모델의 입장에서 보면 재활은 사회변화보다 개인의 변화를 강조하고 있는 전통적이고 개인 지향적인 성격으로 비판받고 있었다. 하지만 장애의 유형과 정도 등에 따른 재활의 필요성이 부정될 수 없는 현실을 반영하여 국제장애인권리조약 의장안 제26조 '선천적 장애에 대한 재활(habilitation) 및 후천적 장애에 대한 재활(rehabilitation)' 에서는 재활의 성격을 지역사회, 자기결정권 등을 지향하는 새로운 모습으로 제시함으로써 그 필요성을 인정하고 있다.
또한 제28조 '적정 삶의 기준과 사회적 보호' 에서는 그동안 비판받아 왔던 사회복지 확대 차원에서의 접근을 반영하면서도 권리를 강조함으로써 이전 접근과의 차별성을 나타내고 있다. 즉, 의식주에 대한 사회복지서비스 제공을 장애인의 적절한 삶에 대한 권리로 천명함으로써 그동안 당사국들이 장애인복지를 단순한 보호 차원에서 접근해 왔던 형태와는 구분되는 것이다.

'과도하게 사회화' 한 측면이 지적되고 있음에도 불구하고 그동안 장애를 개별적인 차원에서만 이해하고 접근해 왔던 현실을 인정하고 장애를 야기하는 다양한 사회적 장벽을 철폐하도록 기여한 바는 인정하지 않을 수 없다. 결국 이러한 사회적 모델의 주장이 실질적으로 구현되기 시작한 한 형태로 국제장애인권리조약을 이해할 수 있을 것이며, 이는 장애인의 사회적 배제 문제에 대한 한 대안적 모델로서의 가능성을 충분히 내포하고 있다고 볼 수 있을 것이다.

참고문헌

강신욱, 김안나, 박능후, 김은희, 유진영(2005). 사회적 배제의 지표개발 및 적용방안 연구(연구보고서2005-10). 서울: 한국보건사회연구원.

국가인권위원회(2005). 장애인 인권과 존엄성 보호 및 증진에 관한 포괄적 통합적 국제협약 초안: 의장안.

김용득(2003). 장애담론과 한국 장애인복지의 변천. 통합과 배제의 사회정책과 담론. 서울: 함께읽는책.

문진영(2004). 사회적 배제의 국가 간 비교연구: 프랑스, 영국, 스웨덴을 중심으로. 한국사회복지학, 56, 253-277.

박병현, 최선미(2001). 사회적 배제와 하층계급의 개념 고찰과 이들 개념의 한국빈곤정책에의 함의. 한국사회복지학, 45, 185-219.

박승희(2004). 장애개념화의 진전이 장애인 지원 구축에 지니는 함의. 특수교육학연구, 38(4), 27-65.

송다영(2003). 사회적 배제 집단으로서의 저소득 모자가족과 통합적 복지대책 수립을 위한 연구. 한국사회복지학, 54, 295-319.

심창학(2001). 사회적 배제 개념의 의미와 정책적 함의. 한국사회복지학, 44, 178-208.

오혜경(1999). 장애인과 사회복지실천. 아시아미디어리서치.

이근관(2000). 국제인권규약상의 개인통보제도와 한국의 실행. 국제인권법, 3, 35-65.

이영환(2003). 통합과 배제의 사회정책과 담론. 서울: 함께읽는책.

이익섭(2003). 장애인당사자주의와 장애인 인권운동의 배경과 철학. 장애와 사회, 2, 14-31.

이익섭(2005). 인권과 장애-국제장애인권리조약의 동향과 전망. 서울: 학지사.

정인섭(2000). 국제인권규약과 개인통보제도. 서울: 사람생각.

Albrecht, G. L., Seelman, K. D., & Bury, M. (2001). *Handbook of Disability Studies*. Thousand Oaks: Sage.

Barnes, C., & Mercer, G. (2005). Disability, Work, and Welfare: Challenging the Social Exclusion of Disabled People. *Work, Employment and Society, 19*(3), 527-545.

Berghman, J. (1995). Beyond the Threshold: The measurement and Analysis of Social Exclusion. In G. Room (Ed.), *Social Exclusion in Europe: Policy Context and Analytical Framework*. Bristol: Policy Press.

Burchardt, T., Le Grand, J., & Piachaud, D. (1999). Social Exclusion in Britain 1991-1995. *Social Policy & Administration, 33*(3), 227-244.

Drake, R. F. (1999). *Understanding Disability Policies*. London: Macmillan.

Finkelstein, V. (1980). *Attitudes and Disabled People*. Geneva: World Rehabilitation Fund.

Gill, C. (2001). What is the Social Model of Disability and Why Should You Care? *Alert: The Newsletter of the Institute on Disability and Human Development, 12*(2), 6 9.

Hales, G. (1996). *Beyond Disability: Towards an Enabling Society*. London: Sage.

Hills, J., Le Grand, J., & Piachaud, D. (2002). *Understanding Social Exclusion*. New York: Oxford University Press.

Howard, M. (1999). *Enabling Government: Joined up Policies for a National Disability Strategy*. London: Fabian Society.

Humphrey, J. C. (2000). Researching Disability Politics, or, Some Problems with the Social Model in Practice. *Disability and Society, 15*, 63-85.

Jordan, B. (1996). *A Theory of Poverty & Social Exclusion*. Oxford: Blackwell.

Murphy, R. (1987). *The Body Silent: A Journey into Paralysis*. New York: Holt.

O'Grady, A., Pleasence, P., Balmer, N. J., Buck, A., & Genn, H. (2004). Disability, Social Exclusion and the Consequential Experience of Justiciable Problems. *Disability & Society, 19*(3): 259-271.

Oliver, M. (1983). *Social Work with Disabled People*, Basingstoke: Macmillan.

Oliver, M., & Barnes, C. (1998). *Disabled People and Social Policy: From Exclusion to Inclusion*. Harlow: Addison Wesley Longman.

Putnam, M. M. (2001). *Individual Disability Identity: A Beginning Exploration into Its Nature, Structure, and Relevance for Political Coalition Building*. Ph. D. diss. University of California Los Angeles.

Social Exclusion Unit (n.d.). (2005). *What is Social Exclusion?: Social Exclusion is about more than Income Poverty*. http://www.socialexclusionunit.gov.uk/page.asp?id=213.

UPIAS. (1976). *Fundamental Principles of Disability*. London: Union of the Physically, Impaired Against Segregation.

제 4 장

장애인권리협약의 의미와 핵심 과제

이익섭

학습 목표

1. 장애인인권의 역사적 의미를 이해할 수 있다.
2. 장애인권리협약 합의 과정에 나타난 대립된 입장들을 살펴봄으로써 협약 채택 이면에 가려져 있는 갈등의 요소를 설명할 수 있다.
3. 장애인권리협약의 핵심 과제를 살펴보고 국내법과의 관계를 이해할 수 있다.

이 장은 2007년 5월 『보건복지포럼』에 수록한 故 이익섭 교수의 논문 「장애인권리협약의 의미와 핵심 과제」를 옮긴 것이다.

1. 서 론

2006년 12월 13일 장애인의 숙원이자 인류 공동체의 희망인 '장애인권리협약'이 유엔총회에서 만장일치로 채택되었다. 이로써 장애문제에 대한 국제사회의 선언적 접근을 종식시키고 인권을 통해 구속력 있는 장애인 국제조약을 만든다는 원대한 꿈은 현실이 되었다. 그뿐 아니라 한국에서도 2007년 3월 6일 「장애인차별금지법」이 국회를 통과함으로써 장애인의 인권보장을 통한 평등한 사회를 만들겠다는 한국 장애인운동의 꿈이 실현되었다. 국내외를 막론하고 역사를 만드는 것은 위대한 비전과 헌신적 도전이라는 교훈이다. 우리 앞에 펼쳐진 미래 사반세기 역시 우리들의 새로운 비전과 헌신을 기다리고 있다고 하겠다.

여기서는 국제인권조약에 있어 여덟 번째로 기록된 장애인권리협약의 역사적 의미를 짚어 보고 그 시사점을 논의해 보고자 한다. 이를 통해 우리는 장애문제를 해결해 나감에 있어 새로운 전환기를 인식하고, 이로부터 미래를 설계하기 위한 보다 근본적인 성찰을 시도하고자 한다. 나아가, 장애인권리협약 합의 과정에 나타난 대립된 입장을 살펴봄으로써 협약 채택 이면에 가려져 있는 갈등 요소를 기억하고자 한다. 동시에 협약의 핵심 과제를 살펴보고 국내법과의 관계를 검토할 것이다. 끝으로 권리협약이 한국 장애계 전반에 시사하는 바를 생각해 보겠다. 특히 국제사회에서 한국이 갖게 되는 미래의 의무라는 관점에서 그 역할을 논의할 것이다.

2. 장애인인권의 역사적 의미

일반적으로 장애인인권은 일반 인권의 확대 적용으로 축소하여 이해되기 쉽다. 사회가 발전함에 따라 국제사회가 구축한 인권을 다양한 집단에게 적용해 가면서 발전한다고 보는 것이다. 장애 역시 그러한 확대 적용의 한 예라고 보는 이러한 견해는 장애인인권을 보완적이고 추가적인 발전의 한 형태로 보는 것이다. 2006년 12월 13일 유엔총회에서 채택된 국제장애인권리조약도 이러한 관점에서 보면 쉽게 설명되는 듯하다. 즉, 1948년에 천명된 인권선언을 필두로 하는 7대 인권 규약 및 조약 이후 그 적용 범위를 확대하는 마지막 영역으로 장애인의 인권협약이 다루어진다는 해석이 그것이다.

그러나 시간적으로 보았을 때 마지막 시점에 놓이는 일이 그 의미에서조차 최후나 최소의 의미를 갖는 것은 아니다. 분명히 기억해야 할 것은 국제사회가 가장 중요하다고 판단되는 주제를 항상 선결 과제로 다루지는 않는다는 사실이다. 적어도 의미의 중요성이 진행상의 순서를 결정하지 않는다는 것은 주지의 사실이다. 국제사회가 그만큼 신속하지 않을 뿐 아니라 그럴 사명감을 스스로 느끼고 주도해 나가는 존재도 아니기 때문이다. 좀 더 비판적으로 보면 유엔을 중심으로 하는 국제사회에서의 인권은 정치적인 타협과 경제적인 계산이 반영된 결과물이며 국가 간의 이익이 더욱 강하게 작용하고 있는 영역이라고 봐야 할 것이다.

장애인인권은 특수집단의 인권이면서도 세계 보편적 인권의 필요성을 정당화하는 지시적 경험이며 인권의 보편성에 도전하는 인간적 고민이라는 역사적 의미를 갖고 있다. 곧 장애는 특수한 경험이지만 인권의 완성을 위해 인류에게 던져진 본질적 질문이며 한 사회의 인권 수준을 대변하는 기준인 것이다. 인권을 경험에 근거한 담론의 과정으로 이해한다면 장애는 그 어느 집단보다 절실한 우선 개입의 필요성이 강조되는 대상이다. 장애는 인권을 비춰 주는 역사의 거울, 즉 인권 거울이며 여기에 비친 우리의 인권 얼굴은 새로운 변화를 결심하기에 지나치리 만큼 충분한 역사적 증거다.

1971년 유엔은 정신지체장애인의 권리선언(the Declaration on the Rights of Mentally Retarded Persons)을 채택함으로써 장애와 인권을 생점으로 부각시킬 수 있었으나 1982년에 제시된 유엔 장애인 10년 행동계획(World Programme of Action)은 장애 예방과 재활이라는 인권과는 거리가 먼 의료모형(medical model)으로 선회함으로써 역사적 도약의 기회를 지연시켰다. 다시 한 번 인권의 현 모습을 비춰 줄 수 있는 거울을 회피했다고 할 것이다. 더욱 안타까운 것은 장애인인권 문제를 사회 전면에 끌어올릴 수 있는 정치적 힘이 존재하지 않았거나 미약했다는 사실이다. 그나마 이를 위해 결집한 장애인당사자 조직으로 세계장애인연맹(Disabled People's International; DPI)이 결성되고 국제사회 인권운동에 참여하게 된 것은 기억할 만한 전기라고 하겠다.

이제 국제사회는 장애와 인권의 밀접한 관계를 인정하고 장애인의 인권을 인류의 약속 차원으로 승격시키려 하고 있다. 장애는 인간의 존엄성과 생명 존중이라는 본질적인 질문을 함축하고 있으며 전 생애에 걸친 과제와 더불어 사회적 환경 조건의 변화 등의 새로운 도전을 인류에게 던지는 충격적인 사건으로 다가오고 있다. 장애가 인권의 역사적 지표가 된다는 점에서 보면 국제사회에서의 인권 노력은 장애를 우선 과제로 설정함이 마땅할 것이지만 그렇지 못한 것은 그 나름대로의 의미를 함의하고 있다 하겠다. 그것은 국제사회가 추구하는 인권의 완성을 위해 장애가 인권 역사의 마지막 마침표로서의 도구가 되는 일이다.

3. 장애인권리협약의 배경에 나타난 대립된 생각

장애인권리협약은 유엔 특별위원회가 5년에 걸친 토론 끝에 얻어낸 합의의 결과다. 그 과정에 나타난 다양한 서로 다른 의견과 입장이 하나의 조약으로 성안되기 위해서는 논쟁과 협상이 불가피했을 뿐 아니라 경우에 따라 정치적 타협도 수반되었다. 다시 한 번 장애가 갖는 복잡성과 다양성을 인식하는 기회가 아닐 수 없었다.

이러한 합의 과정에 나타난 대립된 입장을 살펴보는 일은 국내 장애인 문제를 검토함에 있어 의미가 있다 하겠다. 나아가 향후 국제사회에서의 한국의 역할을 설계하는 데 있어 밑거름이 될 것이다.

1) 차별금지와 사회개발: 유럽연합(EU)과 타 지역의 대립

장애인권리협약을 위한 특별위원회가 대립과 갈등의 양상을 띠게 된 1차적인 원인은 장애인권리협약의 기본 방향에 대한 두 가지 접근이 서로 다른 관점을 갖고 있었기 때문이었다. 즉, 차별금지를 협약의 기본 성격으로 설정하고 있는 유럽연합(EU) 안과 사회개발을 강조하는 기타 지역의 안이 회의 초반부터 대립되어 긴장된 토론이 이어졌던 것이다.

유럽연합이 견지하고 있는 주장의 핵심은 다음과 같다. 첫째, 모든 사람은 인간으로서 동등한 권리를 가지며 장애인 역시 동등한 권리를 부여받는 것이 협약의 주목적이라는 것이다. 어느 누구도 새로운 권리(new rights)를 부여받을 수 없기 때문에 장애인권리협약 역시 동등한 권리의 회복을 적시하는 것으로 충분하다는 것이다. 이러한 입장에서 보면 장애인의 열악한 현실을 보완하기 위해 언급되고 있는 사항들은 권리협약에 삽입될 수 없다는 것으로, 만일 그렇게 되면 너무 많은 새로운 권리가 생기게 되어 논란이 유발된다는 것이다. 다시 말하면 협약은 다만 모든 인간의 권리의 회복에 제한되어야 한다는 것이 유럽연합의 주장이다. 둘째, 이러한 권리 회복의 핵심은 자연히 차별금지가 되며 이를 통해 기본적인 인권이 장애인에게도 구현될 수 있도록 협약이 구성되어야 한다는 것이다. 따라서 유럽연합 국가들은 협약이 추구하는 원칙을 설정함에 있어 차별금지를 근간으로 구성하면 충분하다는 주장을 고수하고자 하였다.

이에 반해 사회개발모형을 강조하는 방콕 초안과 기타 비정부단체의 안은 장애인의 특수한 상황을 감안한 다양한 사회적 책임의 강조가 수반되지 않으면 협약의 의미가 없다는 주장을 핵심으로 하고 있다. 특히 장애인을 대변하고 있는 당사자 단체들은 유럽연합의 안에 대해 강력한 반대의 입장을 갖고 장애인의 현실을 타개할 수 있는 보다 현실적인 협약의 내용을 옹호하였다. 이들의 입장에서 보면 유럽연합의 의견은 원리상으로 타당하지만 현실을 무시한 탁상공론이라는 것이다. 지난 수세기를 통한 장애인의 경험이 말하고 있고 유엔 인권보고서 역시 지구촌에서의 장애인인권침해를 지속적으로 보여 주고 있는 바, 이는 기존의 인권조약에 의해서는 보장될 수 없음을 입증하고 있다고 하겠으며, 또한 그들이 그 자리에 모인 이유 역시 작금의 현실을 더 이상 방관할 수 없다는 합의가 있었기 때문이라는 점을 망각해서는 안 된다는 것이다. 둘째로, 장애인에게는 일반 비장애인과 다른 권리가 있다는 주장으로 유럽연합에 반대하는 의견의 입장은 수화를 언어로 보장받을 권리나 접근성의 권리, 그리고 다양성과 자립 및 사회통합과 같은 고유한 권리가 있다는 주장이다. 그 결과 협약의 조항은 물론 원칙도 다차원적이고 다양한 과제를 포함해야 함을 강조하게 되었다.

따라서 사회개발모형은 세부적인 국가 개입을 적시하려 노력하는 반면 차별금지모형은 원칙적이고 보다 간명한 형태를 강조하면서 회의 전반에 걸쳐 대립하는 양상을 보여 주었다.

2) 장애인당사자단체와 정부의 대립

특별위원회를 통해 나타난 또 다른 관점과 그 대립 양상은 장애인당사자단체를 중심으로 하는 NGO와 각국의 정부 대표 간에 발생하는 미묘한 의견 차이라고 하겠다. 장애인당사자단체들은 기본적으로 장애인의 다양한 문제를 해결할 수 있는 강력하고 실질적인 협약의 성안을 희망하고 있었으며 나아가 이번 회의가 NGO가 참여하여 의견을 개진할 수 있는 마지막 기회라는 상황을 강조하며 그 주장의 강도를 낮추지 않았다.

장애인당사자단체는 전 회의 과정을 통해 당사자가 경험하는 삶의 현실을 증언하는 역할을 수행하는 한편, 협약의 필요성을 희석하려는 몇몇 참가자들의 견해를 견제하는 역할도 겸하였다. 전반적으로 많은 참가자들을 감동시키는 결과를 가져왔음이 사실이며 일정 부분 이를 통해 초안의 방향에 영향을 주었다고 하겠다. 예를 들어, 자립생활에 필요한 활동보조인 제도의 보장에 대한 의견이 논란의 소지를 갖고 있었음에도 불구하고 당사자단체의 적극적인 지지로 인해 관철되는 결과를 가져왔다. 이러한 의견에 반대하는 가장 대표적인 집단은 역시 정부 대표로서 이들은 당사자단체가 지향하는 세부적인 사항에 대해 자국 내에서의 실행상의 어려움을 이유로 대립하는 모습을 보였다.

특기할 만한 당사자단체의 주장으로는 세계정신장애인협회(World Network of Users and Survivors of Psychiatry; WNUSP)의 탈시설화 및 강제 입소와 퇴소 과정에서의 장애인당사자의 결정권에 관한 주장을 들 수 있다. 세계 여러 곳에서 자행되고 있는 장애인의 시설수용과 강제 입소 등은 장애인의 기본권에 반하는 대표적인 사항이면서도 간과되기 쉬운 분야임에 틀림없다. 기타 장애인단체 역시 시설의 완전 폐지를 명문화하려는 경향을 보였으나 저개발국의 저항에 부딪쳐 관철시키지는 못했다. 반대 의견을 주장하는 국가들은 현재의 시설 활용 없이는 장애인에 대한 갑작스러운 변화에 대처할 재정적 능력에 한계가 있다는 것이었다.

세계농아인협회(World Federation of the Deaf; WFD) 역시 활발한 의견을 개진하였는데 수화의 언어로서의 보장과 다양성의 인정 등을 골자로 하는 주장을 통해 회의 참가자들을 감동시켰다. 특히 수화보다 구화를 선호하는 주류 사회의 횡포를 거부하고 수화를 자유롭게 사용할 수 있는 권리의 보장은 다양성을 인정받을 수 있는 기본 권리와 합치되는 의미 있는 주장이며 이의 협약에의 적시 여부는 중요한 관점의 변화를 가져올 쟁점이었다. 예를 들어, 수화가 언어로 보장되었을 때 우리 사회에서 흔히 복지방송이라 명명되는 수화방송은 복지의 수준으로 평가되기보다 인권의 지표로 평가될 것이기 때문이다.

3) 개발국과 개도국의 대립

회의에 나타났던 의견 차이로는 선진국과 후진국 사이의 견제와 대립이었다. 특히 국제협력을 강조하는 후진국의 견해에 대해 선진국들은 강력한 반대의 의견을 표명하고 나섰다. 개도국들의 입장은 향후 장애인정책에 관한 다양한 기술과 지식을 교류할 필요성이 있다는 것인 바 이 목적을 달성하기 위해서는 협약에 명문화함이 적절하다는 주장이었다. 이에 반해 개발국들은 이를 국제사회에서 흔히 볼 수 있는 개도국들의 상투적인 전략이라고 보는 듯하였다. 즉, 개도국들이 이를 명문화함으로써 향후 자국의 의무를 회피하려 하고 이를 국제협력의 당위성으로 대체하려는 것이라고 보는 것이다.

이러한 입장을 대변하고 있는 지역 역시 여러 유럽연합국이었으나 다수의 국가와 NGO 등의 강한 저항으로 인해 결국 국제협력을 명문화하기에 이르렀다. 사실상 장애인 관련 지식과 기술의 교류는 상당히 중요한 과제임에도 불구하고 국가 간의 이견이 발생하는 국제사회의 특성은 향후 주의해야 할 점이라고 하겠다. 예를 들어, 시각장애인의 음성 프로그램의 개발과 상호 협력은 지구촌 시각장애인의 인권 회복에 지대한 영향을 줄 것으로 생각되며 이러한 경우가 모든 장애 영역에서 적용될 것으로 판단된다. 다만 국제협력이 재정적인 지원이나 의존적인 도구화로 전락하여 자국 내에서의 1차적인 의무를 소홀히 하려는 핑계로 활용되어서는 안 될 것이다.

4. 핵심 과제와 국내법의 적용

1) 장애의 정의

이 협약에 담겨 있는 장애의 정의를 이해함에 있어 우리는 그 정의가 제1조 목적에 위치하고 있다는 점과 매우 간명하게, 그리고 '장애'가 아닌 '장애인'을 설명하는 형태로 제시되어 있다는 점에 주목할 필요가 있다. 장애의 법적 정의는 그 나라의 정책 대상과 예산에 직결되는 기본 요체이기 때문에 항상 논란의 대상이 되듯 장애인권리협약 체결 과정 역시 많은 이해의 대립과 갈등의 핵심으로 상존해 왔다. 몇 차례 장애의 정의를 논의한 바 있었으나 한 번도 그 초안조차 합의한 바가 없다 할 정도로 난제로 남아 있었으며 마지막 8차 회의 말미에 결론을 얻을 정도로 진통 양상을 보여 주었다.

유엔에 의해 채택된 인권조약은 모두 7개다. 즉, 경제적 · 사회적 · 문화적 권리에 관한 국제규약, 시민적 및 정치적 권리에 관한 국제규약, 모든 형태의 인종차별 철폐에 관한 국제조약, 여성에 대한 모든 형태의 차별철폐에 관한 조약, 고문 및 그 밖의 잔혹하고 비인도적인 또는 굴욕적인 대우나 처벌 방지에 관한 조약, 아동의 권리에 관한 조약, 모든 이주노동자와 그 가족의 권리보호에 관한 국제조약이 그것이다.

이들 중 앞의 2개는 모든 사람에게 적용되는 보편적인 것인 반면 이후의 5개는 각각의 구체적인 적용 대상을 규정하여 명시하고 있다. 여성, 아동, 인종, 이주노동자 그리고 고문 피해자 등이 구체적인 대상이다. 이들 중 여성과 아동 그리고 인종은 생물학적 혹은 인구 사회학적 정의를 통해 그 대상의 범위를 정할 수 있다. 또한 이주노동자와 고문 피해자 역시 경제사회학적 혹은 정치적 관점에서 비교적 명확하게 정의 내릴 수 있다. 반면, 장애는 그렇지 않다. 의학적 정의와 사회적 정의가 다르며 국가마다 정책적 입장에 따라 차이가 크게 나타나고 있는 것이 현실이다.

국내법에서 그러하듯 국제법에서도 장애의 정의는 그 대상 범위와 내용을 규정함에 따라 법적 효력의 범위가 변화하기 때문에 매우 중요한 지렛대가 된다. 장애인권리협약에 있어서 그 지렛대의 양극은 의료적 모형과 사회적 모형으로 대비되는 2개의 관점으로 대별되어 있다. 오늘날 일반적으로 의료적 모형에 입각한 장애의 정의보다 사회적 모형에 근거한 장애의 정의가 그 대상 범위를 확대하는 것으로 볼 수 있으며, 따라서 전자를 최소주의라 지칭할 수 있는 반면 후자의 경우를 이상주의라고 부를 수 있을 것이다.

장애인권리협약 논의 과정에서 나타난 전반적인 현상은 최소주의를 지향하는 정부 대표들과 이상주의를 추구하는 비정부조직들 간의 이해의 대립이다. 즉, 많은 정부 대표들이 자국 내의 법을 존중하는 차원에서 장애의 정의를 두지 말자는 완전 개별 국가주의를 지지하거나 아니면 최소한의 피상적인 수준에서 명시하자는 요식주의를 고수한 반면 비정부 대표들은 최근에 인정받고 있는 사회적 모형을 미래 지향적 관점에서 과감하게 반영하자는 이상주의적 입장을 주장해 왔다. 이러한 이해의 대립은 이론적인 관점에서의 대립이라기보다 경제적 부담에 대한 현실적 및 정치적 입장의 차이라고 볼 수 있다. 최소주의를 지향하고 있는 정부 대표들 대다수는 장애에 대한 사회적 모형이 초래한 국내의 경제적 비용을 사회의 부정적 부담으로 보고 있는 데 반해 비정부 대표들은 장애인의 인권 회복이라는 필수적인 의무 수행을 위한 협약의 정신을 당사국들이 보다 적극적으로 수용할 것을 촉구하고 있는 것이다.

결국 최종 합의의 권한은 정부 대표에게 있었기 때문에 사실상 이상주의적 관점이 반영되기는 처음부터 불가능했다고 봐야 할 것이다. 일부 정부 대표들이 미래 지향적인 장애의 정의 곧 사회적 모형에 입각한 장애의 정의를 반영하고자 하였으나 대다수 다른 정부 대표의 반대 입장에 의해 저지되었다. 최종 마감 시간 마지막까지 이어진 협상에서 개별 국가의 권한에 위임하는 개별주의적 입장에서 한걸음 발전하여 사회적 모형의 일부를 반영한 요식적 정의가 최종 합의되었다.

장애의 요식적 정의는 장애인을 "다음과 같이 정의한다."와 같은 고정적 입장을 회피하고 "다음을 포함한다."와 같은 개방형을 택함으로써 사실상 장애에 대한 정의를 포기했으며 이로써 대립적 요소를 최소화하려 하였다. 또한 이 내용을 제2조 정의에 포함시키기보다 제1조 목적에 둠으로써 장애의 정의에 대한 전반적인 논쟁점을 피하는 전략적 합의라는 성격을 보여주고 있다. 그 정의는 다음과 같다.

> "장애인은 장기적인 손상(신체적, 정신적, 지적, 또는 감각적)과 여러 장벽과의 상호작용으로 인해 다른 사람들과 동등한 수준에서 완전하고 효과적인 사회 참여가 제한된 사람을 포함한다."

여기에는 손상과 환경 간의 상호작용이 언급되어 있어 사회적 모형을 일정 수준 대변하고 있으며 동시에 사회적 참여를 장애의 지표로 보고 있다. 즉, 사회환경 등과의 상호작용을 통해 사회참여를 저해하는 손상을 갖고 있는 사람을 장애인에 포함시킴으로써 순수한 손상만을 장애로 보지 않고 사회참여가 어려운 현상을 기준으로 삼고 있다.

향후 한국의 장애 판정 기준은 장애인권리협약의 수준을 반영하도록 수정되어야 한다. 지금까지 의료적 진단에 전적으로 의존하고 있는 장애 정의에 관한 규정은 다음의 세 가지 요소를 포함하는 기준으로 확대되어야 할 것이다.

먼저 손상이라는 기준은 장애의 정의에 있어 최우선의 선결 조건으로 전제되어야 한다. 따라서 손상의 지표는 의학적으로 정의될 필요가 상존한다. 이 점은 이전과 차이가 없다. 그러나 이 지표는 이른바 필요조건이 될 수는 있지만 상호작용조건과 충분조건에 의해 결정된다.

둘째, 장애는 당사자가 처한 장벽과의 함수관계를 통해 결정되어야 한다. 장애는 처한 상황에 따라 유손상-무장애, 경손상-중장애, 그리고 중손상-경장애 현상이 다르게 나타날 수 있다. 그 상황에 대한 진단은 당사자의 진술과 전문가의 평가에 의해 결정되어야 한다. 그 상황이 직업이면 직업 관련 전문가가, 학교면 교육 전문가가, 그리고 지역사회나 생활 전반이면 이에 상응하는 전문가가 그 정도를 평가해야 할 것이다. 이를 위해 장애평가 전문가 양성 기준도 준비될 필요가 있다.

마지막으로 최종 지표는 실질적인 사회적 참여이며 이는 손상과 장벽의 개별 요소와 상호작용 요소, 개인적 요소 등 복합적인 관계에 의해 구성된다. 장애정책을 위한 평가 지표는 사회참여 수준이며 그 평가 기준은 종합적인 판단으로 구성되어야 할 것이다.

2) 법적 권한

장애인의 법적 권한(legal capacity)은 장애인의 권리 중 핵심적 과제다. 장애인의 경우 법적 권한을 행사할 수 없는 다양한 상황이 발생되어 왔음은 주지의 사실이며, 이에 대한 권리 회복 운동은 다양한 장애운동의 내용이 되어 왔다. 하지만 금치산자, 혹은 정신장애인의 경우 법적 권한이 적용될 수 있는지에 대한 논란의 소지가 뜨거운 감자로 회의 종반까지 남아 있었다.

즉, 법적 권한(legal capacity)이라는 개념에 대한 해석을 놓고 국가 간의 입장 차가 심각했다. 중국과 아프리카 및 아랍을 중심으로 하는 상당수의 정부가 법적 권한을 행위가 아닌 자격으로 제한하는 각주를 삽입해야 한다고 주장하였고, 국제장애인단체총연합회(IDC)와 유럽연합 등은 이의 삭제를 강력히 주장하였다. 최종 회의가 열린 12월 5일까지도 그 합의가 불투명했으나 극적으로 각주 삭제에 합의하면서 법적 권한의 본래 의미가 유지되었다.

법적 권한을 제한적으로 보장하자는 의견과 평등한 수준으로 보장해야 한다는 대립된 의견은 처음부터 대립되어 나타났다. 최종 합의가 이루어지기 이전의 의장 안에 따르면 법적 권한을 가능한 최대로(to the extent possible) 보장한다고 함으로써 일정 수준 제한하려는 입장을 반영하려 하였다. 이에 대하여 IDC와 유럽연합을 중심으로 한 당사국들은 법적 권한의 범위가 원칙적으로 평등한 수준으로 보장됨이 협약의 정신에 일치한다고 주장하면서 상기 표현의 삭제를 주장했으며 그 결과 이 표현 역시 삭제되었다.

이에 더하여 IDC 등은 법적 권한의 행사(legal capacity to act)를 적시함으로써 장애인의 법적 권한을 보다 실질적으로 보장할 것을 제안한 바 있다. 이는 명목적 보장을 넘어 그 행사의 실현을 담보하고자 하는 강력한 의지를 반영하는 것이다.

조항이 갖고 있는 또 하나의 중요한 쟁점은 법적 권한을 행사하기 위한 지원(support)의 범위와 그 성격이다. 장애인은 경우에 따라 법적 권한을 행사할 수 없는 상황이 생길 수 있기 때문에 그 법적 권한의 행사를 보완할 수 있는 지원 장치가 필요하지만 왕왕 그 지원 장치가 법적 권한을 대리하거나 대치하는 경우가 있기 때문에 이에 관한 신중하고도 철저한 언급이 필요했다. 이에 대하여 IDC와 많은 당사국들이 그 지원의 성격을 보다 객관적이고 장애인당사자의 권한을 침해하지 않는 범위 내에서 규정하고자 했으며 4항에서 그 안전장치(safeguards)를 구체적으로 규정하게 되었다.

국내법 적용에 있어 가장 논란의 소지가 있을 것으로 보이는 이번 조항은 우선 금치산자와 한정 치산자 및 정신질환자에 대해 각종 법적 권한의 제한을 두고 있는 국내법의 조항과의 충돌로 인해 파장이 예상된다. 동등한 법적 권한을 부여하기 위해서는 국내법에 존재하는 정신장애인의 권한 제한 조항들을 개정해야 하며 이로 인해 연관되는 법적 및 제도적 개정이 불가피할 것이다.

나아가 장애인의 법적 권한을 보장하기 위한 지원체계의 구축이 필요한데, 이를 위한 후견인 제도 등의 논의가 시급히 진행될 필요가 있다. 또한 지원체계의 객관성과 공정성을 보장할 수 있는 안전장치의 마련이 필요하며 이의 유지를 위한 장치가 수립되어야 할 것이다. 동시에 이에 수반되는 예산과 인력도 검토해야 하며 성공적인 이행을 위한 성과 지표 마련도 검토되어야 할 것이다.

3) 합리적인 편의 제공과 차별금지

합리적인 편의 제공(reasonable accommodation)은 장애인의 평등한 권리보장에 있어 핵심적이고 보다 특별한 의미를 갖고 있다. 이번 협약에 제시된 대부분의 조항이 기존의 여러 권리소약에서 명시하고 있는 보편적 권리를 장애인에게 보다 강화된 형태로 적용한다는 확대의 의미를 갖고 있지만 합리적인 편의 제공은 장애인에게 특수하게 적용되는 다양한 조건을 명시하고 있어 그 고유한 성격이 강조된다고 하겠다. 그 내용을 담고 있는 제5조 '평등과 차별금지'를 살펴보면 다음과 같다.

제5조 평등과 차별금지

1. 당사국 정부는 모든 사람이 법 앞에, 법 안에서 평등하며, 어떠한 차별도 받지 않고 법에서 명시하는 보호와 혜택을 평등하게 누릴 자격이 있다는 점을 인지한다.
2. 당사국 정부는 장애를 이유로 한 모든 차별을 금지해야 하며, 모든 차원에서 장애인이 차별받지 않도록, 평등하고 효과적인 법적 제도를 통해 보호할 것을 보장해야 한다.
3. 평등을 고양하고, 차별을 근절하기 위해, 당사국 정부는 정당한 처우가 제공된다는 점을 보장하기 위한 모든 적절한 조치를 취해야 한다.
4. 장애인의 실질적 평등을 향상시키거나 달성시키는 데 필수적인 특별조치가 취해지는 경우에 대해, 본 협약은 차별로 간주하지 않는다.

여기서 우리가 주목해야 할 점은 합리적인 편의 제공이 평등과 차별금지의 한 요소가 된다는 점이다. 특히 합리적인 편의 제공의 부재가 차별이냐 아니냐의 쟁점은 즉각적인 실현 여부를 결정하는 중요한 판단기준이 되는 쟁점이다. 즉, 합리적인 편의 제공이 제공되지 않음에 따라 발생되는 상황을 차별적 상황으로 해석하는 경우, 당사국들은 이에 대해 즉각적이고 적극적인 조치를 취해야 한다는 해석이 가능하다.

이번 조항에서 합리적인 편의 제공을 차별금지의 주요 내용으로 삼고 있다는 점은 시사하는 바가 매우 크다. 말하자면 이것은 경제적 및 사회적 권리와 같이 점진적으로 실현할 수 있는 권리가 아니라, 하나의 시민권으로서 즉각적으로 시행되지 않으면 차별로 간주되고, 이러한 차별은 즉각적인 시정이 요청되는 법적 구제의 대상이 된다는 강력한 의미를 가지고 있는 것이다. 장애인이 합리적인 편의 제공을 필요로 하는 영역은 거의 전 생활에 걸쳐 있을 정도로 광범위하지만 특별히 자유와 안전, 교육, 노동과 같은 부문에서의 그것은 결정적인 요소이기에 이번 협약에서 이를 반복하여 언급하고 있다.

합리적인 편의 제공의 거부가 차별로 규정되느냐의 여부는 앞에서 언급한 바와 같이 중요한 의미를 갖는데, 협약의 제2조 정의를 보면 차별이 이러한 합리적인 편의 제공의 거부를 포함한다고 명시하고 있다. 다음에서 논의하겠지만 경제, 사회, 문화적 권리가 점진적 실현의 대상이 됨에 따라 많은 영역에서의 장애인의 권리가 즉각적인 실현의 대상이 아니라 명목적이거나 의도적인 지연의 대상에서 벗어나기 어렵다는 우려가 많았던 것이 사실이다. 그러나 합리적인 편의 제공의 거부가 차별로 규정되어 있고 차별에 대한 국가의 의무가 명시되어 있음에 따라 즉각적인 실현의 의무가 강화되었다고 하겠다.

2007년 3월 6일 제정된 우리나라의 「장애인차별금지법」에서도 합리적인 편의 제공을 차별의 개념에 포함시킨 점은 중요할 뿐 아니라 향후 시행에 있어 기회와 위기 양면성을 갖고 있다고 하겠다. 즉, 합리적인 편의 제공 혹은 합리적인 편의 제공의 거부가 차별로 인정될 경우 국내 다양한 제도에서 시정 요구가 폭증할 것으로 예상된다. 각종 교육기관은 물론 직장과 공공시설 등에서의 정당하고 합리적인 편의 제공 거부 사례가 보다 신속하게 해결되어야 하는 차별의 과제로 급부상하게 되어 이의 시정을 둘러싼 논의가 증가할 것이다. 합리적인 편의 제공이 사회의 과도한 부담으로 인식되면 그 정당성이 성립되기 어려워질 수 있다는 점에서 그 실천 과제의 난제가 있다고 할 것이다.

4) 점진적 실현의 원칙

장애인권리협약은 구속력 있는 국제법이며 이의 비준 이후 당사국들은 실질적인 실천의 의무를 갖는다. 협약의 실질적인 실천에 있어서 가장 심각한 질문은 협약에 명시된 모든 내용은 즉각적인 의무상의 효력을 갖는가다. 예를 들어, 경제적 비용이 발생하는 교육, 고용, 건강, 재활, 사회보장, 또는 지역사회 자립생활 등과 같이 자원의 활성화가 절대적인 영역에서 협약이 언급하고 있는 장애인의 권리가 비준과 동시에 실현되어야 하는가 하는 질문이 그것이다. 우선 협약이 갖고 있는 이 질문에 대한 답은 점진적 실현(progressive realization)이다. 일반적 의무를 적시하고 있는 제4조에서 이러한 답을 찾을 수 있다.

이 조항은 장애인 권리에 관한 당사국들의 정책적, 입법적, 행정적, 기타 관련 행위를 규정하고 있다. 이 중에서 중요한 쟁점이 되었던 내용은 당사국들이 협약 적용 과정이 점진적 실현이라는 원칙에 근거해야 한다는 점이었다. 장애인의 현실은 상당 부분 시급한 조치와 적극적인 변화를 요구하는 경우가 많이 있으나 그 실현 과정에서 발생할 수 있는 경제적 비용과 사회적 부담 등은 간과할 수 없는 요소로 논의되었다. 그 결과 경제적 · 사회적 · 문화적 규약의 원칙인 점진적 실현이 장애인권리협약 적용에서도 동일하게 적용되어야 한다는 것을 일반원칙으로 부득이하게 명시하게 된 것이다. 그러나 자유권, 즉 시민적 · 정치적 권리에 관한 규약이 즉각적인 실천(immediate realization)을 함의하고 있고 따라서 장애인권리협약의 내용 중 자유권에 관한 사항들에서는 보다 즉각적이고 적극적인 실현이 적용되어야 한다는 점에는 이견이 없었다. 특히 차별적 행위에 관한 시정에 있어서는 권리의 즉각적인 실현이 적용되어야 한다는 것이다.

그럼에도 불구하고 당사국들에 의한 고의적이고 무책임한 실현의 연장으로 인한 문제를 예방하지 않는 경우 이 협약은 그 실질적인 구속력을 상실하게 될 것이다. 즉각적인 실현이 가능한 영역에서조차 당사국들이 점진적인 실현이라는 원칙을 적용하는 경우 협약의 의미를 상실하게 된다는 말이다. 따라서 이를 방지하기 위한 내용의 명시가 불가피했으며 그 내용이 제4조 2항에 나타나 있다. 즉, 장애인의 사회권을 실현함에 있어 점진적 원칙을 전제로 하되 가능한 조치를 취함에 있어 자원의 최대한 활용(to the maximum of its available resources)을 의무화하고 있는 것이다. 나아가 즉각적인 국제법 적용이 가능한 영역에 대한 고의적 회피를 금하고 있다.

점진적 실현의 원칙은 협약의 장애인 관련 국내법 적용에 적지 않은 쟁점이 될 것으로 판단된다. 우선 이러한 원칙은 협약의 국내 비준을 가능하게 하는 긍정적인 역할을 할 것이다. 대개의 회원국들이 그러하듯 한국 역시 협약 실천에 수반되는 경제적 부담에 민감할 수밖에 없기 때문이다. 장애인의 사회권을 실현하기 위해서는 상대적으로 더 많은 비용이 수반될 것이 예상되는 가운데 즉각적인 실현을 의무화하기보다 점진적인 실현을 일반원칙으로 명시한 것은 이러한 점에서 긍정적이다 할 것이지만 장애인의 사회권 실현이 갖는 시급성을 감안할 때 이에 대한 합의는 쉽게 이루어지기 어려울 것이다. 이미 사회권 중에서도 교육과 같은 영역은 일반적으로 즉각적인 평등권이 적용되고 있는 점을 감안하면 장애인의 사회권 실현에 대한 '즉각 점진' 원칙론의 담론은 많은 대립 요소를 안고 있고 그 결과 국내법의 적용 역시 상당한 갈등을 보이게 될 것이다.

5) 장애 여성의 권리

제6조의 장애 여성 조항은 한국이 제5차 특별위원회에서 별도 조항을 제시한 이후 마지막 8차에 이르기까지 그 합의가 불투명했을 정도로 치열한 논란의 대상이었다. 장애 여성이 직면하고 있는 이중 차별의 현실에 대해서는 이견이 없으나 그 해결을 위한 접근 중 별도 조항의 필요성에 관한 찬반이 엇갈렸던 것이 문제의 핵심이었다고 하겠다. 특히 한국과 유럽연합 간의 대립이 가장 심각했는데 유럽연합을 중심으로 한 반론의 핵심은 대략 다섯 가지로 요약될 수 있겠다. 첫째, 장애 여성의 별도 조항은 협약이 추구해야 할 보편성의 원칙에 위배된다. 둘째, 여성과 같은 별도의 집단에 따라 조항을 설치할 경우, 장애 노인 · 농촌에 거주하는 장애인 · 원주민 장애

인 등의 각각의 조항이 필요하여 협약의 간결성을 훼손할 수 있다. 셋째, 오히려 장애 여성을 강조할 경우 다른 집단에게 불이익이 돌아갈 수 있다. 넷째, 별도 조항의 설치는 장애 여성의 다양한 문제를 당해 조항의 국한된 사항으로만 축소 해석할 수 있다. 다섯째, 기타 여성차별금지협약(CEDAW)과 같은 협약에서 언급한 내용을 재진술할 필요가 없다는 것이 그 골자다.

이에 대한 한국 정부의 입장은 첫째, 보편성은 유지되어야 하나 장애인권리협약이 보호하고자 하는 집단의 실익을 고려하여야 하고 이러한 특별 언급은 아동권리협약에서의 장애조항과 CEDAW 14조에서의 농촌여성 조항과 같이 전례가 없지 않다. 둘째, 장애인권리협약의 실행에 있어 여성에 관한 보편성 확보가 어려웠기 때문에 CEDAW 조약이 필요했듯이 장애인권리협약 내에서 장애 여성이 직면하고 있는 문제를 효과적으로 해결하기 위한 별도의 장애 여성 조항은 정당하다. 셋째, 성은 단순히 하위집단이 아니라 이를 초월하여 모든 사회 영역에 적용되는 포괄적 차원이다. 넷째, 장애 여성의 권리 조항이 별도로 존재한다고 해서 그것이 남성 장애인에게 불리하게 작용하는 것은 아니다. 다섯째, 장애 여성에게는 성 착취, 폭력, 학대, 출산, 양육 등의 특별한 요구가 있고 게다가 현존하는 불평등을 감안할 때, 교육 및 고용 등에 접근하는 데 있어 별도 조항이 필요하다는 것이다.

7차와 8차에 걸쳐 열린 특별위원회는 6조의 합의점을 도출하기 위하여 다양한 절충과정을 거쳤다. 대략 세 가지 절충안을 중심으로 대립과 절충, 그리고 합의의 과정을 거쳤다고 하겠다. 첫째는 스탠드 얼론 어프로치(Stand-Alone Approach)로서 장애 여성 관련 내용을 총망라하여 하나의 조항 속에 담자는 전략이었다. 둘째는 트윈 트랙 어프로치(Twin Track Approach)였는데 이는 별도 조항에는 핵심 원칙, 즉 간략한 내용만을 언급하고 세부 사항들은 관련 조항에 포함시키자는 전략이었다. 셋째 전략은 메인 스트리밍 어프로치(Main-Streaming Approach)로서 별도 조항을 두지 않고 전문과 일반적 의무 및 관련 조항에 걸쳐 장애 여성 관련 내용을 포함시키자는 것이었다.

한국은 스탠드 얼론 어프로치를 지지하고 있으면서 트윈 트랙 어프로치로의 협상 가능성을 열어 놓고 합의에 임한 반면 유럽연합 등은 메인 스트리밍 어프로치를 지지하면서 트윈 트랙 어프로치의 협상 가능성을 일정 부분 열어 놓는 전략으로 임했다. 합의 도출에서 중요한 역할을 했던 IDC가 트윈 트랙 어프로치를 지지함으로써 한국이 협상에서 상대적 우위를 갖는데 도움이 되었다.

결국 최종 합의는 한국의 전략이 사실상 지향했던 트윈 트랙 어프로치에서 이루어졌다. 6조 토의에 들어간 특별위원회는 예상 밖의 지지발언이 예멘과 같은 아랍권 국가로부터 나오기 시작하면서 한국 안의 절대적 승리, 유럽연합의 패배라는 감동적인 결과로 막을 내렸다.

한 가지 반드시 포함하고자 했으나 그 달성의 목전에서 저지된 성인지적 관점이라는 개념은 결국 협약의 뒤로 영원히 사라지게 되었다. 비록 장애 여성에 대한 별도의 조항을 두는 데는 성공했다고 하겠으나 성인지적 관점이 배제됨에 따라 이 조항을 뒷받침하는 철학적 근간을 상실했다고 해도 과언이 아닐 것이다.

이로써 한국을 포함한 모든 당사국은 향후 장애 여성에 대한 별도의 노력을 하게 될 것이며 나아가 유엔 보고서 제출 시 별도의 항목을 두어 작성하게 되는 노력을 하게 될 것이다. 그뿐 아니라 장애 여성에 관한 국내법 개정이 불가피하게 될 것이며 그 결과 정책의 확대를 가져오게 될 것이다. 특히 「장애인차별금지법」을 제정할 때 장애 여성에 대한 차별 조항을 별도로 설치할 당위성이 생겼으며 각종 장애인정책에 장애 여성에 관한 별도의 주목과 노력이 필요할 것이다.

6) 자립생활

장애인의 자립생활(Independent Living)은 장애인복지의 한 모형이자 권리 회복의 중요한 차원이다. 이 조항은 여성 조항과 더불어 한국에 의하여 제안되었고 별도의 조항으로 채택되었다. 그러나 그 초기 과정에서 상당한 논란이 있었는데, 특히 용어 사용에 있어 실무그룹 초기부터 논쟁의 불씨를 갖고 있었다. 즉, 자립생활이 지체장애인 엘리트 중심으로 주도된 장애운동의 한 모델이며, 이의 보편화는 장애유형의 특성을 간과할 우려가 있다는 강한 비판에 직면한 것이다. 특히 감각장애유형으로부터의 강한 저항은 그동안 자립생활이 얼마나 지체장애 중심으로 발전되어 왔으며 서비스와 정책 역시 편중적이었음을 보여 준다고 하겠다. 결국 활동보조서비스 제공에 관한 세부 조항을 포함하기는 했으나 자립이 지체장애인을 위한 특정 모형으로서가 아니라 모든 장애유형을 대상으로 하는 일반 모형임을 확인하는 선에서 채택에 합의가 도출되었다. 이 조항의 내용이 자립생활을 대변하고 있으면서도 그 제목이 자립생활 대신 자립적 생활(Living Independently)로 표현된 것은 이러한 갈등의 흔적을 보여 주는 예다.

자립생활이 반영하고자 하는 기본 철학은 자율성(autonomy)과 자기결정(self-determination)이라고 하는 개념이다. 이는 장애인의 인권회복에 있어 준거틀을 형성하는 핵심이며 장애인이 지역사회에서 살 권리를 보장하는 중요한 이념이라고 하겠다. 이러한 권리에 대한 숙지 여부는 장애인의 생활시설로부터의 탈시설화(deinstitutionalization)와 직결된다고 하겠다. 따라서 이 협약의 채택 이후 당사국들의 정책은 장애인 자립생활의 철학을 자국 내의 장애정책에 반영하면서 시설정책의 최소화로 연결하는 중요한 계기로 만들 것으로 예상된다.

한 가지 쟁점이 될 수 있는 사항은 자립(independence)에 대한 해석이다. 일부 당사국들은 자립에 대한 지나친 강조는 지역사회에서 확대가족의 지원을 받고 살아가는 사람들에 대해 부정적인 이해를 촉발시킬 수 있다고 우려한 바 있다. 이런 점에서 장애인은 어떤 곳이든, 누구하고든 선택하여 살 수 있는 동등한 권리를 보장받아야 한다고 적시함이 정당할 것이라고 주장하고 있다. 그럼에도 불구하고 강조하고 있는 점은 장애인이 장애를 이유로 일방적으로 시설에 수용되는 것은 반드시 방지되어야 한다는 강한 주장이 반영되어 있다.

우리나라의 「장애인복지법」 개정(안) 등에서도 자립생활이 주목받고 있으며 동시에 활동보조서비스에 관한 법적 장치에 대한 논의가 뜨겁다. 이는 세계의 흐름과 맥을 같이하고 있는 현상이라고 할 수 있으며 보다 적극적인 법적 개정으로의 힘을 받을 것으로 예상된다. 한 가지 구분되어야 할 점은 자립생활과 같은 자율적이고 독립적인 지역사회의 생활은 모든 사람에게 동등하게 적용되는 인권이라는 점이다. 이에 반해 활동보조서비스는 이러한 인권을 실현하기 위한 수단이며 이 수단에 대한 접근권이 보장되어야 함은 자립생활이라는 인권을 구현하기 위한 것임을 확인할 필요가 있다고 하겠다. 한마디로 모든 장애인은 다른 사람들과 동등하게 자립적인 생활을 향유할 권리가 있지만, 모든 장애인이 활동보조서비스를 받을 권리가 있다고 하기 어렵다. 다만 자립적 생활이라는 인권을 실현하기 위해 활동보조서비스가 중요한 수단이기에 이에 대한 접근을 보장하는 일은 의미가 있다고 할 것이다.

7) 접근권과 이동권

이 조항에서 언급하는 접근권은 장애인을 둘러싸고 있는 환경적 요인, 즉, 대중교통, 정보, 커뮤니케이션 기술, 기타 지원서비스를 포함한 정보와 의사소통에의 접근을 포괄하여 다루고 있다. 특히 정보사회에서 인터넷을 비롯하여 끊임없이 증가하는 새로운 의사소통 수단에, 최소한의 비용으로 통합될 수 있도록 접근성을 고려하며 지원과 보조를 촉진하는 방안을 장애인의 권리를 보장하는 국가의 의무로 제안하고 있다.

접근권은 장애인권리협약에 있어 합리적인 편의 제공에 이어 또 하나의 고유한 장애 관련 조항으로 그 중요성이 크다고 할 수 있다. 앞에서도 언급한 바와 같이 기타 조항들이 기존의 보편적인 권리를 장애인에게 확대하여 적용시키고 있는 반면 접근권은 장애인이 직면하고 있는 특수한 상황을 다루고 있다는 점에서 의미가 있다고 하겠다.

중요한 점은 접근권이 사회권에 해당하느냐다. 만일 사회권인 경우 접근권은 점진적 실현의 대상으로써 즉각적인 조치의 대상이 될 수가 없게 된다. 그러나 접근권의 불허를 차별로 보는 경우 사회권임에도 불구하고 즉각적인 조치의 대상이 된다는 점이다. IDC도 서비스와 시설/설비가 접근 가능하지 않은 경우, 이는 장애인에 대한 차별로 간주된다고 제안하였다.

이동권은 한국이 제안한 또 하나의 별도 조항으로서 실무그룹 초기부터 다양한 쟁점을 안고 있었다. 이동권이라 함은 장애인이 환경에 접근함에 있어 자유롭게 이동할 수 있는 권리를 의미하는 바, 환경이 접근 가능하다는 것과 장애인이 이동 가능하다는 것은 별개의 사항으로 구분해야 할 것이다. 다시 말해 이동은 개인적인 것이고 접근은 환경적인 것을 의미한다. 따라서 환경의 측면을 다룬 접근성은 9조에서 다루고 개인의 이동권은 20조에서 각각 별도로 다루게 되었다. 그럼에도 불구하고 접근권과 이동권이 갖는 밀접한 연관성을 주장하면서 이들을 한 조항으로 합칠 것을 강력히 제안하는 국가들이 있어 많은 논쟁을 가진 바 있다.

장애인의 이동권을 규정하고 있는 제20조는 장애인의 이동을 보장하기 위해 다양한 조치가 국가의 의무로 규정되고 있다. 이들 중 현장지원, 혹은 동반지원(live assistance)은 장애인의 이동을 가능케 하는 중요한 수단 중 하나로 언급되고 있다. 특히 이동권에 관련된 조치들이 지체장애인을 위한 내용으로 편향된 바 있으나 이러한 동반지원이 언급됨으로써 시각장애인과 청각장애인의 이동을 위한 중요한 조치가 보완되었다고 볼 수 있다.

본래 표준규칙(Standard Rules)에서는 logistics이라는 용어를 사용하여 장애인의 이동을 그 현장에서 즉시 동반지원하는 인적 지원을 함의하고 있었다. 그러나 이번 최종안의 동반지원은 인적 지원을 포함한 각종 동물의 지원을 포함하고 있는 것으로 규정하였다. 즉, 인적 지원에 더하여 안내견 및 기타 동물지원이 포함되는 광의의 지원을 의미하는 것으로 규정하고 있다.

5. 결 론

장애인권리협약 제정 과정에서 한국은 중요하고도 의미 깊은 역할을 수행하였다. 우선 한국은 이 협약에 대해 보다 적극적인 자세로 일관하였으며 인권 후발국답지 않게 성숙하고 능동적인 입장을 보였다. 기존의 7대 국제인권조약 제정 과정에 한 번도 참여한 경험이 없었던 것을 감안할 때 한국이 보여 준 능동적인 자세는 인권 역사의 발전을 앞당긴 우수성이라고 해도 과언이 아닐 것이다.

또한 한국은 3개의 별도 조항 설치에 주도적인 역할을 했을 뿐 아니라 기타 중요한 개념의 협약 내 반영에도 효과적인 역할을 수행함으로써 역사에 길이 남을 업적을 이루었다고 하겠다. 즉, 6조의 장애 여성, 19조 지역사회 자립생활과 통합, 20조 개인 이동 등 3개 조항은 어려운 합의 과정과 절충 과정을 거친 끝에 한국의 의견에 따라 실치된 별도의 조항이다. 나이가 장애인당사자주의를 반영하는 4조 3항의 설치에 일익을 담당하였다.

이러한 한국의 주도적이고 능동적인 역할이 역사적인 의미를 갖는 만큼 향후 한국의 대응과 책임 역시 의미 있게 전개되어야 할 것이다. 논의 과정에서의 표현이 자국 내의 실행으로 이어지는 언행일치의 덕목이 구현되도록 모두가 노력해야 하겠다. 그 핵심적 요소라고 할 수 있는 「장애인차별금지법」이 2007년 3월 6일 국회에서 제정됨에 따라 앞으로의 장애인복지가 보다 빠른 속도로 발전할 것으로 예상된다 할 것이다. 나아가 국제사회에서 우리가 수행해야 할 역할들을 살펴볼 수 있겠다.

무엇보다 장애인권리협약은 장애를 갖고 있는 사람이 복지의 대상이 아니라 평등한 권리를 향유하는 인간으로 보장되는 확고한 기준을 제공할 것이다. 평범하면서도 절박한 인권과 사회정의가 장애를 갖고 있는 사람에게 동등하게 적용됨을 전 세계 모든 국가가 국제 규범으로 합의한 것이다. 이는 한국 사회에서 더 이상 장애인을 복지의 대상으로 국한시키지 않고 모든 사회 활동과 개인 활동에 있어 다른 사람들과 똑같은 권리를 보장받게 된다는 의미를 담고 있다. 이는 한국의 장애인복지가 장애인의 인권 실현을 위한 수단으로 재구성되는 변화를 의미한다. 그뿐 아니라 장애인의 평등한 인권을 위한 다양한 부문에서의 노력 역시 필수의 조건이 될 것이며 그 노력들은 평등한 인권이라는 기준에서 보다 엄중하게 평가될 것이다.

장애인권리협약은 한국 정치 및 사회 전반에 걸쳐 일정 수준의 영향을 줌과 동시에 한국 장애인 관련 법의 정비와 제도 개선 및 환경 변화에 구체적인 영향을 미칠 것으로 예상된다. 장애인권리협약이 비준되면 한국 장애인 관련 법 등이 이에 따라 개정되고 보완될 것이기 때문이다. 나아가 교육과 교통 및 정보 등 각종 제도와 관행이 개선되는 변화도 나타나리라고 예상된다. 그동안 장애인 관련 법이 있었음에도 제도와 관행이 이에 따라 집행되지 못했던 상황 등도 보다 실질적인 방향으로 개선되고 보완되어 나갈 것이다.

그러나 장애인의 인권 신장은 이러한 법과 제도의 변화로만 달성될 수 없다. 범사회적 지지와 긍정적인 인식 속에서 진정한 장애인의 인권이 실현될 수 있을 것이다. 그러기에 장애인권리협약은 한국 사회에 장애인의 인권에 대한 설득력 있는 호소와 올바른 관심을 불러일으킬 수 있는 기회가 될 것이다. 장애인 한 개인으로서는 대변하기 어려운 장애인의 현실이 보다 권위 있는 인권조약을 통해 알려지고 이에 대한 한국 사회로부터의 공감이 형성될 것이다. 그동안 장애인의 인식 개선 노력이 없었던 것은 아니지만 이렇듯 장애인권리협약과 「장애인차별금지법」과 같은 사회정의의 관점을 통해 범사회에 호소하는 경우는 드물었다고 하겠다. 장애를 갖고 있는 사람이 동등한 인격체로 지역사회에 통합되는 것이 우리 모두에게 요청되는 진정한 인권 실현의 목적이기에 사회 인식 개선은 장애인인권에 있어 필수 조건인 것이다.

무엇보다 장애인권리협약의 비준과 실천은 우리나라 장애계로 하여금 세계로 열려 있는 새로운 비전과 도전을 경험하게 해 줄 것이다. 그동안 우리는 국내의 장애문제를 중심으로 생각해 왔기 때문에 선진국에서의 사례를 국내에 반영하는 개발형 장애인복지에만 힘을 기울여 왔다. 그 결과 선진국으로부터 많은 협력을 얻었고 때로는 지원도 받았다. 그런 반면 우리는 개발도상국이나 최빈국의 장애문제에 대한 지원에 대해서는 소홀했던 것이 사실이다. 장애는 전 세계에 걸친 보편적 현상이며 공동의 노력이 그 어느 영역보다 주요하다 할 것이다. 세계의 장애인에 대한 우리의 이해는 단지 일방적인 지원의 차원을 넘는 비전 실현의 길이 될 수 있을 것이다. 그러기에 세계 장애인에 대한 지원은 자기 소진과 같은 부정적인 손실이 아니라 함께 발전하고 스스로 성장하는 세계 시민 의식의 실현인 것이다.

미래를 향한 장애인복지의 진정한 고민은 장애인권리협약을 통해 얻게 되는 소득에 있기보다 미래를 향한 비전의 실현과 도전의 꿈에 있다고 믿는다. 장애인권리협약이라는 역사적 결과를 낳은 지난 사반세기가 원대한 비전을 꿈꾼 위대한 선각자들에 의한 결실이라면 향후 새로운 사반세기는 누구의 비전에 맡길 수 있을지 고민할 필요가 있다고 하겠다. 한국은 단기간 내에 민주화와 산업화를 이루었고 그 바탕 위에서 장애계 역시 빠른 속도로 발전하여 「장애인차별금지법」이라는 성과도 거두게 되었음이 사실이다. 지구촌 곳곳에는 경제 대국이나 전통적 선진국보다 이러한 모범적 사례를 귀감으로 삼고자 하는 많은 나라가 있으며 한국 장애계의 역할이 국제사회에서 기대된다고 하겠다. 과연 우리 한국 장애계는 미래를 향한 위대한 비전을 세우고 이러한 기대와 희망에 부응하는 세계 역사 창조의 사명을 짊어질 수 있을까?

이런 점에서 한국은 기타 개발도상국들에게 적절하고도 의미 있는 지원을 할 수 있는 나라임을 인식하고 국제 장애인인권기금을 조성하여 보다 적극적인 국제 협력의 모습을 보일 필요가 있다. 국제사회에서 한국은 전통적 자금지원 선진국들과도 다르고 이념 주도의 국가들과도 달리 자국 내에서의 자생적인 노력을 전달할 수 있는 비교적 무난한 나라일 수 있고 이를 통해 국제사회에 기여할 의무도 있다고 하겠다. 이를 위해 한국 장애인단체가 합심하여 기금 재단 설립을 발의하고 조성해 나가는 모습이 필요하다. 특히 이 재단은 한국이 주도했던 장애 여성 조항과 자립생활, 그리고 이동권 등의 지구촌 실현을 위해 다른 나라들과 함께 협력하고 선도해 나감으로써 뿌린 씨앗을 거두는 성숙한 국제사회의 리더십을 보여야 할 것이다.

제 2 부

장애인 사회참여를 위한 영역별 이해

제 5 장

장애 개념의 보편적 접근과 사회심리적 이해

신은경

학습 목표

1. 장애 개념에 관한 논의와 패러다임의 변화를 이해한다.
2. 장애 개념에 관한 보편적 접근인 ICF의 구조와 내용을 살펴본다.
3. 장애 정체감을 중심으로 장애의 사회심리적 이해를 도모한다.
4. 장애 개념과 장애 정체감의 사회참여적 의미를 고찰한다.

1. 서 론

'누가 장애인인가? 그리고 장애는 어떻게 정의되어야 하는가?'의 문제에 직면하면 수없이 많은 의문과 논의가 존재한다. 장애를 규정짓는 것에 대한 이해와 정보수집 방법의 차이는 실제 상황에서 다른 사회정책과 서비스를 만들어 내며, 그것이 결국 장애인과 비장애인의 삶에 깊은 영향을 미치게 된다. 또한 사회적으로 합의된 개념은 고정관념과 사회적 태도를 창출해 내기도 하여, 장애인의 사회적 활동과 참여를 촉진시키거나 저해시킬 수 있는 사회적 환경을 조성하게 된다. 장애를 어떻게 정의하는가가 이렇게 우리 삶에 주요한 경제적 · 사회적 · 심리적 결과를 가져오기 때문에 장애 개념에 대한 접근은 장애인의 손실과 손상이라는 측면과 주요생활의 활동과 참여, 그리고 사회적 · 문화적 환경의 상호작용이라는 측면에서 다각적으로 바라보아야 하는 것이다.

장애 개념에 관한 보편적 접근은 장애인의 사회심리적 특성을 이해하는 관점으로도 연결된다. 사회심리적 특성은 개인적 요소인 동시에 사회적 상호작용을 통해 생성되는 자아상을 의미하기도 한다. 그렇다면 사회적 환경 안에서 집단화되고 개념화된 장애인의 경우, 사람들이 갖는 일반적인 자아상과 함께, 장애인들이 그 사회문화적 환경 안에서 갖는 독특한 자아상을 동시에 갖게 될 것이다. 개인만이 가지는 고유한 자기의식과 함께, 그 집단에 대하여 갖는 소속감과 동질감, 그리고 사회적으로 반영되는 사회적 태도에 대한 반영을 내재화한다는 것이다.

이 장에서는 장애 개념에 관한 보편적 접근으로 국제 기능 · 장애 · 건강 분류(International Classification of Functioning, Disability and Health; ICF)를 소개하면서, 장애 개념에 대한 대표적인 논의인 개별적 모델과 사회적 모델 및 보편적 접근을 이끌어 낸 다양한 논의를 정리해 보았다. 또한 장애인의 사회심리적 특성은 개인적 속성과 사회적 관계를 동시에 반영하는 장애 정체감을 중심으로 고찰하였다. 장애 개념에 관한 논의가 매우 다양하고, 그 논의의 깊이가 철학적이면서도 정치적인 역동성을 함께 동반한다는 것을 감안한다면, 그리고 장애인의 사회심리적 특성이 그 생애주기별, 장애유형별로 다양하여 다루어야 할 분야가 방대하다는 점을 고려한다면, 한 장에서 이 주제를 다룬다는 것이 매우 제한적인 것은 사실이다. 그러나 이것이 장애에 관한 보편적 접근의 심화 과정과 다양한 사회심리적 문제를 다루는 시작점이 될 수 있을 것이다.

2. 장애의 개념에 관한 논의

1) 개별적 모델과 사회적 모델

사회가 장애를 정의하고, 어떤 사람을 장애인이라고 부를지 결정하는 것은 그 사회가 가지는 손상(impairment)에 관한 인식과 지지체계의 수준(level)을 암시하며, 다름(difference)에 관련된 사회적 태도 및 기대를 반영하고 있다. 그런데 일단 정의가 내려지고 나면 공식적으로 정부 관료에 의해 승인되며, 사회적 서비스와 원조 형태에 대해서 합법적이고 실질적인 자격 부여가 이루어진다(Wendell, 1996). 손상과 기능제약, 활동의 제한과 사회적 불이익을 감수해야 하는 장애인의 입장에서는 사회가 장애를 어떻게 정의하는가, 그리고 누구를 장애인이라고 명명하는가에 따라 그들의 사회적 · 경제적 · 문화적 여건에 직접적인 영향을 받지 않을 수 없다. 장애인 당사자에게 매우 중요한 영향을 미치는 이러한 장애 개념은 개인적 비극이론(Oliver, 1996)이라고 일컬어지는 개별적 모델(individual model)과 소수집단 모델(이익섭, 1993)이라고 불리는 정치사회학적 의미를 가진 사회적 모델(social model)로 양분된다. 개별적 모델은 기능제약 모델이라고도 하며(이익섭, 1993), 개인의 장애 '문제'에 초점을 맞추고(김용득, 김진우, 유동철, 2007) 문제의 원인을 장애에 의해 발생되는 근본적인 제한 혹은 상실로 보는 것이다. 따라서 해결책은 전문가에 의한 개별적 치료와 의료적 보호조치이며, 장애인당사자는 보다 나은 적응을 위한 순응(conformity)이 최선이라는 결과에 도달한다.

사회적 모델은 장애가 사회적 환경에 의해 창조되고 구성된다고 보는 견해를 말한다. 즉, 사회적 편견, 교육이나 노동과 같은 영역에서의 제도적·법적 차별, 장애인에게 합리적인 편의 제공(reasonable accommodation)이 보장되지 않는 것과 같은 형태로 장애가 발생한다는 것이다. 따라서 장애는

〈표 5-1〉 장애 개념에 관한 모델

개별적 모델	사회적 모델
개인적 비극이론(personal tragedy theory)	사회억압이론(social oppression theory)
개인적 문제(personal problem)	사회문제(social problem)
개별적 치료(individual treatment)	사회행동(social action)
의료화(medicalisation)	자조(self-help)
전문적 권위(professional dominance)	개별적이고 집합적인 책임 (individual & collective responsibility)
숙련가(expertise)	경험(experience)
조절(adjustment)	긍정(affirmation)
개별적 정체성(individual identity)	집합적 정체성(collective identity)
편견(prejudice)	차별(discrimination)
태도(attitudes)	행위(behaviour)
보호(care)	권리(rights)
통제(control)	선택(choice)
정책(policy)	정치(politics)
개별적인 적용(individual adaptation)	사회변화(social changes)

출처: Oliver(1996: 34).

사회 내에 존재하는 것이며 장애인 개인에게 있는 개별적인 제한이 아니고 장애인의 욕구를 사회조직 내에서 수용하고 이에 적합한 서비스를 제공하는 것에 대한 사회의 실패를 의미한다(김용득 외, 2007). 이를 위한 해결책은 사회행동(social action)이며, 사회환경 안에 있는 외적 장애물을 제거하는 반차별적(anti-discrimination) 실천이 그 대안인 셈이다. 이렇게 이 모델은 장애에 대한 정치학적인 정의와 실천을 강조하고 있다.

2) 장애 개념에 관한 보편적 접근을 이끌어 낸 논의

장애 개념에 관한 보편적 접근(universalistic approach)(Zola, 1989; 1993)은 주로 사회적 모델, 즉 소수집단 모델에서 설명을 끌어낼 수 있다. 소수집단 모델은 장애인을 사회적 소수집단으로 보며 기본적인 시민권을 취득하기 위하여, 그리고 과거와 현재의 불의를 고치기 위하여 싸워야 하는 것으로 특징짓는다. 이들은 소위 '장애에 대한 사회적 접근'(Abberly, 1987; Barnes, Mercer, and Shakespeare, 1999; Oliver, 1990)이라는 것을 개발시키면서 장애문제에 대한 해결책은 사회적 차원의 변화에 방향이 맞추어져야 한다고 주장하였다. 이러한 사회적 모델은 영국의 반분리 신체장애인 조합(The Union of the Physically Impaired Against Segregation; UPIAS)에서 장애 이해에 대한 대안적 모델로 주창되었다. 그리고 UPIAS(1976)에서는 손상(impairment)과 장애(disability)를 다음과 같이 분리하여 설명한다. 즉, 손상(impairment)은 "신체적, 정신적 혹은 감각적 손상으로 초래된 개인 안에 기능적 제한성"으로 정의했으며, 장애(disability)는 "물리적 및 사회적 장벽으로 인해 다른 사람들과 동등한 수준에서 지역사회의 정상적인 생활에 참여하는 기회의 상실 혹은 제한"으로 정의하였다(UPIAS, 1976).

이와 같이 사회적 모델은 장애의 원인을 장애로부터 기인된 것으로 추정되는 기능적 제한성 혹은 심리적인 상실로부터 나온 것으로 보는(박승희, 2004) 의료적 모델을 비판하는 모델이다. 즉, '다름(differentness)'을 가진 사람의 다름은 '잘못된' 것이 아니며, 다름을 가진 사람은 연구의 대상 혹은 중재의 수혜자라는 수동적인 역할을 하도록 남겨진 사람(Gill, 2001)이 아니라는 것이다. 따라서 이들은 장애인에 대한 행정적 · 정책적 관심이 개인의 장애를 복지혜택과 서비스를 위한 특별한 욕구로 전환하는 것(Albrecht, 1976)에 머무르는 의료적 모델을 정면으로 비판하고 있다.

장애학에서는 장애에 관한 사회적 모델의 입장을 견지하면서도 사회적 모델을 비판하고 보완하는 다양한 논의가 진행되었다. 그중에서 Susan Wendell은 저서 『소외된 신체(*The Rejected Body*)』(1996)에서 '장애의 사회적 구성(The Social Construction of Disability)'에 관하여 언급하면서, "장애는 사회적으로 구성되기에, 사회적으로 해체될 수 있다."라고 주장하면서 장애에 관한 문화적 왜곡을 비판하고 보편적 접근을 대안으로 제시하고 있다.

Wendell(1996)은 고령화, 진보된 의료기술, '삶의 속도(pace of life)'의 증가, 물리적 기대를 창출하는 사회조직 등이 장애를 구성하는 사회적 요인이라고 설명한다. 그래서 '합리적인 편의 제공(reasonable accommodation)'의 필요성을 주창하고, 무조건적인 독립이나 통합보다는 접근 가능성과 능력에 대한 논의를 강조하고 있다. 왜냐하면 중증 장애인들은 독립해서 살 수 없으며, 청각장애인처럼 고유한 문화를 지닌 자들은 통합되기를 원하지 않는다는 것이다. 따라서 모든 사람은 자신의 능력을 개발하고, 일하고, 여가를 이용할 수 있는 사적인 영역과 공적인 영역에 참가할 수 있는 기회에 접근할 수 있도록 사회적 환경이 주어져야 한다는 것이 그의 주요 관점이다.

그러면서도 Wendell(1996)은 장애에 문화라는 요인은 장애문제를 더 복잡하게 만들기도 하고 때로는 굴절시키기도 한다고 주장한다. 그 경로를 보면 흥미로운데, 사회생활이나 문화적 표현에서 장애에 관한 것을 누락시키거나, 장애인이 수행하거나 기대할 수도 없는 문화적 활동으로 그들을 제외하면서, 오히려 장애를 배제시킨다는 것이다. 이동권이 보장되지 않아 문화관람이 불가능하다든지, 의사소통의 매개가 존재하지 않아 문화적 활동을 공유할 수 없는 경우가 대표적인 예라고 할 수 있다. 장애문제를 문화적 표현에서 왜곡시키는 또 다른 방법은 결함을 다름으로 보는 것이 아니라 의존과 타락, 무성적이며 불쌍한 사람이라고 여기는 뿌리 깊은 고정관념을 형성하도록 만드는 것이다. 즉, 매스컴이나 대중매체를 통하여 각종 직접화법이나 은유로 장애인을 무성적 존재나 무가치한 사람으로 전락시키고 희화화하는 일은 우리 사회에서도 비일비재하게 일어나고 있다. 이것은 모두 의식적, 무의식적으로 일어나는 일이며, 어떤 차원에서는 무의식적인 행위가 더 많다. Wendell(1996)은 이러한 의식적 · 무의식적 행위가 낙인과 고정관념 형성, 그리고 그것이 갖는 문화적 의미와 사회적 결과라는 형태로 관련되어 있고 이것은 서로 상호작용한다고 주장한다. 마지막으로 Wendell은 포스트모더니즘에 관하여 비판하는데, 포스트모더니즘에서 표현하는 장애의 다름이 다른 모든 '다름'과 동일한 각도에서 조명되어 너무 쉽게 단순한 다름으로 간주함으로써 그 다름이 또한 '정상'이라고 무비판적인 시각을 가지도록 한다는 것이다.

그러나 Wendell(1996)은 이렇게 장애가 사회적으로 구성되며 문화적으로 왜곡되지만 사회적으로 구성되었기 때문에 사회적으로 해체할 수도 있다고 주장한다. 사회적 해체를 도모하는 방법으로는, 적합한 공중위생과 안전기준으로 예방 가능하도록 하는 것이 가장 소극적 대처이며, 수행기대와 삶의 속도에 대한 합리적인 편의 제공(예: 탄력적인 업무구조, 다양한 보험상품 개발)까지 포괄하는 것이 적극적 대처라는 그의 주장은 접근성에 대한 보편적 접근을 강조하고 있다. 즉, 노령인구의 증가 등으로 현재의 접근 가능한 개입은 미래에 결과적으로 더 많은 이익을 줄 것이기 때문에 다름에 대한 이해의 지평을 열고, 장애의 두려움을 경감시키고 장애인이 되어서도 도태되지 않는다는 안정감을 사회 전체에 제공하기 위해서는 장애에 관한 보편적 접근이 그 대안이 될 수 있다고 제시하고 있다.

또 다른 장애학자인 Carol Thomas는 저서 『*Female Forms*』(1999)에서 장애에 관한 사회적 모델을 비판하고 있다. 그는 사회적 모델이 장애에 관한 사회적 책임을 규명하여 장애 개념의 패러다임 전환을 가져온 역할을 하였지만, 문화, 손상, 그리고 성, 민족성, 섹슈얼리티의 이슈와 관련된 요소들에 대한 설명은 부족하다고 주장하고 있다(Crow, 1996; Shakespeare, 1996; Thomas, 1999).

Thomas(1999)는 사회적 모델이 규명할 수 없는 부분이 확대되고 있다고 하면서, 특히 선천적 장애에 관한 설명이 부족하며, 모든 것을 사회-구조적 장벽으로 설명하면서 장애 차별의 문화적 또는 경험적 범위를 얕보거나 무시한다고 주장하고 있다. 또 다른 문제는 기능장애의 특별한 형태나 병리학적인 차이에 관해서는 설명하지 못하고 있어서 학습장애가 있는 사람들(Cobett, 1996; Warmsley, 1997), 청각장애인(Corker, 1993; 1998; Harris, 1995) 또는 정신질환자(McNamara, 1996)의 경험과 욕구는 종종 무시된다는 것이다. 더 심각한 것은 사회적 모델주의자들이 장애학에서 손상 그 자체의 중요성에 대해 무시하거나 부정하며, 장애인들의 일상 삶에서 그러한 부분들 때문에 충돌하는 일이 객관적 사실로 존재하는데도 불구하고 무시하거나 부정한다는 것이다(Abberley, 1987; Crow, 1996; French, 1993; Hughes & Paterson, 1997; Morris, 1996). 또한 사회적 모델은 성, 성욕, 인종 또는 나이(또는 이것들의 결합)에 따른 장애인의 특정한 그룹들의 경험을 설명하는 데 한계가 있다고 설명한다. 즉, 내상의 세분화에 따른 질문의 세분화 및 개별화에서는 사회적 모델이 대답해 줄 수 있는 것이 없다는 것이다.

물론 Oliver(1996)는 "우리는 장애인의 사회적 모델이 모든 것을 다 할 수 있다고 가정해서는 안 된다"고 설명하지만, 손상된 사람들의 사회적 배제를 가능한 한 다양하고 입체적으로 설명해야 할 필요가 있으며, 흑인이나 소수인종, 여성 장애인들이 왜 차별받는지에 대한 그들의 경험에 대한 설명을 인식론상의 관점과 존재론적인 시작점에서 다시 고찰해야 한다고 Thomas(1999)는 언급하고 있다.

이렇게 사회적 모델의 관계를 비판하고 있지만, 그래도 여전히 사회적 모델의 입장을 견지하고 있는 Thomas(1999)의 논의를 정리해 보면 결국 "왜 장애인들의 삶의 한 부분인 심리정서적 손상효과(impairment effects)를 생물학적 용어가 아닌 사회학적 용어로 이해하려 하지 않는가?"라는 문제를 제기하는 것이다. 즉, 의료적 모델을 비판하면서 사회관계적으로 장애를 정의해 왔던 단계에서, 이제는 그 개념을 넘어서서 사회적 제약의 또 다른 차원인 개인의 정체성이나 주관성 또는 내적 세계의 형성과 심리적이고 정서적인 부분까지도 포괄하여 장애를 이해하는 통합적 관점이 필요하다는 것을 내포하고 있다.

3. 장애 개념에 관한 보편적 접근으로서의 ICF

1) 장애 개념과 ICF

장애 개념에 관한 보편적 접근을 언급하면서, 세계보건기구(World Health Organization; WHO)가 2001년에 총회의 승인을 거쳐 국제적으로 사용을 승인한 국제 기능 · 장애 · 건강 분류(International Classification of Functioning, Disability and Health; ICF)를 언급하지 않을 수 없다. ICF는 건강 및 건강 관련 상태를 표현하는 체계와 통일된 표준 분류의 제시를 그 목적으로 한다. 이는 1980년에 WHO가 국제질병분류(International Classification of Diseases; ICD)의 보조 분류로 발표하였던 국제장애분류(International

Classification Impairment, Disabilities, and Handicaps; ICIDH)와는 장애의 개념에 있어 차이를 지니며, 또한 분류체계 역시 독자적인 특징을 가지고 있다.

WHO가 ICIDH를 장애에 대한 공식적인 국제 분류로 사용해 오기 이전까지 장애는 국제질병분류인 ICD를 통해 이해되었는데, 당시는 장애를 질병이나 신체 이상과 같이 의학적 관점에서 바라보았다. 이후 개발된 ICIDH는 의료적 개념에서 탈피하여 기능의 제약과 사회적 불리까지를 장애 영역에 포괄하여 장애를 보다 총체적으로 이해하는 기초가 되었으며, 대부분 국가의 장애판단체계에 영향을 미쳤다(황수경, 2004). ICIDH가 장애에 대해 이러한 전환적 관점을 열었음에도 불구하고 장애를 정의하기에는 많은 한계를 갖고 있다는 비판에 직면하게 되는데(이익섭, 2003), ICIDH가 근거로 삼는 사상이 의료적 모형이라는 점, 그 성격이 장애의 부정적 측면에 치우쳐 있어 장애를 삶에 있어 제거해야 할 존재 및 제약으로 보게 한다는 점, 장애인이 경험하고 있는 현실을 간과한다는 점이 그 내용이었다. 즉, 기존에 있던 ICIDH로는 장애와 기능을 이해하고 설명하는 데 부족함이 있었다. 장애를 손상(impairments), 기능제약(disabilities), 불리(handicaps)라는 세 가지 관점으로 구분하여 이 세 요소를 하나의 체계 안에서 이해한다는 것은, 손상(impairments)과 기능제약(disabilities)이 불리(handicaps)보다는 시간적 선험성을 가지는 것으로 간주하는 한계를 가진다는 것이다. 그래서 '불리' 개념의 도입으로 장애의 사회적 차원을 설명하려 했지만 여전히 장애를 질병, 외상 혹은 여타의 건강조건으로 야기된 한 사람의 문제로 간주하게 되는 '의학적 모형'으로 머무를 수밖에 없게 된 것이다.

또한 1980년대 들어 장애인정책의 기조는 보호 차원의 시혜적 복지정책에서 장애인의 사회적 통합을 목표로 하는 생산적 복지 혹은 정상화 정책으로 방향이 전환되었는데, 이런 사회정책적 관점에서 ICIDH가 유용한 기준을 제시하지 못한다는 문제의식도 제기되었다(European Commission,

2003). 전문가들은 ICIDH가 영어권이 아닌 나라에서는 적합하지 않기 때문에 보편적인 언어의 공유가 필요하다고 지적하였고, 다양한 환경에서 발생할 수 있는 장애요소를 포함해야 한다고도 하였다. 이러한 여러 가지 한계와 비판들로부터, 장애의 개념은 신체적 장애에서 기능적 장애(functional disability)로 무게중심을 이동하였고, 장애를 이해하는 방식도 특수한 문제가 아니라 건강 측면에서 바라보는 보편적인 문제로 전환되었다(황수경, 2004).

ICF는 건강의 여러 측면에 적용할 수 있도록 개발한 국제 분류체계로 더 이상 '질병의 결과'를 다루지 않고 '건강의 구성요소'에 대한 관심을 나타내고 있다. 따라서 손상과 질병 및 장애에 관하여도 병인학적 측면으로는 중립적인 입장을 취하면서 '건강요인'과 '건강 관련 요인'을 동시에 고려하고, '건강결정요인'을 배경요인으로 파악하는 접근 방식도 취하고 있다. 즉, '건강요인'과 '건강 관련 요인'을 '신체의 기능 구조'와 '활동 제한과 참여 제약'이라는 두 가지 차원으로 나누어 개인과 사회라는 관점을 포괄하고 있다는 의미를 나타내고 있다. 또한 '건강결정요인'을 개인과 개인이 살고 있는 환경이라는 차원으로 나누어 이러한 배경요인에 따라 건강상태

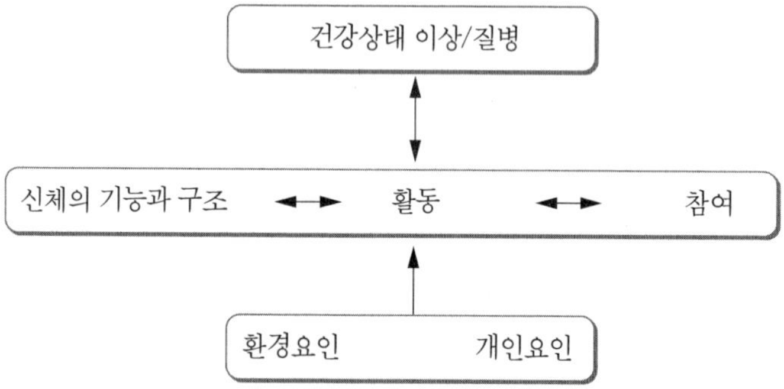

[그림 5-1] ICF 구성요소들 간의 상호관계

출처: International Classification of Functioning, Disability, and Health, World Health Organization(WHO, 2001).

가 달라질 수 있음을 시사하고 있다.

그렇다면 과연 ICF가 우리에게 주는 시사점은 무엇인가? 그것은 장애에 대한 개념에서의 패러다임의 전환을 말한다. 즉, 장애에 관한 개념의 중심을 의료적 개념에서 사회적 개념으로 전환하는 것이고, 장애에 관한 사회심리적인 영향력에 대한 이해를 도모하는 것이다. 장애 그 자체가 문제가 아니라, 장애인을 둘러싸고 있는 환경과 배경이 장애인의 사회적 활동과 참여에 때로는 촉진요인으로, 때로는 방해요인으로 작용할 것이라는 점을 시사하고 있는 것이다.

2) ICF의 구조와 내용

ICF는 앞서 언급한 대로 건강 영역과 건강 관련 영역 측면을 포괄하고 있으며 인간의 기능 제한과 관련된 상황 설명을 제공하고 정보를 조직화하는 역할을 한다. ICF는 크게 두 가지 부분으로 나뉘는데 하나는 기능(functioning)과 장애(disability) 측면이고, 또 하나는 배경요인(contextual factors) 측면이다.

'기능과 장애'의 구성요소는 다시 두 가지 요소로 나뉘는데, 하나는 신체계통의 기능적 분류와 구조적 분류이며, 다른 하나는 개인적 관점과 사회적 관점에서의 기능 측면과 관련된 활동과 참여의 모든 측면을 말한다.

'배경요인'의 구성요소도 역시 두 가지 요소로 나누어지며 하나는 '환경요인'이고 두 번째 구성요소는 '개인요인'이다. 그러나 아직까지는 ICF에서 사회적·문화적 차이가 상이하다는 이유로 '개인요인'에 대한 분류는 하고 있지 않다.

또한 기능과 장애 네 가지 구성 개념은 지표(code)로 세분화되어 있고 평가치(qualifier)로 측정 가능하다. 즉, 신체구조와 신체기능은 각각 신체의 생리학적, 해부학적 상태와 손상의 정도를 나타낼 수 있고 활동과 참여는

ICF 구조

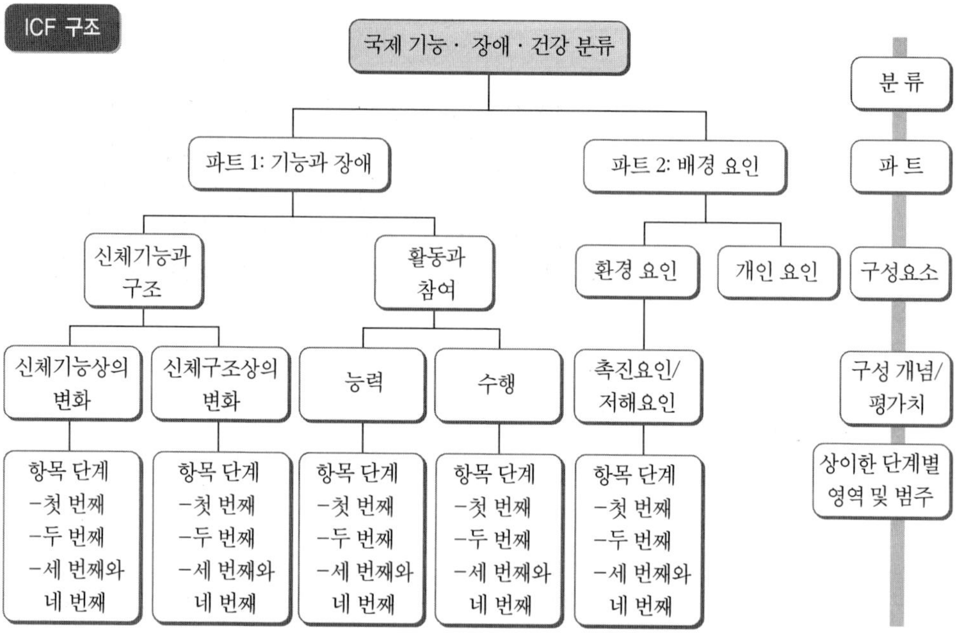

[그림 5-2] ICF의 구조

출처: International Classification of Functioning, Disability, and Health, World Health Organization (WHO, 2001).

개인의 일상 행위와 임무수행, 혹은 실질적인 생활 상황에서 할 수 있는 수행 능력을 평가치로 기록할 수 있다. 배경요인에서는 환경요인을 폭넓게 다루고 있는데, 이것 역시 물리적 · 사회적 · 태도적 특징이 미치는 촉진, 혹은 저해 효과를 측정할 수 있도록 지표로 세분화하였다.

ICF에서 한 개인의 건강상태는 분류의 구성요소 내 전 영역에 걸쳐 다음과 같은 해당 코드로 표시될 수 있다.

- 신체기능: b
- 신체구조: s
- 활동과 참여: d

• 환경요인: e

접두사 b, s, d, e 뒤에는 각 장에 해당되는 숫자(한 자리)가 오고 그 뒤에는 2단계(두 자리), 그리고 그 뒤에는 3, 4단계(각각 한 자리)를 나타내는 코드가 붙는다. (신체기능과 신체구조 분류에서만 4단계까지 나타난다.)

예) b2 감각 기능 및 통증(첫 번째 단계 항목)
b210 시각 기능(두 번째 단계 항목)
b2102 시력의 질(세 번째 단계 항목)
b21022 대비민감도(네 번째 단계 항목)

응용 가능한 코드의 최대 개수는 1단계에서는 34개(신체기능 8개, 신체구조 8개, 수행 9개, 능력 9개)이고, 2단계에서는 362개, 3, 4단계에서는 1,424개인데 이들이 모인 것이 바로 ICF 완전판을 구성한다.

한 사람당 세부적인 단계에서의 최대 코드 수는 1,424개이지만, 이는 너무 코드 수가 많아서 재활 결과나 노인병 치료 등 전문적인 서비스에서만 활용 가능할 정도로 실용적이지 못하다.

따라서 일반적으로 362개의 코드 수가 있는 두 단계 분류를 사용하는데, WHO에서 사용을 권장하는 요약판도 두 단계 분류이며, 이러한 두 단계 분류 요약판은 임상적 실험결과의 평가에 이용되거나 설문조사에 사용될 수 있다(WHO, 2002)고 권고한다.

3) 보편적 관점의 ICF와 관련된 모델들

ICF의 구조와 내용을 살펴보면, ICF는 의료적 · 사회적 모델의 총체라 할 수 있는 생물 · 심리 · 사회학적 모델(bio-psycho-social model)에 기초하고 있다. 따라서 ICF는 생물학적, 개인적, 사회적이라는 상이한 시각에 대한 통일되고 보편적인 관점을 제공한다(WHO, 2002).

또한 ICF는 인간을 개인과 환경과의 상호작용 속에서 이해하고자 했다는 점에서 생태학적 모델(ecological model)과도 연결지을 수 있다. [그림 5-3]은 생태학적 모델을 나타낸 것이며, 생태학적 모델과 ICF를 연결해, 〈표 5-2〉와 같이 나타낼 수 있다.

그림과 표는 ICF의 구조에 입각하여 각 차원의 내용을 생태 · 체계적 모델에 연결시켜 본 것인데, 결국 ICF의 구성요소가 미시적인 차원에서 중범위적이며, 거시적인 차원까지 포괄하고 있는 것을 볼 수 있다.

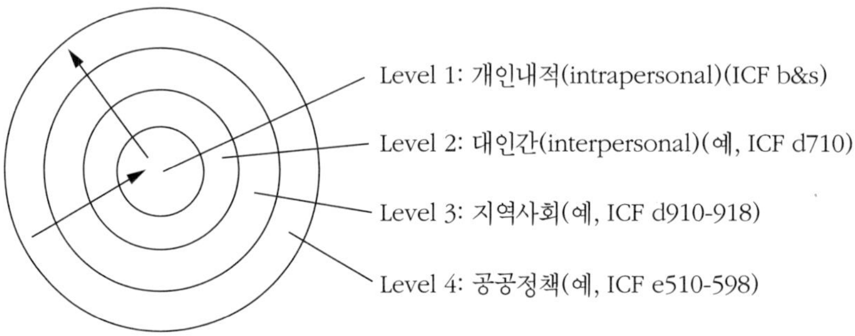

[그림 5-3] ICF와 생태학적 모델

〈표 5-2〉 생태학적 모델과 ICF와의 연결

차원	내용	ICF 구성요소
Level 4	공공정책	환경요소
Level 3	사회적 연계망, 지지집단, 조직, 사회체계	활동과 참여
Level 2	가족, 친구, 동료, 또래집단으로부터의 지지와 상호작용	활동과 참여
Level 1	자기관리, 자기규제, 역량강화, 변화의지, 자기옹호	신체 기능과 구조

출처: David et al. (2008).

이와 같이 ICF의 주요 원리는 보편성과 중립성을 강조한다고 할 수 있다. 즉, ICF가 모든 사람에게 적용 가능한 것으로, ICF를 이용해 모든 건강조건과 관련된 건강 및 건강상태를 설명할 수 있다는 점을 말하는 것이다. 이것은 ICF가 장애인을 이질적 집단으로 구분하지 않는다는 것을 암시하며, 기능(functioning)과 장애(disability)의 모든 부분에 대하여 긍정적 측면과 부정적 측면을 모두 나타낼 수 있도록 구성된 통합적인 도구라는 점을 보여 주는 것이다.

4. 장애와 사회심리적 특성: 장애 정체감을 중심으로

장애와 관련된 사회심리적 특성은 매우 다양하지만, 여기서는 장애 정체감을 중심으로 다루어 볼 것이다. 정체감이란 사람이 사회적 존재로서 갖는 어떤 특성이나 속성을 말한다(Jenkin, 1996). 그것은 개인적 속성에서부터 사회적 관계에서 창출되는 명명까지 함께 반영하고 있다. 따라서 정체감이란 개념은 사회심리적 개념을 포괄하는 것이며 집단적으로 범주화된 정체감(소수인종, 장애인 등)은 다른 집단과는 다른 정체감을 가지게 될 것이다.

장애 개념의 사회심리적 이해의 단초를 장애 정체감에서 찾고자 함은, 장애 정체감이 그 속성상 갖는 통합적 의미 때문이다. 즉, 주관적 자아와 객관적 자아의 통합을 상징하는 장애 정체감은 결국 사회 안에서 장애인이 갖는 심리적 상태와 속성을 잘 설명해 줄 수 있을 것이며 이는 바로 장애인을 모든 인간과 동일하다는 보편성으로 이해하면서도 그 특수성을 이해하게 되는 시작점이 되어 실천적 · 정책적 대안 제시에도 활용 가능할 것이기 때문이다.

1) 장애 정체감의 보편성과 특수성

장애 정체감을 이해하기 위해서는 자아정체감에 대한 이해가 선행되어야 한다. 자아정체감이라는 용어는 Erikson(1959)이 처음 사용하였으며, 그는 이를 객관적 측면과 주관적 측면으로 구분해서 설명하였다. 객관적 측면은 개인이 속하고 있는 집단에 대한 소속감 또는 일체감을 의미하며, 주관적 측면의 자아정체감은 고유한 존재로서 개인만이 가지고 있는 독특한 자기 정체의식을 의미한다. 즉, 자신이 속한 집단 내에 속해 있는 소속감과 동질감을 의미함과 동시에 그 조직 내의 다른 구성원과 구별되는 차별성을 의미한다. 또한, 자아정체감이란 사회적 상호작용을 통해 발달되는 것으로 자기를 묘사해 주는 자기 참조적 심상(self-referent image)의 복합이며 자기감각, 독특성, 자기수용, 역할기대, 안정성, 목표지향성, 대인관계 등이 구성요인이다(Dignan, 1965: 김은지, 1997 재인용). 따라서 자아정체감이란, '나는 누구인가'에 대한 자기 자신에 대한 생각을 의미하는 것으로, 이는 개인을 정의하는 내적이고 개별적인 요소와 자신을 둘러싸고 있는 외부적인 환경과의 관계에서 생성되는 자기 자신의 '자아상'을 의미한다. 이렇게 Erikson(1959)의 자아정체감에 대한 개념정의가 장애 정체감을 이해하는 데 도움이 되는 것은, 자아의 객관적 측면과 주관적 측면의 통합정체감이라는 측면과 독특한 자기 정체의식이 정체감이라는 그의 설명이 장애 정체감을 이해하는 데 설득력을 가지기 때문이다.

한편 장애 정체감의 특수성은 청각장애인의 연구에서 찾아볼 수 있다. 청각장애인 정체감(deaf identity)은 사회문화적 관점에서 청각장애인을 소수집단으로 이해하고 이들이 자신들의 언어와 문화를 포함하고 있는 청각장애인집단에 대해 가지는 일체감으로 정의된다(Glickman, 1993; Glickman & Carey, 1993). 청각장애인 정체감의 발달은 청각장애인 개인적으로나 사회적으로 중요한 의미를 지니는데, 개인적으로는 청각장애인 정체감이 발달할수록 사회적으로 보다 수용적인 행동을 하고 변화를 추구(Weinberg & Sterritt, 1986)함으로써 궁극적으로는 사회적응력이 더 높아짐을 보여 주고 있다.

Weinberg와 Sterritt(1986)는 이러한 청각장애인 정체감을 청각장애인 정체감, 건청인 정체감, 이중 정체감으로 구분하고 있다. 특히 Weinberg와 Sterritt(1986)는 청각장애인 정체감이나 건청인 정체감을 가진 청각장애인보다는 이중 정체감을 가진 청각장애인이 넓은 영역의 수용적 행위나 사회적 변화를 추구하는 경향이 있다고 하였다.

정체감 모델에 관한 연구 중에서 소수인종집단을 대상으로 1981년 Sue와 Sue에 의해 정리된 소수집단 정체감 모델(Minority identity model)이 있는데 그 내용은 〈표 5-3〉과 같다.

소수집단 정체감 모델은 순응(conformity), 부조화(dissonance), 저항

〈표 5-3〉 소수집단 정체감 모델

단계		자신에 대한 태도	같은 집단의 타인에 대한 태도	다른 소수집단에 대한 태도	지배집단에 대한 태도
1단계	순응	자기비하	집단비하	차별적인	집단에 대한 긍정적 평가
2단계	부조화	자기비하와 자기에 대한 긍정석 평가 간의 갈등	동종집단에 대한 비하와 긍정적 평가 간의 갈등	지배문화의 편에서 소수집단 차별에 관한 관점과 공유된 경험을 느끼는 갈등	집단에 대한 긍정적인 것과 비하적인 것 간의 갈등
3단계	저항과 몰입	자기에 대한 긍정적 평가	동종집단에 대한 긍정적인 평가	다른 소수파들의 경험에 대한 감정이입과 자기 문화중심주의에 관한 느낌 간의 갈등	집단에 대한 비하
4단계	자기 반성	자기에 대한 긍정적 평가의 근저를 성찰	명백한 긍정적 평가에 대한 본질을 성찰	타인을 평가하는 데 있어서 자기 민족 중심적인 것에 대한 성찰	집단 비하의 근저에 대한 성찰
5단계	통합적 자각	자기에 대한 긍정적 평가	집단에 대한 긍정적 평가	집단에 대한 긍정적 평가	선택적인 긍정적 평가

출처: Sue & Sue(1981).

(resistance)과 몰입(immersion), 자기반성(introspection), 그리고 통합적인 자각(integrative awareness) 5단계로 이루어져 있다. 그리고 각 정체감은 그 단계마다 4개의 부합하는 신념과 태도를 가지며 이 네 가지 태도와 신념은 그들이 스스로에 대한, 또는 같은 소수집단의 다른 사람들에 대한, 혹은 다른 소수집단인 사람들에 대한, 그리고 지배집단의 사람들에 대한 관점을 보여 주고 있다.

이들 소수집단은 처음에는 지배사회에 무조건 순응하고 그 문화에 적응해 나가기 위해 자신이 소수집단이라는 사실을 강력히 부정한다. 자기 자신을 부정하게 되면 자연히 자신과 같은 인종집단에 대한 비하와 부정이 따르게 되고 비슷한 다른 소수인종도 경멸하게 된다는 것이다.

그러나 이러한 상태는 아무리 적응하려 해도 객관적 차별이 엄청나게 존재하는 현실 앞에서 깨어지고 자신의 순응상태에 대한 의혹이 생기면서 혼돈상태에 빠진다는 것이다. 결국에는 아무리 부정하려 해도 인종차별주의는 분명히 존재하며 자신과 자신의 소수집단은 그것에 희생자라는 자각이 들면서도 여전히 순응하고, 그러면서도 이제는 이러한 순응상태를 부정하고 싶은 자신 사이에 갈등과 혼돈이 존재하게 된다.

혼돈의 시기는 다시 순응상태로 돌아가거나 아니면 다음 단계인 저항단계로 옮겨가게 된다. 즉, 다음 단계는 본격적으로 소수집단, 특히 자기가 소속된 소수집단에 대한 강한 소속감을 느끼고 지배사회에 저항하고 시민권을 주장하게 되는 단계다. 그러나 아이러니컬하게도 자신이 소속된 소수집단에 대해서는 강한 소속감을 느끼지만 다른 소수집단에 대해서는 묘한 이질감을 느끼면서 필요에 따른 정치적 연대를 해 나가게 된다는 것이다.

다음 단계는 이러한 연대와 강한 소속감에 대한 자기반성이 일어나는 단계다. 이것은 일종의 집단 정체감에 대한 회의라고 생각한다. 즉, 강한 소속감 속에서 말살되는 개인의 자율성 부재에 의문을 제기하면서 '과연 지배사회는 다 틀리고, 내가 소속된 집단은 다 옳은가?' 라는 질문이 생기게 된다. 이것은 강한 집단의식을 가지게 되면서 그 집단 안에서 개인의 의사를 자유롭게 표현하는 것에 제한을 받게 되는 것에서 비롯되는 집단 정체감에 대한 회의를 말한다. 즉, 집단에 소속되어, 나의 집단에 대한 자부심을 가지면서도 개인의 의사결정이 자유로운 나를 찾기 시작하는 것이다.

그러고는 최종 단계에 도달하는데, 그것은 말하자면 지배사회도 선택적으로 존중하고 나에 대해서도 긍정적 자아상을 가지며 내가 소속된 집단에 대해서도 긍정적 인식을 하게 되는 시기에 도달하는 것이다. 그렇게 하면 꼭 내가 소속된 집단이 아닌 다른 소수집단에 대해서도 정치적 연대가 아닌 진정한 연대가 일어날 수 있다는 것이다.

장애 정체감 모델은 1996년에 Grant가 개발한 연구가 있는데, 그는 신체장애를 가진 사람의 전 생애를 통해 경험하는 자신에 대한, 다른 장애인에 대한 그리고 비장애인에 대한 태도를 연구하고 장애 정체감과 관련한 태도 발달을 진단하는 도구를 개발하였다. 그의 연구에 의해 개발된 장애 정체감의 단계는 다음과 같다.

장애 정체감의 단계는 총 4단계로 이루어지는데, 분리(dissociation), 확산(diffusion)/불행감(dysphoria), 몰입(immersion)/연대(solidarity), 자기반성적인(introspective)/수용(acceptance)의 단계로 구성된다고 설명한다. 각 단계에 대한 내용은 다음과 같다.

분리(dissociation)는 장애를 부인하는 상태로 자존감을 보호하기 위해 방어기제를 사용하는 자아를 말한다. 확산(diffusion)/불행감(dysphoria)은 슬픔, 절망감, 낮은 자아 존중감을 경험하는 시기로 스스로에 대한 자신의 평가와 다른 사람의 자신에 대한 평가 사이의 불일치로 인해 괴로워하는 단계다. 몰입(immersion)/연대(solidarity)는 장애 문화에 몰입하게 되어 다른 장애인과 연대감을 느끼며, 비장애인들을 멀리하고 불신하게 되는 단계를 말한다. 이 시기의 장애인은 긍정적인 자존감을 나타내게 된다. 자기반성적인(introspective)/수용(acceptance)은 장애인으로서 가지는 한계를 인식하는 것에서부터 삶의 한 현실적 부분으로 장애를 수용하게 되는 것까지 포함되는 자기 숙고 및 이해의 단계다. 그래서 이 시기는 높은 수준의 자아 존중감과 자기확신을 보이게 된다.

이러한 장애 정체감은 결국 정체감이 가지는 주관적 자아와 객관적 자아의 사회심리적 심상이 장애인의 특수성과 보편성 안에서 통합되어 발달 단계를 가지고 있음을 시사하는 것이다.

2) 장애 정체감의 개념화

개념화란 우리가 특정한 용어를 사용할 때 그것이 무엇을 의미하는지 정확하게 구체화하는 과정을 말한다(Rubin & Babbie, 1998). 즉, 장애 정체감이 무엇을 의미하는지 정확하게 구체화하기 위해서는 그 개념이 가지고 있는 속성을 파악하고 검증해야 하는 것이다.

장애 정체감의 개념화는 Harlan Hahn(1997), Lisa Shur(1998)과 Carol Gill(1997)이라는 세 학자의 연구에서 찾아볼 수 있었다. 즉, 이들은 장애에 관한 의료모형에 대비되는 사회적 모형을 강조하며 장애의 원인이 개인에게 있는 것이 아니라 개인과 환경 간의 관계에 있다고 보는 것에서 연구의 시작점을 갖는다. 즉, 장애는 개인과 환경 간의 부적합성으로 인한 결과로, 개인의 신체적인 능력과 환경의 요구가 맞아떨어지지 않으면 장애가 발생한다는 것이고, 결국 장애는 지지적이지 않은 환경의 결과라는 것이다.

Hahn(1997)은 이러한 모형에 정치적 차원을 더하여 장애를 없애는 일은 정치적으로 이루어진다는 것을 알게 되었고, 환경 내에 존재하는 사회적 · 신체적 불공평함(inequity)을 해결하고 장애인에 대한 편견과 이로 인한 차별적인 대우를 법으로 교정하기 위해서는 공공정책의 변화가 필요하다고 주장하게 된다.

또한 Hahn(1997)에 의하면, 장애에 대한 사회 · 정치적 정의와 장애의 소수집단모형 발달이 초래한 한 가지 결과는 부정적인 신체적 특성을 역동적인 정치적 정체감으로 변화시키는 과정에 장애인들이 참여할 수 있는 능력을 가지게 된 것이라고 주장한다. 따라서 장애 정체감이라고 하는 것은 이전에는 부정적으로 평가되었던 개인적 속성을 긍정적인 것으로 전환시킴으로써 생기는 소산물이라고 하면서 장애 소수집단의 정체감을 여성수의 정체감이나 Afro-American의 정체감을 가지게 되는 것과 매우 흡사한 것이라고 말하였다.

Lisa Shur(1998)는 척수손상장애인이 정치적 참여를 함에 있어서의 심리에 관해 연구를 하였다. 즉, Shur(1998)는 장애 정체감에만 국한되지 않고 정치적 행동주의(political activism)와 개인적 특성 간의 관계에 대해 탐색하였고, 장애 권리 운동(activism)과 관련된 네 가지 기본적인 인식(basic perceptions)을 추출하게 되었다. 그 인식의 첫 번째는 장애와 관련된 문제에 대한 인식과 이것으로 인해 일상생활에서의 차이가 발생한다는 믿음이며, 둘째는 (사회적 · 정치적 환경에서 생기는) 장애 관련 문제는 제거될 수 있다는 믿음이다. 셋째는 고립(소외)을 극복하고 정치적으로 조직화되려면, 장애인들은 자신이 가진 문제를 다른 장애인들도 가지고 있다는 것을 인식해야 한다는 것이다. 넷째는 장애를 가진 다른 사람과 자신을 동일시해야 한다는 것이다. 따라서 장애와 관련된 많은 문제는 개인적인 방법을 통해서가 아니라 정치적인 방법을 통해서 해결될 수 있고, 또 해결되어야 한다는 것을 인식해야 한다고 주장하고 있다.

Gill의 연구(1997)는 장애 정체감 발달의 기조가 되는 통합의 네 가지 형태를 제시하였는데, 첫째는 사회에의 통합(integration into society: 'coming to feel we belong'), 둘째는 장애사회에의 통합(integration into disability community: 'coming home'), 셋째는 내적 통합(internal integration: 'coming together'－동질성과 상이성을 내적으로 통합), 넷째는 내적 자기인

식과 외적 자기인식 간의 통합(integration between internal and external self-perceptions: 'coming out'−자신의 느낌과 자신이 보이는 방식 간의 통합)을 말한다. 그에 따르면 이러한 단계들은 사회로부터 멀어졌다가 다시 가까워지는 움직임을 반복하게 된다. 즉, 사회통합에 대한 바람으로부터 출발하여 주류 사회로부터 멀어져 집단에 대한 소속과 개인적 통합에 초점을 맞추는 단계를 통하여 자기결정을 보다 많이 할 수 있는 위치에서 사회와 관계를 가지려는 새로운 노력으로 움직여 가게 된다는 것이다. 따라서 우리가 성장하고 발전하려면 장애 정체감의 기반이 되는 이러한 네 가지 통합의 형태는 서로를 강화시키며, 이를 통하여 자신이 가진 잠재력에 더 가까워지게끔 해 준다는 것이다. 따라서 이들 세 학자들이 언급한 장애 정체감의 내용을 정리하여 장애 정체감을 개념화해 보면 다음과 같이 요약된다.

장애 정체감이란 장애인으로서의 자부심으로 표현될 수 있는 장애 권리 철학의 내재화이며, 자신 및 다른 장애인에게 있어 차별이 문제라고 믿는 것을 말한다. 또한 신체적인 고정관념이 있다는 것을 느끼는 것이며, 장애인에게는 공통점이 있으며, 외적 장벽으로 인해 장애가 발생한다는 것을 인정하는 것이다. 그리고 자신을 가치 있는 인간으로서 느끼고, 자신의 가치가 평가절하되고 있지만, 사회적인 기여를 할 수 있다고 믿는 것, 또한 비장애인들과 마찬가지로 사회에 참여할 권리가 있다고 생각하는 것이며, 장애에 대한 해결책은 정치적이라고 생각하는 것을 말한다.

이러한 선행연구들을 바탕으로 이익섭 등(2006)은 장애 정체감의 개념화 및 척도 개발을 시도하면서 개념화의 일환으로 다섯 가지 장애 정체감의 하위 차원을 언급하였다.

먼저 '장애수용'은 자신의 장애를 더 이상 비하하지 않게 하는 과정을 말하며 한 개인의 가치 범위가 확장되어 신체적 가치를 다른 가치와 비교해서 상위에 두지 않고 장애로 인한 부정적 효과가 사실적으로 포함되며 개인적이고 가치론적인 귀인에 중점을 두는 것을 말한다.

'인간으로서의 가치'는 자신이 가치 있는 인간이라는 믿음을 말한다. 한 사람이 장애 정체감을 자신의 것으로 통합하려면, 먼저 자신에 대한 수용이 필요하다는 전제하에 개인적 가치에 대한 믿음은 신체적 상태에 대한 만족을 의미하는 것이 아니라 한 사람의 가치는 신체적 능력으로 평가되어서는 안 된다는 것을 의미한다.

'공통 근거'는 장애 경험은 특정 개인만이 느끼는 독특한 것이 아니라 유사한 상태에 있는 대부분 또는 모든 사람이 공통적으로 경험하는 것이라는 믿음, 즉 경험의 공유를 지칭한다.

'권리 주장'은 장애로 인한 사회적 · 제도적 차별과 편견으로 인한 사회적 장벽에 대한 자신의 적극적 대처 반응 및 태도를 말한다.

'외적 장애물에 대한 인식'은 장애는 사회적 · 문화적 · 물리적 환경 속에 존재한다는 것과 이러한 장애물은 제거될 수 있다는 인식을 의미한다.

이렇게 장애 정체감은 개인이 내재하고 있는 스스로에 대한 자아상을 말할 뿐 아니라 사회적 인식과 환경체계에 대한 적극적 대처 의식까지를 포함하고 있는 보편주의적인 접근을 가진 사회심리적 개념인 것이다.

5. 장애 개념의 보편적 접근과 사회심리적 이해가 갖는 사회참여적 의미

장애인의 사회참여는 장애인이 사회의 부분이 되어 장애인이 속한 사회적 · 문화적 활동에 비장애인과 동등하게 참여하는 것을 의미하는(이익섭, 1993; Mank & Buckley, 1989) 사회통합의 의미로 이해할 수 있다. 즉, 이것은 장애인들이 지역사회 내에 존재(presence)하고 참여(participation)하는 정도를 말하는 것으로 그 안에 사회활동과 참여의 의미를 내재하고 있음을 밝히고 있다. 따라서 장애인이 온전히 사회통합을 하고 있다는 뜻은 지역사회 내에서 일상 활동과 생산적인 활동, 그리고 여가활동을 수행하는 데 어려움이 없다는 것이고, 이용자 중심과 자기결정이라는 사회복지의 기본 가치에 손상 없이 살아가고 있다는 뜻이다.

이러한 장애인의 사회참여는 미국 사회학자인 Irving Zola(1993)에 의해 주창되는 보편적 접근으로 재조명될 수 있다. 보편적 접근은 장애에 관한 사회적 모델이 학습·지적·심리적 손상 혹은 비가시적(nonvisible) 손상을 가진 사람의 문제들을 적절히 반영하지 못하는 것이 지적되면서(Gill, 2001) 대두되었다. 즉, 장애 이해에 있어서 사회적 모델이 장애화 과정에서 문화적인 측면과 담론의 중요성을 미약하게 다룬 점이 비판되면서(Corker, 1998; Shakespeare, 1996) 사회적 모델에서 다루지 못한 다양한 손상의 종류로 인한 경험의 차이와 손상 이외의 인종문제, 성별문제 등이 손상과 결부될 때의 독특성에 대한 정교한 연구들이 현재 장애학에서의 당면한 연구주제로 부상하였던 것이다.

이러한 장애 개념에 대한 보편주의적인 접근은 WHO의 ICF 기본구조에서 가장 정확하게 볼 수 있다. 즉, 장애를 병인학적 측면으로 보지 않고 '건강요인'과 '건강 관련 요인'을 '신체의 기능 구조'와 '활동 제한과 참여 제약'이라는 두 가지 차원으로 나누어 개인과 사회라는 관점을 포괄하고 있는 것이다. 또한 ICF에서는 장애인의 활동과 참여를 9개의 하위 차원으로 분류하고 있다. 즉, 지식의 학습과 적용, 일반적인 임무와 요구, 의사소통, 이동, 자기관리, 가정생활, 대인관계 및 상호작용, 주요 생활 영역, 공동체·사회 및 시민생활로 구성된 ICF의 활동과 참여 영역은 사회통합과 시민권을 모두 포괄하고 있다. 또한 이러한 활동과 참여에 있어서 수행상에 문제를 가져온다는 것은 사회적 환경에 영향을 받을 수 있다는 것이다. 즉, 신체적으로 기능하는 데는 어려움이 없지만 유전적으로 특정 질환에 걸릴 확률이 높은 사람이나 사회가 터부시하는 질병에 걸린 자는 사회적 차별과 편견으로 인해 자신이 가진 능력을 충분히 발휘하지 못하고 사회적 활동과 참여에 배제될 확률이 높을 것이라는 의견을 반영하고 있다.

장애인의 사회참여를 바라보는 장애 개념의 보편적 접근은 재활임상에 대한 연구와 교육에도 영향을 미쳤다.

Stucki(2005)는 [그림 5-4]와 같이 기능화-장애화 과정을 설명하고 있다. 즉, 환자의 기능을 그를 둘러싸고 있는 환경과의 상호작용의 결과로 이해하는 것이다. 여기서의 환경은 개인이 살고 있는 물리적 · 사회적 상황 모두를 포함하며, 개인을 둘러싸고 있는 외부의 자연적인 환경과 인간이 만들어 낸 사회적 상황 모두를 포함한 총체적 개념으로 이해한다. 이러한 개념은 결국 재활임상에서 환자의 기능과 건강을 최대로 유지시키며 장애를 최소화하거나 예방하기 위해 기여해야 한다는 것을 말한다.

이와 같이 장애에 관한 보편적 접근은 장애분류에 영향을 미치며, 장애인과 관련한 임상 및 전문 서비스 영역에서도 질병을 가진 환경 속의 개인이 환경과의 관계에서 욕구가 커지게 되는 상황을 이해하게 되고, 그 안에

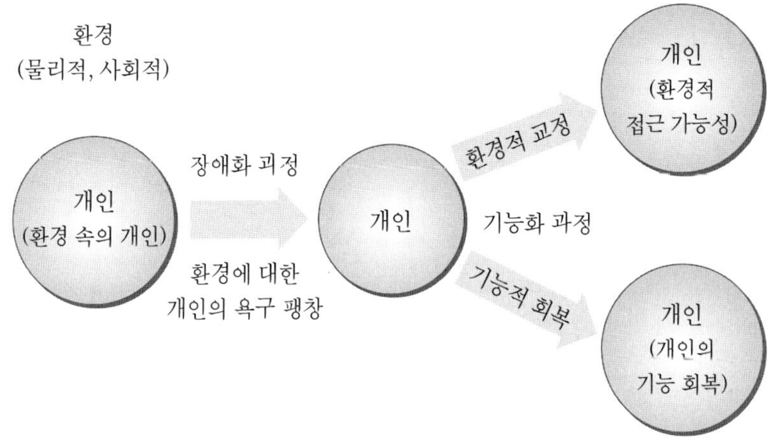

[그림 5-4] 가능화-장애화(Enabling-Disabling) 과정

출처: 제3차 World congress International Society of Physical and Rehabilitation Medicine (ISPRM)(2005).

서 기능 회복을 최대화시키거나 환경과의 교정을 시도하는 변화를 도모해야 한다는 이해를 가져오게 되었다.

여기에 장애에 관한 사회심리적 이해의 필요성을 강조하자면, WHO의 ICF 구성요인에 대한 또 다른 논의로 이어질 수 있다. Nordenfelt(2003)는 인간의 행위가 좀 더 포괄적이며 복합적인 의미를 가진다고 주장하면서 행위이론[1)]을 토대로 WHO의 ICF 구성요인을 다음과 같이 논의하고 있다. 그가 제시하는 행위이론의 핵심 개념은 수행능력(capacity)과 기회(opportunity)에 관한 개념이다. 수행능력은 개인이 행위할 수 있는 내적 가능성을 말하며, 개인의 내적 자원이 그 사람에게 그렇게 행동하도록 하는 것을 의미한다. 내적 자원이란 본래부터 개인이 가지고 있는 생화학적이고, 생리학적인 것을 뜻하는 것이다. 반면 기회(opportunity)는 개인의 외적 가능성을 일컫는 것으로, 그 사람을 둘러싸고 있는 주변의 물리적인 요인, 문화적인 요인, 법적인 요인을 말한다. 이러한 수행능력과 기회의 융합을 개인의 실질적인 행위 가능성이라고 부르며, 인간이 특별한 행위를 할 수 있는 실제적인 가능성을 뜻하는 것이다. 그러나 이것만이 모든 행위를 설명하지는 않는다고 주장한다. Nordenfelt(2003)는 또 하나의 핵심 개념을 제시하는데, 그것이 바로 의지(will)다. 수행능력과 기회만으로는 인간의 행위를 모두 설명할 수 없고 의지(will)가 인간의 행위를 설명할 수 있는 중요한 조건 중 하나라는 것이다.

---

1) 행위이론은 철학적 개념이며 특히 사회과학이나 문학을 다루는 철학자들이 개발해 온 것이다. 사회학에서는 이 분야의 대가인 짐멜, 뒤르켐, 베버와 같은 학자들을 중심으로 개인과 사회의 관계에 주목하며 주체와 세계, 또는 개인과 사회의 이분법을 사회학적 방법론을 통하여 일원적으로 해명하려는 시도를 계속해 왔다. 미국 사회학의 시카고학파와 철학적 실용주의는 행위와 경험의 일원적 상호소통적인 관계를 발전시켰다(Lewis & Smith, 1980). 행위이론에서의 행위는 포괄적이며 복합적인 의미를 가진다. 즉, 사회적으로 규범화된 지향을 전제하면서 동시에 항상 규범화되어 있지는 않고 열려 있는 것이다. 그래서 세계 해석의 제한된 틀에서 벗어나 사회적 실재에 대한 재구성을 요구하는 것이다. 따라서 행위이론을 토대로 '체험된 생애사'와 '이야기된 생애사'라는 차원의 재구성 작업이 사회학적 방법론으로 대두되었다.

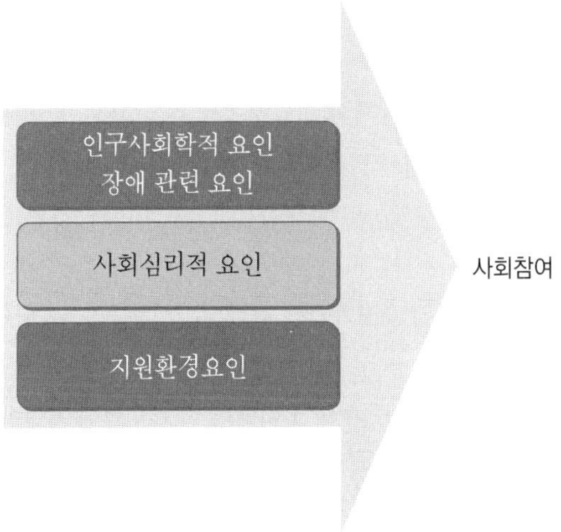

[그림 5-5] 통합적 관점에서 살펴본 장애인 사회참여 영향요인

결론적으로 장애 개념에 관한 보편적 접근과 사회심리적 이해라는 맥락에서 장애인의 사회참여를 고찰해 보면, 결국 장애인의 사회참여는 인구사회학적 요인과 장애 관련 요인, 그리고 사회심리적 요인과 지원환경요인의 종합적인 영향을 받는 것이라고 할 수 있겠다.

참 고 문 헌

김용득, 김진우, 유동철(2007). 한국 장애인복지의 이해. 인간과 복지.

김은지(1997). 자아존중감과 성역할 정체감 및 성의식과의 관계 연구. 고려대학교 대학원 박사학위논문.

박승희(2004). 장애 개념화 진전이 장애인 지원구축에 지니는 함의. 특수교육학연구, 38(4), 27-65.

신은경(2006). 장애인 사회참여와 개인 및 지원환경요인의 관계에 관한 연구. 연세대학교 사회복지대학원 박사학위논문.

신은경 외(2010). 한국표준장애분류개발 2차 연구. 2010년도 통계청 정책연구용역 과제.

이익섭(1993). 한국장애인복지정책의 이념정립을 위한 고찰. **한국사회복지학회 추계 학술대회 자료집**, 247-257.

이익섭(2003). 국제기능 · 장애 · 건강 분류(ICF)의 의미와 향후전망. ICF OPEN FORUM 11-16.

이익섭 외(2006). 장애 정체감 척도개발에 관한 연구. 학술진흥재단지원사업 연구결과보고서.

황수경(2004). 국제장애분류(ICF)에 대한 이해와 기능적 장애 개념의 필요성. **노동정책연구**, 4(2), 127-148.

Abberley, P. (1987). The concept of oppression and the development of a society theory of disability. *Disability, Handicap and Society, 2*, 5-20.

Albrecht, G. (1976). *The Sociology of Physical Disability and Rehabilitation*. Pittsburgh: The University of Pittsburgh Press.

Barnes, C., Mercer G., & Shakespeare, T. (1999). *Exploring Disability: Sociological Introduction*. Malden, MA: Polity Press.

Cobett, J. (1996). *Bad-Mouthing: The Language of Special Needs*. London: Falmer.

Corker, M. (1993). Integration and deaf people: the policy and power of enabling environments. In J. Swain, V. Finkelstein, S. French & M. Oliver (Eds.), *Disabling Barriers-Enabling Environments*. London: Sage.

Corker, M. (1998). *Deaf and Disabled, or Deafness Disabled?* Buckingham: Open University Press.

Crow, L. (1996). Including all of our lives: renewing the social model of disability. In C. Barnes & G. Mercer (Eds.), *Exploring the Divide: Illness and Disability*. Leeds: The Disability Press.

David, H., Nieuwenhuijsen E. R., & Patricia, S. (2008). Health promotion and education: Application of the ICF in the US and Canada using an ecological perspective. *Disability and Rehabilitation, 30*(12-13), 942-954.

Dignan, M. H. (1965). Ego identity and maternal identification. *Journal of Personality and Social Psychology, 1*(5), 476-483.

Erikson, E. H. (1959). Identity and life cycle. *Psychological Issues*, monograph No.1.

European Commission. (2003). *Definition of Disability in Europe: A Comparative Analysis.*

French, S. (1993). Disability, impairment or something in between? In J. Swain, V. Finkelstein, S. French & M. Oliver (Eds.), *Disabling Barriers-Enabling Environments.* London: Sage.

Gill, C. (1997). Four types of integration in disability identity development. *Journal of Vocational Rehabilitation, 9*, 39-46.

Gill, C. (2001). What is the social model of disability and why should you care? *Alert: The Newsletter of the Institute on Disability and Human Development, 12*(2), 6-9.

Glickman, N. S. (1993). *Deaf Identity Development: Construction and Validation of a theoretical model.* University of Massachusetts. Amherst.

Glickman, N. S., & Carey, J. C. (1993). Measuring Deaf Cultural Identities: A Preliminary Investigation. *Rehabilitation Psychology, 38*, 275-282.

Grant, S. K. (1996). Disability identity development: An exploratory investigation. Santa Barbara: University of California.

Hahn, H. (1997). An agenda for citizens with disabilities: pursuing identity and empowerment. *Journal of Vocational Rehabilitation, 9*, 31-37.

Harris, J. (1995). *The Cultural Meaning of Deafness.* Aldershot: Avebury.

Howard, D., Nieuwenhuijsen, E. R., & Saleeby, P. (2008). Health promotion and education: Application of the ICF in the US and Canada using an ecological perspective. *Disability and Rehabilitation, 30*(12-13), 942-954.

Hughes, B., & Paterson, K. (1997). The social model of disbility and the disappearing body: towards a sociology of impairment. *Disability and society, 12*(3), 325-340

Jenkins, R. (1996). *Social Identity.* London: Routledge.

Lewis, J. D., & Smith, R. L. (1980). *American Sociology and pragmatism: Mead, Chicago sociology, and symbolic interaction*. University of Chicago Press.

Mank, D. M., & Buckley, J. (1989). Strategies for integrated employment. In W. E. Kiernan & R. L. Schlock (Eds.), *Economics, industry, and disability: A look ahead* (pp. 319-329). Baltimore: Paul H Books Publishing.

Morris, J. (Ed.). (1996). *Encounters with Strangers: Feminism and Disability*. London: The Women's Press.

Nordenfelt, L. (2003). Action theory, disability and ICF. *Disability and Rehabilitation, 25*(18), 1075-1079.

Oliver, M. (1990). *The Politics of Disablement*. The MACMILLAN PRESS LTD. Springer-Verlag.

Oliver, M. (1996). *Understanding Disability: From Theory to practice*. London: Macmillian.

Rubin, A., & Babbie, E. (1998). *Research Methods for Social Work*. Brooks/Cole Publishing company.

Shakespeare, T. (1996). Power and Prejudice: issue of gender, sexuality and disability. In L. Barton (Ed.), *Disability and society: Emerging Issue and Insights*. Harlow: Longman.

Shur, L. (1998). Disability and the psychology of political participation. *Journal of Disability Policy Studies, 9*(2), 3-31.

Stucki, G. (2005). International Classification of Functioning, Disability, and Health (ICF): A promising framework and classification for rehabilitation medicine. *American Journal of Physical Medicine and Rehabilitation, 84*, 733-740.

Sue, D. W., & Sue, D. (1981). *Counseling the culturally different: theory and practice*. John Willy and Sons, Inc.

Thomas, C. (1999). *Female Forms: Experiencing and understanding disability*. Open University Press.

UPIAS. (1976). *Fundamental Principles of Disability*. London: Union of the Physically Impaired Against Segregation.

Warmsley, J. (1997). Including people with learning difficulties: theory and practice. In L. Barton & M. Oliver (Eds.), *Disability Studies: Past, Present and Future*. Leeds: The Disability Press.

Weinberg, D. J., & Sterritt, M. (1986). Disability and identity: A study of identity patterns in adolescents with hearing impairments. *Rehabilitation Psychology, 31*(2), 95-102.

Wendell, S. (1996). *The Rejected Body*. Routledge.

WHO. (2001). *International Classification of functioning, disability and health*. Geneva: World Health Organization.

WHO. (2002). Towards a common language for Functioning, Disability and Health ICF. Geneva.

Zola, I. K. (1989). Toward the necessary universalizing of a disability policy. *Milbank Quarterly, 67*, 401-426.

Zola, I. K. (1993). Self, identity and naming question: Reflections on the language of disability. *Social Science & Medicine, 36*, 167-173.

제 6 장

장애와 정신건강

김혜성

학습 목표

1. 장애와 정신건강에 대한 전반적인 이해를 가진다.
2. 장애와 정신건강문제 현황을 살펴본다.
3. 장애와 정신건강서비스 이슈와 과제를 살펴본다.
4. 장애인 정신건강과 사회참여 이슈를 살펴본다.

1. 서 론

2008년도 장애인실태조사에 의하면, 장애 원인은 후천적 원인이 90.0%로 가장 높게 나타났다. 후천적 원인 중 질환(55.6%), 사고(34.4%)가 우선순위를 차지하는 것으로 나타났다. 한국이 고령화 사회로 접어들면서 질환으로 인한 장애 발생이 높은 비율을 차지하는 까닭으로 보인다. 이는 현대 사회에서는 누구나 장애를 경험하게 될 확률이 높아졌음을 의미하는 것이다.

이처럼 장애 발생의 후천적 원인이 높이 차지한다. 이는 장애 발생 이후 적응과 재활에 대한 서비스 욕구가 높을 것이라는 것을 짐작하게 해 주는 것으로, 다양한 측면에서의 서비스 지원이 제공되어야 할 필요가 있다.

장애 발생은 개인 삶의 전반적인 영역에 영향을 미친다. 이는 가정, 지역사회, 사회 전반에도 영향을 미치게 된다.

가정이나 집단, 국가에 대한 소속감과 충성심이 강조되던 전·근대 사회와 달리 현대 사회는 개인주의로 개인이 독자적으로 영위하는 삶이나 개인의 의사 존중이 주된 사회가치로 자리 잡고 있다. 장애나 질병 발생과 관련하여 개인의 의지로 고통스러운 삶을 마감할 수 있는 권리에 대해 사회적 관심이 논의되고 있다.

한국의 자살사망자 수는 OECD 국가 중 1위를 차지할 정도로 높은 수준을 보인다. 경찰청 통계(2009년 연령별/원인별 자살현황)에 의하면 자살의 원인 중 신체적 질병문제가 1위를 차지하고 있다. 이러한 현상은 질병이나 질병으로 인해 파생되는 장애로 인한 고통스러운 삶에 대한 마감의 수단으로 자살을 선택하는 현상과 맞물려 있는 것으로 보인다.

한국자살예방학회(2010)에 의하면, 전국 조사에서 '불치병에 걸린 사람이 자살한다면 이해할 수 있다'에 응답한 비율이 64%로 나타났다. 고통스러운 질병에 대한 해결 수단으로 자살을 선택하는 것에 관대한 태도를 보이는 것이다. 이러한 조사 결과는 자살 자체에 대한 관대한 태도라기보다는 고통스러운 질병을 안고 생존하는 삶의 혹독한 현실에 대한 관점을 반영하는 것이라고 보아야 할 것이다. 더불어 치유하기 어려운 질병이나 장애를 안고 있는 개인의 삶은 인간으로서의 행복하고 존엄한 삶을 유지하기 어려울 것이라는 사회적 인식이 팽배한 것을 보여 주고 있다 하겠다.

미래에 대한 희망적인 조망이 장애에 성공적으로 대응할 수 있는 기제를 발전시킨다(Dorsett, 2010). 심각한 장애와 '존엄하게 죽을 권리'에 대한 논의는 중증 장애인에게 희망을 허락하지 않은 현실을 단적으로 반영하고 있다. 이러한 현상은 서구 문화에서도 보고되고 있다. Scoccia(2010)는 안락사 권리에 대한 논쟁에서 불치병이나 중증 장애에 놓인 경우 삶의 마감할 권리를 주장하는 입장에 대하여 기능적 손상에 초점을 두는 의료적 모델을 반영한 시각이라고 지적하였다. 사회적 모델에서는 장애가 장벽으로 작용하는 것은 손상된 상황에 대한 사회적 여건에 따른 것으로 이해한다. 불치병이나 중증 장애가 인간의 존엄이나 자율성이 보장하기 어려우므로 존엄하게 죽을 권리를 주장한다는 논리가 적절하지 않다고 주장하였다.

이처럼 장애는 생명을 포기할 권리까지 논의되기도 할 만큼 인간의 삶에 커다란 도전을 가져온다. 이는 신체적 · 정신적 · 사회적 · 영적 차원까지 다양하게 영향을 미치는 것으로 포괄적인 차원에서 욕구가 충족될 때 장애가 더 이상 장벽이 되지 않고 개인과 사회의 성장과 발전의 기회가 될 수 있다. 그러나 전통적인 장애인복지서비스는 장애 발생으로 인한 빈곤, 의료 욕구, 고용과 같은 사회적 역할의 부여, 교육권 등을 중요하게 다루고 있다. 이와 같은 영역에 대한 관심과는 달리 정신건강서비스와 관련된 욕구나 이슈는 사회적 조명을 충분히 받지 못했다.

장애 발생의 원인 90% 이상이 후천적인 이러한 현실에서 장애인복지는 이제 현대 사회의 주요 복지 영역으로 자리 잡아야 한다. 세계보건기구

(World Health Organization; WHO)는 정신건강의 문제를 해결하지 않고 건강한 상태를 성취할 수 없다고 선언하였다. 장애인과 장애인 가족이 처한 정신건강문제의 심각성에 대한 관심은 서구에서는 이미 논의되고 있다. 현재 시행되고 있는 「장애인차별금지법」은 장애인 차별에 대한 사회적 환경의 변화에 초점을 두고 있다. 변화는 당사자와 환경이 함께 움직여야 하는 것이다. 장애인당사자는 사회적 환경의 변화를 정책과 법률에 의거하여 수동적으로 제공받는 수혜자의 역할이 아니라 주도하는 당사자 역할을 감당해야 한다. 사회적 환경의 변화를 주도하고 주체적인 역할을 담당하기 위해서는 장애로 인해 발생할 수 있는 사회적 낙인과 정신건강문제 등에 잘 대응할 수 있도록 정신건강서비스 지원이 필수적이다.

한국의 장애인복지가 확장의 시기에서 이제 보다 높은 수준으로 도약하는 시점으로 보인다. 이제 장애인복지에서 지금까지 활발하게 논의되지 못한 영역인 정신건강서비스 이슈에 관심을 가져야 할 시점이다.

2. 장애와 정신건강 관련 연구 현황

장애와 관련하여 정신건강 이슈를 다룬 논문에 대한 연구를 축적하는 것은 서비스 개발과 발전에 중요하다. 정신건강이나 정신장애를 중점적으로 다룬 학술지도 있으나 여기에서는 사회복지 영역에서의 다양한 주제를 다루는 학술지 세 곳과 장애 전반에 대한 이슈를 다루는 학술지 한 곳을 대상으로 분석해 보았다.

〈표 6-1〉에서 볼 수 있듯이 장애와 정신건강을 주제로 한 논문은 소수를 차지하고 있다. 이들 중에서 다수가 정신장애와 관련된 논문이다. 장애유형이나 장애인과 장애인 가족의 발달단계별로 독특하고 차별화된 다양한 정신건강서비스 욕구가 존재함에도 불구하고 연구가 활성화되지 않고

〈표 6-1〉 주요 학술지에서의 장애와 정신건강 논문 발간 현황

	한국사회복지연구	한국가족복지학	한국사회복지학	한국장애인복지
2005~2010년 사이의 총 논문 편수	225	129	333	82
장애와 정신건강 주제 논문 편수	2	1	3	3

있는 현실을 반영하고 있다.

3. 장애인의 정신건강서비스 욕구

장애와 정신건강문제는 모든 인간의 행복권이라는 관점에서 조명되어야 한다.

장애로 인해 신체와 정신이 영향을 받게 되는데 지역사회와 사회 전반 환경이 발생하는 욕구에 유연하게 반응하고 변화되지 못할 때 문제가 발생한다고 보아야 한다. 장애는 역사적으로 차별과 억압의 대상이었다. 현대사회에서는 이러한 차별을 제도적으로 금지하는 노력과 사회구성원의 인식과 태도의 변화를 보이고 있다. 그러나 장애인은 여전히 사회의 소수집단으로 사회의 주류 구성 집단의 낮은 관심과 몰이해로 인해 부정적인 정서적 경험을 하게 된다. 이러한 부정적인 경험이 일상화되고 장기화되면 사회적 관계에서 위축되고 스스로에 대한 긍정적인 자아상을 유지하는 데 어려움을 겪을 수 있으며, 이는 정신건강문제를 유발시킬 수 있다. 그러나 사회지원체계에 따라 이러한 문제의 양상이나 진행이 달라질 수 있다. 사회적 지원체계에는 가족이나 친구와 같은 비공식적 지원체계의 역할과 제도적 서비스와 같은 공식적 지원체계가 포함된다. 결국 장애와 정신건강문제는 장애인을 둘러싼 환경에서 그 해결 대안을 찾는 것이 가능하다는 것이다(Ells, 2001; Elliott & Richards, 1999; Garcia & Crocker, 2008; Li &

Moore, 1998; Mazur, 2008; Rothman, 2003).

여기에서는 사회적 차별/낙인, 우울증, 폭력 경험, 그리고 가족의 양육 스트레스를 살펴보고자 한다.

1) 사회적 차별/낙인

장애에 대한 사회적 차별은 역사적으로 뿌리가 깊다. 「장애인차별금지법」 시행으로 제도적으로 차별을 예방하려는 적극적 노력이 진행되고 있으나 사회 각 영역에서 여전히 장애에 대한 편견과 낙인이 존재하고 있다.

2008년도 장애인실태조사에서 응답자들은 다양한 삶의 영역에서 사회적 차별을 경험한 것으로 나타났다. 보험제도 이용 시, 취업 상황에서, 그리고 교육 현장에서 다수가 사회적 차별을 경험한 것으로 보고하였다.

사회적 차별 경험의 부정적인 영향은 널리 잘 알려져 있다. 사회환경 차원에서의 접근도 중요하지만, 장애인당사자와 장애인 가족을 중심으로 한 심리·정서적 지원과 역량강화가 동시에 이루어져야 할 것이다.

〈표 6-2〉 사회적 차별 경험 (단위: %)

<table>
<tr><th>구분</th><th></th><th>전체</th><th>구분</th><th></th><th>전체</th></tr>
<tr><td rowspan="5">입학·전학</td><td>유치원(보육시설)</td><td>26.9</td><td rowspan="3">직장생활</td><td>소득</td><td>20.8</td></tr>
<tr><td>초등학교</td><td>26.1</td><td>동료와의 관계</td><td>13.1</td></tr>
<tr><td>중학교</td><td>19.4</td><td>승진</td><td>9.1</td></tr>
<tr><td>고등학교</td><td>16.8</td><td colspan="2">운전면허제취득 시</td><td>11.8</td></tr>
<tr><td>대학교</td><td>6.9</td><td colspan="2">보험제도 계약 시</td><td>55.6</td></tr>
<tr><td rowspan="3">학교생활</td><td>교사로부터</td><td>18.9</td><td colspan="2">의료기관 이용 시</td><td>3.3</td></tr>
<tr><td>또래학생으로부터</td><td>48.9</td><td colspan="2">정보통신 이용 시</td><td>0.4</td></tr>
<tr><td>학부모로부터</td><td>8.4</td><td colspan="2">지역사회생활</td><td>20.6</td></tr>
<tr><td colspan="2">결혼</td><td>16.1</td><td colspan="3" rowspan="2"></td></tr>
<tr><td colspan="2">취업</td><td>35.0</td></tr>
</table>

출처: 보건복지가족부, 한국보건사회연구원(2009).

2) 우울증

장애 발생은 당사자는 물론 가족에게도 상실의 경험이다. 상실로 인한 정서적 반응 중에 대표적인 것이 우울감을 경험하는 것이다. 우울감이 지속될 경우 우울증으로 발전될 수 있는데 장애인이나 장애인 가족은 장애와 수반되는 스트레스와 어려운 삶의 과업으로 우울증에 취약할 수 있다(Bould, 2005; Brens et al., 2008; Kelley-Moore & Ferraro, 2005; Mcconnell et al., 2009).

주요 우울장애는 가장 흔한 정신장애 중 하나다. WHO에서 발표한 질병의 전반적인 부담(global burden of disease)에 의하면 2020년에는 모든 질환 중에서 2위를 차지할 것이라고 예측한다. 이처럼 우울증은 현대 사회에서 높은 발생률을 보이는데, 스트레스를 이에 대한 심리사회적 주요 요인으로 꼽는다. 스트레스를 유발하는 요인은 다양한데, '상실'을 경험할 경우 높은 스트레스가 발생하는 것으로 알려져 있다.

장애로 인한 '상실' 경험은 생 · 심리 · 사회적 영역에서의 영향을 미치며 변화를 가져온다. 이 과정에서 좌절, 불안, 분노 등의 정서적 반응과 우울증상을 수반하게 될 위험이 증가한다. 장애로 인한 상실을 경험할 때 정상적으로 이루어지는 애도반응과 우울증의 경우는 구별되어야 한다. 애도반응의 정도가 심각한 경우라 할지라도, 주요 우울장애로 판단할 수는 있는 기간인 2개월간 지속되지 않는 경우는 우울장애로 진단하지 않는다.

약물 복용이 우울증을 수반하는 경우가 있다. 고혈압약, 심장질환치료제, 스테로이드, 항파킨슨약물, 진통제와 소염제, 항생제, 항암제, 항정신병약물, 진정제 등이 우울증을 유발할 수 있다(대한신경정신의학회, 2007). 장애인의 우울증에 대한 접근에서는 애도반응의 과정인지 혹은 약물 복용에 따른 우울증인지 면밀하게 살펴보는 것이 필요하다.

우울증과 같은 외형적으로 드러나지 않는 정신건강문제는 당사자가 도움을 추구하지 않는 한 전문적 서비스가 제공되기 어렵다. 우울증에 대한 사회적 인식이 많이 향상되어 사회적 낙인이 줄어들기는 했으나 여전히 정신건강서비스를 이용하는 것을 꺼리는 태도가 남아 있다. Garcia와 Croker (2008)는 우울증에 대한 사회적 낙인에 대한 대응을 개인체계적 관점과 생태체계적 관점에서 살펴보았다. 자아를 방어하고 높이고자 하는 데에 많은 관심을 가지는 에고시스템(egosystem) 측면에서의 동기가 높을 경우 사회적 낙인이 부가되는 문제를 숨기고자 하는 경향이 높은 것으로 보았다. 반면 에코시스템(ecosystem) 측면은 사회적 낙인이 가져올 수 있는 거절을 두려워하기보다는 관계의 진정성을 중요시하고, 거절을 경험할 경우에도 사회적 낙인에 대하여 이해를 높이기 위해 노력하고자 하는 동기가 높다고 보았다. 우울증의 특성 중의 하나가 개인 중심적인 사고와 인식을 보인다는 것이다. 장애에 부가된 사회적 낙인과 삶에서의 도전이나 좌절에서 자신을 방어하고 보호하고자 하는 개인적 측면의 동기가 높이 작용할 수 있는 것이다. 그러나 이러한 개인적 차원에서의 방어적 동기는 실제 문제를 해결하는 데 필요한 도움의 자원을 연계하는 데 장벽이 될 수 있다. 장애인과 장애인 가족이 에코시스템 측면에서의 동기가 높아지도록 하기 위해 사회적 지원이 제공되어야 한다.

현대 사회에서 우울증은 전 세계적으로 높은 발생률을 보이고 있어 국가의 사회통계에서는 이에 관련한 항목을 포함하는 등 높은 관심을 보인다. 그러나 한국의 장애인실태조사에서는 우울증이나 정신건강 관련 내용을 포함하고 있지 않고 있다. 정신건강문제에 대한 관심은 여전히 낮다고 하겠다.

3) 폭력 경험

장애 아동이나 지적장애인에 대한 학대문제는 꾸준히 보고되는 반면, 이에 대한 연구와 장애유형별 개입 전략에 대한 논의는 부족한 현실이다. 장애인의 폭력 경험은 외부로 노출되기 쉽지 않다. 다수의 장애인이 가정이나 시설에서 양육자의 도움을 받는데, 가해자가 양육자인 경우는 더욱더 외부로 노출되기 어렵다(Baladerian, 2009). 폭력이 인간에게 미치는 부정적인 영향은 특정 집단에 한한 것이 아니라 보편적으로 나타나는 현상으로, 장애인을 대상으로도 발생할 수 있다. 그러나 장애인의 경우, 장애로 인한 신체적 · 정신적 · 사회적 기능에서의 제한으로 폭력에 대한 대응이나 예방에 취약할 수 있다는 점이 고려되어야 한다. 따라서 장애인을 대상으로 한 폭력의 경우 장애에 대한 이해와 민감성을 갖추어야 효과적으로 개입할 수 있다.

예를 들어, 휠체어 장애인의 경우, 가정폭력 쉼터를 이용하기 위해서는 물리적 접근성이 필수적으로 갖추어져야 할 것이다. 양육자와 가해자가 동일인일 경우, 장애인 양육 부담 스트레스를 감소시킬 수 있는 지역사회 내의 적절한 자원이 제공되어야 한다. 폭력은 일단 발생하면 가해자나 피해자 모두에게 씻기 어려운 부정적인 영향을 남긴다. 양육자와 장애인당사자의 심리 · 정서적 문제 예방과 폭력 경험에서 올 수 있는 트라우마에 대한 정신건강서비스 또한 제공되어야 할 것이다.

다음 내용은 2008년도 장애인실태조사를 바탕으로 장애인의 폭력 경험 실태를 보고한 자료를 중심으로 정리한 것이다.

(1) 성폭력

성폭력 피해의 특징 중의 하나는 외부에 잘 알려지지 않아 지속적인 피해가 이루어질 수 있다는 점이다. 장애인의 성폭력 피해 문제는 지적장애인에 초점을 두어 논의되어 왔다. 지적장애인의 경우 장애의 특성상 성폭력 피해가 외부에 노출되기 어렵고, 지속적인 피해 대상이 될 수 있는 위험이 더욱 증가한다. 다음 내용은 2008년도 장애인실태조사 결과를 정리한 것이다.

다른 사람으로부터 성희롱, 성추행, 성폭력을 당한 적이 있는지에 항목에 대하여 응답자의 99.0%가 없다고 보고되었다. 이는 2005년에 수행한 조사 결과인 0.7%에 비해 0.3%가 증가한 것이다. 장애유형별로는 살펴보면, 정신적 장애유형의 장애인들이 성희롱, 성추행, 성폭행을 당한 경험이 가장 많은 것으로 보고되었다. 정신장애 7.3%, 간질장애 3.6%, 지적장애 2.8%, 자폐성장애 1.7%의 순으로 보고되었다.

장애인들이 성희롱, 성추행, 성폭행을 당하였을 때 상담하지 못한 이유에 대해서는 '타인에게 알리기 싫어서'라고 응답한 경우가 65.5%, '효과가 없을 것 같아서'라고 응답한 경우가 14.0%, '가해자로부터 보복이 두려워서'라고 응답한 경우가 7.0%, '상담기관 등에 대한 정보 부족'에 응답한 경우가 6.3%로 나타났다. 이 조사 결과는 장애인들이 이러한 문제 발생 시 사회제도를 통해 피해에 대한 대응을 할 수 있다는 것에 대한 인식 개선이 필요함을 시사한다. 이러한 인식 개선은 실제 도움을 받을 수 있는 장애인 성폭력 기관과 전문가 양성이 선행되어야 한다는 전제 조건이 만족되어야 한다.

실제로 조사 결과 장애인들의 서비스 욕구가 높은 것으로 나타났다. 장애인의 가정폭력/성폭력 문제를 상담하고 도와줄 시설이 필요하다고 생각하는지에 대하여 다수의 응답자가 '필요하다'고 생각하고 있었다. 구체적으로 살펴보면, 장애인의 폭력문제를 상담하고 도와줄 시설이 '매우 필요하다'고 응답한 장애인이 전체 65.1%로 나타났다. 다음으로 '약간 필요하다'는 23.5%, '보통이다'는 10.1%, '매우 불필요하다'는 0.7%, '약간 불필요하다'는 0.6%로 나타났다. 전체 장애인의 90%가량이 필요하다고 보고한 것으로 나타났다.

(2) 가정폭력

현대 사회에서 가족구조는 다양화되고 있다. 독신 가족, 한부모 가족, 조

손 가족 등 이전의 양부모 가족구조가 지배적인 가족구조였던 현황이 달라지고 있다. 그러나 이혼은 가정해체 과정에서 갈등과 스트레스를 동반하는 경우가 많다. 장애인 가정은 장애인 가족구성원에 동반되는 경제적 부담, 양육의 어려움 등과 같은 가족 과업과 스트레스를 안게 되어 가족원과의 갈등이 증폭될 수 있다. 장애인 가정의 이혼 사유로 가장 높은 비율을 차지하는 이유는 경제적 문제다. 구체적인 순위를 살펴보면, '경제적 문제'가 25.3%로 나타났다. '건강상 이유'는 21.2%로, '학대 또는 폭력'은 16.5%로, '성격 차이'는 12.5%로 나타났다. 그 외 '배우자의 외도'가 9.7%, '가족 간 불화'가 9.7%, '가족부양의무 불이행'이 4.0%로 나타났다.

장애인 가족 내 폭력유형은 다양한 형태로 이루어지는 것으로 나타났다. '언어폭력'이 45.0%로 나타났다. '정신적 폭력'이 30.5%로 나타났으며, '방임 및 유기'가 15.3%, '신체적 폭력'이 9.0%로, '성적 학대' 0.2%로 나타났다. 언어폭력과 정신적 폭력은 매우 높은 비율을 차지하고 있는데, 폭력이 강압적인 의사소통의 하나라고 볼 때 가족 내 건강한 의사소통 방식을 교육하는 지원서비스가 매우 필요한 것을 시사하고 있다.

이외에도 신체적 폭력과 방임 및 유기와 같은 가족원의 건강을 심각하게 위협할 수 있는 폭력에 대한 예방책과 실제 폭력 발생 시 개입할 수 있는 장애인을 대상으로 한 전문성을 갖춘 지역사회 내의 개입체계가 갖추어져야 할 것이다. 성적 학대 역시 관심을 가져야 할 영역이다. 특히 가족 내 성적

〈표 6-3〉 이혼 경험 시 이혼 사유 (단위: %, 명)

구분	전체	구분	전체
배우자의 외도	9.7	경제적 문제	25.3
학대 또는 폭력	16.5	건강상 이유	21.2
성격 차이	12.5	기타	0.9
가족부양의무 불이행	4.0	계	100.0
가족 간 불화	9.7	전국 추정 수	52,405

출처: 보건복지가족부, 한국보건사회연구원(2009).

〈표 6-4〉 가족 내 차별 · 폭력의 유형 (단위: %)

구분	전체	구분	전체
언어폭력	45.0	방임 및 유기	15.3
정신적 폭력	30.5	기타	–
신체적 폭력	9.0	계	100.0
성적 학대	0.2	전국 추정 수	208,050

출처: 보건복지가족부, 한국보건사회연구원(2009).

학대는 외부로 드러나기 어려운 특성이 있으므로 성적 학대에 대한 장애인 가족들의 인식 개선과 구체적으로 도움이 필요한 경우 요청할 수 있는 지원서비스에 대한 정보와 자원에 대한 홍보 등이 적극적으로 제공되어야 할 것이다.

4) 가족 양육 스트레스

가정에서 발생하는 스트레스는 가족 전원에게 영향을 미친다. 가족원의 질병, 장애, 죽음 등의 상황에서 가족원은 모두 높은 스트레스를 경험하게 된다. 스트레스는 생 · 심리 · 사회적 측면에서 다양한 증상을 발생시킨다(Mcconnell et al., 2009; McDonald et al., 2003; Sarafino, 2007). 장애 발생의 경우, 단기 스트레스가 아닌 장기 스트레스를 발생시키는 것으로 가족원은 이에 대한 대응 기제 발달과 자원의 확장이라는 과업을 안게 된다. 장애와 같은 도전적인 상황에 처했을 때 건강하게 극복하고 성장하는 가족 레질리언스를 발전시키는 것이 중요하다(Konrad, 2006). Boss(2002)는 가족 대응 기제 발전에서 중요하게 보아야 할 점은 문제를 분노 폭발이나 평화로움 등과 같은 양상에 주의를 기울이기보다는 가족구성원 개인 누구에게도 악영향을 끼치지 않으면서도, 가족이 하나의 체계가 되어 스트레스 상황을 관리해 나가는 과정이라고 하였다. 부모는 자녀에게 장애가 발생하면 장애 자녀에게 몰두 혹은 무시 등의 극단적인 양상을 보이는 경우가 있다. 형제자매의 경우도 피해의식, 수치심, 혹은 지나친 희생 등의 행동을 보이기도 한다. 이러한 대응 양식은 가족 전원이 스트레스 상황을 대응해 나가는 과정이라 하기 어렵다.

장애가 발생하는 시점은 장애에 대한 수용과 적응 과정에 영향을 미친다. 선천적으로 장애를 가지고 태어난 경우는 장애는 삶의 전반에 동반된 경우라 자신의 삶과 장애를 분리하여 인식하는 경우는 드물다. 후천적으로 장애가 발생한 경우는 이와는 다른 수용과 적응 과정을 경험하게 된다. 장애에 대한 수용과 장애 발생에 수반되는 변화에 대한 적응 등이 도전이 된다. 이는 가족과 주변인도 경험하며 충격, 부인 등의 다양한 정서적 반응을 보인다(Lerner, Lowenthal, & Egan, 2003).

자녀가 장애를 가지게 된 경우 부모와 가족은 충격, 부정, 분노와 같은 강렬한 정서적 반응을 경험하게 된다. 가족 중에서 어머니의 충격은 매우 크며, 어머니의 자녀의 장애에 대한 반응은 장애자녀와 가족 모두에게 영향을 미친다. 장애자녀를 둔 어머니는 ① 충격, 슬픔, 근심걱정, 우울 ② 의문, 부정, 죄책감 ③ 수치심, 열등감, 분노, 비하 ④ 한계, 현실, 타협 ⑤ 인정, 수용 ⑥ 적응, 경쟁, 인내 ⑦ 장래 계획, 새로운 도전 등의 단계를 경험하게 된다(구본권, 1991). 어머니가 자녀의 장애에 대한 수용과 도전을 잘 수행할 수 있도록 전문가 이해와 서비스 지원이 중요하다. 또한 어머니의 과도한 몰입과 희생을 예방하기 위해 아버지의 역할을 적극적으로 부여하는 것이 중요하다(Mcconnell et al., 2009).

가족은 장애인복지실천에서 중요한 파트너 역할을 담당하게 된다. 실천개입 과정에서도 그 역할과 목소리가 반영되어야 하는 것으로, 서비스 계획, 실행 및 평가 전 단계에 장애인당사자와 부모가 참여해야 할 권리가 있다(Konrad, 2005). 장애 아동을 포함하여 아동 양육의 책임은 일차적으로 가족에게 있다. 장애 아동양육은 비장애 아동과 비교하여 경제적인 추가

비용이 드는 것 이외에 사회심리적 비용이 요구된다. 이는 장애 아동뿐 아니라 모든 장애인 가정에 해당되는 것으로 가족이 부양과 양육을 건강하게 감당할 수 있도록 가족 중심 서비스 접근이 이루어져야 한다(Mackey & Goddard, 2006).

장애인 가족에 대한 정신건강서비스 지원의 필요성은 장애와 정신건강에 대한 일반적인 이해와 대응 양식에 대한 교육에서부터, 전문가의 도움이 필요시 사정과 의뢰서비스를 들 수 있다. 장애인 가족은 양육 부담과 미래에 대한 기대와 좌절 등에서 오는 우울, 불안, 분노 등의 감정을 경험하게 되는데, 모든 장애인 가족이 전문적 정신건강서비스가 필요한 것은 아니다. 그러나 장애인 가족이 장애와 관련된 심리 · 정서적 반응에 대한 이해와 지식을 잘 갖추고 있을 경우 가족의 역할 수행과 건강한 발달이 이루어질 수 있다. 이러한 서비스 제공은 장애인 가족의 스트레스가 가족 갈등이나 심각한 위기 국면 등으로 진행되는 것을 예방하는 역할을 할 수 있다.

앞서 언급하였듯이, 장애인의 폭력 경험에서 가족으로부터 다양한 폭력 경험을 보고한 것으로 나타났다. 폭력은 건강하지 않은 대응 양식의 하나로 간주할 수 있다. 장애인 가족은 장애로 인한 양육 과업과 도전, 위기 상황에 노출될 수 있는 가능성이 높다. 따라서 스트레스나 갈등 상황에서 문제를 해결할 수 있는 대응 기제를 발전시키는 것은 가족지원에서 중요하게 강조되어야 할 영역이다.

4. 장애인복지 실천 모델에서의 정신건강서비스 도입 과제

개별적 모델은 장애를 개인적 초점으로 본다. 장애는 개인이 안고 있는 의학적 · 기능적 문제라고 이해한다. 개인을 중심으로 접근하며, 치료적 모델 관점이 강하다. 이 관점에서는 의료 전문가가 장애를 판정하며, 의학적 치료가 해결책이라고 보며, 의료 전문가가 중심이 된다. 치료 목적은 장애인당사자의 적응과 행위의 변화에 둔다.

사회적 모델은 사회환경에 초점을 두는 관점이다. 사회행동이나 환경의 변화에 의해 장애로 야기되는 도전이나 문제를 해결해야 한다고 보는 것이다. 장애에 대한 정의에서 개인의 특정한 신체적 · 정신적 기능 제한이 초점이 되기보다는 사회환경이 그러한 특성에 어떻게 반응하고 영향을 미치는가에 관심을 둔다. 여기에서는 사회통합을 중요하게 간주한다. 장애를 개인적 문제가 아니라 '사회적 문제'로 보고 있다. 사회적 모델에서 해석하는 장애는 사회체계에 의해 영향을 받게 되는 상태로, 궁극적인 원인과 책임은 사회 전체에 있다고 보는 것이다. 장애는 사회체계에 의해서 야기되는 것으로 장애인 개인의 제한이 가지고 있는 특성에 의해서 발생되는 것이 아니라고 보는 것이다. 따라서 사회는 장애인의 욕구에 부응해야 하며, 장애과 더불어 발생되는 문제는 개인 차원의 문제가 아니라 사회환경이 장애인의 욕구에 부응하지 못하여 발생하는 것으로 이해한다.

장애 발생은 다면적인 삶의 영역에 영향을 미친다. 장애 정도에 따라 그리고 장애인당사자가 처한 가정과 사회의 환경에 따라 문제의 양상과 수준을 달리하게 된다. 여기에 장애인복지서비스의 내용이 포괄적인 영역을 다루어야 할 필요성이 있다.

전통적으로 장애인복지는 장애 발생에 대한 예방적 전략, 장애 발생 후 치료와 재활 등이 강조되는 의료적 모델을 따랐다. 장애로 인한 손상을 최적화된 기능으로 향상시키고자 하는 재활 모델이 그러하다.

사회적 모델의 적용은 장애에 대한 낙인과 개인적 결함을 강조하는 관점에서 사회환경에 대한 관심으로 전환할 수 있는 구조를 제공하였다. 그러나 사회환경의 변화에 대한 주 관심은 교육, 고용, 의료서비스 등과 같은 정책 변화 등에 주력해 왔다. 이제 환경의 변화와 더불어 개인이 경험하게 되는 심리 · 정서적인 과제에 대한 관심에 초점을 둘 시점이다.

장애 발생에 동반되는 심리적 충격이나 고통에 대한 이해와 장애인에 부과되는 사회적 낙인이 주요 이슈로 논의되어 왔다. 그러나 이러한 이해가 충분함에도, 이 과정에서 수반되는 심리 · 정서적 문제에 대한 정신건강서비스의 중요성에 대한 사회적 관심은 비교적 낮은 편이었다.

WHO는 정신건강 없는 건강한 상태는 존재할 수 없다고 선포하였다. 장애 발생에 수반되는 변화에 따른 도전과 적응 과정을 거쳐 성장이라는 결실을 맺기 위해서는 심리 · 정서적 기반이 무엇보다 중요하다. 이를 위해 장애인복지서비스 실천모델에서 정신건강서비스 영역을 어떻게 활성화시킬 수 있을 것인가에 대한 이론적 탐색에 대한 연구가 활발하게 이루어져야 할 것이다.

5. 향후 고려해야 할 이슈

1) 장애인복지 실천가 대상으로 정신보건서비스 제공 관련 역량강화

장애인 정신건강서비스는 보편적인 서비스로 제공되는 것이 바람직하다. 재활 상담은 장애인복지실천가교육이나 역량에서 강조되는 영역이다. 재활상담업무와 역할로는 정서적인 상담업무, 직업 상담업무, 서비스 조정업무 등을 들고 있다. 재활상담서비스는 장애인과 가족이 재활을 성취하기 위하여 스트레스 관리와 대처 기능을 향상시키는 데 주력한다. 치료적인 정신건강서비스가 필요할 경우는 관련 전문가의 도움을 받아야 할 것이다. 이를 위해 장애인복지 현장에서의 실무자는 정신건강문제에 대한 전반적인 이해와 사정, 위기 대응 능력을 갖추어야 한다. 정신건강문제와 서비스에 대한 전반적인 이해와 교육 이외에도 장애와 관련된 정신건강서비스 욕구와 서비스 실천에 대한 교육과 훈련 프로그램이 제공되어야 한다. 2008년도 장애인실태조사에 따르면, 장애인복지사업 실시기관에 대한 인지율에서 장애인복지관이 74.3%로 나타났다. 장애인복지서비스 희망 이용 기관에서도 장애인복지관이 36.3%를 차지해 가장 높은 순위를 차지하였다. 장애인복지관의 전문가 교육 훈련 과정에서 정신건강서비스 관련 전문가 실천 역량강화가 이루어지는 것이 효과적인 전략이 될 것이다.

2) 문화적 민감성 증진

WHO는 정신건강서비스에서 문화적 감수성 증진을 강조하였다. 장애발생은 삶의 영역 전반에서의 변화와 적응 과업을 요구하는데, 장애로 인한 독특한 경험과 생애과업에 대한 이해와 서비스 접근이 필요하다. Rothman (2003)은 장애인의 경험을 깊이 이해하는 것이 무엇보다 중요하다고 강조하였다. 여기에는 기능적 손상으로 인한 제한되는 사회적 역할, 그리고 사회적 낙인 등을 대표적으로 들 수 있다. 여기에는 장애인이 놓여 있는 사회문화적 배경의 영향력도 고려해야 한다. 빈곤은 건강문제를 발생시킬 위험을 증가시키는 것으로 알려져 있다. 빈곤 장애인의 경우 장애로 인한 서비스 욕구에 더하여 빈곤문화에서 보이는 건강위해행동의 위험도까지 고려해야 할 것이다.

한국 사회의 문화적 민감성 증진 이슈는 대체로 인종적 배경을 바탕으로 하는 문화적 차이와 감수성에 관심을 가진다. 그러한 문화적 차이에 대한 정의는 포괄적인 내용을 담고 있는 것으로 장애, 연령, 성별 등의 다양한 양상에 따른 비주류 문화 형성에 대한 민감성이 논의되어야 한다는 의미에서 장애인복지 영역도 그 어느 영역보다 장애에 대한 문화적 민감성 이슈가 논의되어야 한다. 통합교육은 장애인 사회통합의 기제로 활발하게 정책과 실행이 진행되어 왔다. 장애인 통합 교육의 성공 여부는 장애에 대한 부정적인 태도나 민감성 증진에 달려 있다고 밝혀지고 있다.

장애에 노출된 집단은 독특한 정신건강서비스 욕구가 발생할 수 있는데 이에 대한 민감성과 역량강화 이슈가 차별화되어 접근되어야 한다.

사회문제 발생 시 장애의 유형에 따른 대상자의 대응이나 서비스 욕구에 특히 민감할 필요가 있는데, 우리 사회는 장애인이나 장애유형별로 사회문제에 대응하는 데 나타나는 차이에 대한 민감성을 충분히 수용하고 있지 못하고 있다. 그 좋은 예가 장애인 성폭력 피해에 대한 사회적 인식을 들 수 있다. 「형법」 제299조(준강간, 준강제추행)는 사람의 심신상실 또는 항거불능 상태를 이용하여 간음 또는 추행을 한 경우 강간 또는 강제추행의 경우와 같이 처벌을 가능하게 하고 있다. 그러나 '항거불능'이라는 기준 적용이 지나치게 유연하게 적용되고 있다는 논의가 있다. 특히 정신지체장애인의 성폭행 사건의 경우, 초등학생 정도의 지적 능력이 있는 경우 성적 자기방어력이 있는 것으로 보고 '항거불능' 상태를 인정하지 않는 판결이 있었다. 이러한 판결은 장애인의 특성이나 욕구에 대한 민감성이 충분히 개발되지 않은 사회적 태도를 반영하는 것이라 할 수 있다. 문화적 민감성이라는 것은 주관적이고 상대적인 측면이 있는 것으로 이를 반영하는 것은 어려운 과업이다. 그러나 장애에 대한 지식, 편견이나 낙인, 그리고 사회적 억압 기제 등에 대한 이슈를 제기하고 끊임없이 차이가 차별로 작용하는가에 대한 문화적 감수성을 높이고자 하는 노력이 있을 때 차이에 대한 낙인이 아니라 존중을 실현할 수 있을 것이다(McDonnell et al., 2003).

3) 증거기반 서비스 모델 적용

과학적인 실천 모델 도입의 필요성이 증가하고 있다. 증거기반 서비스 모델은 과학적인 실천에 유용하다고 알려져 있다. 우울증 예방에서는 인지행동주의 실천 모델이 효과적인 것으로 보고된다. 그러나 장애유형에 따라 실천 모델의 적절성과 효과성은 달리 평가되어야 한다. 상황에 대한 분석과 평가 능력이 요구되는 인지행동 실천 모델은 지적장애인의 경우 적절하지 않을 수 있다. 기존의 효과성 연구 결과가 구체적이고 과학적인 실천 근거로 평가하는 증거기반 실천 접근을 장애와 정신건강서비스와 접목하는 것은 기초 자료가 축적되지 않은 현실에서 매우 어려운 과제일 수 있다. 그러나 증거기반 접근에서는 엄격한 실험설계 모형을 적용한 조사 결과만을 과학적인 증거라고 제한하지는 않는다.

증거기반 실천은 서비스 결정에서 실무자와 클라이언트가 가지는 역할의 중요성을 인식한 것이다. 그러나 증거기반 실천에서 과학적으로 입증된 실증적 연구 결과에 제시된 것이 최고 수준의 증거로 범주화된다.

Howard 등(2003)은 증거기반 실천의 정의를 다음과 같이 소개하고 있다. 다양한 체계 내에서 이루어지는 개입에서 최고의 실천을 결정하는 세심하고(conscientious) 분별력 있는(judicious) 활동으로 보았다. 이 과정에서의 세심한(conscientious) 활동은 지속적으로 증거를 적용하고, 그리고 새로운 증거를 배우는 것 모두를 포함하는 것으로 강조하였다. 분별력 있는(judicious) 활동에는 연구 조사나 실천 가이드라인, 전문가 의견, 연구 결과에 기반한 증거와 클라이언트 특성, 선호, 생활 경험 등의 균형을 이루는 것을 포함하였다.

증거기반 실천은 단지 과학적으로 입증된 증거나 책무성만을 강조하는 것은 아니다. 사회복지사는 클라이언트에게 서비스에 대한 정보를 제공하고 동의를 구해야 할 의무가 있다. 사회복지사는 다양한 서비스 접근에 대하여 명확한 이해를 갖추어야 이 과정을 충실히 이행할 수 있다. 장애인복지에서 정신건강서비스가 중요하다면, 검증된 실천 모델을 적극적으로 실행하고 평가하는 노력이 수반되어야 한다. 이런 의미에서 증거기반 실천 모델의 적용은 책무성과 장애인과 장애인 가족 클라이언트가 누려야 할 최고의 서비스 제공을 실현하는 구조로 작용할 수 있을 것이다.

4) 지역사회 관련 전문가 네트워크 증진

장애인복지의 특징 중 하나가 장기적이고 다면적인 영역에서 서비스가 제공되어야 한다는 것이다. 장애인복지 실천 모델에서 사례관리의 유용성이 여기에 있다 하겠다. 장애인복지에서 정신건강서비스를 원활하게 제공하려면, 지역사회 내 자원 파악, 개발, 교류 등이 이루어져야 한다. 장애인복지서비스 세팅의 실천가는 정신건강에 대한 이해와 사정, 의뢰 등의 서비스를 수행할 수 있는 역량을 갖추어야 할 것이다. 그러나 앞서 정신건강문제 영역에서 언급하였듯이, 우울증, 폭력 경험, 특별한 욕구가 있는 가족의 경우 정신건강 전문가의 도움과 개입이 필요한 경우가 있다. 현행 장애인복지서비스 전달체계와 정신건강서비스 전달체계에서의 협력이 원활하게 이루어지도록 자원 교류와 협력이 활성화되어야 할 것이다. 학교와 취업장은 장애 아동에서부터 장애 성인의 중요한 삶의 터전이므로, 이러한 세팅의 전문가와의 협력은 당사자와 가족의 정신건강문제에 대한 정보 수집과 협력을 이끌어 내는 데 가교 역할을 할 수 있다. 지역사회 내 의료 전문가 역시 중요한 자원 인프라다. 이 글에서 정신건강서비스 욕구와 관련하여 차별, 폭력 경험, 그리고 가족 양육 스트레스를 중심으로 살펴보았다. 알코올문제는 다루지 못하였는데, 한국의 알코올 남용률이 높은 현실과 실제로 많은 가정이 알코올문제를 안고 있는 실정으로 장애인 가정에서의 알코올문제도 관심을 기울여야 할 영역이다(West et al., 2009). 가정폭력이나 사고, 건강문제는 알코올문제와 연계되는 경우가 많다. 지역사회 내 의료 전문가나 장애인을 대상으로 한 재활의료 전문가들은 단순히 건강보호서비스나 재활의료에 그치는 것이 아니라 알코올문제에 대한 관심을 가져 사정과 의뢰 서비스 연계자로서의 역할을 담당하는 것이 필요하다.

6. 장애인의 사회참여를 위한 실천적 제언

1) 장애인 정신건강 역량강화

장애라는 특성은 사회적 기능 수행에 차별되는 자원을 요구한다. 사회적 자원은 대부분 다수를 차지하는 주류인 비장애인을 대상으로 형성된 것으로 장애인의 특수한 욕구에 부응하지 못하는 경우가 많다. 이러한 제한이나 장벽은 장애인의 사회참여를 축소시키는 결과를 낳기도 하며, 우울이나 절망감 같은 정신건강에 부정적인 영향을 미치게 된다. 정신건강은 사회적 기능을 원활히 수행하는 데 기초를 이룬다. 장애인 정신건강문제는 장애에 수반되는 특성으로 인해 환경체계에서 부정적인 경험을 하게 될 경우 발생할 수 있다. 예를 들어, 학령기 장애 아동에게 학교에서의 차별과 같은 부정적인 경험은 성인기까지 이어져 우울증문제를 지속화시키기도 한다. 이처럼 정신건강문제는 사회환경체계에 영향을 받는 것으로 긍정적인 사회참여 경험은 정신건강문제를 감소시킬 뿐 아니라 궁극적으로 장애인의 자아성취나 성장을 가져올 수 있다. 장애인당사자와 장애인의 정신건강문제에 밀접하게 영향을 미치는 가족원의 정신건강 역량강화가 무엇보다 우선되어야 한다. 부정적인 경험을 내재화시켜 개인의 문제로 수용하는 대응 기제보다 환경을 변화시키려는 대응과 노력으로 이어질 때 장애인 건강 역량 향상과 장애인 사회통합과 참여의 성과를 거둘 수 있다. 장애인의 성공적인 적응에 사회적 지지체계가 긍정적인 영향을 미치는데(Li & Moore, 1998), 이는 사회참여 과정을 통하여 작동하게 된다. 문제는 장애인의 다수가 사회참여 기회가 적을 뿐 아니라 배제되고 있는 것이 현실이라는 점이다. 이러한 현실이 장애인당사자에게 차별이나 적개심과 같은 호전적인 감정을 일으킬 수 있다. 정신건강은 사회적 기능 수행의 주요 기반이다. 장애 특성으로 인한 정신건강 저하 요소를 완화시키기 위해 장애인당사자의 자기 역량강화(self-empowerment) 능력이 중요하다. 이러한 역량은 사회참여 과정에서 발생하는 외부체계의 차별이나 문제를 대응해 나가는 내적 자원이기 때문이다. 장애인의 정신건강문제와 예방에 사회환경체계에서의 경험은 중요한 역할을 수행하게 된다는 것이다. 이러한 과정은 사회참여 과정에서 발생하고 순환적인 과정을 거치게 된다.

Hammond(2004)는 건강한 삶을 유지하기 위하여 정서적 레질리언스를 향상시키는 사회적 노력의 중요성을 강조하였다. 특히 장애 발생은 지속적인 스트레스를 야기시키는 환경으로 보고 이에 대응할 수 있는 지식역량을 쌓는 것이 효과적인 방안이라 제시하였다. 여기에는 정신건강에 대한 정보와 지식을 제공하는 것에 한하는 것이 아니다. 관련 정보에 대한 성숙한 수용과 자신에 대한 적용을 할 수 있도록 자신에 대한 이해(great self-understanding), 자아정체성(clearer sense of identify), 독립적으로 사고할 수 있는 능력(independent thinking)을 갖추는 것이 중요하다.

정서적 레질리언스 향상은 장애인의 정신건강문제를 예방하고 치료하는 역할을 하게 된다. 이러한 역량은 궁극적으로 장애인의 사회참여의 활성화로 이어지는 순환적인 과정을 밟게 된다.

2) 인권기반 접근(Right-Based-Approach)

장애인의 사회참여는 다수를 차지하는 비장애인의 사회참여 환경에서 만들어 내는 사회적 배제라는 현상과 맞물려 이해해야 한다. 인권은 모든 사람에게 적용되는 개념으로 대상자의 획일적인 특성을 요구하지 않는다. 오히려 대상자의 개별적인 특성에 따른 환경체계의 대응과 변화를 요구한다. '인권'이라는 개념을 적용할 때, 장애는 다양한 욕구와 특성을 가지고 있는 집단 유형으로 이해하고, 장애인의 사회참여는 이들에게 대응할 수 있는 사회문화적 변용(socio-cultural transformation)을 가져올 수 있다(Moore et al., 2008). 인권기반 접근에서 장애인 정신건강문제를 조명하게 되면, 정신건강문제는 '결핍' 상태나 '관리' 대상이기보다는 '개인의 존엄과 참여, 사회적 책임'이라는 개념으로 접근하게 된다.

장애인 정신건강문제를 통제의 대상으로 볼 때 사회참여는 주 관심사가 아니다. 통제 대상으로 간주하는 것은 사회적 위험을 가져올 수 있는 대상자라는 이해이므로 이들의 사회참여는 제한되어야 한다. 이들의 정신건강문제는 치료 대상으로 전문가의 판단 아래 시설에서 제한된 활동만을 허락받는 개입이 우선시되며 전문적인 개입의 위험성이나 부정적인 측면에 대한 회의적인 시각이나 논의는 이루어지기 어렵다. 반면 인권기반 접근에서는 모든 구성원의 권리와 책임을 전제하고 있다. 이러한 관점에서는 장애로 인해 경험하게 되는 주류 사회환경체계에서 발생할 수 있는 갈등에 대하여 예방 중심적이고 사회통합적인 대안을 모색하게 된다(London, 2008; Whitelock, 2009). 정신건강문제는 점차로 나아지고 있으나 여전히 사회적 낙인이 부가되고 있는 현실이다. 여기에 장애라는 특성이 함께 부여될 경우, 대상자의 취약성이 강조된다. 이럴 경우 사회적 관심사는 사회적 참여 기회를 제한하는 관리 중심의 접근이 이루어질 위험이 높다. 장애인 정신건강문제의 특수성과 사회적 환경체계와의 순환적인 역동을 통하여 예방과 사회참여의 확장이라는 성과로 이어질 수 있도록 인권기반 접근의 적용이 실현되어야 할 것이다. 이를 위해 무엇보다 법적인 장치를 마련하고 서비스 개입 환경 변화와 전문직과 장애인당사자의 인식 변화가 필요하다.

참고문헌

구본권(2009). 아동심리치료. 서울: 시그마프레스.

대한신경정신의학회(2007). 신경정신의학. 서울: 중앙문화사.

보건복지가족부, 한국보건사회연구원(2009). 2008년도 장애인실태조사.

보건복지부(2010). 2010장애인을 위한 복지사업 안내.

한국자살예방학회(2010). 제4회 서울국제자살예방학술대회 자료집.

Baladerian, N. J. (2009). Domestic violence and individuals with disabilities: reflections on research and practice. *Journal of Aggression, Maltreatment & Trauma, 18*, 153-161.

Boss, P. (2002). *Family stress management: A contextual approach.* London: Sage Publications, International Educational and Professional Publisher Thousand Oaks.

Bould, S. (2005). A population health perspective on disability and depression in elderly women and men. *Journal of Aging & Social Policy, 17*(2), 7-24.

Brenes, G. A., Pennix, J. H., Judd, P. H., Rockwell, E., Sewell, D. D., & Wetherell, J. L. (2008). Anxiety, depression and disability across the lifespan. *Aging & Mental Health, 12*(1), 158-163

Dorsett, P. (2010). The importance of hope in coping with severe acquired disability. *Australian Social Work, 63*(1), 83-102.

Elliott, T. R., & J. Richards, J. S. (1999). Living with the facts, negotiating the terms: Unrealistic beliefs, denial, and adjustment in the first year of acquired physical disability. *Journal of Personal and Interpersonal Loss, 4*, 361-381.

Ells, C. (2001). Lessons about autonomy from the experience of disability. *Social Theory and Practice, 27*(4), 539-615.

Garcia, J. A., & Croker, J. (2008). Reasons for disclosing depression matter: The consequences of having egosystem and ecosystem goals. *Social Science & Medicine, 67*, 453-462.

Hammond, C. (2004). Impacts of lifelong learning upon emotional resilience, psychological and mental health: fielwork evidence. *Oxford Review of Education, 30*(4), 551-568.

Kelley-Moore, J. A., & Ferraro, K. F. (2005). A 3-D Model of Health Decline:

Disease, Disability, and Depression among Black and White Older Adults. *Journal of Health and Social Behavior, 46*, 376-391.

Konrad, S. C. (2005). Mothers of children with acquired disabilities: Using the subjective voice to inform parent/professional partnership. *Omega, 51*(1), 17-31.

Konrad, S. C. (2006). Posttraumatic growth in mothers of children with acquired disabilities. *Journal of Loss and Trauma, 11*, 101-113.

Lerner, J. W., Lowenthal, B., & Egan, R. W. (2003). *Preschool children with special needs: children at risk and children with disabilities*. Boston: Allyn and Bacon.

Li, L., & Moore. (1998). Acceptance of disability and its correlates. *The Journal of Social Psychology, 138*(1), 13-25.

London, L. (2008). What is a human rights-based approach to health and does it matter? *Health and human rigths, 10*(1), 65-80.

Mackey, S., & Goddard, L. D. (2006). Promoting the health of families of children with disabilities: acceptability and utility of a health-mentoring project. *Diversity in Health and Social Care, 2006*(3), 141-149.

Mazur, E. (2008). Negative and positive disability-related events and adjustment of parents with acquired physical disabilities and of their adolescent children. *Journal of Child Family Study, 17*, 517-537.

Mcconnell, A. D., Futris, T. G., & Bartholomae, S. (2009). Mothers of children with physical disabilities: Influence of family processes on mothers; depressive symptomatology. *Marriage & Family Review, 45*, 6-83.

McDonnell, J. J., Hardman, M. L., & McDonnell, A. P. (2003). *An introduction to persons with moderate and severe disabilities: educational and social issues*, 2nd ed. Boston: Allyn and Bacon.

Moore, L. D. (1998). Acceptance of disability and its correlates. *The Journal of Social Psychology, 138*(1), 13-25.

Moore, S. A., Melchior, A., & Davis, J. M. (2008). Me and the 5 Ps: Negotiating rights-based critical disabilities studies and social inclusion. *International*

Journal of Children's Rights, 16, 249-262.

Nora, J., & & Baladerian, N. J. (2009). Domestic violence and individuals with disabilities: Reflections on research and practice. *Journal of Aggression, Maltreatment & Trauma, 18*, 153-161.

Roberts, A. R., & Yeager, K. (2004). *Evidence-based practice manual: Research and outcome measures in health and human services.* New York: Oxford University Press.

Rothman, J. C. (2003). *Social work practice across disability.* Boston: Allyn and Bacon.

Sarafino, E. P. (2007). *Health Psychology: Biopsychosocial Interactions.* Hoboken: Wiley.

Scoccia, D. (2010). Physician-Assisted Suicide, Disability, and Paternalism. *Social Theory and Practice, 36*(3), 479-498.

West, S. L., Luck, R. S., Capps, C. F., Cifu, D. X., Graham, C. W., & Hurley, J. E. (2009). Alcohol/Other drug problems screening and intervention by rehabilitation physicians. *Alcoholism Treatment Quarterly, 27*, 280-293.

Whitelock, A. (2009). Safeguarding in mental health: towards a rights-based approach. *The journal of adult protection, 11*(4), 30-42.

제 \ **7** \ 장

장애와 소득보장

박수경

학습 목표

1. 장애와 빈곤과의 인과관계를 생각해 본다.
2. 장애인 빈곤의 원인을 이해한다.
3. 장애인의 빈곤상태를 살펴본다.
4. 장애인 소득보장의 의미와 방법을 살펴본다.

1. 서 론

오래전부터 장애인은 대표적인 빈곤집단으로 인식되어 왔다. 이런 이유로 많은 국가에서는 장애인을 소득보장의 우선적 대상자로 선정하고 빈곤으로부터 보호하기 위한 다양한 노력이 있었다. 사실 장애인 빈곤의 원인을 한마디로 정의하기는 어렵겠지만 지금까지의 관련 연구자들의 주장을 보면, 장애인의 고용 제약이나 장애로 인한 추가비용의 발생과 관련지어 설명하는 경향이 강하다. 장애인의 고용 제약으로 인해 빈곤이 유발된다는 주장을 보면, 많은 장애인이 노동시장에 진입하기 어렵고 진입한다 해도 노동시장 내에서 여러 가지 차별에 직면하게 되어 생활에 필요한 적정한 소득을 유지하기 힘들다는 점을 강조한다. 물론 고용차별의 원인이 장애인 개인에게 있을 수도 있고 고용환경에 있을 수도 있지만 결국 장애인의 소득 수준에 부정적인 영향을 줄 것이라는 점에는 이견이 없는 듯하다. 한편 장애인이 일상생활 및 사회생활을 영위하는 데 발생하는 추가비용의 증가로 인해 빈곤해질 가능성이 높다는 주장도 있다. 이러한 주장에서는 장애인가구의 소득 대비 지출이 추가비용으로 인해 더 커지기 때문에 장애인이 더 빈곤해지기 쉽다고 본다. 특히 장애인의 일상생활뿐 아니라 사회참여의 기회를 높이기 위해서 비장애인에 비해 추가비용이 상대적으로 더 많이 들 수 있으므로 소득뿐 아니라 지출에 대한 관심이 중요하다고 보는 것이다.

이미 많은 나라에서 공공부조나 사회보험제도, 사회수당제도 등 다양한 제도를 통해 장애인을 위한 소득보장정책을 수행하고 있다. 한국의 경우, 최저생활수준 이하인 장애인에게는 국민기초생활보장제도와 같은 공공부조를 통해 최저생계를 유지할 수 있도록 하고 있고, 기초생활보장 수급자 중 중증장애인에게는 장애수당과 장애아동부양수당을 추가로 지급하고 있다. 이외에도 일반국민이 장애를 입게 되었을 때 국민연금과 산재보험과 같은 사회보험을 통해서 장애로 인한 소득손실을 보장해 줌으로써 기존의 생활을 유지할 수 있도록 지원하고 있다. 또한 「장애인복지법」상의 장애인에게는 경제부담경감정책을 통한 각종 지원과 교육비, 교통 관련 지원과 통신요금 할인 등 간접적인 방법을 통해 기초생활을 보전하도록 하고 있다.

지금까지의 한국에서의 소득보장정책은 장애인의 빈곤해소에 긍정적인 영향을 주었다는 점에서 긍정적인 평가를 할 수 있지만, 장애인의 사회참여 증진이라는 보다 근본적인 목적을 달성하는 데는 미흡한 점이 있었던 것도 사실이다. 이는 장애문제를 개인 차원에서 분석하는 것을 넘어 사회구성원으로 동등하게 참여할 수 있도록 하는 차원에서 보려는 포괄적인 시각이 부족했기 때문으로 볼 수 있다. 따라서 여기에서는 장애와 빈곤과의 관계, 빈곤의 원인을 보다 근본적인 관점에서 조명해 보고 한국 장애인의 빈곤상태를 살펴본 후 현재 한국에서 시행되고 있는 장애인 소득보장의 의미와 방법을 검토해 봄으로써 향후 장애인의 사회참여를 증진할 수 있는 소득보장정책의 방향과 과제를 모색해 보고자 한다.

2. 장애와 빈곤

1) 장애와 빈곤의 관계

개발도상국뿐 아니라 선진국에서도 장애와 빈곤이 관계가 있다는 점은 이미 선행 연구를 통해 밝혀졌다(Elwan, 1999; Yeo & Moore, 2003). 이들 연구에서 장애인들은 비장애인들보다 빈곤하고, 빈곤한 사람들 중에는 장애인의 비중이 상대적으로 더 높게 나타났다. 이는 장애와 빈곤의 관계가

'빈곤이 장애를 만드는가' 아니면 '장애가 빈곤을 가져오는가'와 같은 입장에서 둘의 관계를 생각할 수 있는 근거가 된다. 장애와 빈곤의 인과관계에 대한 분석은 장애와 빈곤과의 관계에서 고려될 필요가 있는 중요한 이슈와 요인을 도출하는 데 가치 있는 관점을 제공한다. 따라서 이러한 상반된 시각에 대해 옳고 그름을 따지기보다는 정책이나 제도의 방향을 설정하는 근거로 활용하는 것이 훨씬 의미 있는 일일 것이다.

사실 빈곤으로부터 장애가 유발된다는 주장은 선진국보다는 개발도상국가에서 보다 설득력 있게 들린다. 빈곤한 가정에서 적절한 음식, 기본적인 위생, 예방 차원의 보건서비스를 기대하기 어렵고, 산모들은 건강한 아기를 출산하기 어려우며 질병으로 인해 아이를 잃기도 쉽다. 또한 불량한 영양 상태나 외부적인 요인들로 인해 아이들이 장애를 갖고 태어나게 되거나 장애의 위험에 노출되기 쉽다. 따라서 이러한 입장은 빈곤으로 인해 장애가 발생할 가능성이 높은 빈곤한 가정의 산모를 대상으로 기본적인 영양, 위생, 보건서비스를 제공함으로써 장애아를 출산하지 않도록 하는 예방을 강조한다.

한편 장애로부터 빈곤이 유발된다는 주장은 선진국에서 더 많이 연구된다. 장애인이나 장애인 가족을 빈곤으로 몰아가는 요인들로 장애인의 낮은 교육 정도, 높은 실업 상태, 장애로 인한 추가 비용, 지역사회서비스 이용이나 사회활동 참여의 제한 등을 지적한다(Harbison, 2003). 사실 장애아의 출산을 예방하기 위한 제도가 어느 정도 정착되어 있는 선진국에서 빈곤으로 인해 유발되는 장애보다는 장애로 인해 유발되는 빈곤 과정과 결과에 더 주목하는 것은 당연한 현상이다. 예건대 이런 나라들은 장애인의 교육, 고용기회의 제한, 사회참여를 위한 추가 비용 등으로 인해 장애인이 빈곤하게 되므로 교육, 고용, 소득보장을 위한 다양한 사회보장제도가 장애인의 사회참여를 위해 우선적으로 개선해야 할 대상이라는 입장이다. 이 중 장애인의 빈곤 방지 또는 빈곤 탈피를 위한 소득보장정책은 일반적으로 장애인에게 필요한 비용을 직접 지원해 주거나 추가로 발생되는 비용을 보전해 주는 방법, 또는 사회활동 참여를 촉진하기 위해 비용을 감면 또는 할인해 주는 방법 등을 통해 이루어진다.

한국에서도 장애인의 빈곤 방지/탈피를 위한 소득보장정책으로 공공부조, 사회보험, 사회복지서비스 또는 비용경감제도를 시행하고 있다. 예컨대, 최저생활수준 이하인 장애인에 대한 소득보장은 공공부조인 국민기초생활보장제도를 통해 이루어진다. 또한 사회보험인 국민연금과 산재보험을 통해서는 장애로 인한 소득손실을 보장해 줌으로써 장애 이전의 생활을 유지할 수 있도록 한다. 이에 함께 기초생활보장 수급자 중 중증장애인을 대상으로 장애인연금을, 경증장애인에 대한 장애수당, 장애아동부양수당을 추가로 지급하고 있고, 이외에 「장애인복지법」상의 장애인을 대상으로 경제부담 경감정책을 통한 각종 지원과 교육비, 교통 관련 지원과 통신요금 할인 등 간접적인 방법을 통해 사회참여 활동을 지원한다.

이 장의 주제는 장애인의 소득보장이므로 빈곤으로 인한 장애 발생의 관계보다는 장애로 인한 빈곤 발생이라는 인과관계에 초점을 두었다. 따라서 이 장에서는 장애인의 빈곤 발생과 밀접한 관련이 있는 교육, 고용의 제한과 장애로 인한 추가비용 등과 같은 요인을 중심으로 살펴보기로 한다.

2) 장애인 빈곤 관련 요인

(1) 낮은 교육수준과 고용률

현대 사회에서 교육수준은 개인의 경제적 지위를 보여 주는 중요한 지표 중 하나다. 일반적으로 장애인의 낮은 교육과 고용수준은 낮은 소득수준과 관련이 있다. 장애인은 비장애인에 비해 평균적으로 교육수준이 낮으며, 사회에 진출하기 위한 자격요건도 덜 갖춰진 경우가 많다. 실제로 노인인구 중 장애인이 차지하는 비율이 높음을 고려한다 해도, 선진국에서조차도 장애인의 소득수준은 비장애인의 소득수준에 비해 낮다. 한편 장애인의 낮은 교육수준은 높은 실업률, 불안정한 취업, 별로 좋지 않은 일자리와 밀접한 관계가 있고 이로 인해 장애인과 비장애인의 소득격차는 근로가 가능한 시기부터 노인이 될 때까지 지속된다. 따라서 장애인이 비장애인에 비해 빈곤선 아래로 떨어질 위험이 비장애인보다 높기 때문에 국가는 이를 지원하기 위한 다양한 정책과 제도를 마련할 필요가 있다.

그러나 단순한 교육수준의 차이로 장애인과 비장애인의 노동시장 참여나 소득 격차를 설명하는 데는 한계가 있다. 실제로 장애인과 비장애인의 교육수준의 차이가 없다 해도 장애인이 직업을 가질 확률은 비장애인에 비해 훨씬 낮다. 이러한 결과를 볼 때, 장애인의 낮은 고용률이 단순히 인적 자본주의자들이 주장하는 교육 정도로만 설명될 수 없음을 알 수 있다. 전통적으로 장애를 직업적 불능이라고 생각할 만큼 편견이 컸던 만큼 노동시장에서 장애인의 고용차별은 장애인 개인의 능력보다는 장애 그 자체에 대한 편견이나 부정적인 태도로부터 시작되었다. 따라서 다음에서는 장애인이 비장애인에 비해 왜 고용되기 어려운지, 고용된 이후에도 노동시장에서 어떤 차별로 이어지는지, 나아가 이러한 차별과 빈곤은 어떤 관련이 있는지를 살펴보기로 한다.

(2) 노동시장에서의 차별

① 노동시장 진입 시 불평등

장애인이 노동시장에 진입하는 데는 고용불평등이 존재하며, 이는 개인, 사회환경, 경력개발 과정 등으로 설명할 수 있다. McCarthy(1988)는 장애인의 고용불평등의 원인을 개인의 책임으로 제한하는 임상적 서비스 모델(Clinical Services Model), 환경의 책임을 주장하는 사회적 체계 모델(Social Systems Model), 그리고 장애인 개인 또는 환경 중 어느 것이 원인이 되었든 장애인 경력개발의 한계로 인해 고용불평등이 유발된다고 보는 경력개발 모델(Career Development Model) 등으로 설명하였다.

임상적 서비스 모델(Clinical Services Model)에서는 장애인들의 실업이 장애인 개개인들의 실패 때문이며, 개인이 실업문제의 근원이고 개입대상이라고 본다. 따라서 장애인들이 고용될 수 있도록 개인을 평가하고 치료하는 재활체계에 초점을 둔다. 이 모델에서는 장애인의 고용불평등의 원인은 기능상의 제한, 낮은 근로 동기, 사회적 기술의 부족, 직업기술의 부족, 구직기술 부족 등으로 본다. 그러나 이 중 장애인 개인의 책임이라고 간주할 수 있는 것은, 낮은 근로동기 하나뿐이고 나머지는 사회환경에 따라 얼마든지 변화할 수 있다는 점에서 개인의 책임으로 보기 어렵다. 사회체계 모델은 고용불평등의 원인을 환경에서 찾으며, 환경 중에서도 작업환경의 비접근성을 가장 중요한 원인으로 간주한다. 이와 함께 경제 상황과 관련된 장애인의 차별요인으로는 장애 관련 복지소득과 혜택에 대한 동기 저하와 어려운 노동시장 조건과 정책, 그리고 근로 현장에서의 장애인에 대한 차별적인 태도를 들 수 있다. 특히 장애인이 직면한 가장 큰 어려움은 고용주들의 부정적인 태도라는 인식이 지배적이다.

경력개발 모델에서는 장애인들의 고용불평등이 장애인들이 자신의 경력을 발전시키는 대신 다른 일자리를 찾는 단기적인 시각과 관련이 있다고 본다. 또한 비장애인과 격리된 형태의 작업사회화는 장애인들로 하여금 노동을 통해 얻을 수 있는 여러 가지 사회화 과정을 경험하지 못할 수 있다. 실제로 학교, 정부직업재활기관, 민영직업재활기관 등에서 실시하는 장애인 대상의 교육, 직업평가, 적응훈련, 작업배치 등의 직업 프로그램은 일방적이고 분리된 접근으로 인해 장애인의 고용뿐 아니라 장애인이 고용된 이후에도 적응상의 문제를 일으키게 된다.

② 노동시장 내에서의 불평등

앞에서 살펴본 바와 같이 장애인은 노동시장에 진입하기 전부터 다양한 차별에 직면하게 된다. 그러나 어렵게 노동시장에 진입했다 해도 장애인에 대한 편견이나 부정확한 통계, 직장 이동의 제한성 등으로 장애인은 여전히 불평등을 경험하게 된다.

노동시장에서의 경제적 차별(economic discrimination)은 동등한 생산성을 가진 개인에 대해 고용이나 임금을 다르게 제시할 때 발생하며, 경제적 차별의 원인으로 편견(Becker, 1957), 불완전한 정보(Arrow, 1963; Phelps, 1972), 수요독점적인 차별(Thurow, 1969) 등이 있다(Johnson, 1985). 일반적으로 장애인 근로자에 대한 편견은 고용주가 장애인 근로자의 고용을 회피하여 비효율적인 수준까지 비장애인을 고용하는(Beker, 1957) 현상을 통해 명확히 확인할 수 있다. 이처럼 장애인에 대한 편견은 어떤 다른 소수집단에 대한 편견보다 심하며(Johnson, 1985), 신체상의 손상 정도나 장애의 가시성에 따라 편견 강도가 달라질 수 있다(Yuker, 1988).

통계적 차별 이론에 따르면, 고용주들 대부분은 불완전한 정보로 인해 장애인들이 평균적으로 비장애인보다 생산성이 낮기 때문에 낮은 임금을 지불한다고 한다(Arrow, 1963). 그러나 많은 회사에서 장애인의 근로능력을 판단할 수 있을 만큼 충분히 많은 수의 장애인을 고용하고 있지 않기 때문에 장애인의 낮은 생산성의 판단은 객관적인 근거를 확보하고 있다고 보기 어렵다. 더욱이 장애인의 경우 일부 직종에 제한되어 있기는 하지만 일부 직종에서는 비장애인만큼 또는 그 이상의 생산성을 가질 수 있기 때문에 비장애인과의 단순한 비교분석은 무의미하다.

수요독점(monopoly)에 의한 차별은 특정 기업의 업무가 장애인 근로자의 손상에 의해 영향을 받지 않지만 다른 기업의 다른 업무에는 영향을 받게 되어 이직이 제한될 때 발생한다. 이때 장애인 근로자는 자신의 생산성에 비해 낮은 임금을 받게 되어도 이직이 제한되어 불리한 여건에서 계속

일할 수밖에 없으므로 특정 기업은 장애인에 대해 독점적인 힘을 가질 수 있다. 특히 장애인 근로자의 이동이 장벽, 즉 편견, 직무요건 등의 내적인 요인이나 이동상의 제한, 정보의 불완전성 등의 외적인 요건에 의해 수용독점적 차별이 강화될 수 있다(Johnson, 1985). 장애인 근로자의 제약을 보완하기 위해 작업장을 개조해 주고 장애인의 생산성이 높아져 개조비용을 회수하고 다른 직장으로 옮길 가능성이 줄어든다면 이 기업의 장애인에 대한 수용독점적인 힘은 더욱 커지게 된다.

(3) 장애로 인한 추가비용

이미 여러 선행연구를 통해 장애인이 비장애인보다 소득이 낮다는 점은 입증되었다(윤상용, 김태완, 2009; 한국보건사회연구원, 2006; 허선, 권선진, 2009; Saunders, 2007). 장애인이 비장애인에 비해 빈곤한 이유는 개인마다 다르겠지만 일반적으로 장애인가구의 소득이 낮은 반면 장애로 인한 추가비용으로 생활비가 더 많이 들기 때문으로 보는 것이 타당하다. 장애로 인해 발생하는 추가 비용은 무상 또는 비용의 일부 부담을 요하는 각종의 서비스를 제공받고도 완전히 충족되지 않은 장애인의 욕구를 충족하고자 장애인이 지출하는 비용을 의미한다(Tibble, 2006).

일반적으로 장애로 인한 추가비용은 특정 장애로 인해 발생하는 비용을 특정 장애가 없는 경우와 비교해서 파악하기 때문에 정확하게 개별적인 추가비용을 추산하기는 어렵다. 따라서 장애로 인한 추가비용은 장애인의 다양한 욕구와 비용을 근거로 파악하게 되므로 추가비용을 추산할 경우 다양한 입장을 고려해야 한다.

우선 장애인의 욕구와 비용을 특별한(special) 욕구/비용과 추가적인(additional) 욕구/비용으로 구분할 수 있다. 전자는 장애인은 필요하지만 비장애인은 필요하지 않은 재화나 서비스로 보청기나 의수족, 가구 등과 같은 특수자본재비용(disability-created capital costs)을 말한다. 후자는 장애인과 비장애인 모두 사용이 가능한 품목 중 장애인에게는 필수적이지만 비장애인에게는 단지 생활을 편리하게 해 주는 전기병따개, 원격조정되는 전자제품 등의 일반자본재비용(disability-enhanced capital costs)을 의미한다(Large, 1991). 둘째, 추가비용은 '일회성(one-off)' 비용과 '반복성(recurrent)' 비용으로 구분하여 고려해 볼 수 있다. 전자의 경우 경사로나 엘리베이터 등의 장애인 편의시설과 같이 한 번 설치하여 욕구가 충족되는 비용이나 후자와 같이 지속적으로 소요되는 소비성 품목을 말한다(Tibble, 2006). 셋째, 장애로 인한 추가비용은 보통 '추가(extra)되는 비용'만을 고려하기 쉽지만 장애로 인해 '감소(reduced) 되는 비용'도 고려해야 한다. 예를 들면, 전자의 경우 비장애인에 비해 더 많이 지출해야 하는 교통비나 의료비 등을 의미하며, 후자는 이동상의 제한으로 인해 체육 및 문화 활동이 감소하여 줄어드는 비용들도 있기 때문이다. 넷째, '직접(direct)' 비용과 '간접(indirect)' 비용으로 구분하기도 한다. 직접 비용은 보장구 구입이나 활동보조인과 같이 직접 들어가는 추가비용을 의미하지만, 간접 비용은 실업이나 임금격차 등 장애로 인해 발생하는 경제적인 손실 등을 의미하기도 한다. 마지막으로 '잠재(potential)' 비용과 '실제(realized)' 비용으로 구분할 수 있는데, 전자는 장애인 개인이 장애와 관련하여 갖고 있는 모든 욕구를 충족하기 위한 비용과 후자는 장애인의 욕구를 충족하는 데 실제로 지출된 비용을 의미한다(Martin & White, 1988). 이처럼 다양한 측면에서 장애인의 추가비용을 고려해 볼 수 있지만, 현실적으로는 직접 지출되는 비용, 추가되는 비용, 반복적으로 소모품에 지출되는 비용 등이 우선적으로 고려된다.

3. 장애인의 빈곤 실태

1) 장애인 경제상태

장애인의 빈곤상태는 장애인의 소득과 지출을 동시에 비교함으로써 가장 정확하게 파악할 수 있다. 소득 측면에서 볼 때 장애인가구의 월평균 소득은 비장애인가구의 절반을 약간 넘는 수준이며, 지출은 장애로 인해 발생하는 추가비용으로 인해 비장애인에 비해 높은 편이다. 실제로 한국의 경우 공공부조 대상자에서 장애인이 차지하는 비율은 비장애인가구의 두 배 이상이다.

구체적으로 장애인가구의 월평균 소득은 181만 9천 원으로 전국 월평균 가구소득(2008년 기준 337만 원)의 54.0% 수준인 반면, 장애인가구의 월평균 지출은 155만 5천 원으로 전국 월평균 가구지출(2008년 기준 229만 원)의 67.9% 수준으로 장애인가구의 소득보다 지출 비중이 큰 것으로 나타났다. 장애유형별로 보면, 간장애인가구의 월평균 소득이 275만 3천 원으로 가장 높고, 다음은 안면장애인가구 212만 3천 원, 신장장애인가구 207만 1천 원인 반면, 정신장애인가구의 소득은 112만 5천 원으로 장애유형별로 편차가 매우 심하게 나타났다.

한편 장애인가구 중 국민기초생활수급자의 비율은 13.1%로 비장애인가

〈표 7-1〉 월평균 총 가구소득 및 지출액

(단위: 만 원)

구분	지체 장애	뇌병변 장애	시각 장애	청각 장애	언어 장애	지적 장애	자폐성 장애	정신 장애	신장 장애	심장 장애	호흡기 장애	간 장애	안면 장애	장루 · 요루 장애	간질 장애	전체
가구소득액	183.0	194.0	182.2	173.7	177.1	189.2	311.2	112.5	207.1	188.5	155.3	275.3	212.3	172.5	141.8	181.9
가구지출액	156.3	160.6	158.7	146.7	147.8	166.8	263.8	95.4	179.1	168.4	137.2	248.6	189.0	151.1	125.8	155.5

출처: 보건복지가족부, 한국보건사회연구원(2009).

〈표 7-2〉 공공부조 대상자 재가 장애인 비율 (단위: %, 가구)

구분	국민기초생활보장수급자			비생활보호 대상자	계
	일반 수급가구	조건부 수급가구	의료 · 교육 · 자활특례		
장애인가구 구성비	11.5	0.7	0.9	86.9	100.0
(전국 추정수)	223,816	14,201	17,565	1,689,29	1,944,791
비장애인 가구 구성비	4.7		2.1	93.2	100.0

출처: 한국보건사회연구원(2006).

구의 수급자 비율 6.8%에 비해 2배 이상 높다. 이는 장애인 10명 중 1명 이상이 공공부조 대상자임을 의미한다.

2) 장애인의 고용접근성

장애인 고용접근성의 제한은 장애인 빈곤과 직접적인 관련이 있다. 전통적으로 장애를 직업적인 장애라고 인식할 만큼 장애인에게 있어 고용은 우선적으로 해결해야 과제로 인식되어 왔다. 한국에서도 장애인이 취업하는

〈표 7-3〉 연령별 취업 인구 및 취업률 (단위: %, 명)

구분	15세 이상 인구	경제활동인구			비경제 활동인구	경제활동 참가율	취업률	실업률	인구 대비 취업자 비율
		계	취업	실업					
15~19세	26,778	380	104	276	26,398	1.42	27.37	72.63	0.39
20~29세	75,207	28,640	17,345	11,295	46,567	38.08	60.56	39.44	23.06
30~39세	158,266	83,666	72,340	11,326	74,600	52.86	86.46	13.54	45.71
40~49세	356,232	215,163	196,366	18,797	141,069	60.40	91.26	8.74	55.12
50~64세	684,182	357,560	334,495	23,065	326,622	52.26	93.55	6.45	48.89
65세 이상	770,935	165,431	159,405	6,026	605,504	21.46	96.36	3.64	20.68
계	2,071,600	850,840	780,055	70,785	1,220,760	41.07	91.68	8.32	37.65
전국*	39,804,000	24,032,000	23,245,000	787,000	15,772	60.4	96.7	3.3	58.40

*: 통계청(2009). 『한국통계월보(2008년 12월 기준)』.

출처: 보건복지가족부, 한국보건사회연구원(2009).

것은 매우 어려운 일이다. 장애인 개인의 취업이 소득보장의 근본적인 해결이 될 수 있다는 점에서 최근에는 선진국에서는 중증장애인에 대한 취업에도 정책적인 노력을 기울이고 있다. 물론 이러한 경향은 취업이 장애인 사회통합이나 자립생활에 있어 절대적인 전제가 된다는 점을 공감하고 있기 때문이다.

고용접근성을 살펴보면, 만 15세 이상 장애인의 경제활동참가율(통계청 기준)은 41.1%이고, 실업률은 8.3%로 통계청 기준 전체 실업률 3.3%에 비해 약 2.5배 정도 높은 수준으로 나타났다.

경제활동 분야를 보면, 주로 단순노무직(29.4%), 농·어업(23.5%), 판매종사자(11.8%), 서비스종사자(9.8%), 기능원·관련 기능 근로자(8.1%)에 편중된 것으로 나타났다. 이는 통계청 경제활동인구연보의 직업별 취업자 분포에서 일반인의 경제활동 분야(직종)가 사무종사자 14.3%, 서비스 종사

〈표 7-4〉 경제활동 분야(직종)

(단위: %)

구분	의회의원·관리자	전문가	기술공·준전문가	사무 종사자	서비스 종사자	판매 종사자	농·어업	기능원·관련 기능 근로자	장치·기계 조작·조립원	단순 노무직	계
2008년	1.1	2.0	2.9	4.2	9.8	11.8	23.5	8.1	7.2	29.4	100.0
2005년	1.0	2.6	5.4	6.3	7.2	8.9	19.0	12.3	9.7	27.6	100.0
전국 비율*	2.3	8.8	11.2	14.3	12.5	11.3	6.7	10.2	11.0	11.7	100.0

* 통계청(2008. 5). 『2007년 경제활동인구연보(4/4분기)』

출처: 보건복지가족부, 한국보건사회연구원(2009).

〈표 7-5〉 취업 장애인의 임금수준

(단위: 만 원)

구분	지체 장애	뇌병변 장애	시각 장애	청각 장애	언어 장애	지적 장애	자폐성 장애	정신 장애	신장 장애	심장 장애	호흡기 장애	간 장애	안면 장애	장루·요루 장애	간질 장애	전체
2008년	121.4	104.5	136.8	88.5	92.7	41.0	23.2	23.7	147.5	97.8	86.5	235.2	124.2	84.5	66.4	115.6
2005년	125.5	99.9	115.5	83.8	81.4	47.5	70.0	54.8	153.8	74.1	81.6	176.6	112.2	124.1	43.5	114.9

출처: 보건복지가족부, 한국보건사회연구원(2009).

자 12.5%, 단순노무직 11.7%, 판매종사자 11.3%의 순으로 비율이 높게 나타난 것과는 대조적이다.

취업장애인의 임금수준을 보면, 전반적으로 낮고 장애유형별로 큰 편차를 보인다. 취업장애인의 임금은 월평균 115만 6천 원이었고, 장애유형별로는 간장애의 월평균 소득이 235만 2천 원으로 가장 높은 반면, 자폐성장애의 월평균 소득은 23만 2천 원으로 가장 낮았다.

3) 장애인 추가비용

장애인의 경우 장애로 인한 추가로 지출하는 비용이 있기 때문에 소득보장에서는 소득뿐 아니라 지출도 고려해야 정확하게 경제 실태를 파악할 수

〈표 7-6〉 현재 장애로 인한 추가 소요비용 (단위: 천 원)

구분	지체 장애	뇌병변 장애	시각 장애	청각 장애	언어 장애	지적 장애	자폐성 장애	정신 장애	신장 장애	심장 장애	호흡기 장애	간 장애	안면 장애	장루·요루 장애	간질 장애	전체
총 추가비용	127.5	212.9	56.7	243.3	139.8	207.0	354.1	64.6	334.0	189.4	192.5	870.6	306.1	126.3	87.3	158.7
교통비	18.9	19.0	12.0	3.6	14.5	29.2	49.7	8.9	42.5	19.8	24.4	33.7	24.6	11.4	11.4	17.8
의료비	49.2	91.0	20.0	6.2	50.0	29.1	43.2	34.6	258.2	161.4	103.0	807.1	242.2	42.9	57.1	57.3
교육비	0.4	4.1	1.9	5.8	20.9	61.5	129.5	0.0	0.0	0.5	0.1	0.0	1.1	0.2	3.1	6.2
보호·간병인	5.2	33.2	3.3	2.1	12.0	25.0	14.6	9.4	11.7	1.6	3.3	2.1	4.8	0.8	1.7	9.9
재활기관 이용료	0.1	2.6	0.0	0.0	4.9	19.2	56.2	0.0	0.0	0.0	0.0	0.0	0.0	0.0	0.2	2.0
통신비	0.2	0.4	5.3	5.6	2.0	0.8	1.1	0.1	0.3	0.2	0.5	0.1	0.8	0.4	0.4	1.4
재활보조기구 구입·유지비	16.4	28.9	11.1	213.2	17.5	0.0	1.7	0.0	11.6	2.9	50.4	12.5	2.3	61.9	0.0	36.8
부모사후 대비비	3.2	7.9	0.9	5.0	12.9	34.6	46.5	6.8	5.5	1.1	0.7	8.8	26.8	2.5	7.7	6.2
기타	33.9	25.7	2.3	1.8	5.0	7.4	11.7	4.7	4.2	1.9	10.2	6.3	3.5	6.1	5.9	21.2

출처: 보건복지가족부, 한국보건사회연구원(2009).

있다. 장애인의 68.5%가 현재 장애로 인하여 월평균 15만 9천 원을 추가로 지출하고 있는 것으로 나타났으며, 장애유형별로는 간장애가 87만 1천 원으로 가장 많았고, 그다음으로 자폐성장애(35만 4천 원), 신장장애(33만 4천 원), 안면장애(31만 원), 청각장애(24만 3천 원)의 순으로 나타났다. 지출비목별로 의료비가 5만 7천 원으로 가장 많았고, 다음이 장애인보조기구 구입 · 유지비로서 3만 7천 원이었다.

4. 장애인 소득보장의 의미와 방법

1) 소득보장의 의미

일반적으로 장애인의 소득보장은 장애로 인해 발생한 또는 발생할 가능성이 있는 위험으로 인해 빈곤상태로 떨어지지 않도록 또는 빈곤상태에서 탈피할 수 있도록 국가나 사회에서 기초생활을 보장하고 지원해 주는 제도적 장치를 의미한다. 보통 소득보장은 소득원이 상실되었을 때 상실된 소득의 일부 또는 전부를 보상하는 것으로 직접적으로 금전적인 지원을 제공하거나 비용을 경감하는 간접적인 방식으로 이루어진다.

장애인 소득보장의 근거는 장애로 인해 노동능력을 영구적으로 전부 또는 일부 상실하였거나 장애로 인해 노동능력을 일시적으로 상실한 경우, 노동기회를 상실한 경우, 노동에 대한 보상이 미흡하여 발생하는 기초생활보장이 필요한 경우, 장애로 인한 추가지출을 보전해 주어야 할 경우 등이다. 이와 함께 소득보장의 방법을 결정할 때 장애인 또는 장애인가구의 자산 수준, 기여 정도, 장애 발생 원인, 연령 등이 고려되기도 한다. 따라서 장애인을 위한 소득보장제도는 위에서 열거한 다양한 근거나 기준을 통해 장애인의 생활을 보장하기 위한 조합으로 구성된다. 보통 장애인을 위한 소득보장체계가 잘 갖추어지면, 공공부조는 물론이고 사회보험, 더욱 보편적인 형태의 사회수당제도가 발달하게 된다. 다음에서는 장애인에 대한 보편적인 소득보장방법에 대해 살펴보기로 한다.

2) 소득보장의 방법

(1) 공공부조

공공부조(public assistance)는 수급자의 기여 없이 빈곤층의 최저생활을 보장하는 제도로서 수급자에 대한 자산조사를 수반한다. 공공부조의 대상자는 보통 국가에서 정하는 국민의 최저생활수준을 나타내는 빈곤선(poverty line)을 기준으로 정하게 되며, 장애인만을 위한 제도라기보다는 최저생활수준에 미치지 못하는 극빈층을 대상으로 하는 제도에 장애인이 주요 대상으로 포함되어 있는 형태다.

(2) 사회보험

사회보험(social insurance)을 통한 소득보장은 일반 국민을 대상으로 잠재적인 사회적 위험에 대비하여 개인, 회사, 국가가 보험료를 갹출하여 사회적 위험으로 인한 소득 중단/감소가 발생했을 때 생활비를 지급하는 형태다. 장애로 인해 근로능력의 상실과 이로 인한 소득이 중단되거나 감소되었을 때 손실분을 보충해 주는 방식으로 국민연금, 산재보험 등에서 제공되는 장애연금이 있다.

(3) 사회수당

사회수당(social allowance)은 국가가 사회에서 우선적으로 지원이 필요하다고 판단되는 대상자에게 인구학적 특성에 의하여 기여 없이 자산조사를 수반하지 않고 급여를 제공하는 제도다. 사회수당의 대상자는 주로 아동 및 가족, 노인, 장애인 등이며, 자산조사 없이 인구학적 특성에 적합한 경우 광범위하게 지급하게 되므로 재정여건이 충분한 일부 선진국에서 시행한다. 장애수당의 경우 장애 정도, 연령, 생활수준 등으로 인한 다양한 형태의 욕구를 반영하여 지원한다. 그러나 한국의 경우처럼 자산조사를 수반하는 공공부조 대상자에게 수당이라는 형태로 실시하는 제도들이 있는데, 이는 엄격한 의미에서 수당제도로 보기 어렵다.

3) 간접 소득보장

간접적인 소득보장은 현금으로 직접 소득보장을 해 주는 형태와 함께 장애로 인해 발생할 수 있는 추가비용이나 장애인의 사회통합을 증진시키기 위해 경제적인 부담을 경감해 주는 형태를 말한다. 간접적인 소득보장제도는 직접적인 소득보장제도와는 달리 현금을 지급하는 형태보다는 비용지출을 줄여 주는 방식으로 제공되며, 지원 범위는 생활에 필수적인 지출을 지원하는 형태나 사회참여를 촉진하기 위해 필요한 지원 등이 해당된다.

5. 한국의 장애인 소득보장제도 현황

한국 장애인 소득보장제도 역시 크게 직접적인 소득보장제도와 간접적인 소득보장제도로 구분할 수 있다. 직접적인 소득보장제도는 장애인에게 장애로 인한 소득상실이나 노동능력의 상실분을 현금으로 제공해 주는 형태이며, 간접적인 소득보장제도는 세금감면이나 각종 지원, 공공요금할인 등을 통해 지출을 줄이도록 하여 소득을 보장해 주는 형태다. 직접적인 소득보장제도로 국민기초생활보장제도와 국민연금, 산재보험제도가 있고, 무기여 장애인연금제도가 있다. 그러나 기초수급자에게 제공하는 장애수당은 있으나 순수한 의미의 사회수당제도는 사실상 한국에서 실시하지 않고 있다.

1) 직접 소득보장제도

(1) 국민기초생활보장제도

비기여 · 소득/자산조사 프로그램으로서 일정한 소득이나 자산 수준 이하인 모든 사람에게 급여를 지급하는 일반적인 공적부조와 일정한 소득/자산 수준이면서 특정 인구집단에게만 급여를 제공하는 형태가 있다. 전자로는 국민기초생활보장제도가 있고, 후자로는 기초노령연금과 장애수당, 장애아동수당, 장애인연금제도가 있다. 한국에서 시행 중인 빈곤층 장애인을 대상으로 하는 소득보장제도는 〈표 7-7〉과 같다.

〈표 7-7〉 빈곤층 장애인 대상 소득보장제도

구분	18세 이상 장애인		18세 미만 재가 장애아동
	장애수당	장애인연금	장애아동수당
대상	국민기초생활수급자 및 차상위계층의 18세 이상 3~6급의 등록한 경증장애인	18세 이상의 1급, 2급, 3급 중복 중증장애인 중 본인과 배우자의 소득인정액이 선정기준액 이하인 자	「국민기초생활보장법」에 의한 수급자 및 차상위계층의 재가 등록 장애 아동
급여	국민기초생활수급자 및 차상위계층: 월 3만 원 보장시설 입소 장애인: 월 2만 원	기초급여: 월 9만 원 부가급여: 기초수급자 월 6만 원 차상위계층: 월 5만 원	기초수급 중증장애인: 월 20만 원 기초수급 경증장애인: 월 10만 원 차상위 계층 중증장애인: 월 15만 원 차상위 계층 경증장애인: 월 10만 원 보장시설 입소 중증장애인: 1인당 월 7만 원

한국에서 국민기초생활보장제도는 장애인만을 위한 별도의 소득보장제도는 아니지만 빈곤층에서의 장애인 비율이 높다는 점을 감안하면 장애인에게 매우 중요한 소득보장제도라고 할 수 있다.

기초생활보장 대상자는 소득인정액 기준과 부양 의무자 기준, 2개 기준으로 선정하고 있다. 소득인정액 기준을 보면, 수급권자가구의 소득인정액이 가구별 최저생계비 이하인 경우로 대상자를 선정하고 있으며, 부양 의무자 기준은 부양 의무자가 없거나 부양 의무자가 있어도 부양능력이 없거나 또는 부양을 받을 수 없는 경우도 포함시키고 있다. 2011년 최저생계비는 4인 가구 기준 1,439,413원이며 현금급여는 1,178,496원이다. 급여 종류로는 생계급여, 주거급여, 의료급여, 교육급여, 해산급여, 장제급여, 자활급여가 있으며, 생계급여를 기본으로 필요에 따라 다른 급여를 병합해 행하고 있으며 급여수준은 매해 최저생계비 이상이 되도록 보장하고 있다.

〈표 7-8〉 2011년 최저생계비 (단위: 원/월)

구 분	1인 가구	2인 가구	3인 가구	4인 가구	5인 가구	6인 가구	7인 가구
금액(원/월)	532,583	906,830	1,173,121	1,439,413	1,705,704	1,971,995	2,238,287
파산 및 회생(150%)	798,875	1,360,245	1,759,682	2,159,120	2,558,556	2,957,993	3,357,431

※8인 이상 가구의 최저생계비: 1인 증가 시마다 266,291원씩 증가(8인 가구: 2,504,578원)

〈표 7-9〉 2011년 현금급여 기준

구 분	1인 가구	2인 가구	3인 가구	4인 가구	5인 가구	6인 가구	7인 가구
금액(원/월)	436,044	742,453	960,475	1,178,496	1,396,518	1,614,540	1,832,562

※8인 이상 가구의 현금급여 기준: 1인 증가 시마다 218,022원 증가(8인 가구: 2,050,584원)

※ 현금급여 기준은 최저생계비에서 현물로 지급되는 의료비 · 교육비 및 타 법령에 의한 지원액을 제외한 금액으로 소득인정액이 전혀 없는 수급자가구가 지급받을 수 있는 최고금액임.

- 수급자에게는 가구 규모별 현금급여 기준에서 수급자가구의 소득인정액을 제외한 금액을 생계급여 · 주거급여로 지급함
- 교육급여, 해산급여, 장제급여, 의료급여는 해당 가구원이 있는 경우 별도로 지급함.

(2) 장애수당/장애아동수당

국민기초생활수급자인 장애인에게 제공하는 급여와 함께 국민기초생활수급자(일반재가) 및 차상위계층인 3~6급의 18세 이상의 등록 장애인에게는 장애수당을 지급하고 있다. 한편 1급, 2급, 3급 중복장애인과 같은 중증장애인에게는 장애인연금제도를 통해 생활을 지원하고 있다.

장애수당 지급금액은 기초수급 경증장애인의 경우 1인당 월 3만 원, 차상위 경증장애인의 경우도 월 3만 원, 보장시설 입소 경증장애인은 월 2만 원을 지급하고 있다. 또한 「국민기초생활보장법」에 의한 수급자 및 차상위계층의 18세 미만 재가 등록 장애 아동에게는 기초수급 중증장애인은 1인당 월 20만 원, 기초수급 경증장애인은 월 10만 원, 차상위계층 중증장애인은 월 15만 원, 차상위 경증장애인은 월 10만 원, 보장시설 입소 중증장애인은 월 7만 원을 지급하고 있다.

(3) 장애인연금

2010년부터 국민기초생활수급자 중 장애인을 대상으로 지급하던 장애수당제도를 중증장애인을 대상으로 하는 장애인연금제도와 경증장애수당과 장애아동수당제도로 바꾸어 운영하고 있다. 장애인연금제도는 중증장애인의 근로능력 상실 또는 현저한 감소로 인하여 줄어드는 소득과 장애로 인한 추가비용을 보전하기 위해 매월 일정액의 연금을 지급하는 사회보장제도로, 장애수당과 달리 「장애인연금법」에 의해 보장되며, 매년 임금상승률 등을 반영하여 연금액을 정한다.

장애인연금 대상자는 「장애인복지법」 제32조에 따라 등록한 18세 이상의 중증장애인(1급, 2급, 3급 중복장애인) 중 본인과 배우자의 소득과 재산을 합산한 금액(소득인정액=월 소득평가액+재산의 월 소득환산액)이 선정 기준액 이하인 자로 선정 기준액은 배우자가 없는 중증장애인은 2011년 기준으로 월 53만 원, 배우자가 있는 중증장애인은 월 84.8만 원이다.

장애인연금은 기초급여와 부가급여로 구성되는데, 기초급여는 근로능력의 상실 또는 현저한 감소로 인하여 줄어드는 소득을 보전해 주기 위하여 지급하는 급여로 국민연금 가입자 최근 3년간 월 평균소득의 5%, 2011년에는 9.1~9.2만 원을 지급한다. 단, 기초노령연금을 받는 65세 이상은 기초급여를 지급하지 않는다. 한편 부가급여는 장애로 인하여 추가로 드는 비용의 전부 또는 일부를 보전해 주기 위하여 지급하는 급여로 추가비용을 보전해 주는 성격의 연금으로, 기초생활수급자는 매월 6만 원, 차상위계층은 매월 5만 원을 추가 지급한다.

장애인연금제도 시행을 위해 그동안 의사의 장애진단만으로 읍 · 면 · 동 주민센터에서 등록을 할 수 있었던 것과 달리 장애심사 전문기관(국민연금공단 장애심사센터)에서 관련 분야 전문의사들이 장애진단서, 진료기록지, 검사결과 등을 검토하여 장애등급을 최종 확인 · 결정하는 제도로 변경되었다.

(4) 사회보험제도

기여 · 비소득/자산조사 프로그램으로서 노령, 사망, 장애의 위험에 대비한 공적연금과 산재보상보험이 있다. 공적연금에는 국민연금과 특수직역연금이 있으나, 여기서는 일반 대다수 국민들에게 적용되는 국민연금에 한정하여 알아보았다.

① 국민연금의 장애연금

가. 장애연금의 규정

장애연금은 가입자가 질병 또는 부상으로 장애를 입어 노동력이 상실 또는 감소된 경우에 생계안정을 위하여 장애 정도(장애등급 1~4급)에 따라 지급되는 급여다. 장애연금은 가입 중에 발생한 질병 또는 부상이 완치된 후에 신체 또는 정신상의 장애가 있는 경우 그 장애등급에 해당하는 장애연금액을 장애가 존속하는 동안 지급받을 수 있다.

나. 장애급여의 지급 요건 및 수준

국민연금 장애급여의 지급 요건은 가입 중에 발생한 질병 또는 부상으로 완치 후에도 장애가 있는 자로, 초진일로부터 2년 경과 후에도 완치되지 아니한 경우는 그 2년이 경과한 날을 기준으로 장애 정도를 결정한다. 다만 2년 경과일에 장애등급에 해당되지 아니한 자가 악화된 경우 청구일을 기준으로 장애 정도를 결정한다. 장애연금은 처음 도입 시에는 가입자가 적어도 1년 이상 가입한 경우에 발생한 사고 등에 발생한 장애에 대해서만 장애급여를 지급하도록 하여 사회보험으로서 기능을 수행하는 데 한계로 지적되었으나 현재는 가입기간과 관련한 제한을 개선하였다.

국민연금 장애연금의 급여수준은 1급의 경우 기본연금액 100%에서 3급의 경우 기본연금액의 60%에 장애등급에 따라 급여를 차등화하고 여기에 가급연금액을 더하여 지급하고 있으며, 장애 정도가 경미한 4급의 경우에

〈표 7-10〉 국민연금 장애연금별 급여 조건 및 수준

급여 조건	장애등급	급여수준
가입 중에 발생한 질병 또는 부상으로 완치 후에도 장애가 있는 자 ※ 초진일로부터 2년 경과 후에도 완치되지 아니한 경우는 그 2년이 경과한 날을 기준으로 장애 정도 결정 다만, 2년 경과일에 장애등급에 해당되지 아니한 자가 악화된 경우 청구일을 기준으로 장애 정도 결정	1급	기본연금액 100% + 가급연금액
	2급	기본연금액 80% + 가급연금액
	3급	기본연금액 60% + 가급연금액
	4급	기본연금액 225%(일시보상금)

는 일시금으로 기본연금액의 225%를 지급하도록 하고 있다.

② 산재보험의 장해[1]급여

가. 장해급여의 규정

장해급여는 근로자가 업무상의 사유에 의하여 부상을 당하거나 질병에 걸려 치유 후 신체 등에 장해가 있는 경우에 당해 근로자에게 지급한다. 장해급여는 업무상 재해의 치유 후 당해 재해와 인과관계가 있는 장해가 남게 되는 경우 그 장해의 정도에 따라 지급되는 급여로, 업무상 장해로 인하여 영구적으로 노동력이 상실되거나 감소된 산재근로자에게 그 장해 정도에 따라 손실된 소득을 지원함으로써 그 생활을 보장하기 위해 지급된다.

나. 장해급여의 지급 요건

장해급여의 지급 요건은 우선, 첫째 업무상 재해로 인한 부상 또는 질병의 치유 후 신체에 장해가 잔존해야 한다. 상병의 경우 일반적으로 공인된 의학요법으로 요양하였으나 치유 상태가 되면 요양을 종료하게 된다. 장해급여를 받으려면 업무상의 사유에 의하여 부상을 당하거나 질병에 걸려 치유 상태에 있어야 하는데, 치유란 부상 또는 질병이 완치되거나 치료의 효과를 더 이상 기대할 수 없게 되고, 그 증상이 고정된 상태에 이르게 된 것을 말한다. 여기서 장해라 함은 부상 또는 질병이 치유되었거나 신체에 남은 영구적인 정신적 또는 육체적 훼손으로 인하여 노동능력이 손실 또는 감소된 상태를 말한다.

둘째 장해급여는 장해가 당해 업무상 부상 또는 질병과 상당한 인과관계

---

1) 장애와 장해의 의미 차이는 없으나, 근거 법에 명시된 용어를 그대로 사용하여 「산재보험법」상에서 사용한 장해를 그대로 사용하였다.

가 있을 때 지급된다. 즉, 상병상태의 치유시기에 남는 최종적인 장해는 당해 업무상 부상 또는 질병으로 인하여 발생한 최초의 상병과 의학적, 신체적, 시기적으로 상당한 인과관계가 있어야 한다.

다. 장해등급

산재보험에서는 장해 정도에 따라 장해등급을 1급에서 14등급으로 구분하고 등급에 따라 급여형태와 수준을 구분하고 있다. 또한 보장의 안정성을 위해 1급에서 3급의 중증장해에 대해서는 연금으로 지급하도록 하고 있으며, 4급에서 7급까지는 연금 또는 일시금 중 선택할 수 있고, 8급에서 14급까지는 일시금으로 지급하도록 하고 있다. 장해등급에 따른 급여수준은 〈표 7-11〉에 제시된 바와 같다.

장해 정도가 가장 심한 장해 1급의 경우 연금수준이 329일분을 지급하도록 하고 있는데, 이를 365일로 나누면 평균임금의 약 90%를 연금으로 받게 된다. 장해 7급의 장애인이 연금을 선택하게 될 경우, 급여수준은 평균임금의 약 38%이고, 일시금을 선택할 경우에는 평균임금의 약 169%를 받게 된다. 장해급여에서 일시금은 연금의 약 4.5배 수준으로 연금을 선택하는 것이 유리하게 함으로써 연금선택을 늘려 장기적인 생활안정이 이루어지도록 하고 있다.

라. 장해 관련 급여

장해급여 이외에 산재보험에서 장애인에게 지급되는 현금급여로 간병급

〈표 7-11〉 산재보험의 장해급여수준 (단위: 일 분)

등급별	1	2	3	4	5	6	7	8	9	10	11	12	13	14
연금	329	291	245	224	193	164	138	–	–	–	–	–	–	–
일시금	1474	1309	1155	1012	869	737	616	495	385	297	220	154	99	55

여가 있다. 간병급여는 요양을 종결한 산재근로자가 치유 후 의학적으로 상시 또는 수시로 간병이 필요한 경우 실제로 간병한 자에게 보험급여로서 제공된다. 간병급여에는 상시 간병급여와 수시 간병급여가 있는데, 간병급여 대상자는 다음과 같다.

• 상시 간병급여

1. 신경계통의 기능, 정신기능 또는 흉복부 장기의 기능에 장해등급 제1급에 해당하는 장해가 남아 일상생활에 필요한 동작을 하기 위하여 항상 다른 사람의 간병이 필요한 사람
2. 두 눈, 두 팔 또는 두 다리 중 어느 하나의 부위에 장해등급 제1급에 해당하는 장해가 남고, 다른 부위에 제7급 이상에 해당하는 장해가 남아 일상생활에 필요한 동작을 하기 위하여 항상 다른 사람의 간병이 필요한 사람

• 수시 간병급여

1. 신경계통의 기능, 정신기능 또는 흉복부 장기의 기능에 장해등급 제2급에 해당하는 장해가 남아 일상생활에 필요한 동작을 하기 위하여 수시로 다른 사람의 간병이 필요한 사람
2. 장해등급 제1급(제53조 제2항에 따른 조정의 결과 제1급이 되는 경우를 포함한다)에 해당하는 장해가 남아 일상생활에 필요한 동작을 하기 위하여 수시로 다른 사람의 간병이 필요한 사람

간병급여는 상기 간병 대상자의 경우 간병과 관련하여 고용노동부 장관이 고시한 금액의 전액을 지급하고, 수시 간병 대상자는 상시 간병급여의 3분의 2를 지급한다. 간병급여의 지급은 간병이 실제로 행하여진 날에 대

하여 월 단위로 지급하고 간병인 수는 간병을 받아야 할 근로자 1인에 대하여 1명으로 한다.

2) 간접 소득보장제도

한국에서 장애인에게 주어지는 간접 소득보장제도는 크게 일반 장애인과 산재장애인을 위한 각종 지원과 경제적 부담 경감시책으로 구분할 수 있다.

(1) 각종 현금 및 현물지원

간접 소득보장제도에서 현금이나 현물을 지원함으로써 직접적인 지출을 줄이도록 하는 지원제도들이 있다. 일반 「장애인복지법」상 장애인에게 제공되는 지원과 산재장애인 대상으로 지원하는 사업들이 있다.

① 일반 장애인 대상으로 하는 지원 내용

- 장애인자녀 교육비 지원
- 장애인 자립자금 대여
- 장애인 의료비 지원
- 장애인 등록진단비 지급
- 장애인 재활보조기구 무료 교부

② 산재장애인 대상의 지원

- 직업훈련비 지원
- 자립점포임대사업
- 산재장애인자녀교육비
- 생계자금대부

- 보장구 무료 지급
- 후유증상 진료

(2) 경제적 부담 경감책

경제적 부담 경감책은 장애인 간접 소득보장제도로, 직접적인 현금이나 현물을 주기보다는 세금면제나 무료요금이나 요금 할인, 자동차 관련 지출 비용의 경감을 통해 간접적으로 소득보장에 기여하도록 하는 제도다. 구체적인 내용은 다음과 같다.

- 건강보험 지역가입자의 보험료 경감
- 승용자동차에 대한 특별소비세 면제, 승용자동차 LPG연료 허용
- 차량 구입 시 도시철도채권 구입 면제
- 소득세 인적 공제, 장애인의료비 공제, 장애인 특수교육비 소득공제
- 증여세 면제, 장애인 보장구 부가가치세 영세율 적용
- 장애인용 수입물품 관세 감면
- 철도, 도시철도 요금 감면
- 장애인용 차량에 대한 등록세, 취득세, 자동차세 면제
- 고궁, 능원, 국공립 박물관, 국공립 공연장, 공공체육시설 요금 감면
- 전화요금 할인, 시청각 장애인 TV 수신료 면제, 항공요금 및 연안여객선 운임 할인, 이동통신 요금할인, PC통신 요금 할인, 초고속인터넷 요금 할인, 고속도로 통행료 50% 할인 등

6. 장애인 사회참여를 위한 제언

1) 소득보장 내용의 제한성과 과제

현재 장애인의 생활보장을 위해 시행되고 있는 한국의 소득보장제도는 크게 빈곤층에게 제공되는 국민기초생활보장급여와 장애인연금, 장애수당 및 장애아동수당과 일반 장애인에게 제공되는 국민연금의 장애연금과 산재보험의 장해급여 등이 있다. 국민기초생활보장제도의 경우 장애인만을 위한 제도라기보다는 빈곤층을 위한 제도이며, 장애인연금제도는 소득수준이 일정 수준 이하인 중증장애인에게 제공하는 빈곤층을 위한 제도라고 할 수 있다. 한편 국민연금의 장애연금은 모든 국민을 대상으로 하고 있으나 보상수준이 낮고 산재보험에서 지급되는 장해급여 역시 지급기준의 합리성이 떨어진다는 문제가 남아 있다. 현재 한국 장애인소득보장체계 전반에서 나타나는 가장 큰 문제는 장애로 인해 빈곤층으로 추락할 위험이 있는 장애인이나 가구에 대한 대책이 여전히 미흡하다는 데 있다. 물론 차상위계층까지 장애수당 및 장애아동수당의 지급범위를 확대하였으나 지원수준이 낮아 빈곤층으로의 추락을 방지하는 역할을 충분히 하지 못하고 있다. 이러한 제도들은 장애인의 소득보장 기준을 소득으로 정하고 있지만 장애로 인한 추가비용 등으로 발생하는 지출은 고려하지 않기 때문에 빈곤층이 아니라 해도 소득 대비 지출이 많아 빈곤해지는 대상을 충분히 지원하지 못한다. 향후 장애인의 빈곤으로의 추락을 방지하기 위해서는 장애인 가구의 소득과 장애로 인해 발생하는 추가비용을 포함한 지출을 고려하여 필요한 부분의 지원을 확대하는 방안을 마련할 필요가 있다. 실제로 영국에서 시행되고 있는 다양한 형태의 장애수당제도는 장애로 인해 발생할 수 있는 추가비용을 감안하여 지원하는 제도로, 장애인이 안정적인 생활을 유지하는 데 실질적인 도움이 된다.

2) 장애판정체계의 한계와 과제

현재 장애인 소득보장제도의 근본적인 한계는 소득보장제도의 본래의 목적에 맞게 장애로 인한 노동력 손실 정도 및 장애로 인한 소득손실 정도를 파악할 수 있는 장애판정이 이루어지지 못하고 있다는 점을 지적할 수 있다.

법적으로 장애 범주를 정하고 장애등급을 정하는 목적은 합리적인 근거를 통해 각종 관련 사회제도를 통하여 장애인이 사회에 통합할 수 있도록 지원하기 위해서다. 따라서 각 제도의 목적에 따라 장애 정도를 판정하여 이를 근거로 지원 수준이나 우선순위를 정하게 된다. 예를 들어, 소득보장, 사회활동 촉진, 직업활동의 기회보장 등 제도의 각 목적에 맞는 기준이 요구되지만 한국의 경우 신체적 · 해부학적 기준이 모든 제도에 일률적인 기준을 적용하고 있어 이에 대한 개선이 요망된다.

한국의 경우 법원 판결이나 자동차종합보험의 경우를 제외하고는 현재 신체장해에 대한 판정은 각 법령에 따른 등급화된 신체장해기준표에 의거하여 평가한 후, 이에 따라 보상이나 배상 정도를 결정하고 있다. 한국의 신체장해 등급법과 그에 따른 노동능력 상실률의 결정은 일본의 노동기준법에서 많은 부분을 응용한 것이다. 구체적으로 이와 같은 「신체장해등급법」을 사용하고 있는 국내법의 종류와 내용은 〈표 7-12〉와 같다. 장애인의 보상과 관련된 모든 국내법상의 장해등급은 「근로기준법」의 14등급을 근간으로 하고 있고 그 항목과 보상일수, 노동능력 상실률은 약간씩은 다르더라도 거의 비슷하다.

신체장해의 보상은 일반적으로 의학적인 신체장해를 평가하는 의학적 평가와 그에 대한 사회적 · 경제적 상황 및 개인의 직업 · 연령 등을 종합적

〈표 7-12〉 장해 관련 법의 장해등급 비교

구분	장해등급 수	비고
근로기준법	14	일본 노동기준법에서 유래
국가배상법	14	근로기준법과 동일
자동차손해배상보장법	14	근로기준법과 동일
산업재해보상보험법	14	근로기준법과 동일
공무원연금법	14	근로기준법과 동일
장애인복지법	6	1991년 실시, 근로기준법 내용의 6등급화
의사상자보호법	6	1991년 실시, 근로기준법 내용의 6등급화
국민연금법	4	1988년 실시, 근로기준법 내용의 4등급화
군인연금법	3	1988년 실시, 근로기준법 내용의 3등급화

으로 고려하는 법적인 평가로 구분된다. 의학적 평가는 미국의학협회(AMA)의 영구신체장해 평가지침과 맥브라이드(McBride) 기준 등이 사용되고 있고, 「산재보험법」상의 신체장해등급표(14등급)에 의거하여 평가한다.

한국의 경우 산재보험이나 국민연금, 공무원연금, 자동차보험의 책임보험 등의 장해판정기준을 보면 공통적으로 14등급의 또는 4등급의 장해등급표에 기준으로 하고 있다. 이러한 신체장해등급표는 의학적 타당성에 대한 충분한 검토 없이 정하고 있고 신체적 손상(impairments)만을 규정한 것이어서 사회적으로 문제가 제기되고 있다. 그럼에도 불구하고 국내법의 대부분에서 사용되고 있는 것은 신체장해의 종류에 따라 항목과 등급, 보상일수 및 노동능력 상실률이 결정되어 있으므로 적용하기가 행정적으로 편리하고, 장해등급판정요령이라는 시행세칙이 있어 신체장해평가상 다소 불합리한 부분이 있더라도 어느 정도는 쉽게 조정이 가능하며, 해당 조항이 없더라도 준용함으로써 비슷한 등급을 결정할 수 있는 등의 장점이 있기 때문이다.

하지만 산재보험의 장애등급은 신체적인 기준에 근거한 것이므로 개인의 직업에 근거하여 장애로 인한 근로능력의 손실과 이로 인한 소득손실에 대해 정확히 반영할 수 없다. 예를 들어, 컴퓨터 프로그래머가 하지 장애를 입게 된 것과 건설노동자가 하지 장애를 갖게 되었을 때 초래할 수 있는 노동력 상실 정도와 이로 인한 소득손실에 대해서 현재의 장애판정체계로는 전혀 고려하지 못한다는 것이다. 마찬가지로 현재의 「장애인복지법」상의 장애등급이나 국민연금의 장애등급 역시 장애인의 소득보장에 맞는 기준으로서는 적합하지 않다. 따라서 소득보장을 목적으로 하는 제도에서의 장애판정은 장애로 인한 소득손실을 보전해 주는 방향으로 설정되는 것이 바람직할 것이다.

3) 생애주기별 소득보장체계로서의 한계와 과제

현재 장애복지에서 중요한 목적 중 하나는 생애주기별로 사회보장체계가 구축되었는가 하는 점이다. 사회보장에서 소득보장정책은 장애인의 일상생활의 영위에 있어 매우 중요한 전제조건이 되고 있고, 최근 강조되고 있는 장애인의 자립생활을 유지하는 데 필수적인 전제조건이다. 장애인 소득보장을 위해 공공부조나 사회보험, 수당과 같은 현금급여를 지급하기도 하지만, 고용을 통해 스스로 생활을 영위할 수 있도록 고용정책을 통해 궁극적인 소득보장을 이루기도 한다.

한국의 소득보장체계를 생애주기적 측면에서 살펴보면, 18세 미만인 장애인에게 해당되는 소득보장제도로는 「국민기초생활보장법」과 장애아동수당제도가 있다. 18세 이상 장애인의 경우는 극빈층 중증장애인을 대상으로 하는 장애인연금제도와 국민연금의 장애연금, 산재보험을 통해 장애급여를 받게 된다. 사회보험 대상자는 국민연금과 산재보험에 가입한 경우로 근로 경험이 있어야 한다. 여기에서 18세가 되기 전에 중증의 장애를 갖게 되는 장애인의 경우 중증장애로 인해 일할 기회를 갖지 못할 경우 사회보험에 가입할 수 있는 기회가 없으며 결국 근로 성인기와 노년기에 대한 주요한 소득보장체계인 산재보험이나 국민연금에서 누락된다. 따라서 장애 성인의 소득보장은 고용보장이 전제되지 않는 한 성인기나 노년기 동안 빈곤으로 추락할 가능성이 언제나 상존한다. 이를 보완하기 위해 장애인연금제도를 2010년부터 도입하였으나 대상이 빈곤한 중증장애인에 국한되어 있고 지급수준도 낮아 소득보장의 기능 측면에서는 여전히 미흡하다. 따라서 향후 장애인의 소득보장제도는 빈곤층의 소득을 보충해 주는 역할에서 벗어나 장애인이 빈곤층으로 추락하는 것을 예방하는 차원으로 접근할 필요가 있다.

4) 소득분배의 형평성과 과제

현재 간접적인 소득보장을 위한 사업들을 보면, 크게 각종 세금감면, 이동 관련 지원책, 각종 요금할인 등이 있다. 그런데 이러한 사업들은 현물형태로 급여가 지급되는 의료비, 교육비 등을 제외하고, 저소득 장애인보다 일정 소득 이상의 중산층 또는 고소득층 장애인일수록 더 실질적인 혜택을 볼 수 있는 내용으로 되어 있다. 따라서 현재의 간접적인 소득보장제도는 장애인 내에서의 형평성과 소득분배의 측면보다는 장애인 고소득층에 대한 혜택을 강화하는 효과가 더 큰 것으로 보인다. 따라서 향후 간접소득보장정책보다는 직접 소득보장정책에 우선순위를 두고 시행해야 할 것이며, 현재와 같이 저소득층보다는 중산층, 고소득층에 더 많은 혜택을 주는 현재의 형태를 지양하고 저소득층이 실질적인 혜택을 받을 수 있는 소득보장제도를 구축해야 할 것이다.

참고문헌

보건복지가족부, 한국보건사회연구원(2009). 2008년도 장애인실태조사.

윤상용, 김태완(2009). 장애인가구의 빈곤 실태 및 장애 추가비용의 빈곤 영향력. 재활복지, 13(1), 61-88.

한국보건사회연구원(2006). 2005년도 장애인실태조사.

허선, 권선진(2009). 국민기초생활보장 비수급 빈곤 장애인 가구의 규모 추정 및 생활실태. 재활복지, 13(1), 85-109.

Arrow, K. J. (1963). Uncertainty and the Welfare Economics of Medical Care. *American Economic Review, 53*(5), 941-973.

Becker, G. (1957). *The Economics of Discrimination*. Chicago: Univ. of Chicago Press.

Elwan, A. (1999). *Poverty and Disability: A Survey of the Literature*. Washington DC: World Bank.

Harbison, J. (2003). Social Policy, Poverty and Disability: A Northern Ireland Perspective. In S. Quin & B. Redmond (Eds.), *Disability and Social Policy in Ireland* (pp. 155-170). Dublin: UC Dublin Press.

Johnson, W. (1985). Wage Discrimination against Handicapped Men and Women. *Journal of Human Resource, 20*(2), 264-277.

Large, P. (1991). Paying for the Additional Costs of Disability. In G. Dalley (Ed.), *Disability and Social Policy* (pp. 101-119). London: PSI.

McCarthy, H. (1988). Attitude that affect employment opportunities for persons with disabilities. In H. E. Yuker (Ed.), *Attitude toward persons with disabilities* (pp. 246-261). New York: Springer Publishing Company.

Martin, J., & A. White. (1988). *The financial Circumstances of Disabled Adults Living in Private Households*. London: HMSO.

Phelps, E. S. (1972). The statistical theory of racism and sexism. *American Economic Review, 62*(4), 659-661.

Saunders, P. (2007). The Costs of Disability and the Incidence of Poverty.

Australian Journal of Social Issues, 42(2), 461-480.

Tibble, M. (2006). Review of existing research on the extra costs of disability. *Department of Work and Pensions* Working Paper No. 21.

Thurow, L. C. (1969). *Porerty and Discrimination.* Washington: The Brookings Institution.

Yeo, R., & K. Moore. (2003). Including Disabled People in Poverty Reduction Work: Nothing About Us, Without us? *World development, 31*(3), 571-590.

Yuker, H. E. (1988). *Attitudes Toward Persons with Disabilities.* New York: Springer Publishing Company.

제 8 장

장애와 고용

백인립

학습 목표

1. 한국의 중증장애인 현황과 중증장애인 고용 실태에 관해 살펴본다.
2. 독일의 중증장애인 현황과 중증장애인 고용 실태에 관해 살펴본다.
3. 독일의 중증장애인을 위한 일반고용정책에 대해 세부적으로 학습한다.
4. 독일의 장애인 고용정책을 중심으로 한국 장애인 고용정책의 발전 방향에 대해 고민한다.

이 장은 백인립과 박수지가 공동으로 『한국사회복지조사연구』 23권에 게재한 논문 「Implications of the German employment policy for the disabled in Korea–focusing on the general employment policy for the severely disabled」 중에서 백인립이 쓴 부분을 다시 한국어로 옮기고 수정 · 보완한 것이다.

1. 서 론

장애인이 비장애인에 비해 사회적으로 매우 열악한 처지에 놓여 있음은 주지의 사실이다. 특히 이러한 장애인의 곤란함은 장애 등급과 관련해서는 중증장애인 유형에서, 사회 영역 중에서는 생업활동 분야에서 더욱 두드러지게 나타난다. 생업활동 영역에서 한국 중증장애인의 열악한 상황은 장애인을 위한 고용제도가 매우 잘 발달되어 있는 복지 선진국, 특히 독일과의 비교를 통해 매우 뚜렷하게 볼 수 있다.

한국의 2005년 중증장애인 경제활동참가율은 27.7%이었고, 중증장애인 고용률은 24.4%이었다.[1] 이에 반해 독일의 2003년 중증장애인 경제활동참가율은 34.6%이었고, 중증장애인 고용률은 29.2%이었다(Bundesagentur für Arbeit, 2007: 205). 한국의 중증장애인 경제활동참가율과 고용률 모두 독일의 수치에 비해 낮음을 알 수 있다. 하지만 더 나아가 중증장애인 고용현실의 내면을 세밀히 분석해 본다면, 상술한 외형적 수치에서의 상대적 저조함은 중증장애인 고용문제가 빙산의 일각임을 알게 된다. 대표적으로 의무고용제도에 의해 보호되는 장애인 수를 살펴보면, 한국의 중증장애인 전체 취업자 대비 의무고용사업체에 고용된 중증장애인의 비율은 10.3%인 반면, 독일의 수치는 84.2%나 된다(Bundesagentur für Arbeit, 2007: 205). 이러한 극단적 결과는 독일에 비해 한국의 의무고용 적용 범위가 매우 협소한 데서 기인한다. 한국은 경증과 중증 모두를 포함한 장애인 생산가능인구 중 9.5%만이 고용의무제도로 보호받을 수 있는 반면, 독일의 고용의무제도

1) '서론'에서 거론된 한국 관련 수치의 출처는 '2. 한국과 독일의 중증장애인 고용현황 비교'의 '1) 한국의 중증장애인 현황과 고용 실태'에서 자세히 제시될 것이다.

는 중증장애인 생산가능인구의 30.1%를 포괄하고 있다(BIH, 2005: 11).

이처럼 독일에 비해 한국의 중증장애인들은 경제활동참가와 고용에 있어서 저조한 상황에 처해 있고, 그나마 고용되어 있는 중증장애인들도 의무고용제도로부터 방치된 채 기타 다른 열악한 직종에서 일하고 있다. 즉, 취업 중인 한국의 중증장애인 10명 중 9명은 노동환경이 열악한 영세사업장에 고용되어 있거나 일용직 등의 값싼 일자리를 찾아 전전하고 있거나 또는 영세자영자로서 일을 하고 있다는 점을 충분히 짐작할 수 있다.

한국에서 장애인에 대한 대우가 선진 복지국가들의 수준과 비교해 볼 때 매우 뒤처져 있음은 장애인정책 관련 정부지출을 비교해 보더라도 여실히 드러난다(〈부록 도표 8-1〉 참조). 이러한 열악한 상황 속에서 그나마 경증장애인은 중증장애인에 비해 좀 더 나은 처지에 놓여 있다고 볼 수 있다. 예를 들어, 2005년 경증장애인의 경제활동참가율은 64.2%였고, 고용률은 56.8%였다. 이는 앞에서 제시한 중증장애인 수치인 27.7%와 24.4%보다 확실히 양호한 결과다. 따라서 이 글에서는 보다 열악한 처지에 놓여 있는 중증장애인에 초점을 맞추어 중증장애인의 처우 개선을 위한 방안을 찾아보고자 한다. 그리고 중증장애인 처우 개선과 관련하여 무엇보다도 일반고용정책에 초점을 맞추고자 한다. 고용이라는 것은 장애인이 비장애인과 동등한 위치에서 삶을 영위하고 있음을 보여 주는 전형적인 척도라 할 수 있다. 장애인을 위한 고용정책은 크게 일반고용, 보호고용, 직업재활 및 직업훈련으로 나누어 볼 수 있을 것이다. 이 중에서도 일반고용은 장애인이 비장애인과 가장 동등한 위치에서 독립적인 삶을 영위할 수 있는 고용제도라 할 수 있고, 이러한 일반고용정책 중에서도 의무고용제도는 가장 그 효과가 확실한 제도라고 할 수 있을 것이다. 2005년에 한국의 의무고용사업체에 고용된 전체 장애인 대비 중증장애인의 비율은 18.8%였다. 이는 전체 장애인구수 대비 중증장애인구수 비율이 37.1%라는 사실을 비교해 볼 때 상당히 낮은 수치임을 알 수 있다. 이처럼 의무고용제도에 의해 보호를 받고 있는 장애인 5명 중 중증장애인은 기껏해야 한 명이라는 사실은 중증장애인을 위한 보다 특별한 고용보호대책이 필요함을 시사해 준다(최종철, 홍자영, 진홍섭, 이효성, 현정훈, 2006: 24-25, 33-34 참조).

한국의 중증장애인을 위한 일반고용정책의 개선 방안을 고민하기 위해서는 현재 운영 중인 선구적 모델을 살펴볼 필요가 있을 것이다. 따라서 이 글에서는 독일의 중증장애인을 위한 일반고용정책을 총체적으로 분석해 보고자 한다. 그리고 그 이후 독일의 일반고용정책을 토대로 한국의 중증장애인 고용정책이 어떻게 개선될 수 있는지를 고민해 보고자 한다.

먼저 서두에서 매우 짧게 논의되었던 독일과 한국의 중증장애인 고용현황에 대해 보다 자세히 분석하고자 한다. 이를 통해 독일의 중증장애인에 비해 한국의 중증장애인이 노동시장에서 얼마나 열악한 처지에 놓여 있는지를 보다 면밀히 살펴볼 것이다. 그다음에서는 장애인이 노동시장에서 차별받는 현상을 설명하는 세 가지 이론을 소개한다. 이는 장애인의 열악한 처지를 단순히 현상으로만 깨닫는 것을 넘어 그 배경을 체계적으로 파악하기 위한 심층작업의 일환이다. 그다음에서는 이 글의 주제인 독일의 중증장애인을 위한 일반고용정책을 총체적으로 분석해 보고자 한다. 이 장은 이러한 제도가 형성된 배경에 대한 설명, 각종 제도에 대한 상세한 분석, 이 제도가 합목적적으로 운영되기 위해 어떤 공공기관들이 참여하고 있고, 얼마의 재원이 투입되고 있는지에 대한 분석으로 구성된다. 이어서 독일의 중증장애인을 위한 일반고용제도를 거울 삼아 한국의 제도가 어떻게 변화하면 좋을지 종합적인 대안을 제시하고자 하며, 끝으로 결론에서는 노동권을 확보함으로써 장애인이 진정한 사회참여를 이룰 수 있음을 강조하면서 글을 마치려 한다.

2. 한국과 독일의 중증장애인 고용현황 비교

1) 한국의 중증장애인 현황과 고용 실태

(1) 한국의 중증장애인 현황

중증장애인 고용현황을 정확히 파악하기 위해선 먼저 어떤 사람이 장애인의 범주에 속하고, 그중에서 어떤 사람이 중증장애인인지에 대한 대략적인 이해가 필요하다. 한국의 「장애인복지법」은 15개 범주와 6등급 체계로 장애를 구분하고 있다. 한편 장애인 일반고용정책과 직접적으로 관련 있는 「장애인의 고용촉진 및 직업재활에 관한 법」에 따르면 중증장애인에 해당하는 사람들은 다음과 같다. 15개 범주에서 기본적으로 2등급 이상에 해당하는 자들이지만, 뇌병변장애, 시각장애, 심장장애, 정신장애의 경우에서는 3급까지 포괄하고, 지체장애 3급의 경우에는 상지장애가 있는 자를 중증장애인에 포괄한다.

2005년 한국의 장애인 수는 총 1,777,000명으로서 전체 인구 대비 3.6%에 해당한다. 남성 장애인은 1,131,000명으로서 전체 남성 인구 대비 4.8%이고, 여성 장애인은 645,000명으로서 전체 여성 인구 대비 2.7%다. 같은 해 중증장애인 수는 658,551명으로서 전체 인구의 1.4%이었고, 전체 장애인 대비 중증장애인 비율은 37.1%였다(최종철 외, 2006: 24-25).[2]

---

2) 여기서 소개된 인구 대비 장애인 비율은 최종철 등(2006)의 장애인 명수를 토대로 국가통계포털(www.kosis.kr)에 나온 인구수에 기반하여 본 저자가 환산한 값이다.

〈표 8-1〉 한국 장애인의 노동시장 참가현황 (단위: %)

구분	경제활동참가율	고용률	실업률
장애인 전체	51.1	45.4	11.6
경증장애인	64.2	56.8	11.5
중증장애인	27.7	24.4	11.9

(2) 한국의 중증장애인 고용현황

〈표 8-1〉에서 보는 것처럼 2005년 15세에서 64세까지의 중증장애인 생산가능인구 대비 중증장애인 경제활동인구의 비율은 27.7%밖에 안 된다. 중증장애인 고용률은 24.4%였고, 실업률은 11.9%였다.3)

2005년 50인 이상 의무고용사업체 전체 피고용인 중 1.55%가 장애인인 것으로 보고되었다. 이는 2%의 의무고용률에 못 미치는 수치다. 민간사업체 고용률은 1.49%, 공공사업체 고용률은 2.55%였다(최종철 외, 2006: 30).

상시 50인 이상 전체 고용의무사업체 17,414개소에 총 55,009명의 장애인이 고용되어 있었고, 그중 중증장애인은 10,332명이었다(최종철 외, 2006: 33-34). 따라서 고용의무사업체에 고용된 전체 장애인 중에서 중증장애인은 18.8%밖에 되지 않았다.

---

3) 이 수치는 한국보건사회연구원의 2005년 '활동취약자 실태조사' 원자료를 토대로 하여, 동아대학교 사회복지학과 남찬섭 교수의 도움을 받아 구한 값이다. 중증장애인 구분은 「장애인고용촉진법」상 중증장애인 정의를 기준으로 하였다. 그리고 이제 살펴볼 중증장애인 관련 독일 노동청의 통계자료와 형평을 맞추고자 생산가능인구는 15세에서 64세까지의 장애인 인구로 규정하였다. 또한 취업자와 실업자도 65세 미만자까지만 포함하였다. 다음에 제시될 독일 중증장애인 고용통계는 자영자를 제외한 채 오직 피용자만을 대상으로 하여 계산된 수치다. 독일의 피용자들은 은퇴제도로 인해 65세까지 직장에 남아 있을 수 있기 때문에 독일의 수치는 65세 미만자까지만 포괄하고 있다. 그러므로 한국의 수치를 계산함에 있어서도 65세 미만자까지만 포함하였다. 결국 여기서 제시된 한국 수치와 독일 통계치와의 차이점은 한국의 수치에는 여기에서 고려된 64세까지의 취업자에 자영자도 포함되어 있다는 것이다. 실업자는 실망실업자를 제외한 관청에 등록된 실업자만을 의미한다. 이러한 기준으로 구해진 15~64세까지의 생산가능인구수는 경증장애인 753,429명, 중증장애인 410,119명이었다. 취업자는 경증장애인 427,677명, 중증장애인 100,013명이었고, 실업자는 경증장애인 55,814명, 중증장애인 13,555명이었다.

〈표 8-2〉 한국에서 의무고용사업체에 고용된 장애인 현황 (단위: %)

구분	생산가능인구 대비	취업자 대비
장애인 전체	4.7	10.4
경증장애인	5.9	10.5
중증장애인	2.5	10.3

〈표 8-2〉는 장애인 생산가능인구 대비 그리고 장애인 취업자 대비 50인 이상 의무고용사업체에 고용된 장애인의 비율을 보여 준다.

2) 독일의 중증장애인 현황과 고용 실태

(1) 독일의 중증장애인 현황

독일은 한국의 장애인 신고제와 달리 자율적 등록제를 운영하고 있다. 장애가 있는 사람은 자신의 거주지 원호청(Versorgungsamt)에 원서(Antrag)를 제출하고, 원호청은 '사회보상법과 중증장애인법에 의거한 의료감정을 위한 평가기준(Anhaltspunkte für die ärztliche Gutachtertätigkeit im sozialen Entschädigungsrecht und nach dem Schwerbehindertengesetz)'에 의거하여 그 사람의 장애 정도를 감정한다. 독일의 장애유형은 크게 신체장애(körperliche Behinderung), 정신장애(geistige Behinderung), 정서장애(seelische Behinderung)로 구분되고, 각각의 유형 하부에는 그 영역에 속하는 세부적인 기관과 장애에 관한 항목들이 있다. 그리고 또다시 각 항목들은 그 장애의 경중에 따라 십진법에 근거하여 10부터 100까지로 점수화되어 있다(Bundesministerium für Gesundheit und Soziale Sicherung, 2005: 8-10).

원호청의 평가를 통해 나온 점수가 최소 20 이상이 되어야 장애인(Behinderte)으로 간주되고, 산출된 점수가 50 이상이 되어야 중증장애인(Schwerbehinderte)으로 등록된다. 그리고 이러한 50부터 100 사이의 장

애 정도를 지닌 중증장애인만이 '일반고용정책'과 관련하여 특별한 혜택을 받을 수 있다.[4)]

2003년을 기준으로 중증장애인은 6,638,892명으로, 이는 전체 인구의 8%에 달한다. 남성 중증장애인은 3,485,341명으로서 전체 남성 인구 대비 9%, 여성 중증장애인은 3,153,551명으로서 전체 여성 인구 대비 7%에 해당한다(Statistisches Bundesamt, 2005: 227).[5)]

(2) 독일의 중증장애인 고용현황

중증장애인 중 15세부터 64세까지의 생산가능인구를 기준으로 한 중증장애인 경제활동참가율은 2003년에 34.6%였다. 중증장애인 고용률은 29.2%이었고, 중증장애인 실업률은 16.6%였다(Bundesagentur für Arbeit, 2007: 205).[6)]

2003년 20인 이상 의무고용사업체 전체 피고용인 중 4%가 중증장애인인 것으로 보고되었다. 이는 5%의 의무고용률에 못 미치는 수치다. 민간사

---

4) 독일에서는 법적으로 2년마다 장애인에 대한 통계를 내도록 되어 있지만, 그 대상을 중증장애인으로 제한하고 있다. 장애등급 50 이상이 되어 중증장애인으로 판정받은 사람은 원호청으로부터 '중증장애인 증명서(Ausweis)'를 받고, 이 증명서의 유효기간은 5년이며 유효기간이 지나면 재발급받아야 한다. 이에 반해 중증장애인이 아닌 이른바 경증장애인은 장애 정도 심사 후 자신의 장애등급이 적혀 있는 통지서(Bescheid) 한 장 받는 것으로 끝난다. 즉, '증명서'가 발급된다는 의미는 중증장애인이 자신의 권리를 받기 위한 제시용 목적도 지니지만, 국가에 공식적으로 등록된다는 의미도 함께 지니고 있다. 따라서 장애인에 대한 통계청의 공식적 조사 시, 현재 '유효'한 중증장애인 증명서를 지닌 사람만을 그 대상으로 삼게 된 것이다.

5) 중증장애인을 포함한 전체 장애인 수에 대해서는 추정치만이 존재할 뿐인데, 2002년에 나온 한 연구(Weyand & Schubert, 2002: 26)에 따르면 대략 1,000,000명 정도로 추산하고 있다. 이는 전체 인구의 12% 정도에 해당한다.

6) 독일 노동청에서 중증장애인 관련 고용통계를 구할 때 중증장애인 자영자는 포함시키지 않는다. 따라서 위의 수치에서 중증장애인 자영자는 누락되어 있다. 중증장애인 중 15세부터 64세까지의 생산가능인구수는 3,089,355명이고, 취업자 수와 실업자 수는 각각 902,536명과 167,877명이었다.

〈표 8-3〉 독일에서 고용의무사업체에 고용된 중증장애인 현황 (단위: %)

연도	1998	1999	2000*	2001	2002	2003
평 균	3.8	3.7	3.7	3.8	3.8	4.0
민간기업	3.4	3.3	3.3	3.4	3.4	3.6
공공기업	5.3	5.2	5.2	5.1	5.2	5.4

* 2000년 12월까지 독일에서는 16명 이상의 피고용인을 지닌 사업장을 대상으로 6%의 의무고용률이 적용되고 있었다.

출처: BIH(2005: 12)에서 재구성

업장의 고용률은 3.6%였고, 이에 반해 공공사업장의 고용률은 5.4%이어서 공공사업장은 의무고용률을 초과하여 중증장애인을 고용하고 있었다.

20인 이상 사업장에 고용된 중증장애인은 총 759,836명이었다. 이는 중증장애인 전체 취업자 대비 84.2%였고, 중증장애인 중 15세부터 64세까지의 생산가능인구 대비 24.6%에 해당하는 수치였다(Bundesagentur für Arbeit, 2007: 205).

3) 한국과 독일의 중증장애인 고용현황 비교

한국과 독일의 중증장애인 고용현황을 비교해 보면 다음과 같은 사실을 알 수 있다.

먼저 독일의 중증장애인 경제활동참가율은 2003년에 34.6%였다. 중증장애인 고용률은 29.2%였고, 중증장애인 실업률은 16.6%였다. 한편 한국의 2005년 중증장애인 경제활동참가율은 27.7%였고, 중증장애인 고용률은 24.4%였으며, 실업률은 11.9%였다. 한국의 중증장애인 경제활동참가율과 고용률 모두 독일의 수치에 비해 낮음을 알 수 있다. 비록 한국의 실업률이 독일의 수치에 비해 낮았지만, 실망실업자를 포함한 한국의 중증장애인 실업률은 36%나 된다. 실망실업자를 포함한 이러한 실업률은 보건사회연구원 2005년도 활동취약자 실태조사 원자료를 토대로 환산한 값이다.

그리고 독일의 통계수치에는 자영자가 빠져 있다. 만일 자영자까지 포함하는 경우 독일의 경제활동인구비율과 고용률은 더욱 높아지고, 실업률 또한 더욱 낮아질 것이다.

한국의 중증장애인 고용 실태에서 더욱 심각한 문제는 일반고용제도에 의해 보호되는 장애인의 수가 상당히 적다는 것이다. 한국의 중증장애인 전체 취업자 대비 의무고용사업체에 고용된 중증장애인의 비율은 10.3%였고, 중증장애인 생산가능인구 대비 의무고용사업체에 고용된 중증장애인의 비율은 2.5%였다. 이는 독일의 84.2%와 24.6%라는 각각의 수치와 비교해 볼 때 매우 낮은 값임을 알 수 있다. 이러한 독일의 수치를 한국의 장애인 전체를 대상으로 한 수치들(10.4%와 4.7%)과 비교해 볼 때도 한국 장애인 중 얼마나 적은 수의 장애인들이 의무고용제도로 보호되고 있는지를 알 수 있다.

우리나라 장애인 의무고용충당률은 84%로서 독일의 80%와 비교해 볼 때 크게 차이가 나지 않는다(최종철 외, 2006: 32). 그렇다면 문제는 한국의 의무고용 적용 범위 자체가 매우 협소하다는 말이 된다. 2005년에 한국 고용의무제도로 보호받을 수 있는 고용의무인원은 111,000명이었다(최종철 외, 2006: 5). 이는 장애인 생산가능인구 중 9.5%만이 고용의무제도로 보호받을 수 있다는 의미가 된다. 반면 독일의 2003년 고용의무인원은 957,000명으로서(BIH, 2005: 11), 중증장애인 생산가능인구의 30.1%를 포괄하는 수치다. 이는 독일의 중증장애인 경제활동참가율인 34.6%에 육박하는 수치다. 더불어 한국의 84%라는 의무고용충당비율에는 국가유공상이자까지 포함되어 있다. 2005년에 국가유공상이자로 등록된 사람은 총 88,394명이었다(최종철 외, 2006: 5). 따라서 만일 등록장애인만을 대상으로 하여 본다면 의무고용충당률은 50% 이하로 떨어지게 될 것이다.

이상에서 본 것처럼 한국에서는 취업한 중증장애인 10명 중 1명 정도만이 일반고용제도를 통해 50인 이상 사업체에서 일하고 있다. 즉, 나머지 9명은 의무고용제도로부터 방치된 채 기타 다른 직종에서 일하고 있다는 의미가 된다. 2005년에 보호고용된 장애인 수가 7,684명(최종철 외, 2006: 28)밖에 되지 않는다는 점을 감안해 본다면, 기타 대다수의 중증장애인은 노동환경이 열악한 영세사업장에 고용되어 있거나 일용직 등의 값싼 일자리를 찾아 전전하고 있거나 또는 영세 자영자로서 일을 하고 있다는 점을 충분히 짐작케 한다.

이상으로 살펴본 것처럼 한국에서 취업한 중증장애인 10명 중 1명 정도만이 의무고용사업체에서 일하고 있는 반면, 독일에서는 중증장애인 취업자의 80% 이상이 일반고용제도를 통해 고용되어 안정적인 생업활동을 유지하고 있다.

3. 장애인의 노동시장 차별에 관한 세 가지 이론

앞에서 살펴본 것처럼 장애인이 일자리를 갖고 비장애인과 동일한 노동권을 확보하는 길에는 많은 장애물이 놓여 있다. 이러한 현실이 발생하는 원인에 대해 설명하는 대표적인 이론으로 인적자본론과 통계적 차별론, 이중노동시장론을 들 수 있다.[7)]

1) 인적자본론

인적자본론에 따르면 장애인이 취업이 안 되는 이유는 구직기술이 부족하고, 취업을 한 경험이 별로 없으며, 근로에 대한 습관이 부족하기 때문이

---

7) 이 '장애인의 노동시장 차별에 관한 세 가지 이론'에서 논의되는 모든 내용은 권선진(2009: 52-55)의 설명을 요약, 정리한 것이다.

다. 즉, 장애인은 일할 의사가 있음에도 불구하고 장애인의 교육수준이 낮고, 직업훈련을 제대로 받지 못하기 때문에 고용기회를 갖지 못하게 된다.

따라서 고용인은 이러한 장애인을 고용시키게 되면 직업교육 등 많은 지원비용이 들어가고, 직업숙련도와 생산성 측면에서도 비장애인에 비해 상당히 떨어진다고 생각하기 때문에 장애인 고용을 꺼리게 된다.

이러한 장애인의 인적자본에 대한 고용인들의 부정적 인식을 바로잡기 위해서는 무엇보다도 장애인에 대한 직업교육 및 훈련, 그리고 직업재활 프로그램과 같은 국가에 의한 사전적 의미에서의 장애인고용촉진정책이 절실히 요구된다.

2) 통계적 차별론

통계적 차별론은 장애인이 취업되기 어려운 이유로 장애인 전체를 대상으로 한 '통계'라는 명목하에 자행되는 사회의 왜곡된 편견을 꼽고 있다. 고용인이 장애인의 고용을 고려할 때 장애인 개인 당사자의 생산성에 대한 정확한 정보를 얻기 힘들기 때문에 소위 사회적으로 용인된다고 판단되는 장애인 전체의 평균적인 생산성을 생각하게 된다. 이럴 경우 장애인 개인의 능력과는 상관없이 그가 속한 집단의 평균적인 특성에 근거해서 처우를 받게 되는데, 문제는 이러한 평균적인 특성이라는 것이 과학적 분석에 근거하기보다는 오해와 왜곡으로 형성된 사회적 편견일 가능성이 농후하다는 점이다.

따라서 고용인의 편견이 심하면 심할수록 장애인의 고용기회도 낮아지고, 임금도 낮아지게 될 가능성이 높아진다. 즉, 장애인을 한 번도 고용해 보지 못한 사람이 개인의 생산성에 대한 정확한 정보도 없이 미리 그 해당 집단의 (왜곡된) 평균적인 생산성만을 고려한다면 선입견에 의한 차별로 귀결될 수밖에 없다.

이처럼 높은 학력이나 기술수준에도 불구하고 평균적인 통계에 의해 취업이 되지 않는 장애인 개인에 대하여 정부가 의무고용제도와 같은 조치로서 해당 장애인의 고용을 촉진할 필요가 있다.

3) 이중노동시장론

이중노동시장론(dual labour market)에 따르면 자본주의하에서 노동시장은 1차 노동시장과 2차 노동시장으로 분절되며 장애인과 같은 소수집단은 2차 노동시장에 주로 속하게 됨으로써 차별을 받게 된다.

노동시장은 직무와 고용의 상대적 안정성을 기준으로 1차 노동시장과 2차 노동시장으로 구분된다. 1차 노동시장은 높은 임금, 좋은 노동 조건, 내부승진기회 그리고 고용안정성 등의 장점을 지닌다. 반면 2차 노동시장은 저임금, 열악한 노동조건, 승진기회의 결여 그리고 고용의 불안정성 등으로 특징지어진다. 이러한 2차 노동시장에서는 주로 특별한 교육훈련이 필요 없는 직종이 다수를 차지하므로 단순 업무에 적합하다고 생각되는 사람들이 주로 고용되는데, 이러한 사람들 중의 한 그룹으로 장애인이 타깃되는 경우가 빈번히 발생한다. 이러한 2차 노동시장에 고용된 장애인은 취업과 실업을 반복하며 낮은 임금을 받게 된다.

이러한 이중노동시장론에 근거해 본다면, 장애인에 대한 노동시장에서의 차별을 완화시키기 위해서는 무엇보다도 장애인을 위한 1차 노동시장에서의 다양한 일반고용제도 촉진정책이 필요하게 된다.

지금까지 장애인이 노동시장에서 차별받는 원인에 대한 세 가지 설명을 살펴보았고, 사전적 조치로서 직업교육뿐 아니라 의무고용제도를 포함한 일반고용제도가 얼마나 장애인 고용에서 중요한 위치를 차지하는지 또한 살펴보았다. 다음에서는 장애인 고용과 관련하여 한국에서 보다 양호한 사회적 결과를 낳고 있는 독일의 일반고용정책에 대해 자세히 분석해 보도록 하겠다.

4. 독일의 중증장애인 일반고용정책에 대한 총체적 분석

독일의 중증장애인을 위한 일반고용정책에 대해 종합적 분석을 시행함에 있어서, 그 순서는 독일에서 중증장애인 중심의 일반고용정책이 발달한 배경, 일반고용정책 관련 세부 제도의 상세한 모습, 그리고 이 제도가 합목적적으로 운영되기 위해 어떤 공공기관들이 참여하고 있고, 얼마의 재원이 투입되고 있는지에 대한 분석해 보기로 한다.

1) 독일에서 중증장애인 중심의 고용정책이 확립된 역사적 배경[8)]

독일은 중증장애인을 중심으로 고용정책이 발전되어 왔다. 그러나 1974년 이전까지만 해도 이러한 혜택은 모든 중증장애인이 아니라, 전쟁터나 작업장에서 심하게 상해를 당한 사람만을 그 대상으로 하였다.

제1차 세계대전 전까지는 전쟁에서 부상당한 사람들에 대해서는 '군원호법(Militärversorgungsgesetz)'으로 충분히 대처할 수 있었다. 오스트리아와 함께 독일이 주도했던 제1차 세계대전으로 인해 독일은 190만 명의 사망자와 90만 명의 전쟁 부상자를 낳았다. 이 전쟁 부상자 중에서 25만 명이 생업능력의 50% 이상을 잃어버린 상태였다. 이들을 취업시키기 위해 1919년 1월, '중상자의 고용에 관한 시행령(Verordnung über die Beschäftigung Schwerbeschädigter)'이 제정되었다. 또한 이 법에는 전쟁 부상자뿐 아니

---

8) 여기에서 논의되는 역사적 배경은 Neumann과 Pahlen(1999: 47-60)을 요약, 정리한 것이다.

라, 산업화로 인해 급격히 증가한 중증의 산업재해자를 포함시켰다. 이 시기부터 중증상해자의 기준은 생업능력을 50% 이상 상실한 사람으로 규정되었으며, 중증상해자의 의무고용(1924년 경우 2%)과 해고로부터 보호(중증상해자 담당기관의 동의가 있어야지만 고용인은 피고용 장애인을 해고시킬 수 있다) 등의 법 규정이 마련되었다.

독일은 다시 병사만 320만 명이 전사하는 제2차 세계대전을 겪는다. 전쟁 직후 독일 전역에는 제1차 세계대전의 전쟁상해자를 포함하여 총 150만 명의 전쟁상해자가 살고 있었고, 그중에서 절반이 생업능력의 50% 이상을 상실한 사람들이었다. 그러나 전쟁 직후 독일은 미국, 영국, 프랑스, 소련에 의해 분할 점령당했기 때문에, 각 지역은 각기 나름대로의 전쟁상해자를 위한 법령을 만들었고, 이후 이들 법을 통합시킨 것이 1953년의 '중증상해자법(Schwerbeschädigtengesetz)'이다.

그리고 이 법은 다시 1974년 '중증장애인법(Schwerbehindertengesetz)'으로 발전되었다. 발전된 현대 사회에 발맞추어, 원인에 상관없이 중증장애인을 보호하자는 정부 논의와 사회적 공감대가 형성되면서, 중증의 전쟁상해자와 산업재해자만을 대상으로 하던 것을 뛰어넘어 전 중증장애인으로 그 급여 대상이 확대되었다.

1970년부터 시작된 사회법 작업은 여기저기 분산되어 있는 사회보장 관련 법과 규정들을 체계적으로 통합 · 정리해 나가는 작업이었다. 이러한 법 정리 작업의 일환으로, 재활 등 여러 가지 장애인 관련 법 규정들과 중증장애인법이 통합되면서, 2001년 7월 '사회법 IX–장애인의 재활과 참여'가 탄생하게 된다. 이 법은 1부와 2부로 나누어지는데, 1부는 모든 장애인을 대상으로 하는 '의료재활(medizinische Rehabilitation)' '근로에 참여(Teilhabe am Arbeitsleben)' '사회생활에 참여(Teilhabe am Leben in der Gemeinschaft)'라는 세 가지 복지급여에 대한 규정이고,[9] 2부가 중증장애인을 위한 특별규정으로 구성되어 있다.

2002년에는 '장애인평등법(Gesetze zur Gleichstellung behinderter Menschen)'이 제정되어 장애인과 비장애인의 차별을 없애고, 장애인에게 삶의 동등한 기회를 주고자 노력하고 있다.

2) 독일의 중증장애인을 위한 일반고용정책의 세부 요소

독일의 중증장애인을 위한 일반고용정책은 공식적으로 의무고용제도, 임금보조, 근로에 수반하는 지원, 해고로부터 보호, 추가 유급휴가, 사업장 내 중증장애인 대표단 구성의 여섯 가지로 구성되어 있다(Bundesministerium für Gesundheit und Soziale Sicherung, 2005: 38-41). 여기에 비교적 최근에 개설되어 그 중요성이 부각되고 있는 '통합전문서비스'를 일곱 번째 항목으로 포함시킬 수 있다. 이 일곱 가지 요소가 유기적으로 결합되어 중증장애인의 일반고용을 촉진하고 있다.

(1) 의무고용제도

20명 이상을 고용하고 있는 민간사업장 및 공공사업장은 최소 5%의 일자리를 중증장애인에게 할애하도록 법적으로 규정하고 있다. 몇몇 연방 공

---

9) '의료재활'은 장애를 극복 또는 완화하고, 장애의 악화를 예방하고자 하는 목적을 지닌다. 의료재활에는 의사치료, 약물 및 도구 지급, 심리치료 등이 포함되며, 경우에 따라서는 생활비 지급(예를 들어, 질병수당, 상해수당 등)이 포함될 수 있다. '근로에 참여'는 장애인의 생업능력을 유지, 증진, 회복시키고, 근로에 참여하고 있는 경우에는 그 참여의 지속을 보장하고자 하는 목적을 지닌다. 근로에 참여의 구체적 정책은 무수하게 다양한데, 대표적인 것으로는 직업훈련 및 재훈련, 직업훈련 시 생활비 지원, 취업촉진(상담, 알선, 작업장비 및 이동장비에 대한 보조 등), 보호고용 등을 꼽을 수 있다. '사회생활에 참여'는 말 그대로 일상의 사회생활에 참여를 가능 · 보장하게 하고, 타인에 의한 수발로부터 가능한 한 벗어나 독립적으로 생활하도록 하는 데 그 목적이 있다. '사회생활에 참여' 정책으로는 장애에 적합한 거주지 마련 지원, 비장애인과의 만남 등을 촉진하는 문화생활 지원, 주변환경과의 의사소통 촉진(예를 들어, 수화통역사 대동), 취학 전 아동을 위한 치료교육 프로그램 등이 포함된다.

〈표 8-4〉 독일의 부담금 체계

구분	부담금
3% 이상 5% 미만의 의무고용 준수 시	월 105
2% 이상 3% 미만의 의무고용 준수 시	월 180
2% 미만의 의무고용 준수 시	월 260

출처: Bundesministerium für Gesundheit und Soziale Sicherung(2003: 148).

공사업장 같은 경우는 6%의 의무고용률을 지니고 있는 곳도 있다.

만일 중증장애인이 해당 사업장에 피고용인으로 고용된 것이 아니라, 직업훈련생으로 훈련을 받고 있다면, 이 중증장애인 직업훈련생을 위한 사업장 내의 한 자리는 의무고용 두 자리로 간주된다. 또한 아주 심한 중증장애인이 고용되어 있다면, 노동청은 이 사람을 위한 사업장 내의 한 자리를 최대 의무고용 세 자리까지로 간주해 줄 수 있다(Bundesministerium für Gesundheit und Soziale Sicherung, 2005: 39).

만일 의무고용을 준수하지 않았을 경우 고용인은, 고용하지 않은 일자리 당 다음과 같은 부담금(Ausgleichsabgabe)을 내게 된다(Bundesministerium für Gesundheit und Soziale Sicherung, 2003: 148).

2003년에는 총 5억 2,600만 유로의 부담금이 걷혔고, 이 돈은 2004년에 시행된 중증장애인 고용촉진과 근로지원사업을 위해 사용되었다(BIH, 2005: 15).

(2) 임금보조제도

중증장애인 고용촉진을 위해 시행되고 있는 또 다른 대표적인 사업은 '취업보조금(Eingliederungszuschuß)'이라는 중증장애인에 대한 '임금보조' 정책이다. 노동청에서 실시하고 있는 '취업보조금'은 이러한 보조금 없이는 노동시장에 편입되는 것이 어렵다고 판단되는 여러 부류의 사람을 대상으로 하고 있고, 이 항목들 중에 중증장애인을 위한 지원이 포함되어 있다. 취업보조금은 기본적으로 피고용인에게 지급하는 것이 아니라, 고용

〈표 8-5〉 취업보조금의 종류와 내용

종류	내용
일반 취업보조금	취직 초반에 특별한 어려움이 있다고 판단되는 경우(예를 들어, 처음으로 취직하는 경우) 지급되는 임금보조로서, 6개월간 임금의 30%까지 지원된다.
취업이 어려운 사람들을 위한 취업보조금	이 취업보조금에 장기실업자와 중증장애인이 포함된다. 일반적으로는 임금의 50%까지 12개월 동안 지원되며, 특별한 경우에는 70%까지 24개월도 가능하다.
나이 많은 근로자를 위한 취업보조금	50세 이상의 근로자가 실업 상태에 있다가 새로운 직장에 취직했을 때 지급되는 임금보조금이다. 일반적으로는 50%까지 24개월 지원되나, 특별히 취업이 어렵다고 판단되는 사람의 경우에는 70%까지 60개월간 보조금이 지급될 수 있다.
특별한 고려가 필요한 중증장애인을 위한 취업보조금(이하 특별장애보조금)	해당 장애인에게 70%까지 36개월간 지급된다. 또한 이러한 특별히 고려가 필요한 중증장애인의 취직 시의 나이가 50세 이상이면 60개월까지, 55세가 넘었으면 96개월, 즉 8년간 70%의 임금보조가 지급된다. 특별한 고려가 필요한 중증장애인에는 대표적으로 다음과 같은 사람들이 포함된다. 근로를 함에 있어서 장애로 인해 특별한 원조자가 필요한 경우, 고용인이 그 장애인 근로환경 등을 위해 추가로 많은 지출을 해야 하는 경우, 장애로 인해 그 장애인의 생산량이 명백히 떨어지는 경우, 그리고 다른 기타 장애 없이 정신장애 또는 정서장애 또는 간질병만으로 장애등급이 50 이상인 경우 등이다. 이처럼 독일의 임금보조정책에서는 취직이 힘든 정신지체장애인을 다른 중증장애인보다 좀 더 우대해 주고 있다.

출처: Bundesanstalt für Arbeit(2004).

인에게 지급하는 것을 원칙으로 하며, 취직 초반에 피고용인의 미숙으로부터 발생하는 생산성 저하를 보상하고자 하는 목적 또한 지니고 있다.

취업보조금의 종류로는 '일반 취업보조금' '취업이 어려운 사람들을 위한 취업보조금' '나이 많은 근로자를 위한 취업보조금' 그리고 '특별한 고려가 필요한 중증장애인을 위한 취업보조금'이 있다(Bundesanstalt für Arbeit, 2004).

'특별장애보조금'이 아닌 기타 다른 세 가지 취업보조금 혜택을 받은 중증장애인은 2004년에 총 1,017명이었고(Bundesagentur für Arbeit, 2005c: 160), '특별장애보조금'을 받은 사람은 총 20,442명이었다(Bundesagentur für Arbeit, 2005b). 한편 '특별장애보조금'을 위한 노동청의 지출은 2004년에 2억 9474만 7천 유로(노동청 총지출의 0.5%)였던 반면, '특별장애보조금'을 제외한 기타 취업보조금 전체 지출은 9억 765만 3천 유로로서 노동청 총지출의 1.7%였다(Bundesagentur für Arbeit, 2005a).

이외에도 기업가가 자신의 사업장에서 중증장애인을 직업교육시키면, 그 교육비용의 80%까지(예외적 상황에서는 100%까지) 지급받을 수 있다(Bundesanstalt für Arbeit, 2004). 이와 같은 보조금이 지급되는 직업교육을 받은 중증장애인은 2004년에 총 2,345명이었다(Bundesagentur für Arbeit, 2005b). 그리고 이러한 보조금을 받은 기업가가 교육 후 그 중증장애인을 자신의 사업장에 고용하면, 1년간 70%까지 임금보조를 받을 수 있다.

(3) 근로에 수반하는 지원

'근로에 수반하는 지원(begleitende Hilfe im Arbeitsleben, 이하 근로지원)'은 중증장애인을 위한 적정한 일자리를 창출하고, 현 일자리를 유지 및 보장하는 데 그 목적이 있다. 근로지원은 크게 중증장애인에게 주는 지원과 고용인에게 주는 지원으로 나누어지는데, 먼저 중증장애인에게 주는 근로지원 중 대표적으로 〈표 8-6〉의 내용과 같은 것들이 있다.

〈표 8-6〉 피고용 중증장애인에게 지급되는 '근로지원'의 종류와 내용

종류	내용
노동에 필요한 기술적 지원	해당 중증장애인이 직장에서 노동을 할 때 필요한 서기, 앉기, 잡기, 보기, 듣기 등을 위해 필요한 장비에 대한 지원을 의미한다. 이 장비들은 기본적으로는 고용인이 마련하여야 하나, 장비가 고가인 경우 등 해당 고용인의 능력의 한계를 넘는 경우에 이 비용이 지원된다.
직장에 출퇴근을 위한 지원	중증장애인이 직장에 출퇴근하는 것이 용이하도록 또는 가능하도록 하기 위한 현금지원이다. 여기에는 자가용에 대한 장애인을 위한 추가장비 설치 등이 포함된다.

장애에 적합한 집 마련을 위한 지원	지원금, 대부 등의 형태로 중증장애인의 집 마련을 위한 지원이 이루어진다. 단, 집 마련을 위한 지원은 장애인의 '근로에 참여'와 관련이 있어야 하는 조건이 있다.
작업능력의 증진을 위한 프로그램 참여에 대한 지원	작업능력의 증진을 위한 직업교육 등에 참여 시 현금지원이 이루어진다. 이는 현대 기술발전에 중증장애인을 적응시키기 위한 목적도 지니고 있다. 이 급여의 대상은 이제까지 주로 시각장애인과 청각장애인이었다.
장애 관련 특수한 상황에 대한 지원	'근로에 참여'와 관련하여 중증장애인의 생활에 필요하다고 간주되는 것들에 대한 지원으로 이루어져 있다.
노동력의 유지를 위한 지원	중증장애인의 직업재활 · 교육과 관련된 현금지원이다. 단, 직업재활 · 교육에 일차적 책임이 있는 연금조합, 산재조합 등이 지원을 할 수 없는 경우에 통합사무소가 부담한다.

출처: BIH(2005: 17-20); Bundesministerium für Gesundheit und Soziale Sicherung(2005: 339-340).

한편 중증장애인의 근로지원을 목적으로 고용인에게 지급되는 대표적인 급여에는 〈표 8-7〉과 같은 것이 있다.

〈표 8-7〉 중증장애인을 고용한 고용인에게 지급되는 '근로지원'의 종류와 내용

종류	내용
장애에 적합한 직장 내 시설 마련을 위한 고용인에 대한 급여	직장 내 시설을 중증장애인 노동자에게 적합하게 개축 또는 신축코자 할 때, 고용인은 대부 또는 지원금의 형태로 필요한 비용 전액까지 지원받을 수 있다.
장애에 적합한 일자리 창출을 위한 고용인에 대한 급여	고용인이 중증장애인을 위해 '새로운' 일자리를 창출한다면, 고용인은 대부 또는 지원금의 형태로 필요한 비용 전액까지 지원받을 수 있다. 의무고용에 해당되지 않는 기업체가 혹은 의무고용에 해당되는 기업이 의무고용률을 초과하여, 중증장애인을 고용하기 위해 어떤 일자리를 만드는 경우가 이에 해당된다. 또한 새로 창출되는 일자리를 통해 특별한 중증의 중증장애인이 취업되는 경우나 12개월 이상 실업자이던 중증장애인, 또는 보호고용장에 있던 중증장애인이 취업되는 경우에도 고용인은 이 지원을 받을 수 있다.

과부담 시의 고용인에 대한 지원	특별한 중증의 중증장애인을 고용했을 시에 발생하는 고용인의 과부담을 덜어 주기 위해 현금지원이 지급될 수 있다. 중증장애인의 생산성이 낮은 경우, 중증장애인을 위한 작업지도 또는 수화통역 등으로 인해 추가 비용이 발생한 경우 고용인은 임금보조를 받을 수 있다.

출처: BIH(2005: 17-20); Bundesministerium für Gesundheit und Soziale Sicherung(2005: 339-340).

(4) 해고로부터 보호

'해고로부터 보호(Kündigungsschutz)'라는 제도 또한 중증장애인의 고용안정에 상당한 기여를 하고 있다. 독일은 고용인이 자신의 피고용 중증장애인을 해고하고 싶다고 해서 마음대로 해고시킬 수 없다. 고용인은 무조건 통합사무소에 사유서를 제출하여야 하고, 여러 가지 심사(모든 관련자와의 구두교섭 포함) 이후 통합사무소가 동의해 줄 때만 자신의 피고용 중증장애인을 해고할 수 있다. 이제까지 대략 매년 제출된 사유서 중 18% 정도가 이 법을 통해 해고로부터 보호받아 왔다(Cloerkers, 2001: 48, 더 자세한 내용은 Bethmann, Felds, Schmidt, & Schmidt, 1999: 288-306 참조).[10)]

(5) 추가유급휴가

또 다른 중증장애인을 위한 일반고용제도로서 '추가유급휴가'라는 것이 있다. 중증장애인은 비장애인 피고용자보다 1년에 1주일, 정확히 말해 5 노동일의 더 많은 유급휴가를 받는다(Bundesministerium für Gesundheit und Soziale Sicherung, 2005: 40).

10) 2004년에도 제출된 사유서 35,572건 중 18.88%를 제외한 나머지 사유서가 동의되었는데, 해고의 근거로서는 직장 내 일자리 감축(38.30%)이 가장 많았고, 사업장 자체의 폐업(17.59%)이 그 뒤를 이었으며, 건강상의 이유로 인한 결근(14.53%)과 장애로 인한 작업능력의 저하(10.91%)도 피고용 중증장애인 해고의 중요한 이유로 작용하였다(BIH, 2005: 33).

(6) 사업장 내 중증장애인 대표단

사업장 내에 5인 이상의 중증장애인이 고용되어 있다면, 법으로 '중증장애인 대표(Schwerbehindertenvertretung)'를 선출하도록 규정하고 있다. 이 대표단은 사업장 내에서 중증장애인의 이해를 대변하고, 편의를 촉진시키는 역할을 맡게 된다(Bethmann et al., 1999: 189-190).

(7) 통합전문서비스

중증장애인 일반고용과 관련하여 또 다른 중요한 사회제도로서 '통합전문서비스(Integrationsfachdienste)'라는 것이 있다. 이 서비스의 담당 주체인 '통합전문가(Integrationsberater)'들은 특별히 심각한 중증장애인의 고용, 노동수행, 취업안정을 돕는다. 통합전문가들은 도움이 필요한 중증장애인을 상담하고, 그에게 적합한 일자리를 찾아 주며, 중증장애인을 고용한 사업주의 애로사항을 들어 주는 상담자로서의 역할 등을 수행한다(Bundesministerium für Gesundheit und Soziale Sicherung, 2003: 58, 163). 2001년 시작된 이러한 통합전문서비스는 매년 6,000명 이상의 중증장애인을 일반노동시장에 진출시키는 성과를 보여 주고 있다(최낙관, 2008: 400).

3) 독일 중증장애인 일반고용정책의 전달체계와 재정 방식

독일의 각 주에는 주정부 산하에 통합사무소(Integrationsamt)라는 곳이 있다. 이 통합사무소는 오직 중증장애인 고용 관련 업무만을 담당하는 곳으로, 그 구체적 업무로는 부담금 징수, 근로에 수반하는 지원, 해고로부터의 보호 등이 있다. 통합사무소의 이러한 사업수행을 위해 부담금 총액의 55%가 통합사무소로 배당된다. 2003년에 걷힌 부담금 5억 2,600만 유로 중 2억 8,900유로가 2004년에 통합사무소로 배당되었다. 그리고 이자 등 기타 다른 수입을 포함하여 총 3억 7,100유로의 예산을 가지고 통합사무소는 중증장애인 고용지원사업을 수행하였다(BIH, 2005: 15, 17).

부담금 총액 중 나머지 45%는 연방정부 산하 보건복지부에서 관리하는 '조정기금(Ausgleichsfonds)'으로 유입되고, 그중에 절반 이상이 다시 연방정부 산하 노동청(Bundesagentur für Arbeit)으로 이전된다. 각 지방에 노동사무소(Arbeitsagentur)를 두고 있는 노동청은 독일의 고용 및 실업과 관련한 모든 업무를 담당하는 곳이다. 중증장애인 고용과 관련해서는 기업체의 의무고용이행을 감독하고, 중증장애인 취업촉진 및 직업알선의 임무를 지니는데, 이 임무에 '취업보조금'이라는 중증장애인에 대한 '임금보조'가 포함된다. 2004년에 부담금에서 '조정기금'으로 유입된 자금은 총 2억 2,000유로였고, 이 중 절반이 노동청으로 이전되었다. 노동청 전체 수입에서 이러한 부담금의 비중은 0.4%를 차지하였다. 여기서 중요한 점 하나는 중증장애인 고용촉진을 위해 부담금이 노동청으로 들어가지만, 이 목적만을 위해 부담금을 다른 수입과 별도로 관리하지는 않는다는 것이다. 즉, 부담금은 유입 후 노동청의 다른 모든 수입과 합쳐지게 된다(Bundesagentur für Arbeit, 2005a). 노동청의 주 수입원은 실업급여를 위한 실업보험료로서 전체 수입의 94%를 차지하였다(Bundesagentur für Arbeit, 2005a).[11)]

이제까지 살펴본 것처럼 중증장애인을 위한 일반고용제도 관련 주무처는 중앙정부의 노동청과 주정부의 통합사무소다. 그러나 '임금보조' 중 '특별한 고려가 필요한 중증장애인을 위한 취업보조금'의 경우, 그리고 '근로지원' 중 '직장에 출퇴근을 위한 지원'과 '장애에 적합한 집 마련을 위한 지원' 그리고 '노동력의 유지를 위한 지원' 등은 기타 다른 사회보장

11) 앞에서 말한 55 대 45의 부담금 분배는 단순히 숫자적 의미만을 지니고 있는 것이 아니다. 연방주의 원칙에 근거하여 지방정부의 독립성을 중요시하는 독일에서, 연방정부와 지방정부가 어떻게 중증장애인 고용을 책임질 것인가라는 오랜 논의 끝에 설정된 비율이다. 그리고 이러한 분배 비율은 최근에 변화를 겪었는데, 2005년부터 징수되는 부담금 중 70%가 통합사무소에 머물게 되고, 나머지 30%가 조정기금에 유입되며, 이 30%의 액수를 100으로 보았을 때 그중 26%가 노동청으로 이전되었다(BIH, 2005: 15).

담당기관이 지불할 수 있다.

어떤 경우에 노동청과 통합사무소가 담당하고 (물론 이 두 기관이 많은 경우를 담당하지만) 어떤 경우에 다른 사회보장 담당기관이 지원하는지는, 이들 기관 자체의 복잡성으로 인해 이 자리에서 체계적 개괄이 불가능하다. 다만 참여하고 있는 공공기관들만을 거론해 본다면 다음과 같다. 서두에서 설명한 것처럼 독일의 장애인복지는 '의료재활' '근로에 참여' 그리고 '사회생활에 참여'로 나누어진다. 그리고 이 사업들 전체 또는 일부를 담당하는 기관들은, 연방정부의 노동청과 주정부 산하 통합사무소 이외에도 의료보험조합, 연금보험조합, 산재보험조합, 전쟁상해자 담당기관, 청소년복지 담당기관, 사회부조 담당기관으로 구성되어 있다. 그리고 이들 기관도 보수주의 복지체제의 특징으로 지적되었던 것처럼 또다시 여러 조합으로 분산된다. 의료보험조합만 하더라도 지역 의보조합들, 직장 의보조합들, 동업단체 의보조합들, 농민 의보조합, 생산직과 사무직 노동자 의보조합들, 선원 의보조합, 광업노동자 의보조합으로 나누어진다. 한편 연금보험조합은 주(州) 연금보험조합들, 광업노동자 연금조합, 연방철도 연금조합, 선원 연금조합이 있고, 사무직 노동자를 위해 사무직 노동자 연금조합 그리고 농민을 위해 농민 연금조합이 따로 존재한다. 산재보험 또한 산업 직업조합들, 농업 직업조합들 그리고 공공 산재조합들로 구성되어 있고, 전쟁상해자 관련 업무는 위에서 한 번 언급한 장애 정도를 판단해 주는 원호청과 부조사무소가 담당하고 있는데, 이들은 모두 주정부와 기초지자체 소관이다. 마지막으로 청소년복지 담당기관과 사회부조 담당기관의 실무 책임자는 기초지자체들이다. 이처럼 장애인복지 관련 사회보장기관들이 어지럽게 산재해 있는 데다가, 더불어 대부분의 기관들이 장애인 업무만을 전담하여 보는 것이 아니라, 자신 고유의 여러 가지 임무 중에 장애인복지 업무가 한가지로 부속되어 있다는 점에서 독일 시스템의 복잡성은 더욱 증폭된다.

이러한 복잡한 상황으로 인해, 장애인복지혜택을 받기 위해 장애인이 자신에게 법적으로 적합한 기관을 혼자 힘으로 찾아간다는 것은 매우 힘든 일이다. 따라서 위에서 말한 기관들 이외에 각 지방에 중립적인 '공동 서비스 사무소(Gemeinsame Servicestellen)'라는 것을 별도로 두어 해당 장애인이 어디로 갈지 상담 및 알선 업무를 담당하도록 하였다.[12)]

다시 중증장애인에 대한 고용지원으로 돌아가 한 가지 예만 들어 보자. 만일 20년 정도 정규 사무직 노동자로 근무하던 어떤 사람이 불의의 사고로 장애인이 되어 휠체어를 타게 되었고, 따라서 기존에 다니던 직장에 출퇴근이 불편하게 된 경우에는, 사무실까지 가는 직장 내 통로 개조 비용과 장애에 적합한 자가용 개조 비용을 통합 사무소가 내주는 것이 아니라, 사무직 노동자 연금보험조합에서 그 비용을 전담하게 된다.

한편 '통합전문서비스'를 수행하는 '통합전문가'들은 노동청, 통합사무소 또는 재활기관들로부터 위임을 받아 특별히 심각한 중증장애인의 고용, 노동수행, 취업안정을 돕고 있다.

5. 독일 중증장애인 고용정책이 한국에 주는 시사점

지금까지 살펴본 것처럼 독일의 일반고용정책은 크게 의무고용제도, 임금보조, 근로에 수반하는 지원, 해고로부터 보호, 추가유급휴가, 사업장 내 중증장애인 대표단, 통합전문서비스로 구성된다. 이에 반해 한국의 장애인 일반고용정책은 크게 의무고용제도, 고용장려금, 근로에 수반하는 지원으로 구성되어 있고, 이러한 정책들은 독일과 달리 장애인 전반을 그 대상으

---

12) 이상의 설명과 관련하여 더 자세한 내용은 Bundesministerium für Gesundheit und Soziale Sicherung(2005: 12-14) 참조.

로 하고 있다. 중증장애인을 좀 더 배려하는 조치들이 제도의 이곳저곳에서 발견되기는 하지만 한국의 중증장애인 고용 현실에 대한 분석에서 나타난 것처럼 독일에 비하면 매우 부족한 상황이라 할 수 있을 것이다. 따라서 선진적인 독일의 중증장애인 일반고용정책을 근간으로 하여 중증장애인의 취업기회 증진과 근로조건 향상을 위해 한국의 제도가 어떻게 변화하면 좋을지에 대해 상세히 논의해 보면 다음과 같다.

첫째, 의무고용률의 상승과 적용사업장의 확대가 필요하다. 독일의 고용의무인원은 중증장애인 생산가능인구의 30.1%를 포괄하는 수치였고, 이는 중증장애인 경제활동참가율 34.6%에 육박하는 수치였다. 이에 반해 한국의 고용의무인원은 장애인 생산가능인구의 9.5%만을 포괄함으로써, 장애인 경제활동참가율 51.1%에 턱없이 모자라는 수준이었다. 한국은 2009년도에 공공사업장의 의무고용률이 3%로 상향 조정되는 긍정적인 발전이 있었지만, 민간사업장은 여전히 의무고용률 2%에 머물고 있다. 이 2%는 독일의 의무고용율 5%에 비해 매우 낮은 수치이고, 〈부록 도표 8-2〉에서 제시된 장애인 의무고용제도를 도입한 유럽 12개국의 평균 의무고용률인 3.85% 비해서도 상당히 모자란 수준이다. 그리고 한국의 의무고용 적용기업체로서 상시 근로자 50인 이상 기준도 독일처럼 20인 이상으로 확대하여야만 장애인 경제활동참가율인 51.1%에 상응하는 고용의무인원 비율을 확보할 수 있을 것이다.

두 번째로 중증장애인만을 대상으로 한 고용확대 방안이 강화되어야 한다. 이 연구의 분석 대상인 독일뿐 아니라 〈부록 도표 8-2〉에서 보는 것처럼 프랑스, 아일랜드, 이탈리아, 오스트리아, 폴란드 같은 국가들도 중증장애인만을 위한 의무고용제도를 운영하고 있다. 하지만 한국의 경증장애인들의 고용 실태 또한 여전히 열악한 상황에서 중증장애인만을 위한 의무고용제도를 한국에서 운영하는 것은 무리라는 생각이 든다. 따라서 전체 장애인을 대상으로 한 기존 의무고용제도는 그대로 운영하되, 단 중증장애인 취업기회의 향상을 위해 중증장애인만을 위한 '쿼터제' 도입도 한 가지 방안이 될 수 있다. 실제로 체코의 경우는 5%의 의무고용률 중 아주 심각한 중증장애인에게 0.5%가 배당되는 제도를 운영하고 있다(Bundesministeruim für Arbeit und Soziales, 2006: 217). 또한 특정 일자리를 중증장애인에게만 배당하는 제도도 생각해 볼 수 있다. 예를 들어, 주차장이나 승강기에서 일하는 서비스 일자리가 새롭게 생기면 그 자리를 중증장애인에게 우선적으로 돌아가도록 하는 것이다. 이보다는 좀 더 소극적인 방안이지만 '복수산정제도' 도입 또한 고려해 볼 수 있다. 독일은 중증장애인을 고용하였을 경우 2명 혹은 3명의 장애인을 고용한 것으로 간주해 주는 복수산정제도를 운영하고 있다. 한국에서도 최근에 정부에서 이 제도가 논의된 바 있지만 현실화되지는 못했다. 전영환과 박창수(2008: 67)는 한국에 복수산정제도가 도입된다면 중증장애인의 고용 증진에 기여할 수 있을 것이라는 연구결과를 보여 주었다.

세 번째로 부담금의 차등적 적용을 제안해 볼 수 있다. 독일은 2000년까지 의무고용률에 미달된 일자리당 월 200마르크의 부담금을 획일적으로 부과하고 있었다. 1990년대 말 중증장애인의 실업률이 증대하면서 고용증대를 위해 의무고용제도와 관련하여 여러 가지 개혁을 도입했는데, 그중 하나가 부담금 액수를 상승시키는 것이었고, 이와 더불어 더 많은 장애인을 고용하면 할수록 더욱 적은 부담액이 적용되도록 차등적 시스템을 도입하였다. 한국도 이러한 부담금의 차등제를 도입한다면 기업의 장애인고용률에 따른 차등시스템과 더불어 경증과 중증장애인 고용률에 따라 서로 다른 부담금을 부과하는 '이중차등제도'가 운영될 수 있을 것이다.

네 번째 제안은 임금보조제도의 도입이다. 한국은 현재 고용장려금제도가 운영되고 있다. 의무고용사업체가 의무고용률을 초과해서 장애인을 고용하는 경우에 고용인에게 고용장려금을 지급하고 있다. 그리고 이 고용장려금은 장애 정도에 따라 3등급으로 나누어져 있지만, 장애인 노동자의 임금과는 무관하게 일률적으로 책정되어 있는 문제가 있다. 독일은 장애인 노동자의 생산성이 비장애인 노동자의 생산성보다 떨어지는 경우 국가가 최대 8년간 임금보조를 하고 있다. 보조금의 액수도 임금에 비례하여 최대 70%에 이르며, 의무고용률 초과와 상관없이 고용된 장애인 노동자를 대상으로 이 정책을 운영하고 있다. 따라서 한국도 비장애인에 비해 생산성이 현격히 떨어진다고 간주되는 중증장애인을 대상으로 정부가 직접 임금보조를 한다면 중증장애인의 고용기회는 상당히 향상될 것이다. 이와 더불어 중증장애인 고용 시에 법인세 감면과 같은 고용인 지원 방안의 확대도 임금보조제도 도입과 함께 생각해 볼 수 있을 것이다.

다섯 번째로 장애인을 위한 일반고용정책 재원에 대한 국고보조가 필요하다. 한국은 2000년대 중반 장애인고용촉진기금 고갈이 심각한 상태에 이르자 그 원인을 과도한 고용장려금 지급에서 찾았다(심진예, 김정아, 김용탁, 남용현, 박자경, 이국주, 2006: 97). 그리고 이어서 고용장려금을 축소하는 여러 가지 방안이 도입되었다. 장애인고용촉진기금의 주요 재원은 부담금이고, 이 기금은 장애인고용촉진공단의 운영비나 인건비와 같은 행정비용을 위해서도 사용된다. 이 기금에 국가는 직접적으로 기여하는 것이 없다. 이에 반해 독일에서 부담금은 오로지 장애인의 근로생활을 위해 수반되는 지원을 포함하여 중증장애인의 근로활동에 대한 참여를 촉진하기 위해서 사용된다(최낙관, 2008: 397). 또한 이러한 중증장애인을 위한 일반고용정책에 노동청과 사회보장기구들 또한 참여함으로써 의무고용제도를 위한 재정의 폭이 확대된다. 더불어 장애인을 위한 일반고용정책의 행정비용은 기본적으로 주정부나 연방정부가 담당하도록 되어 있다(최낙관, 2008: 397). 〈부록 도표 8-1〉에서 보는 것처럼 장애인 정책을 위한 한국의 국가지출은 GDP 대비 0.29%인 것으로 보고되었다. 이는 독일의 3.08%에 비해 형편없이 낮은 수치일 뿐 아니라, 한국이 OECD 국가들 중에서 최하위에 머물고 있다. 따라서 한국도 장애인을 위한 일반고용정책을 부담금 수입만으로만 재정할 것이 아니라, 독일처럼 일반회계 및 사회보험을 통해서도 재정하는 방안을 연구해 봐야 할 것이다. 이렇게 될 때에만 장애인을 위한 복지정책의 재원이 복지선진국 수준으로 확대될 수 있을 뿐 아니라 기금수지에 따라 장애인 고용촉진사업의 안정적 운영이 위협받는 일이 없어질 것이다.

여섯 번째로 취업 장애인들의 고용안정을 위해 독일처럼 '해고신고제도'를 도입하는 방안을 모색해 볼 필요가 있다. 독일뿐 아니라 〈부록 도표 8-2〉에서 볼 수 있는 것처럼 유럽 12개국 중 무려 10개국이 장애인을 해고로부터 보호하는 법조문 또는 제도적 장치를 운영하고 있다. 우리나라의 경우에는 장애인 해고보호에 대한 규정이 없으며 해고에 대한 문제가 발생한 경우 노동법 규정에 따라 부당해고제도를 통해 해결하고 있다. 이러한 한국의 현실은 많은 시간과 비용을 소모하게 할 뿐 아니라, 상대적으로 장애인 노동자에게 불리하게 작용하고 있다(최낙관, 2008: 401).

일곱 번째로 장애인에게 직접 제공되는 근로생활에 수반되는 지원을 확장할 필요가 있다. 한국에서 장애인이 고용되었을 때 고용인이 아닌 장애인에게 직접 주어지는 지원은 '자동차 구입자금 융자'와 '직업생활안정자금 융자' 밖에 없다. 하지만 독일에서는 장애인 노동자에게 직접 제공되는 지원이 다양하며, 특히 중증장애인이 직장에서 노동을 할 때 필요한 서기, 앉기, 잡기, 보기, 듣기 등을 위해 필요한 작업장비들이 장애인 노동자에게 직접 지원된다. 한국도 이와 같은 장애인 노동자에게 직접 제공되는 지원을 확장시킨다면, 장애인 노동자의 노동시장 이동성을 증진시킬 수 있을 것이다.

끝으로 독일의 교훈에서처럼 '통합전문서비스'를 도입하여 장애인의 취업기회를 향상시키는 방안, 장애인 노동자의 권익보호를 위한 기업 내 '장애인 대표' 구성을 법적으로 보장하는 방안, 그리고 중증장애인의 육체적 한계를 고려한 '추가유급휴가제도' 등의 도입을 고려해 볼 수 있다.

이상에서 제시한 여덟 가지 안은 오늘날 한국의 경제적 · 사회적 상황에 맞추어 더 구체화되고, 수정 · 보완되어야 할 것이다. 하지만 여기서 분명한 것 하나는 중증장애인들의 열악한 고용 상황을 고려해 볼 때 중증장애인을 위한 고용보장 방안이 다른 무엇보다도 신속히 도입되어야 한다는 점이다.

6. 사회적 배제에서 사회참여로-장애인 노동권의 확보

이 글에서는 먼저 한국과 독일의 중증장애인 고용현황에 대해 자세히 비교 · 분석하였고, 노동시장에서 장애인이 차별받는 이유를 설명하는 세 가지 이론 또한 살펴보았다. 그리고 한국보다 상당히 양호한 독일의 중증장애인을 위한 일반고용정책에 대해 총체적으로 살펴보았고, 이를 토대로 한국 중증장애인의 취업기회 증진과 근로조건 향상을 위한 제도 개선 방안을 고민해 보았다.

노동은 인간의 기본적인 권리다. 하지만 장애인의 경우는 개인적인 능력과 상관없이 장애인이라는 이유 하나만으로 노동시장에서 배제되는 경우가 발생하고, 특히 중증장애인의 사회적 배제 현상은 더 두드러진다. 따라서 중증장애인을 위한 다양한 고용조치가 절실히 요구되며, 이는 고립된 보호고용보다는 비장애인과 어깨를 나란히 견줄 수 있는 일반고용제도의 발전이 절실히 필요하다.

더욱 열악한 처지에 있는 중증장애인을 중심으로 한 장애인의 노동권 확보 노력은 인간의 기본적인 권리 쟁취를 넘어 장애인이 진정한 사회참여로 나아가는 초석이 될 것이다.

〈부록 도표 8-1〉 OECD 국가들의 장애인정책 관련 정부지출

국가	GDP 대비	사회지출 대비
오스트레일리아	1.44	8
오스트리아	2.92	11
벨기에	1.72	7
캐나다	1.28	7
덴마크	3.80	13
프랑스	1.67	6
독일	3.08	11
이탈리아	1.83	7
한국	0.29	5
멕시코	0.29	3
네덜란드	4.64	19
노르웨이	5.58	21
폴란드	4.60	20
포르투갈	1.53	8
스페인	2.28	12
스웨덴	4.66	15
스위스	2.40	8
터키	1.46	13
영국	1.54	6
미국	1.40	10
OECD 평균	2.42	–

기준: 1999년

출처: OECD(2003) 재구성.

〈부록 도표 8-2〉 장애인 의무고용제도를 지닌 유럽 국가들의 현황

국가	해당 기업	적용 대상	의무고용률	법적고용보호
독일	20인 이상 민간 · 공공기업	중증장애인	5%	○
프랑스	20인 이상 민간 · 공공기업	중증장애인	6%	–
영국	20인 이상 민간 · 공공기업	등록 장애인	3%	○
아일랜드	공공기업	등록 중증장애인	3%	–
이탈리아	50인 이상 민간기업*	최소 40%의 생업능력을 상실한 장애인	2%	○
오스트리아	25인 이상 민간 · 공공기업	최소 50%의 생업능력을 상실한 장애인	4%	○
스페인	50인 이상 민간 · 공공기업	등록 장애인	2%	○
리투아니아	50인 이상 민간 · 공공기업	장애인	2%–5%	○
몰타	20인 이상 기업	등록 장애인	2 %	○
폴란드	25인 이상 민간 · 공공기업	중증장애인	6%	○
슬로바키아	20인 이상 민간 · 공공기업	장애 근로자	3.2%	○
체코	20인 이상 민간 · 공공기업	장애인	5%	○
헝가리	20인 이상 민간기업*	장애인	5%	○

* 도표의 내용은 독일 노동사회부가 직접 각국에 요청한 정보를 토대로 만들어진 것이다.
이탈리아와 헝가리는 독일 노동사회부에 납변을 줄 때 공공기업에 내한 정보를 누락시켰다.
기준: 2005년

출처: Bundesministeruim fur Arbeit und Soziales(2006: 216-231) 재구성.

참 고 문 헌

권선진(2009). 장애인복지론(2판). 서울: 청목출판사.

남용현(2003). 최근 독일의 중증장애인 고용동향과 시사점-최근 3년을 중심으로. 장애인 고용, 48 여름, 44-78.

심진예, 김경아, 김용탁, 남용현, 박자경, 이국주(2006). 장애인 고용정책 국제비교 연구. 서울: 한국장애인고용촉진공단고용개발원.

전영환, 박창수(2008). 중증장애인 가산제도가 장애인 고용에 미치는 영향 분석. 서울: 한국장애인고용촉진공단고용개발원.

최종철, 홍자영, 진홍섭, 이효성, 현정훈(2006). 중증장애인 고용정책 연구. 서울: 한국장애인고용촉진공단고용개발원.

최낙관(2008). 독일의 중증장애인 고용정책: 그 의미와 시사점-사회법전 제9권을 중심으로. 한국자치행정학보, 22(2) 겨울, 381-402.

Baek, I. R., & Park, S. (2010). Implications of the German employment policy for the disabled in Korea-focusing on the general employment policy for the severely disabled. *Korean Journal of Social Welfare Research*. Vol. 23, 1-29.

Bethmann, H., Felds, W., Schmidt G., & Schmidt, J. (1999). *Die Praxis der Schwerbehindertenvertretung von A bis Z*, 2. Aufl. Bund-Verlag.

BIH(Bundesarbeitsgemeinschaft der Integrationsamter und Hauptfürsorgestellen). (2005). *Jahresbericht 2004/2005-Hilfen fur schwerbehinderte Menschen im Beruf*. Universum Verlag.

Bundesanstalt für Arbeit. (2004). Informationen zum Eingliederungszuschuss. http://www.arbeitsamt.de.

Bundesagentur für Arbeit. (2005a). *Detailierte Informationen-Behinderte Menschen in beruflicher Eingliederung*. http://www.pub.arbeitsamt.de/hst/services/statistik/detail_2004/n.html.

Bundesagentur für Arbeit. (2005b). *Detailierte Informationen-Eingliederung von behinderten Menschen*. http://www.pub.arbeitsamt.de/hst/services/

statistik/detail/n.html.

Bundesagentur für Arbeit. (2005c). *Arbeitsmarkt 2004-Amtliche Nachrichten der Bundesagentur fur Arbeit*. Nurnberg: Bundesagentur fur Arbeit.

Bundesagentur für Arbeit. (2007). *Arbeitsmarkt 2006-Amtliche Nachrichten der Bundesagentur für Arbeit*. Nurnberg: Bundesagentur fur Arbeit.

Bundesministeruim für Arbeit und Soziales. (2006). *Social-Kompass EUROPA-Soziale Sicherheit in Europa im Vergleich*. Bonn: Bundesministeruim für Arbeit und Soziales.

Bundesministerium für Gesundheit und Soziale Sicherung. (2003). *SGB IX-Rehabilitation und Teilhabe behinderter Menschen Inklusive Fragen und Antworten zur Praxis*. Bonn: Bundesministerium für Gesundheit und Soziale Sicherung.

Bundesministerium für Gesundheit und Soziale Sicherung. (2005). *Ratgeber fur behinderte Menschen*. Bonn: Bundesministerium für Gesundheit und Soziale Sicherung.

Cloerkers, G. (2001). *Soziologie der Behinderten*, 2. Aufl. Edition S.

Neumann, D., & Pahlen, R. (1999). *Schwerbehindertengesetz-Gesetz zur Sicherung der Eingliederung Schwerbehinderter in Arbeit, Beruf*, und Gesellschaft. 9. Aufl. Munchen: C.H.Beck'sche Verlagsbuchhandlung.

OECD. (2003). *Transforming Disability into Ability-selection of tables and charts*. http://www.oecd.org/dataoecd/42/41/35337855.xls.

Statistisches Bundesamt. (2005). *Statistisches Jahrbuch für die Bundesrepublik Deutschland 2003*. Wiesbaden: Statistisches Bundesamt.

Weyand, J., & Schubert, J. (2002). *Das neue Schwerbehindertenrecht*, 2. Aufl. Baden-Baden : Nomos-Verl.-Ges.

제 9 장

장애와 사회서비스

사회참여를 통한 장기요양서비스 수요자 관리체계의 공식화

박수지

학습 목표

1. 사회서비스의 개념과 공급체계를 이해한다.
2. 사회서비스 관리 및 감독과 관련하여 신공공관리와 개별화를 이해한다.
3. 독일의 요양서비스체계와 수요자 참여를 공식화하는 민·관 조직을 개괄한다.
4. 독일의 수요자 참여를 공식화하는 민·관 협력체계가 향후 한국의 요양서비스체계 구축에 줄 수 있는 함의를 논의한다.

1. 서 론

2009년 12월, 15년 동안 시설생활을 해 온 장애 청년이 시설을 나와 자립생활을 시작하면서 주거지원, 활동보조, 직업재활 등의 사회복지서비스에 대한 권리를 신청했다가 거부당한 일이 있었다. 이 사건은 한국의 사회복지서비스 공급이 개인의 욕구를 충분히 반영하지 못하고 있는 현실을 보여 주는 사례로, 이를 계기로 학계와 시민사회가 전달체계 강화와 서비스 권리화에 대한 노력을 본격적으로 전개하기 시작하였다. 사회복지서비스 신청권은 2003년 7월 「사회복지사업법」 전면 개정을 통해 제 33조의 2 이하에 명시되어 있다. 이 조항이 실효를 발휘하기 위해서는 무엇보다도 서비스 이용자와 이용자 가족의 요구 및 의견을 실질적으로 담아낼 수 있는 공식적인 통로가 지역사회 수준에서 구축되어 있을 필요가 있다. 법적인 권리가 유효하고 중앙 차원에서 지시된 다양한 서비스사업이 실시된다 하더라도, 서비스가 이용자의 시 · 공간을 고려한 현실적인 욕구를 담아내지 못한다면 서비스 이용자의 이용권이 현실적으로 구현되고 있다고 할 수 없기 때문이다. 이는 사업의 효과적인 설계와 효율적인 전달을 위해서도 반드시 고려되어야 할 부분일 것이다. 이런 의미에서 사회복지서비스 이용자의 요구와 의견을 담아낼 수 있는 통로, 즉 이용자의 참여를 확대하기 위한 공식적인 통로가 실현될 필요가 있다.

한국 정부는 노인 대상 요양서비스를 노인장기요양보험을 통해 2008년 제도화한 가운데 장애인을 대상으로 하는 장기요양제도 도입을 위한 준비 또한 진행하였다. 노인장기요양제도가 시행될 당시 노인과 마찬가지로 장기요양이 필요한 장애인도 포함되어야 한다는 의견이 있었지만, 65세 미만을 포함할 때 예상되는 재정 부담과 인프라 미비 등의 사유로 급여 대상에서 제외되었다. 2011년 10월부터 장애인을 위한 장기요양제도는 기존의 장애인활동보조사업을 확대하여 장애인활동지원제도로 새롭게 전환되었다. 자립생활과 사회활동 참여에의 욕구가 강한 장애인의 특성을 고려한 정책적 고민의 결과라고 할 수 있다.

이러한 장애인활동지원사업은 장애인의 욕구에 적절한 자립지원에 중점을 둔 서비스를 장애유형별 욕구와 특성에 맞게 제공함으로써 장애인의 동등한 사회구성원으로서의 생활을 지원할 수 있도록 설계되어야 할 것이다. 이와 관련하여 사업 주체인 보건복지부와 지자체, 그리고 사업의 관리운영을 위탁받는 국민연금공단은 장애인활동지원서비스체계를 지역사회에 구축해야 하는 현실적인 과제에 당면하게 될 것이다. 제도화 단계에서 있었던 장애인 이익집단과의 조율 차원이 아닌, 지역사회서비스와 연계된 개별 이용자 및 이용자 가족, 서비스 공급을 둘러싼 다양한 이익관계자들과의 유기적인 협력을 형성해 갈 필요가 있다는 것이다. 이미 노인장기요양보험의 실행과정에서 지역사회 수준의 서로 상이한 의견을 조율하고 적절히 반영하여 궁극적으로 요양서비스의 효과적 · 효율적 전달을 도모하기 위해 지역사회협의체 구축 및 활성화가 추진되고 있다. 장애인 서비스 이용자의 자립생활 및 사회활동 참여로의 욕구가 매우 큰 상황에서 이에 부응하는 활동지원사업의 서비스 공급 및 관리에 대한 요구는 더 클 것으로 예상된다.

이런 의미에서 활동지원서비스(수발서비스)를 중심으로 주요 선진국의 사회서비스 개념 및 공급체계를 알아보고, 기존의 사회서비스 공급 방식이 '신공공관리' 전략과 '참여를 통한 개별화' 전략에 의해 개혁되고 있는 방향에 대해 고찰해 보고자 한다. 그리고 한국의 경우와 유사하게 보험공단이 수발서비스 제공 및 관리에 개입하고 있는 독일의 사례를 통해, 중앙으로부터 지역사회 수준까지 연계되어 있는 활동지원서비스(수발서비스) 지원체계의 구축 가능성에 대해 고찰해 보고자 한다. 그리고 이러한 활동지원서비스(수발서비스) 지원체계를 가능하게 하고, 지역사회 수준의 민·관 협력구조를 살펴보고자 한다. 이를 통해 궁극적으로 서비스 이용자의 권익을 대변하고 사회참여의 폭을 넓힐 수 있는 한국의 장애인을 위한 장기요양서비스체계 구축에 대해 논의해 보고자 한다.

2. 사회서비스 개념 및 사회서비스 공급체계[1)]

1) 사회서비스 개념화를 위한 고찰

복지국가에서 소득보장과 사회서비스는 서로 상이한 발전 과정을 통해 제도화되었다고 할 수 있다.

지금의 사회서비스에 해당하는 대인서비스는 주로 '가족'을 통해 공급되던 복지생산물로 유럽 사회에서 이런 가족의 역할은 경우에 따라 지역사회의 교회나 성당의 지원을 통해 보완되었다. 1789년 프랑스혁명 이후 유럽 사회에서 종교조직의 정치경제적 입지가 약해지면서, 사회서비스 분야에 보다 다양한 지역사회조직과 공공부문이 개입하기 시작한다. 1900년대 초반까지 지역사회서비스는 주로 부조제도 맥락에서 빈민을 대상으로 하여 제공되었다. 이러한 초기의 형태는 1900년대를 거치면서 영역별로 분화되어 각각의 분야별로 서로 상이한 제도화 과정을 겪게 된다. 이 발전과정에서 나라별로 혹은 각각의 영역별로 일반화된 역사나 통일된 전달기구를 찾기는 매우 힘들다. 단지 유럽 사회에서 빈민구세책이나 노인입소시설과 관련된 사회서비스는 19세기 말 국가의 소득보장이 본격화되기 훨씬 이

1) 이 부분의 사회서비스 개념 및 공급체계에 대한 개괄은 박수지가 집필한 「복지국가의 사회서비스 제도화 및 재구조화에 대한 고찰」의 '2. 1) 사회서비스의 발전논리와 개념' 그리고 '3. 독일 사회서비스 체계 제도화 및 재구조화 경향성'의 일부를 인용한 것이다.

전부터, 청소년이나 아동을 대상으로 하는 사회서비스는 1960년대 이후부터, 노인수발서비스나 장애인지원서비스는 비교적 최근에 제도화된 영역이라고만 언급할 수 있을 뿐이다.

한편 '시장'은 유럽 복지국가의 사회서비스 제도화 과정에서 그다지 주목할 만한 역할을 수행하지 못했다. 시장은 주로 개개인의 소득 근원지로 작동했을 뿐이고, 그렇다 보니 그 역할은 사회서비스 영역보다는 국가의 소득보장제도와 관련이 깊다. 19세기 말부터 유럽 복지국가는 시장에서 개인의 소득 손실을 야기할 수 있는 사회적 위험에 개입하고자 사회보험으로 대표되는 소득보장제도를 발전시키기 시작하였다.

사회서비스와 관련하여 '국가'의 역할 또한 1900년대 초반까지 상당히 제한적이었다. 당시 국가는 사회서비스를 비영리 민간기관이 수행하는 지역사회사업으로 간주하고 지방 정부를 통해 단순히 위임하거나 제한적으로 개입하였을 뿐이다. 그러나 1900년대 중반에 들어서면서 공공부문은 본격적으로 사회서비스 공급 및 생산체계에 개입하기 시작한다(Bahle, 2007: 33). 즉, 사회서비스의 공급 및 생산과 관련된 다양한 행위자들의 관계에 개입하기 시작하였다. 특히 이와 관련된 논의는 1980년대 복지국가 위기담론 이후 국가의 역할분담 논의, 즉 공공부문과 민간부문의 복지혼합 연구를 통해 급속도로 증가하였다.

사회서비스와 관련된 '가족' '시장' '국가'의 역할을 고려할 때 우선 사회서비스제도가 소득보장제도의 형성 과정과는 전혀 다른 논리 속에 발전하였음을 알 수 있다(Bahle, 2007: 19). 첫째, 사회서비스제도는 '가족'의 역할을 보완하는 데서 출발한 반면 사회보장제도는 '시장'의 역할을 보완하는 데서 출발했다. 둘째, 사회서비스제도는 지역사회 구성원의 '삶을 지원'하기 위해 시작된 반면, 소득보장제도는 시장 임노동자의 소득손실에 대한 '사회보장'으로 발전하기 시작하였다. 셋째, 사회서비스는 복지국가 이외에 다양한 지역사회조직과의 관계 속에서 발전한 반면, 사회보장은 국

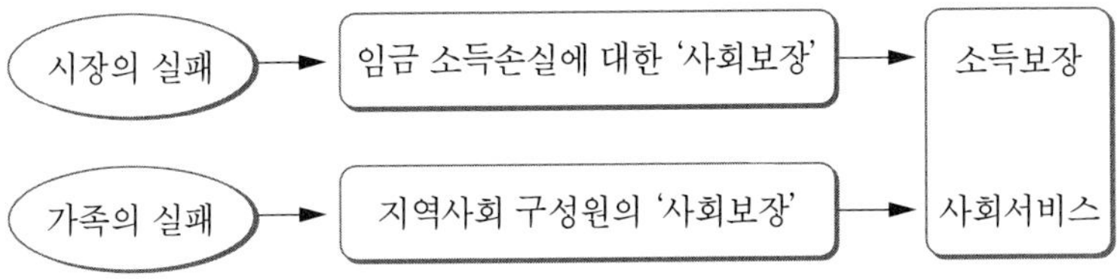

[그림 9-1] 사회보장제도의 두 축인 소득보장과 사회서비스의 발전 논리

가의 주도적 활동을 통해 발전하였다. 결국 이런 특성으로 인해 사회서비스와 관련된 기구는 그 통합성이 낮고 이를 통합적으로 주관하는 중앙집권 기관이 거의 발달하지 않았으며 그 결과 소득보장에 비해 상대적으로 오랜 제도화 과정을 필요로 하였다. 이런 상이한 맥락 속에서 발전한 소득보장제도와 사회서비스제도는 현재 사회보장제도의 주요 영역으로 공존하고 있다.

그렇다면 이렇듯 소득보장과 상이한 논리로 발전한 사회서비스를 어떻게 개념화할 수 있을까. 사회서비스는 모호하고 복잡한 개념이다. 특히 사회서비스를 이미 제시된 보건, 케어, 상담 등의 기능적 분류에 의해 소극적으로 개념화하고자 할 때 그 모호함과 복잡성은 가중된다.[2)] 사회서비스는 상대적으로 긴 시간 동안 다양한 주체와의 관계 속에서 제도화된 영역이기 때문에 어느 특정 시점, 특정 지역에서의 기능적 분류를 통해 개념화하기보다는 그 발전 과정에서 관찰되는 뚜렷한 사회적 요소들을 통해 개념화하는 것이 보다 쉬운 방법일 것이다. Bahle는 사회서비스 발전 과정에서 나

---

2) 사회서비스를 기능적 분류에 의해 정의하고자 하는 시도가 대부분인데, 그 예로 한국의 「사회복지사업법」은 사회복지서비스를 "국가와 지방자치단체 및 민간부문의 도움을 필요로 하는 모든 국민에게 상담, 재활, 직업소개 및 지도, 사회복지시설 이용 등을 제공하여 정상적인 사회생활이 가능하도록 제도적으로 지원하는 것"으로 규정하고 있으며(제2조 제4호), 「사회적 기업육성법」은 사회서비스를 "교육, 보건, 사회복지, 환경 및 문화 분야의 서비스, 그 밖에 이에 준하는 서비스로서, 대통령령이 정하는 분야의 서비스(보육서비스, 예술, 관광 및 운동 서비스, 산림 보전 및 관리서비스, 간병 및 가사지원서비스)를 의미한다"고 규정하고 있다(제2조 제3호 및 제3조).

타난 중요한 사회적 요소로 다음의 세 가지를 들고 있다(Bahle, 2007: 34-36). 첫째, 사회서비스는 가족구성원 간의 서비스를 출발점으로 제도화된 '대인서비스'다. 즉, 인간과 인간이 직접 만나 시 · 공간을 공유하며 제공하는 서비스다. 이런 의미에서, 예를 들어 한국교육방송(EBS)을 통해 제공되는 교육 프로그램 혹은 공중파를 통해 전달되는 대국민 홍보 프로그램은 사회서비스에 포함되지 않는다. 둘째, 사회서비스는 서비스 생산자와 수요자 간의 관계가 제3자, 즉 공공부문의 개입으로 조절되는 특성을 갖는다. 예를 들어, 미용실의 대인서비스는 사회서비스가 아니다. 왜냐하면 서비스 생산자와 수요자의 관계가 제3자에 의해 조절되지 않는 개인적 · 일시적 관계이기 때문이다. 셋째, 사회서비스는 개별화된 사회적 목적을 지향한다. 앞에서 살펴봤듯이 소득보장이 개인의 소득손실에 대한 '사회보장'을 위해 발전한 반면, 사회서비스는 공동체 구성원의 '삶을 지원'하기 위해 발전하였다. 여기서 '삶의 지원'이란 개개인의 '삶의 영역'에서 각자의 '사회적 능력'을 최대한 발휘할 수 있도록 돕는 '개별화된 지원'을 의미한다. 이런 의미에서 사회구성원 전체를 대상으로 보편적인 인지력 향상을 목적으로 하는 의무교육이나 예방을 목적으로 하는 보건의료서비스는 사회서비스에 포함되지 않는다. 이런 공공서비스는 개인의 사회적 삶을 지원하기 위해 각각의 삶의 영역에서 개별화된 서비스가 아니기 때문이다.

이러한 세 가지 특성을 고려할 때 사회서비스는 '개개인이 속한 삶의 영역에서 각자의 사회적 기능을 지원하기 위해 공공부문에 의해 계획되고 공공 및 민간 부문을 통해 직접 제공되는 개별화된 대인서비스'로 정의할 수 있을 것이다.

2) 사회서비스의 공급체계

사회서비스의 공급 및 생산과 관련된 다양한 행위자들은 우선 사회서비

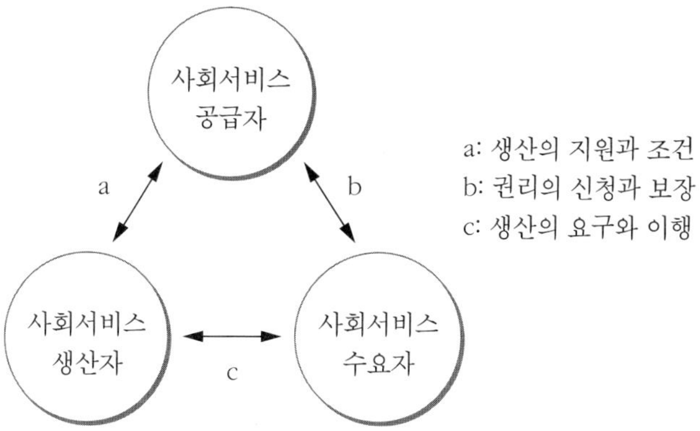

[그림 9-2] 사회서비스 공급자와 수요자의 관계

스 제공의 법적인 책임을 갖고 그 실행을 위해 서비스 내용과 대상자 조건 등을 구체화하는 '공급 주체'와 서비스를 생산하고 직접 수요자를 만나 이를 제공하는 '생산 주체'로 구분된다. 그리고 최종적으로 생산자를 선택하여 그 서비스를 소비하는 '수요 주체'를 들 수 있다. 이들의 관계를 통해 사회서비스가 공급 및 생산되는 유사 시장(quasi-market) 형태의 '사회시장(social market)'이 형성된다.

서비스 수요자 입장에서 '사회시장'이란 사회서비스가 교환되는 시장인데 여기서 '시장'이란 서비스의 생산과 수요가 존재한다는 의미일 뿐 보이지 않는 손이라는 자동조절기제까지 포괄하는 개념은 아니다. 일반시장에서 상품과 서비스의 교환관계, 특히 가격은 생산자와 수요자의 자율적인 상호작용에 의해 결정되지만 사회시장에서 사회서비스는 생산자와 수요자의 자율적인 상호작용이 아닌 '집단적 의사결정 과정'을 통해 결정된다. 여기서 집단적 의사결정이란 사회시장에서 공급자와 생산자, 공급자와 수요자, 그리고 생산자와 수요자 간의 다층적 의사결정을 의미한다. 사회시장은 그 '집단적 의사결정'의 과정 및 결과에 따라, 국가별, 지역별, 시기별로 상이하게 형성된다.

3. 사회서비스 공급의 관리 및 감독

1) 신공공관리

공공 행정의 비효율성이 지적되면서 90년대 이후 신(新)공공관리(new public management)에 대한 관심이 높아지고 있다. '기업으로서의 국가' '공공부문의 효율성 증진' '신조절기제' 등은 신공공관리 운동의 대표적인 모토다. 이는 '공공부문의 경제화'라는 포괄적인 개념으로 복지국가의 사회서비스 제도 형성 및 재편, 즉 서비스 공급자, 생산자, 수요자 사이의 관계에 변화를 주도하고 있다. Savas(2005: 4-5)는 정부의 신공공관리에서 나타나는 주요한 특징을 다음의 여섯 가지 요소로 설명하고 있다.

- 핵심 기능으로의 복귀
- 시민사회 지원
- 시장원리의 도입
- 중앙정부의 분권화
- 정부의 적정 규모화
- 전자정부 및 신기술 도입

(1) 핵심 기능으로의 복귀

지금까지 정부는 다양한 분야의 사업을 직접 소유해 운영해 왔다. 정부가 운영하는 조직은 도서관에서부터 국제기구까지 매우 다양하다. 이와 관련하여 신공공관리의 입장은 정부가 정부의 본래 목적과 관련하여 핵심적이지 않고 주변적 업무까지 수행하면서 과도한 책임을 수행해 왔다고 보고 있다. 그리고 그 결과가 비효율적인 재정운영과 만성적인 재정적자였다고 판단한다. 정부(govern)란 단어는 본래 조종 장치(steering)라는 그리스어로부터 출발했다. 정부라는 단어의 어원을 통해 정부의 핵심적인 역할이 '직접 운영이 아니라(not to row)', '조정(to steer)'이라는 점을 보여 주고 있다. 정부의 핵심적인 기능 이외의 업무는 정부가 아닌 민간에 맡기는 것이 보다 더 효율적, 효과적일 수 있다.

신공공관리에서 정부의 핵심적인 기능은 다음과 같이 정리할 수 있다.

첫째, 조직 간의 갈등을 줄이기 위해 규칙을 수립하는 것, 둘째, 공공서비스의 필요성을 명시하고 공급계획을 수립하는 것, 셋째, 시장을 통해 공급될 수 없는 공공서비스의 생산을 지원하는 것, 넷째, 외부비용의 관리, 다섯째, 독점의 규제다.

(2) 시민사회 지원

신공공관리에서 정부의 핵심적인 역할 이외의 업무를 수행하는 민간부문의 역할과 기능에 대한 논의가 진전되고 있다. 특히 민간부문으로서 시민사회조직은 전통적으로 정부 역할의 균형을 잡아 주는 견제조직으로 기능해 왔다. 현재 정부 행정의 한계와 관련하여 정부와 시민사회의 역할 및 책임에 대한 새로운 책임 설정이 필요하다고 할 수 있다.

시민사회는 가족, 지역사회, 비영리부문, 그리고 영리부문의 개인으로 조직되는 광활한 네트워크다. 이 네트워크에는 자발적인 시민조직으로서 신뢰를 바탕으로 한 다양한 민간조직이 존재한다. 동아리, 자선단체, 레저모임, 클럽 등의 민간조직은 시민사회의 인적자원을 기반으로 하고 있다. 이러한 시민사회의 인력은 정부 규제에서 벗어난 시상을 규제하고 복잡 다양해진 사회문제를 해결하기 위한 중요한 자원으로서 정부 관료보다 효율적 · 효과적 역할을 수행할 수 있다. 즉, 정부는 전문성을 지닌 관료에게 의존하는 클라이언트로서 시민을 간주하기보다 그들에게 지역사회의 일정 권한을 양도할 필요가 있는 것이다.

(3) 시장원리의 도입

공공부문의 비효율성을 극복하기 위해 정부는 공공관리에 시장원리를 도입하고자 하고 있다. 그 주요한 전략은 다음의 다섯 가지로 요약될 수 있다.

① 경쟁

과거 정부는 정부독점의 고질적인 문제인 부정부패를 근절하기 위해 노력해 왔다. 그리고 정부활동에서 불필요한 독점을 차단하기 위해 '경쟁'을 도입하기 시작했다. Adam Smith는 저서 『국부론(*The Wealth of Nations*)』에서 자원의 효과적인 사용의 성취에 있어서 경쟁의 힘을 피력하였다. 즉, 시장에서 다수의 공급자는 경쟁을 할 것이고, 이는 보다 더 효율적인 재화와 서비스의 생산을 가능하게 할 것이라는 것이다. 이와 관련하여 공공서비스의 아웃소싱(기업이나 정부가 비용절감, 서비스 수준 향상 등의 이유로 기업이나 정부의 일부 서비스를 외부에 위탁하는 것은 의미한다)이 이전보다 더 주목받고 있다.

경험론적인 측면에서 보더라도, 공공기관은 경쟁 입찰 과정을 통해 기관 내부 조직을 개선할 동기를 부여받고 조직의 효과성 및 효율성을 높이고자 노력하는 경향이 있다. 또한 많은 국가의 실증연구는 정부의 아웃소싱이 평균 지출수준의 30%까지 감소하게 한 현상을 보여 주고 있다.

그러나 정부의 아웃소싱은 공공기관의 책임성과 정당성에 대한 고민을 갖게 한다. 또한 공공기관 독점을 극복하려는 시도가 오히려 민간 독점을 야기할 수 있다는 우려의 목소리도 높다. 이러한 논의는 정부의 아웃소싱을 넘어서는 협력과 경쟁의 조화가 필요함을 보여 준다.

② 민영화

정부가 본래의 핵심적인 역할로 되돌아가기 위해서, 정부의 주변적인 업무에 대한 민영화가 필수적이라고 할 수 있다. 민영화는 공공기관보다 민간조직에 상대적으로 더 의존하게 되는 현상을 의미한다. 즉, 정부의 직접적인 역할을 줄이고, 기관의 규모를 최소화하는 것이다. 민영화에 대한 정의는 매우 다양하다고 할 수 있는데, 일반적으로 다음의 세 가지 경향으로 이해될 수 있다.

첫째, 위임(delegation)의 경향이다. 정부는 공공서비스에 대한 책임성과 조정의 역할을 계속 수행하지만, 서비스의 전달이라는 측면에서는 민간 영역에 대한 의존성이 증가하는 현상이다.

둘째, 매각(divestment)의 경향이다. 매각은 조직, 기능, 자산을 없애는 것을 의미한다. 위임과 마찬가지로 매각은 정부의 직접적이고 능동적인 행위를 필요로 하지만 일회성 계약이라는 점에서 위임과 차별화된다.

셋째, 대체(displacement)의 경향이다. 공공부문이 민간부문이 공공서비스에 대한 요구를 충족시키도록 유도하거나 지원하는 의도를 의미한다. 공공부문은 공공서비스를 불충분하게 제공하여 민간부문에 자연스럽게 서비스 공급기관이 발생하도록 유도할 수 있다. 그리고 시민사회조직의 서비스 공급활동을 직간접적으로 지원함으로써 공공서비스를 대체할 수도 있다.

③ 규제완화

정부는 법안을 제정하고 민간부문의 규제를 실행함으로써 사회정의를 보호 및 실현하고자 한다. 예를 들어, 강의 오염원이 강 하류에 위치한 지역사회 주민의 이익을 해치고 있을 경우, 정부는 적절한 규제를 통해 지역사회 정화비용을 오염을 일으킨 자들에게 부과해야 할 것이다. 규제를 통해 외부비용이 차단되고 공공의 이익이 보상되는 것이다. 그러나 정부의 규제는 종종 지나친 기회비용을 요구하기도 한다. 예를 들어, 특정 기업의 시장진출을 규제하는 행위는 공공의 이익을 보호할 수도 있지만, 공정한 거래에 정당한 대가를 지불할 수 있는 시민의 질 좋은 상품과 서비스에 대한 욕구를 묵살하는 행위가 될 수도 있다. 결국 정부의 규제는 시민의 안전과 관련될 때 정당화되지 시민의 경제활동에 대해서는 부당한 대우일 수 있다. 예를 들어, 뉴욕에서 택시에 탑승한 자와 관련하여 이동수단으로서 밴의 안정성 여부와 운전자의 보험가입 여부는 적절히 규제될 필요가 있다. 그러나 택시의 경제행위, 즉 누구를 탑승시킬 것인가 등에 대한 규제는 불필요한 정부의 개입으로 고려될 수 있다.

④ 수요자에 대한 비용부과

공공서비스의 재원은 근본적으로 수요자로부터 조성된다. 공공서비스의 수요에 따로 요금을 부과하지 않는 것이 일반적이었지만 서비스의 수요자가 개별적으로 확인될 수 있는 경우 수요자에 대한 비용을 따로 부과하는 것은 다양한 긍정적 효과를 가져올 수 있다. 가장 대표적인 효과는 한정된 자원으로 제공되는 서비스의 불필요한 사용을 억제하는 수용자에 대한 인센티브 공급이다.

⑤ 가격전략

정부는 공공서비스 수요 행위에 대한 영향력을 법안이나 규제보다 가격전략을 통해 보다 더 효과적으로 행사할 수 있다. 예를 들어, 교통혼잡시간에 상대적으로 높은 통행료를 부과하는 가격전략은 출근자가 교통혼잡시간을 피해 자가용을 활용하도록 행동 패턴을 수정할 수 있다. 즉, 가격전략이 정부의 전통적인 규제전략을 보다 더 효과적으로 대체할 수 있다. 미국의 한 주는 탄소배출 금지가 아닌 탄소배출권 거래 허가와 가격전략을 병행함으로써 보다 효과적으로 환경오염 문제에 대처하고 있다.

(4) 정부의 분권화

정부는 본래 중앙집권적인 성격을 갖는다. 그러나 중앙집권적인 정부의 위계구조 속에서도 상당 부분의 의사결정과 업무는 지역 차원에서 결정 및 집행되고 있다. 중앙정부의 이러한 분권화는 일반적으로 중앙정부의 결정보다 더 융통성 있고 효율적이어서 혁신적인 방안이 될 수 있다고 인식되고 있다.

(5) 정부의 관리자로서의 역할

정부가 적정 규모로 유지되기 위해서 사업을 직접 운영하는 것이 아니라 사업을 실행하는 조직과 사업의 대상자 혹은 서비스의 관계를 조정하는 데 역할을 집중할 필요가 있다. 신공공관리는 정부가 경영기법을 적용한 관리 및 조정에 집중함으로써 보다 효과적이고 효율적인 역할을 수행할 수 있을 것이라고 믿는다. 즉, 정부는 사업을 고안하고, 사업의 목적을 설정하고, 관리 기제를 구축하고, 사업의 결과를 관리, 감독하는 역할을 주로 수행해야 한다. 여기서 사업 결과에 대한 평가기준은 투입 대비 산출의 비율이 가장 적절할 수 있다. 정부가 사업을 직접 수행할 경우 사업의 결과는 단순히 업무수행 정도로 감독될 뿐, 투입 대비 산출이라는 효율성 측정을 통해 평가되기 힘들었다. 그러나 정부의 신공공관리 전략인 민간부문 위탁 경향은 이러한 효율성 평가를 보편화시킬 수 있을 것이다.

한편 이와 관련하여 중앙정부는 지방정부의 역할에 주목할 필요가 있다. 지방에서 직접 공공서비스를 공급하는 기관의 평가와 관련하여 지방정부의 역할이 점점 더 부각되고 있다. 또한 지방정부의 공공서비스 위탁기관에 대한 관리, 감독과 관련하여 지방 차원의 기업연합, 시민조직 등의 참여가 증가하고 있다. 공공서비스를 수요한다는 측면에서 시민들은 정부 공공서비스의 '소비자'로 간주될 필요가 있다. 따라서 공공서비스의 소비자로서 시민들의 서비스 평가는 고객 서비스 측면에서 정기적으로 모니터링될 필요가 있다.

(6) 전자정부 및 신기술 도입

컴퓨터와 인터넷 기술의 진보는 사회에 큰 변화를 가져오고 있다. 정부의 활동 과정과 절차 또한 이러한 기술 변화를 따라 변화할 필요가 있다. 시민이 정부 정보를 얻거나 요청할 수 있고, 기금이나, 벌금, 세금을 지불할 수 있는 공공기관의 전산망 시스템은 정부의 공공서비스에 큰 변화를 가져오고 있다. 인터넷을 통한 시민들의 정부활동 참여도 증가하고 있는 추세다. 이러한 정부의 전산망과 신기술 도입을 통해 공공서비스의 질은 향상되고 비용은 감소될 수 있다.

2) 참여를 통한 개별화

(1) 소비자 중심 서비스

신공공관리에서 공공서비스 수요자는 '소비자'로 간주되는 경향이 있다. 즉, 공공서비스를 제공하는 기관은 고객의 선택권 및 만족도를 높인다는 차원에서 수요자 중심 서비스(consumerised service)를 제공하고자 노력하고 있다. 그러나 소비자 중심의 서비스를 통해 정부가 추구하고 있는 양질의 서비스 제공 및 수요자 선택권의 확장이라는 목표가 실제로 공공서비스 영역에서 유효하게 달성되고 있는지에 대해서는 의견이 분분하다. 이와 관련하여 Leadbeater(2004: 49-51)는 소비자 중심 서비스의 제공 논리가 공공서비스 공급 영역에 가져올 수 있는 한계를 다음과 같이 지적하고 있다.

첫째, 소비자 중심 서비스는 공공서비스 공급자 간의 경쟁과 그것을 통한 소비자 선택권의 형성이라는 전제를 가정한다. 그러나 몇몇 주요한 공공서비스, 예를 들어 국방서비스나 치안서비스 공급자 간의 경쟁과 소비자 선택이라는 가정은 적절해 보이지 않는다. 공공서비스 공급의 경쟁구도는 오히려 낭비와 비효율을 초래할 수도 있다.

둘째, 소비자 중심 서비스는 공공서비스의 목표를 실현하기 위한 서비스들이 패키지화되어 가격이 정해지고, 이후 서비스 수요자가 공공서비스 패키지를 선택할 수 있을 때 실현 가능하다고 할 수 있다. 그러나 정부가 제공하는 서비스가 자동차나 컴퓨터 관련 서비스처럼 패키지화되는 것은 쉬운 일이 아니다. 예를 들어, 도시환경관리서비스를 개인을 대상으로 패키지화하는 것은 쉽지 않다. 개인이 실제로 필요로 하는 서비스를 구체화하여 요약, 평가, 사정하는 것이 쉽지 않기 때문이다.

셋째, 소비자 중심 서비스는 개인이 갖고 있는 고유의 선호를 가정한다. 그러나 공공 영역의 서비스를 개인의 선호를 중심으로 이해하는 것이 쉽지 않다. 예를 들어, 학부모는 다른 부모가 선호한 서비스를 고려하여 자신의 자녀들 학교를 선택한다. 소비자 중심 서비스라는 개념에서 개인의 선택에 영향을 미치는 사회적이고 환경적인 요소들은 고려되지 않는다. 넷째, 소비자 중심 서비스는 서비스 수요자들이 서비스 및 서비스 제공기관에 대한 정보를 충분히 가질 수 있다는 전제를 가정한다. 그러나 개인이 공공서비스 및 서비스 제공기관에 대한 정보를 완벽히 가질 수는 없다.

다섯째, 소비자 중심 서비스는 서비스 공급자 간의 경쟁을 전제하기 때문에 오히려 더 비효율적일 수 있다. 경쟁을 통해 서비스 종류 및 기관이 다양화되면서 서비스 종류 및 기관을 비교하는 비용이 오히려 증가하기 때문이다.

여섯째, 소비자 중심 서비스를 형평성 차원에서 생각해 볼 수 있다. 보건과 교육 등의 서비스는 개인의 삶의 질과 관련하여 필수적인 서비스이고 사회가 제대로 기능하기 위해 필수불가결한 서비스다. 이러한 서비스는 지불능력이 있는 소비자에게 판매되는 것이 아니라 개인의 필요에 따라 분배되어야 할 필요가 있다.

(2) 시민 주도 서비스

집합적 가치를 궁극적인 목표로 하고 있는 공공서비스의 속성상 수요자는 온전한 소비자가 되기 힘들다. 그렇다 보니 소비자 중심 서비스가 가정하고 있는 민간 공급자 간의 경쟁이 서비스 수요자의 선택권을 확장시킨다고 선불리 판단하기 어렵다. 이러한 맥락에서 공공서비스가 실질적인 수요자 중심 서비스로 공급되기 위해 서비스 공급자 간의 경쟁 요소뿐 아니라 '서비스의 개별화'와 '공급자와 수요자 간의 공동생산' 요소가 강조되어야 할 필요성이 있다.

이와 관련하여 소비자 중심 서비스의 한계를 보완해 줄 수 있는 '시민 주도 서비스(citizen-led services)'에 대한 관심이 증대하고 있다. 시민 주도 서비스는 소비자 중심 서비스와 마찬가지로 정부의 서비스 제공이 시민들의 관점에 맞추어져 실현되어야 한다는 기본 입장을 견지하고 있는 접근방식이다. 그러나 수요자의 관점이 단순히 서비스 공급자 수의 증가와 경쟁 요소 강화를 기반으로 한 선택권의 확장을 통해 실현될 수 있을 것이라고 보지 않는다는 측면에서 차이가 난다. 즉, 서비스 수요자의 시민으로서의 권리를 강화할 때만이 진정한 선택권이 강화될 수 있다고 가정한다. 이러한 논리는 시민권의 확장이 복지 프로그램의 확대를 가져온다는 논리와 무관하지 않다. 민주주의 사회에서 시민권을 확대하기 위한 참여와 평등의 추구는 지금까지 개인의 삶의 질과 복리를 향상시켜 왔다. 이런 맥락에서 Leadbeater(2004: 53-54)는 시민이 공공서비스 제공기관을 선택할 뿐 아니라 공공서비스 자체를 주도적으로 조직할 수 있어야 한다고 주장하는데, 그 이유를 다음과 같이 설명하고 있다.

첫째, 시민의 조세로 운영되는 공공서비스와 관련해서 재정을 어떻게 사용할지에 영향을 행사할 권리가 있다. 둘째, 시민은 공공서비스의 집합적인 목표와 형평성을 고려하기를 원한다. 즉, 시민은 자기 자신에게뿐 아니라 시민 모두에게 질 좋은 서비스가 제공되기를 원한다는 측면에서 공공서비스 관리에 가장 적합하다. 셋째, 민주주의사회에서 공공서비스의 사용은 수요자로서의 경험 이상의 것을 창출할 수 있다. 즉, 공공서비스를 이용하기 위한 전제조건으로서 공급 과정에의 동참은 시민의식을 고양시킬 수 있다.

이를 통해 집합적인 공공서비스의 목적이 개별화되어 구체화될 수 있다.

한편 시민 주도적인 서비스를 지향하는 '참여를 통한 개별화(personalisation through participation)'를 실현하기 위해서는 다음의 요소가 강화될 필요성이 있다(Leadbeater, 2004: 57-60).

① **친밀한 상담**(intimate consultation)

수요자의 욕구를 측정하고 지원하는 전문가의 진단은 수요자의 선택의 폭을 실질적으로 넓혀 줄 것이다.

② **개별화된 선택의 확장**(expanded choice)

단순히 서비스 공급자 양을 증가시키는 것뿐 아니라 수요자의 욕구에 맞춤형 해결책을 제시하기 위해 실질적으로 동원 가능한 자원을 연계하고 통합하는 작업은 개인 수준에서 현실적으로 선택할 수 있는 서비스 옵션을 확대할 것이다.

③ **수요자 요구의 증가**(Enhanced voice)

개별화된 선택 옵션이 확대되었을 때 비로소 수요자들은 자신의 요구를 보다 명확히 인식하고 주장할 수 있게 될 것이다. 단순히 서비스 공급자가 다양화되었다고 해서, 개인이 자신의 욕구가 무엇인지 뭘 요구해야 될지를 생각해 내는 것이 수월해지는 것은 아니다. 오히려 자신의 욕구가 무엇인지에 선택해야 하는지 난감해질 수 있다. 전문가와의 개별화된 상담을 통해 구체화된 개인적인 선택의 확장은 수요자의 요구를 보다 더 명확하게 해 줄 것이다.

④ **파트너십 형성**(partnership provision)

앞에서 언급한 수요자의 개별화된 선택의 확장은 공공기관과 서비스를 직접 제공하는 기관 및 시민과의 파트너십을 통해서만 가능할 것이다. 민간부문에서 인적 · 물적 자원의 동원은 서비스의 옵션을 보다 더 다양하게 만들 수 있다. 정부는 서비스와 관련된 다양한 조직 간의 네트워크를 형성하기 위해 노력해야 할 것이다.

⑤ **옹호**(advocacy)

공공부문의 전문가들은 공공서비스 수요자들을 옹호하고 대변해야 할 수 있어야 할 것이다. 이를 위해 공공부문은 수요자들의 요구와 목소리를 대변할 수 있는 체계적인 시스템을 구축하기 위해 노력해야 할 것이다. 이 과정을 통해서 공공서비스 수요자는 단기간의 서비스 대상자가 아닌 지속적인 관계를 갖는 협력자로 전환될 수 있을 것이다.

⑥ **공동생산**(co-production)

공공부문과 시민사회 개개인이 케이스별로 조합되어 공공서비스를 생산해야 할 것이다. 이 과정에서 전문가는 시민의 개개인의 관심과 참여를 끌어내는 조언자, 중개자, 지원자의 역할을 수행해야 할 것이다. 또한 서비스 공급 과정에 참여한 시민은 정부의 서비스 공급에 대한 공동 책임의식을 가져야 것이다.

⑦ **재원조달**(funding)

개별화되고 참여적인 서비스 형성 과정을 수립하기 위해 서비스의 재원을 수요자에게 맡기는 것이 유용할 수 있다. 전문가의 지원을 통해 개별화된 맞춤형 서비스 패키지를 조합하고 스스로 선택하는 과정은 수요자가 비용을 직접 지불하는 과정과 분리될 수 없기 때문이다. 즉, 개인의 책임성과 자율성을 지향하는 수요자 측면의 재정 지원이 강화될 것이다.

〈표 9-1〉은 위에서 개괄한 '참여를 통한 개별화'라는 경향이 공공서비스 개혁을 위한 기본 원칙으로서 이전의 전통적인 공공관리 원칙 및 1980~1990년대 유행한 신공공관리 원칙과 비교하여 차이점을 정리해 주고 있다.

〈표 9-1〉 사회서비스 개혁을 위한 새로운 조직 구상으로서 '참여를 통한 개별화(personalisation through participation)와 전통적인 공공관리 및 신공공관리 원리(new public management)의 비교

	전통적인 공공관리 (Traditional public sector)	신공공관리 (New public management)	개별화 (Personalisation)
공공의 관심 (Public interest)	정치인들과 전문가에 의해 정의됨	소비자 선택의 집합/소비자조사	제공자, 재원자와 이용자가 같은 수준에서의 대화를 통해
수행 목표 (Performance objective)	투입관리 좋은 행정운영	효율성을 위한 투입과 산출 관리	이용자 경험과 사회적 가치를 포함한 이해당사자들의 다중적인 협의와 동의
책임성 (Accountability)	정치에서 높은 부서로 올라갈수록	시장비교와 계약을 통한 정치인들과 이용자들에게	이용자뿐 아니라 납세자, 이해당사자들과 정치인들에게
전달체계 모델 (Delivery model)	공공 기관들 전문적인 자기규제 계급제도 조직	계약 서비스	제공자들의 혼합된 시장. 이용자들의 욕구에 대한 다양한 자원으로부터 모인 해결책들
기본원칙 (Ethos)	공공서비스 테크노크라틱	시장-기반	민주주의적, 개별화된, 이용자 중심의
수요자 개념 (Users)	공손함	소비자, 종종 셀프서비스	공동 생산, 전문가들과 함께 해결책 만들기
관리 목표 (Manager's goals)	정치적인 관리에의 만족, 전문가의 자기규제	계약된 선택 대상을 만족시키는 것	이용자의 만족, 사회 편익
민간의 역할 (Private role)	소수, 독립되어 구분된	서비스 전달의 주요한 역할	공공과 개별화의 조합으로부터의 공공자원 생산
전문가의 역할 (Professional role)	자원의 결정과 재배치	위탁과 관리감독	조언자, 중개자, 옹호자, 해결 수립자

출처: Leadbeater(2004: 62-65).

4. 독일의 수발서비스 공급체계 및 서비스 수요자 참여의 공식화[3)]

1) 독일의 수발보험

독일은 법정 수발보험(gesetzliche Pflegeversicherung)을 1995년 1월 1일 사회법 제11권(Sozialgesetzbuch XI)으로 도입하였다. 독일 수발보험의 목적은 "수발서비스를 필요로 하는 자가 최대한 자립적이고 자기결정적인 삶을 가능하게 하는 것, 즉 가능한 한 오랫동안 자신에게 익숙한 삶의 공간에 머무를 수 있도록 하는 것" 이다(Baecker et al., 2008: 181). 독일 수발보험은 자택 수발서비스 그리고 수발이 필요한 자의 친족과 이웃이 제공하는 수발서비스를 시설서비스보다 우선적으로 지원하고 있다(재가서비스 우선의 원칙).

독일의 법정 수발보험은 모든 국민을 대상으로 한다. 보다 구체적으로 모든 법정 질병보험 가입자(피고용자, 실업수당 수급자, 실업부조 수급자, 자영업자, 대학생, 연금수급자 등)는 법정 수발보험에 가입된다.[4)]

독일 수발보험 급여 대상자는 3등급으로 구분되어 있다. 1등급은 자신의 신체관리, 영양섭취, 이동이라는 세 가지 기능적 범주에서 범주별로 선택된 두 가지 이상의 세부사항과 관련해 최소한 하루 한 번의 도움을 매일 필요로 하며 추가적으로 일주일에 여러 번 가사활동의 도움을 필요로 하는

---

3) 이 부분의 독일 수발서비스 체계 및 수요자 중심 관리를 지원하는 민관협력 조직에 대한 개괄은 건강보험공단의 연구 용역인 '노인 장기요양보험 지역협의회 활성화 방안 연구' 중 박수지가 집필한 독일 사례 부문을 수정 보완한 것이다.

4) 사적 질병보험 가입자는 사적 수발보험에 의무적으로 가입해야 한다. 사적 수발보험은 공적 수발보험의 급여 및 서비스 수준과 유사한 혜택을 가입자에게 보장하여야 한다.

사람을 의미한다. 2등급은 매일 세 번 이상의 도움이 필요하며 추가적으로 일주일에 여러 번 가사활동 도움을 필요로 하는 사람을 의미한다. 3등급은 자신의 신체관리, 영양섭취, 이동이라는 세 가지 기능적 범주에서 하루 종일(야간 포함) 도움을 필요로 하며 추가적으로 일주일에 여러 번 가사활동 도움을 필요로 하는 사람을 의미한다.

급여 종류로는 재가서비스, 시설서비스, 기타 급여가 있다. 현재 수발서비스 수급자의 약 200만 명(약 2/3)가량이 재가서비스를 받고 있다(보건복지부, 2005). 재가서비스는 현물급여(단기서비스), 현금급여, 혼합급여(현물/현금급여), 수발자 유고 시 지급되는 급여 혹은 단기수발서비스, 수발보조재료와 주거환경의 개선, 수발자의 연금지급 혜택의 여섯 가지로 구분될 수 있다. 시설급여는 노인입소시설의 서비스를 의미하는데, 그 이용 한도는 등급별로 정해진다. 기타 급여는 주간 · 야간 보호서비스, 장애인을 위한 특수시설 병상서비스, 가족과 자원봉사자를 위한 수발교육, 추가수발급여 등으로 구성된다.

보험료는 법정 수발보험 일반가입자의 경우 본봉의 1.7%(가족 포함)로 고용주와 함께 50%씩 부담하도록 되어 있다(피고용자 0.85%, 고용주 0.85%). 그 외에 연금수급자, 대학생, 사보험 가입자는 1.7%를 모두 본인이 부담한다. 또한 자녀가 없는 자에게는 추가부담분 0.25%가 적용되고 있다.

공적 수발보험의 운영 주체는 수발금고(Pflegekasse)이며, 그 업무조직은 법정 질병금고(Krankenkasse) 조직과 일원화되어 있다.[5] 즉, 수발금고와 질병금고는 통합, 관리되고 있다.

---

5) 질병금고(Krankenkasse), 수발금고(Pflegekasse)는 한국의 보험관리공단에 해당된다고 할 수 있다. 이들 금고 또한 지방에 지부를 두고 있다.

2) 독일의 수발서비스 공급자와 전달자

[그림 9-3]은 독일의 수발서비스 공급체계를 개괄한 것이다.

다음에서는 수발서비스 공급모형을 개괄하기 위해 공공부문이 개입하는 수발서비스기관의 서비스 가격결정 과정을 알아보기로 한다.

수발서비스기관이 수발금고와 사회부조로부터 입소노인의 요금을 받기 위해서는 개별적으로 수발금고 및 기초지자체와 '생산계약'을 맺어야 한다.[6)] [7)] 사회법 XI(이 법은 통상 수발보험법이라고도 한다)에 따르면 수발서비

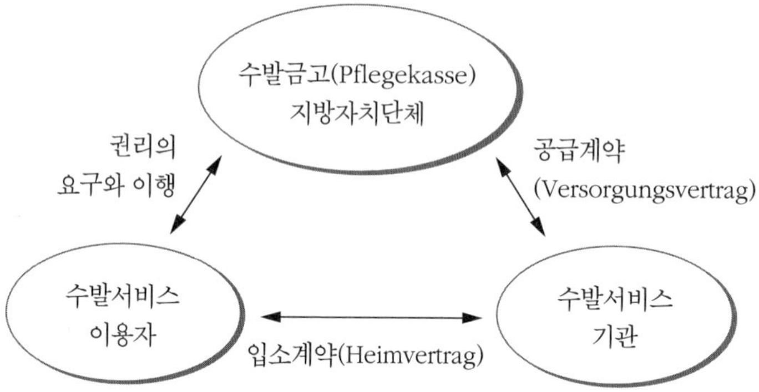

[그림 9-3] 독일의 수발서비스 공급체계

6) 독일의 사회부조는 빈곤한 사람의 생계를 부조급여를 통해 지원해 주는 것뿐 아니라, 노인, 장애 등 특수한 상황에 있는 사람에 대한 사회서비스까지를 포괄하고 있다. 따라서 입소노인 수발서비스의 1차책임, 즉 수발보험법상의 수발서비스 공급책임(비용책임)은 수발금고에게 있으며 2차적 책임은 사회부조를 담당하는 지자체에 있게 된다. 결국 수발서비스기관은 입소인의 서비스 비용을 받기 위해 수발금고 및 지자체와 협상하게 된다.

참고로 사회부조상의 수발서비스에 관한 조항을 살펴보면 다음과 같다(현 사회법 XII는 총 16장으로 구성되어 있고, 실질 사업에 대한 내용, 즉 부조급여 및 지원사업과 관계된 것은 3장부터 9장까지다.).

3장. 생계지원-빈곤한 사람(노인, 장애인, 실업자 제외)에 대한 부조급여

4장. 노인과 장애인에 대한 기초보장-빈곤한 노인과 장애인에 대한 부조급여

5장. 보건에 대한 지원-특히 사회부조 수령자의 의료보험비 지원

6장. 장애인의 사회편입에 대한 부조급여 및 지원

스에 대한 공급은 수발금고가 직접 하는 것이 아니라, 조합과 계약을 맺은 수발시설이 담당하는 것을 원칙으로 한다. 따라서 수발금고는 자신의 가입자들을 위해 수발서비스시설과 수발에 대한 '생산계약'을 맺게 되는데, 이 계약 속에는 시설이 입소인에게 주어야 될 수발의 종류, 내용 그리고 범위에 대한 규정이 들어가게 되고, 이에 대한 비용을 지불해야 하는 수발금고의 의무와 그 가격 또한 포함된다. 이 계약과 관련하여 중요한 점은 아무 시설이나 계약을 체결할 수 있는 것이 아니라, 사회법 XI에서 규정한 수발시설이 갖추어야 할 기본적인 조건들을 구비한 입소시설들만이 계약을 체결할 수 있는 자격을 얻는다는 점이다. 또한 수발금고와 입소시설과의 계약은 사회부조 당담자, 즉 기초지자체의 동의 속에서 이루어지게 된다.

수발서비스기관은 수발금고와의 계약과는 별도로 기초지자체와도 계약을 맺게 된다. 이 계약을 기초지자체의 입장에서 보면 수발금고의 경우와 유사하게 자신의 영역에 거주하는 수발서비스 수요자를 위해 수요자에 대한 복지공급 담당자와 생산계약을 맺는 형식이다. 이 계약에도 수발금고와의 계약과 유사하게 수발 및 시설 서비스의 내용, 범위, 질에 관한 내용과 지자체가 비용을 지불해야 하는 의무와 가격 등이 포함된다.

그리고 이 생산계약 속에 포함되는 가격은 수발금고와 기초지자체와 수발서비스기관이 '협상'을 함으로써 결정된다. 수발서비스기관은 자신 시설의 특수한 여러 가지 여건을 토대로 일정액을 요구하고, 수발금고와 기초지자체는 자신들이 줄 수 있는 적정한 액수를 정한 후 가격협상에 임하게 된다. 요금의 항목별로 협상 내용을 살펴보면, 투자비에 대한 협상은 기

7장. 수발(노령과 장애 시)에 대한 부조급여 및 지원

8장. 특수한 사회적 상황(노숙자, 알코올중독자 등)에 있는 사람들에 대한 지원

9장. 다른 삶에 처한 사람들에 대한 지원-노인에 대한 지원, 시각장애인에 대한 지원 등

7) 노인시설이 수발금고 및 지자체와 맺는 공급계약과 별도로 입소시설계약이 있다. 이 입소시설계약은 입소노인 당사자와 시설이 맺는 계약을 지칭한다.

초지자체와 수발서비스기관이 하게 되고, 숙식비와 수발비에 대한 협상은 수발금고 및 기초지자체가 수발서비스기관과 협상하게 된다.[8)]

이러한 협상을 통해 결정된 가격, 즉 요금은 내용상으로는 수발보험으로부터 급여를 받을 수 있는 사람과 지자체로부터 사회부조를 받을 수 있는 저소득 수발서비스 수요자를 위한 요금이지만, 실질적으로는 해당 시설 요금 자체를 규정하게 된다. 입소시설법에 의하면 수발보험 대상자와 사회부조 대상자를 구분하여 차별적인 요금을 받을 수 없다. 그 결과 사회부조 대상자를 지원하는 지자체의 서비스 요금지불능력이 입소시설 사용료에 상당한 영향을 미치게 된다. 물론 민간 영리시설 중 고급 시설들 같은 경우에는 지자체와 협상 자체를 맺지 않고 자체적으로 요금을 높게 매기며, 사회부조 수급자를 아예 안 받는 곳도 있다.

3) 수발서비스체계에 시민사회의 참여를 지원하는 주요 조직

(1) 보험자를 지원하는 질병 · 수발금고의 보건의료 자문기구의 보충적 역할

독일 Medizinischer Dienst der Krankenversicherung, MDK는 법정 질병금고나 수발금고가 요청할 경우 사례별로 필요한 보건의료 전문지식을 제공할 목적으로 사회법 제5권과 제11권(질병보험법, 수발보험법)에 근거하여 각 주에 한 개씩 설치된 기구다.[9)] 즉, 질병금고나 수발금고는 MDK의

8) 수발서비스기관의 요금은 크게 수발비(Pflegekosten), 숙식비(Hotelkosten) 그리고 투자비(Investitionskosten)로 구성된다. 수발비는 입소인의 수발을 위한 비용으로 그 단계가 0부터 3까지 네 가지로 구분된다. 1부터 3까지는 수발보험에서 규정한 세 가지 수발등급을 의미하고, 수발비 단계 0은 수발의 필요가 단계 1보다 경미한 경우에 해당된다. 숙식비는 말 그대로 식사와 숙박을 위한 비용이고, 투자비는 시설비용을 의미한다. 수발서비스기관의 건축비는 기본적으로 은행으로부터의 융자금에 의존한다. 따라서 시설들은 이 대출금을 장기적으로 상환해야 하는데, 이를 위해 입소인들로부터 투자비를 받는다.

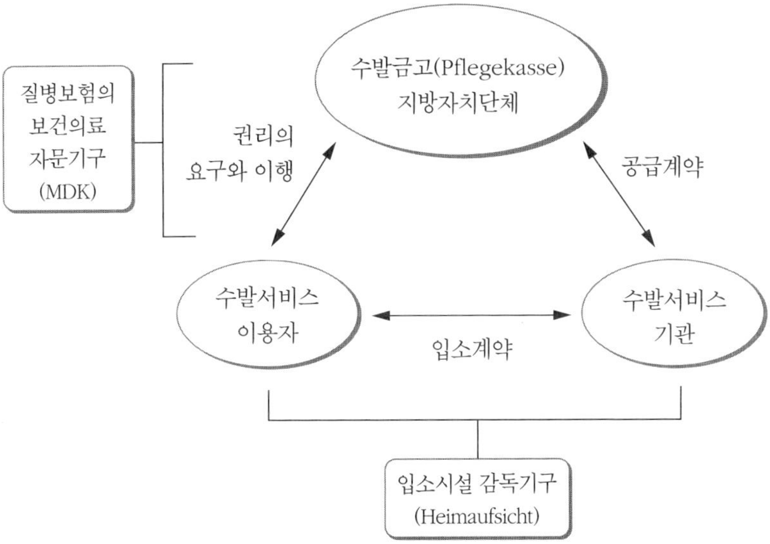

[그림 9-4] 독일의 수발서비스 공급체계의 지자체, MDK, 입소시설 감독기구

지원을 받아 보험가입자의 의료비나 수발서비스 지원 수준을 결정하게 된다. 그러나 여기서 MDK는 단지 자문기구일 뿐이고 보험대상자의 의료급여 및 수발급여에 대한 최종 결정권한은 금고에 있다. 수발금고와 관련된 MDK의 주요 기능은 다음의 세 가지로 요약될 수 있다.[10)]

첫째, MDK는 개별 수발금고의 수발서비스 관련 질문에 대해 전문지식을 제공할 책임이 있다. 그리고 해당 지역의 수발서비스 보장과 관련하여 예방 및 재활, 급여체계 개선, 타 기관과의 계약에 대해 전문적 의견을 제시할 책임이 있다. 또한 병원 및 수발서비스기관이 요청할 경우 수발서비스 계획안에 대해 조언하고 새로운 서비스와 기술 도입의 효과성 및 경제

9) MDK의 중앙조직인 MDS(Medizinischer Dienst des Spitzenverbandes Bund der Krankenkasse)는 에센(Essen)에 있다.

10) MDK의 세 가지 기능은 MDK 홈페이지(www.mdk.de)를 참조하여 서술하였다.

성에 대한 전문적 의견을 제공할 수 있다. 한편 MDK는 수발금고 측 이해당사자로서 주 정부의 수발서비스 위원회와 지방 입소시설 감독기구의 임시회의에 참여하고 있다.

둘째, MDK는 사회법 제11권에 의해 실시되는 지역사회 수발서비스 평가 기간 동안 수발금고와 계약한 기관의 서비스를 평가할 권한을 갖고 있다. 평가 결과는 인터넷 홈페이지에 공개되고 주 차원의 수발금고협회에 보고된다. 개선사항으로 지적된 부분은 주별로 정해진 기간(보통 3주~28일) 동안 시정되어야 한다.[11] 한편 2006년 수발서비스보장법(Pflege-Qualitätssicherungsgesetz)이 효력을 발생하면서 수발서비스기관이 요청할 경우 MDK가 기관 상담용 평가를 수행할 책임을 갖게 되었다.

셋째, MDK는 보험가입자의 급여신청 가능 여부를 평가함과 동시에 급여등급을 판정하여 수발금고에 제공할 의무를 갖고 있다(사회법 제11권 18조). 또한 2008년 이후 수발급여 추가지원이 도입되면서, 심리적인 질병을 갖고 있는 자나 정신장애자의 추가지원 필요 여부에 대한 판정을 담당하게 되었다.

MDK는 법정 질병 · 수발금고 6개에 속한 약 200여 개의 지부에 의해 운영되고 있으며, 질병금고와 수발금고가 각각 운영비의 50%를 부담하고 있다. MDK의 구성원은 주로 전문의, 전문요양사, 약사로 구성된다.

---

11) 수발서비스 질에 대한 문제제기가 언론화되면서 MDK의 심사권한이 강화되었다. 2001년 이후 MDK는 요양기관의 서비스 질 평가를 위하여 주간에 사전 예고 없이 시설에 출입할 수 있으며, 주간심사가 이루어질 수 없는 상황(예: 야간 근무자 확인, 요양대상자 수면제 복용 여부 및 포박 여부, 갈증욕구 해소 여부 등)을 확인하기 위하여 야간심사를 할 수 있게 되었다. 그리고 시설 이용자의 사전 동의가 있거나 위험성이 높은 상황이 예측될 경우, 사전 동의 없이도 주거권리가 주어진 시설의 영역에 출입이 가능하게 되었다.

(2) 지방자치단체의 보충적 역할-노르트라인베스트팔렌 주 귀터스로 시의 사례를 중심으로

독일 기본법은 주정부의 관할권이 기초지자체의 지역공동체에 대한 사회적 지원을 후원하기 위해 주어져 있음을 명시하고 있다(Art. 28. II Grundgesetz). 그리고 사회법 제1권은 사회급여 주체 가운데 하나인 기초지자체가 사회급여 제공과 관련하여 사회서비스를 충분히 지역사회에 제공할 책임을 갖고 있다고 명시하고 있다. 1990년대 이후 노인인구 증가와 함께 당시 수발서비스 비용을 담당하던 지방정부의 부담이 과도하게 커졌고, 그 극복방안으로 연방 차원의 수발보험이 1995년 도입되었다. 그럼에도 불구하고 원칙적으로 지역사회 차원의 수발서비스 계획의 책임은 여전히 지방정부에 존재한다고 할 수 있다.

첫째, 지방정부는 연방법으로부터 부여받은 사회적 지원의 책임을 실행하기 위해 사회보고서를 작성할 의무가 있다. 이와 관련하여 노르트라인베스트팔렌(Nordreihein-westfalen) 주의 경우는 수발서비스 주 정부 법(andespflegegesetz; PfG NW, 2003년 효력 발생)에 의거해 기초지자체가 매해 수발서비스 계획을 수립하여 주 정부에 보고할 의무가 있다. 이를 통해 지역사회 차원에서 수발서비스 수요 및 공급이 조정되고 있는데, 특히 지방정부가 주관하는 사회부조법상의 수발서비스 제공을 통해 수발급고 수발서비스의 사각지대가 발굴 및 해소되고 있다고 할 수 있다.

둘째, 사회법 제12권 71조는 기초지자체가 노인대상 수발서비스 인프라를 구축하고 지역주민이 필요로 하는 상담 및 기타 서비스를 제공해야 할 의무가 있다고 명시하고 있다. 이런 맥락에서 독일의 기초지자체는 모두 지역사회의 복잡다단한 수발시설 정보를 종합적으로 제공하는 역할을 수행하기 위해 전문 상담소를 설치하고 있다. 한 사례로 귀터스로 시(Kreis Gütersloh)의 경우 수발서비스 상담소를 기초지자체 내 행정구역인 게마인데(Gemeinde) 청사에 한 개씩 설치하고 상담전문인을 고용하여 무료로 서비스를 제공하고 있다. 한편 귀터스로는 '노인심리치료 응급상담소' 또한 자체적으로 운영하고 있다. 이 응급상담소는 노인의 육체적 불편함 이외에 심리 및 기억장애에 대한 긴급지원서비스를 제공하고 있다. 수발급여로서 노인심리치료에 대한 지원이 추가되면서 2008년부터 이에 대한 지원서비스가 지역사회 차원에서 활성화되고 있다.

셋째, 지방정부는 지역공동체의 수발서비스 보장을 지원하기 위해 수발서비스 인프라를 지역사회에 구축할 책임을 갖고 있다. 이를 위해 기초지자체는 수발서비스 관련 조직의 네트워킹 활동을 다양한 사업을 통해 수행하고 있다. 한 사례로 귀터스로의 경우 2005년부터 현재까지 '민간영리와 민간 비영리 기관의 경쟁적 협력체계 구축'이라는 모토로 지역사회 민간영리조직과 비영리조직의 협력을 컨퍼런스와 세미나 등 다양한 접근을 통해 추진해 오고 있다.[12)]

(3) 수요자 이익 대변 기구로서 입소시설 감독기구(Heimaufsicht)의 보충적 역할

장기요양시설의 규제에 대한 근거 법은 사회법 제11권이 아니라 연방의 입소시설법(Heimaufsichtgesetz: 1975년 이후 효력 발생)이다. 이 법은 시설

---

12) 2005년 4월 수발서비스 컨퍼런스 〈지역사회 수발서비스 계획 전담조직의 도입(Einrichtung einer Arbietsgruppe "kommunale Pflegeplanung")〉 개최: 수발서비스 계획 전담조직의 설치, 수발서비스 시장의 공급기관 조사체계 구축/2006년 1월 수발서비스 컨퍼런스 〈수발서비스 계획 전담조직의 안건 토의〉 개최/ 2006년 8월 워크숍 〈수발서비스의 미래-모든 것을 다 제공한다!(Zukunft der Pflege-packen wir's an!)〉 개최: 지자체 수발서비스 중 장기 계획으로서 "입소시설 밖에서의 자립생활 프로젝트"를 추진하게 됨. 기초지자체 차원의 인력배치/2007년 컨퍼런스 〈2005년 귀터스로 지역 수발서비스 관련 통계〉 개최: 지역사회 수발서비스 관련 수치에 대한 논의, 수발서비스 계획에 대한 함의 논의/2008년 주 정부 차원 컨퍼런스 〈기초지자체 수발서비스 관련 민 · 관 통계 통합〉 개최: 공공부문과 민간 차원의 통계망 통합 논의/2009년 『귀터스로 지역 수발서비스 통계』 및 『귀터스로 지역 수발서비스 계획』 발간/2009년 컨퍼런스 〈입소시설 계획과 비전〉 개최: 노인복지서비스 관련 신개념 논의 등. www.kreis-guetersloh.de/010/sr_seiten/artikel/112180100000003401.php 참조.

이용자의 권익 보호를 목적으로 주 정부의 입소시설 감독기구의 설치를 의무화하고 있다. 1995년 수발보험 도입 이후 수발서비스에 대한 권리의식이 성장함과 동시에 시설에서 이용자 및 가족이 느끼는 서비스에 대한 불만이 급증하였다. 이러한 여론을 반영하여 장기요양시설 감독기구로서 수발금고기구인 MDK가 갖는 한계를 극복하고자 기존의 입소시설법을 전면개정하여 2002년 신(新)입소시설법을 공식화하였다. 현재 입소시설 감독기구의 역할은 다음의 세 가지로 요약할 수 있다.

첫째, 입소자의 입장에서 고충처리 창구로서의 역할을 수행하고 있다. 입소시설 감독기구는 입소시설법 4조에 의해 입소자, 입소시설 대표자회의, 입소자 가족, 노인협회 등의 입소시설 관련 상담 요청에 응할 의무를 갖고 있다. 또한 입소시설법 16조에 의해 입소시설의 미비한 환경과 미흡한 서비스 상태의 개선에 대한 지시와 관련하여 시설과 이용자 양측에 보수상담을 제공할 의무가 있다. 이와 관련하여 입소시설 감독기구는 요양전문인력의 고용 해지, 벌금 부과 등의 권한을 부여받고 있다.

둘째, 장기요양시설의 운영을 관리 · 감독하고 있다. 입소시설 감독기구는 입소시설법 11조에 의해 시설의 서비스를 공식적인 평가기구(SIESTA A-D Model, SEA 등)를 통해 정기적으로 평가하고 있다. 그리고 장기요양시설의 운영, 건축물, 인력고용 등이 법적인 최소 조건을 구비하고 있는지의 여부 또한 감독하고 있다.[13] 이와 관련하여 입소시설 감독기구는 수발서비스기관의 등록을 허가 및 취소할 수 있는 권한을 갖고 있다.

셋째, 지역사회 차원의 수발서비스 협력체계를 지원하고 있다. 수발서비스기관의 평가 권한은 입소시설 감독기구, MDK, 지방정부에 공동으로 주

13) 입소시설법의 '입소시설 건축물에 대한 시행령(Heimmindestbauverordnung)' '입소 시설자의 참여권 보장에 관한 시행령(Heimmitwirkungsverordnung)' '입소시설 직원에 관한 시행령(Heimpersonalverordnung)' '입소시설 보장 시행령(Heimsicherungsverordnung)을 기준으로 한다.

어져 있다. 그렇다 보니 이들 기관 사이의 협력과 조정이 필수불가결하다. 이와 관련하여 입소시설 감독기구는 입소시설법 23조에 의거해 임시협의체를 구성하고 회의를 주재할 권한을 갖고 있다. 이는 입소시설 감독기구의 취지가 특정집단의 영향력 행사로 인해 훼손되지 않도록 업무수행을 보장받기 위해 필수적인 협력관계라고 할 수 있다. 또한 장기요양시설의 관리 · 감독과 관련하여 사회법 제11권 117조와 입소시설법 20조에 의거해 수발금고, MDK, 주 차원의 시설협회, 기초지자체와 협력관계를 유지하고 있다.

입소시설 감독기구는 주마다 갖고 있는 행정관례에 따라 주 정부 차원 혹은 기초지자체 차원의 조직으로 설치되어 있으며, 감독기구의 구성원은 지역주민으로서 공무원, 사회복지사, 요양전문인력, 이용자 대표 등으로 구성되어 있다(Bundesministerium für FSFJ, 2004: 52-53).

(4) 지역사회 시민협력 네트워크-노르트라인베스트팔렌 주 귀터스로 시의 사례를 중심으로

사회법 제12권 71조는 기초지자체 사회서비스 업무와 관련하여 수발서비스 상담과 지원서비스의 제공 의무를 규정하고 있다. 이와 관련하여 기초지자체는 지역사회 차원의 시민조직을 수발서비스 지원 네트워크로 연계하고 그 활동을 적극적으로 지원할 책임이 있다. 한 사례로서 귀터스로는 2009년 '귀터스로 시민의 건강자조지원을 위한 상담소(Buergerinformation Gesundheit und Selbsthilfekontaktstelle im Kreis Gütersloh; BIGS)'를 설치하여 시민조직의 활동을 지원하고 있다.[14] 귀터스로가 운영하는 BIGS는 건강, 요양, 자조에 대한 정보를 전문적으로 제공하는 장소로서 개인에게 적절한 자조조직을 소개해 줌과 동시에 새로운 자조조직의 설계를 컨설팅

14) 이 사례는 귀터스로 기초지자체 홈페이지(www.kreis-guetersloh.de)를 참조하여 서술하였다.

하는 역할 또한 수행하고 있다. 한편 귀터스로는 가내 수발자의 지원을 목적으로 하는 상담 프로그램을 민간 비영리조직인 '위기개입서비스 등록협회(Krisendienst e.V.)'에 위탁하고 있다. 위기개입서비스 등록협회는 귀터스로 지역의 사회복지 전문인력이 자발적으로 조직한 협회로서 현재 '열린 귀(offenes Ohr)'라는 프로그램을 통해 가내 수발자의 고충을 심리적으로 지원하고 있다.

〈표 9-2〉 수발서비스 공급 주체와 전달 주체를 보충하고 있는 독일의 주요한 민 · 관 조직의 운영원리 비교

	지방자치조직	MDK	입소시설 감독기구
목적	지역사회 수발서비스 공급계획	질병보험금고에 의료보건 전문지식 전달	수발서비스 기관의 서비스 질 개선
근거 법	주 정부의 수발서비스법	질병보험 및 수발보험법	입소시설법
운영 주체	주 정부, 기초지자체	법정 질병보험금고 및 수발보험금고	주 정부
주요 기능	지역사회 수발서비스 사각지대 발굴/지역사회 수발서비스 정보전달	수발보험 대상자의 등급판정/기관의 서비스 질 관리	수발서비스 관련 고충 상담/기관의 운영 관리, 감독
역할	사례관리자	보건 및 의료 분야 전문가	민원처리인
구성원	사회복지 전문 공무원	전문의, 전문요양사, 약사	생산자, 공급자, 수요자 대변인(주로 요양전문인력, 공무원, 사회복지전문요원)
조직	공급계획: 비상설기구/ 상담소: 상설기구	상설기구	상설기구 (임시협의체: 비상설기구)
재원	조세(주로 기초지자체 재정)	질병보험금고 50%/ 수발보험금고 50%	조세(주 정부 모델: 주로 주정부 재원/기초지자체 모델: 주로 기초지자체 재원)

5. 장애인의 사회참여를 위한 실천적 제언–사회서비스 수요자 참여의 공식화

공공부문의 개혁을 주도하고 있는 '신공공관리' 및 '참여를 통한 개별화' 전략은 서비스 수요자의 구매력을 신장하여 공공 혹은 민간 영역의 다양한 공급자 중 하나를 직접 선택하도록 함으로써 이용자 중심의 관리를 가능하도록 하고 있다. 그러나 신공공관리는 서비스 수요자를 소비자로 보고 선택권을 강조하고 있는 반면 개별화 전략은 서비스 수요자를 시민권을 가진 개인으로 보고 참여권을 강조하는 측면이 있다.

이러한 수요자 중심의 관리는 유럽의 사회서비스제도 개혁 과정에서 중요한 역할을 담당하였다. 지금의 사회서비스에 해당하는 대인서비스는 주로 가족을 통해 공급되던 복지 생산물로, 18세기 중엽 유럽에서 이런 가족의 역할은 지역사회 주민에게 친숙한 교회나 성당의 지원을 통해 보완되었다. 그러나 1789년 프랑스혁명 이후 종교기관의 정치적·경제적 입지가 약해지면서 지역사회의 대인서비스 공급에 공공부문이 개입하기 시작한다. 1900년대 초반까지 사회서비스는 주로 빈민구제를 목적으로 하는 부조 맥락에서 제공되었는데, 당시의 개입은 이전의 교회나 성당의 활동과 비교되면서 빈민을 기계적으로 통제하는 비인간적인 시책으로 맹렬히 비난받았다. 이러한 요구를 반영하여 유럽 복지국가는 지역사회와 친숙한 비영리조직의 활동을 지원하고 비영리조직이 사회서비스 공급을 주로 담당하도록 하였다. 즉, 유럽 정부가 사회서비스 제도화 과정에서 대인서비스 공급기관으로 주로 민간 비영리기관을 재정적으로 지원하는 공급자 지원 방식을 선택하였던 것 또한 서비스 수요자의 요구를 반영한 결과였다고 할 수 있다.

현대 복지국가에서 수요자 측면의 사회서비스 공급자 선택 및 관리는 신공공관리 기제로서 다시 한 번 주목받고 있다. 신사회적 위험(new social risk)이 부각되고 이를 관리할 사회서비스가 보편적 복지 개념으로 확대되면서 사회서비스에 대한 요구가 다양해졌고 더 이상 비영리조직 중심의 사회서비스만으로는 사회서비스 수요와 이용자의 욕구를 충족시킬 수 없게 되었기 때문이다. 이런 맥락에서 최근 복지국가는 이용자의 구매력과 선택권을 지원하는 수요자 지원 방식, 즉 바우처, 직접지불제도 등을 확대하고 기존의 사회서비스 공급시장에 다양한 기관, 특히 민간영리기관의 참여를 촉진하고 서비스의 양적 · 질적 향상을 유도하고 있다.

한편 이와 더불어 서비스 수요자의 구매력 향상이 실질적인 사회서비스 관리 기제가 될 수 있도록 지원하는 다양한 차원의 이용자 참여 방식이 지역사회 차원에서 시도되고 있음이 주목된다. 이러한 움직임은 '참여를 통한 개별화'를 통해 실질적인 시민 주도 서비스를 구축하기 위해 추진되고 있다. 지방정부 차원에 서비스 수요자 중심의 모니터링 기구가 설치되고, 사회서비스기관 운영에 이용자 및 이용자 가족의 참여를 다양한 조직을 통해 공식화하는 사례가 그 예가 될 수 있을 것이다. 기관 선택권을 갖고 있는 이용자와 이용자 가족이 노인요양시설 및 영 · 유아 보육시설의 운영과 프로그램 계획에 참여할 수 있다면 더 이상 제3자인 공공기관의 서비스 질 평가는 이용자에게 그다지 중요하지 않을 수 있다. 이용자와 이용자 가족이 지역사회 차원의 공급자 모니터링에 참여할 수 있게 된다면 공공부문의 기관 평가, 그리고 사각지대 발굴과 관련된 비용도 절감할 수 있을 것이다. 또한 노인요양시설이나 영 · 유아 보육시설이 이용자 가족의 신뢰를 얻기 위해 한국에서처럼 카메라를 설치하고 기관의 활동을 따로 녹화, 편집해 보여 주는 관행도 불필요해질 것이다. 한국의 바우처 중심의 이용자 구매력 및 선택권 확장이 한 단계 향상된 '서비스 수요자 중심의 사회서비스 관리'로 도약하기 위해서 서비스 수요자의 참여 방식이 사회서비스 기관 및 지역사회 차원에서 어떤 식으로든 공식화될 필요가 있다.

현재 노인 장기요양보험제도와 관련하여 사회복지, 보건, 의료 분야의 공식적·비공식적 자원 연계의 부족, 사각지대 발굴의 문제점, 서비스 질 관리의 소홀 등이 주요한 문제점으로 지적되고 있다. 이러한 문제점은 서비스 수요자 요구의 수렴 과정을 통해 해결되어야 할 문제들로 간주된다. 이와 관련하여 독일의 수발서비스 체계와 서비스 수요자 참여를 공식화하는 조직에 대한 고찰은 향후 한국의 보편적인 수발서비스제도의 도입 및 성공적인 안착을 위한 몇 가지 함의를 제공하고 있다고 할 수 있다.

첫째, 향후 보편적인 수발서비스제도의 성공적인 도입을 위해 수발서비스를 직접 전달하는 기관에 대한 보다 구체적인 규율이 법적으로 확립될 필요가 있어 보인다. 독일은 수발보험법뿐 아니라 수발보험제도 지원, 지역사회조직의 기능 및 운영을 규정하는 근거 법률을 구비하고 있다. 특히 민간 입소시설을 관리·감독하기 위한 법적 근거를 따로 규정하고 있었다. 입소시설 건축물에 대한 시행령, 입소 시설자의 참여권 보장에 관한 시행령, 입소시설 보장에 관한 시행령, 입소시설 직원에 관한 시행령, 돌봄에 관한 법 등이 그것이다. 그리고 이들 법을 통해 지역사회 민관협력조직의 수발서비스시설 관리 및 감독에 대한 기본적인 업무사항과 권한을 실질적으로 부여받고 있었다.

둘째, 향후 설립될 수발서비스 관련 민관협력체에 대한 사전 합의가 지금부터 이루어질 필요가 있어 보인다. 현재 건강보험공단은 노인장기요양보험제도의 성공적인 운영을 지원하기 위한 지역사회 차원의 협의회(지역협의회)의 설립 및 운영을 지원하고 있다. 그러나 이와 관련하여 지역사회 내 충분한 의견조율과 사전합의가 형성되지 못했다는 지적이다. 독일의 경우 기초지자체가 수발서비스에 대한 지역사회 욕구를 파악하고 동원 가능한 인적·물적 자원을 연계하는 실질적인 구심점 역할을 수행하고 있었다. 그리고 이 활동을 통해 이전의 조세로 운영되는 수발서비스의 한계를 인식하였고, 1995년 중앙집권화된 수발보험제도 도입에 대한 사회적 합의를 도출하였다. 또한 수발보험 도입 이후에는 중앙집권적인 보험제도를 지원하는 각종 사업의 지역사회 핵심 조직으로서 역할하고 있었다.

셋째, 향후 보편적인 수발서비스를 지역사회 차원에서 관리 · 감독할 수 있는 기구의 설치 여부에 대해 논의할 필요가 있어 보인다. 현재 한국의 장기요양보험제도에서 지역사회 차원의 서비스 질 관리 기구는 실질적으로 존재하지 않는다. 독일의 경우 수발서비스기관을 모니터링 및 감독하는 지역사회 차원의 기구가 입소시설법을 통해 보장되고 있었다. 이러한 입소시설 감독기구는 서비스 수요자가 직접 참여한 모니터링 내용을 지역사회에 공개함으로써 수발서비스 수요자 권익을 보장하고 서비스기관을 감독하는 주요한 조직으로 제도화되어 있었다.

빠른 시일 내에 장애인을 대상으로 하는 활동지원서비스(수발서비스)가 제도화되는 것도 중요하지만, 실질적으로 장애인들이 비장애인과 동등한 사회구성원으로 지원받을 수 있도록 하기 위해, 활동지원체계의 중앙집권적인 관리 운영을 보충할 수 있는 지역사회 차원의 조직 네트워킹 및 조율에 대한 논의가 적극적으로 진행될 필요가 있을 것이다.

참고문헌

국민건강보험공단 장기요양급여실(2009). 지역협의회관리지침(변경).

박수지(2009). 복지국가의 사회서비스 제도화 및 재구조화에 대한 고찰. 한국사회복지학, 61(3), 155-177.

보건복지부 노인요양제도과(2005). 독일 수발보험 운영현황 및 최근 동향 자료. 보건복지부.

최재성, 박광덕, 박수지(2010). 노인장기요양보험 지역협의회 활성화 방안연구. 국민건강보험. 연세대학교 사회복지연구소.

Bahle, T. (2003). The changing Institutionalization of social services in England and Wales France, Germany: Is the Welfare State on th Retreat. *Journal of European social Policy, 13*(1), 5-20.

Bahle, T. (2007). *Wege zum Dienstleistungsstaat; Deutschland, Frankreich, Grossbritanien im Vergleich.* Wiesbaden: VS Verlag fuer Sozialwissenschaften.

Bäker, G., Naegele, G., Bispinck, R., Hofmann, K., & Neubauer, J. (2008). *Sozialpolitik und soziale Lage in Deutschland: Gesundheit, Familie, Alter und Soziale Dienste.* 4th, Wiesbaden: VS Verlag für Sozialwissenschaften.

Bundesministerium für Familie, Senioren, Frauen und Jugend. (2003). Ihre Rechte als Heimbewohnerinnen und Heimbewohner. Bonn: BFSFJ.

Bundesministerium für Familie, Senioren, Frauen und Jugend. (2004). Rechtliche Grundlage der Heimaufsicht. Bonn: BFSFJ.

Bundesministerium für Gesundheit und Soziale Sicherung. (2005). Soziale Sicherung im Überblick Bonn: Bundesministerium für Gesundheit und Soziale Sicherung.

Dür, U. (2004). *Organisationsentwicklung in den Einrichtungen der stationären Altenpflege.* Marburg: Tectum.

Leadbeater, C. (2004). *Personalisation through participation: A new script for public services.* London: Demos.

Savas, E. S. (2005). Privatization in the city: Success, Failure, Lesson. Washington: CQ Press.

제 10 장

장애와 자립생활

김동기

학습 목표

1. 장애패러다임의 전환을 이해한다.
2. 자립생활의 개념 및 원리를 이해한다.
3. 자립생활운동의 역사 및 중요성을 이해한다.
4. 자립생활센터의 원칙, 법적 환경, 기능 및 주요 서비스를 이해한다.
5. 자립생활과 재활패러다임에 입각한 장애인복지시설과의 관계를 이해한다.
6. 장애인의 사회참여 증진을 위한 자립생활 실천전략을 이해한다.

1. 서 론

장애패러다임의 전환이 1970년대 전후로 미국을 중심으로 시작되었다. 즉, 재활(Rehabilitation)패러다임에서 자립생활(Independent Living; IL)패러다임으로의 전환이 시작된 것이다(Dejong & Wenker, 1983). 장애패러다임(paradigm)이란 장애의 세계를 바라보는 실무자나 연구자들의 개별적인 관점을 의미한다(Dejong, 1981). 즉, 장애문제의 소재가 어디에 있으며, 장애문제를 어떻게 개입할 것인지 등에 대한 장애전문가들의 개별적인 관점을 의미한다. 이와 같은 장애패러다임은 장애인정책 및 실천 현장에서 매우 중요하다. 왜냐하면 장애인에 대해 긍정적인 시각을 형성한다는 것은 우리 사회가 장애인을 가치 있는 존재로 본다는 것이며, 반대로 부정적인 존재로 여긴다는 것은 장애인이 우리 사회에서 중요하게 여기는 가치를 가지지 못했음을 의미하는 것으로, 사회에서 장애를 바라보는 시각이 장애인의 사회적 지위와 그들의 실제적인 삶의 모습에 많은 영향을 미치기 때문이다.

이처럼 장애패러다임의 전환에 중심에 위치하게 된 자립생활패러다임은 장애인복지에 있어서 새로운 패러다임의 변화로서 장애인복지 전반 및 전달체계의 변화이자 당사자 중심 참여로의 전환이며 동시에 선진국을 포함하는 국제사회의 강한 추세를 대변하는 21세기 흐름이다. 공급자 중심에서 소비자 중심으로의 사회복지 이념의 발전과 장애인복지관 및 생활시설의 기초 재활 전달체계에서 지역사회 자립(independence)으로의 확장, 전문가 중심의 규범적 모형에서 장애인당사자 인권운동으로의 전환, 그리고 선진국의 경험으로부터 전 지구촌으로의 확산 등은 자립생활패러다임이 갖는 학술적 · 정책적 중요성을 입증하고 있다. 따라서 이 장에서는 최근 장애인복지의 전반적인 환경에 절대적인 영향을 미치고 있는 자립생활에 대해 종합적으로 고찰해 보고자 한다.

2. 장애패러다임의 전환

전통적인 재활패러다임은 장애인이 환경 속에서 더 잘 기능하도록 장애인을 변화시키기 위해 고안된(designed) 전문적 개입을 강조하지만, 자립생활패러다임은 장애인이 삶의 선택 범위를 넓히는 방향으로 환경을 바꿀 수 있도록 장애인에게 통제권을 주는 것을 강조한다(Smith & Smith, 1994). 이와 같이 개입 방법이 다른 근본적인 이유는 장애문제의 소재를 바라보는 관점이 양자가 극명하게 다르기 때문이다. 즉, 재활패러다임의 경우, 장애문제는 장애인 개인에게 있으며 변화되어야 할 것은 장애인 바로 개인이라는 것이다. 따라서 장애인은 자신의 문제를 극복하기 위해서 의사, 물리치료사, 작업치료사 혹은 직업재활상담가의 지시나 조언에 따라야 한다. 반면 자립생활패러다임의 경우, 장애문제는 장애인 개인에게 있는 것이 아니라 재활패러다임이 제시하고 있는 문제 해결 방법, 즉 의사 대(versus) 환자 또는 전문가 대(versus) 클라이언트라는 의존적인 관계에서 문제의 해결 방법을 찾는 그 자체가 문제라는 것이다. 따라서 재활서비스를 해결책으로 보지 않고 문제의 일부로 보며, 문제가 장애인 개인에게 있는 것이 아니라 재활 과정 및 물리적 환경과 전반적인 사회적 통제기제(control-mechanism)를 포함하는 환경에 있다는 것이다(Dejong, 1981). 따라서 자립생활패러다임에서의 장애란 장애인을 제한하는 모든 것을 함축하는 것으로서 편견에서 제도적인 차별까지, 접근 불가능한 물리적 환경에서 교통체계까지, 분리 교육에서 노동에서의 배제까지를 의미하는 것으로 이해하게 되며(이성규, 2000), 그로 인해 자립생활패러다임은 장애인이 지역사회에서 자립적으로 사는 것을 막는 환경적 장벽을 제거하는 데 초점을 맞추

〈표 10-1〉 재활패러다임과 자립생활패러다임 비교

구분	재활패러다임	자립생활패러다임
문제점	신체장애, 직업능력의 부족	전문 직원과 가족에의 의존
문제의 소재	개인	환경, 재활 과정
문제 해결법	의사, 물리치료사, 작업치료사 등에 의한 전문적 지도	동료와의 상담, 인권옹호, 사회격차 제거 등
사회적 입장	환자, 클라이언트	소비자로서의 시민
추진하는 사람	전문 직원	소비자로서의 시민
추구하는 결과	최대한의 ADL, 수입 있는 고용	자립생활

출처: Dejong(1981).

고 있다(Batavia & Schriner, 2001).

요컨대 자립생활패러다임은 장애인복지에 있어서 새로운 패러다임의 변화로서 장애인복지 전반 및 전달체계의 변화이자 당사자 중심의 참여로의 전환이며, 동시에 선진국을 포함하는 국제사회의 강한 추세를 대변하는 21세기 흐름이다. 공급자 중심에서 소비자 중심으로의 사회복지이념의 발전과 장애인복지관 및 생활시설의 기초 재활 전달체계에서 지역사회자립(independence)으로의 확장, 전문가 중심의 규범적 모형에서 장애당사자 인권운동으로의 전환, 그리고 선진국의 경험으로부터 전 지구촌으로의 확산 등은 자립생활패러다임이 갖는 학술적 · 정책적 중요성을 입증하고 있다.

하지만 재활패러다임에서 자립생활패러다임으로의 전환에 있어서 한 가지 기억해야 할 점이 있다. 즉, 양자 간의 관계다. 우선 재활에서 자립생활패러다임으로의 전환이 재활패러다임에서 제공하는 재활서비스의 포기를 의미하는 것인가? 단연코 그렇지 않다. 장애인의 자립에 의료재활, 교육재활, 직업재활 등 재활의 영역이 존재하지 않는다면 그것은 자립의 도모라기보다는 장애인을 방임하는 것이다. 단지 그 목적이 장애인을 비장애인과 동등하게 만드는 것이냐, 아니면 장애인을 사회의 한 구성원으로서 비장애인과 동등하게 인정하느냐가 문제인 것이다. 전자는 재활이 될 것이고 후자는 자립생활이 될 것이다(이경혜, 2000). 즉, 자립생활로의 전환은 재활서비스의 포기가 아니라 재활서비스의 수용을 의미한다. 하지만 재활서비스를 받아들이는 기본 자세가 재활패러다임과 근본적으로 다르다는 것뿐이다. 자립생활패러다임에서 받아들이는 재활서비스는 장애인을 장애 이전의 상태로 똑같이 만들어 주는 서비스가 아니라, 최소한의 기능회복을 기대하며 받아들이는 차선의 서비스라는 것이다. 다음으로 재활과 자립은 어떤 상호관계를 맺고 있으며, 앞으로 어떤 방향으로 패러다임의 전환이 이루어져야 하는가? 자립생활 모델이 현재 변화의 초기 단계를 넘어서고 있지만, 재활 모델 역시 장애인을 이해하는 데 중요한 개념임을 부정할 수는 없는 일이다. 자립생활운동의 그 기본 원칙을 계속해서 다듬어 나갈 때 자립생활 모델도 더 강화될 수 있을 것이다. 이처럼 장애인의 재활 단계에서 자립생활 단계로의 전환의 시기에는 재활 모델과 자립생활 모델 모두 필요한 모델임을 인식하고 상호보완적이고 상호교류적인 차원에서 다루려는 노력이 필요하다. 그러나 장애인의 진정한 자립생활을 이루기 위해서는 재활 모델에서 자립생활 모델로의 적극적인 전환이 요청된다(오혜경, 1998). 따라서 자립생활이 우리나라에 전국적으로 정착되기 위해서는 국가적 차원에서의 지원과 홍보가 체계적으로 수반되어야 하며, 자립생활의 필요성에 대한 장애인 관련 단체 및 기관들의 인식 전환이 이루어져야 할 것이다.

3. 자립생활의 개념 및 원리

1) 자립생활의 개념

미국에서 처음 등장한 자립생활의 개념은 흑인이나 여성과 마찬가지로 장애라는 이유 때문에 교육, 고용 등 삶의 제반 영역에서 받는 차별과 불평등을 제거함으로써 다른 시민과 동등한 권리를 되찾기 위한 노력을 '일상생활에서의 자립'이라는 이념에서 출발한 것이다(서울시정개발연구원, 2004). 그런데 이와 같은 자립생활은 소극적인 측면에서의 해석과 적극적인 측면에서의 해석이 상이하다. 따라서 자립생활을 어떻게 해석하고 정책에 반영하는지가 매우 중요한 사안이다.

(1) 소극적 개념

서구 산업사회에 있어서 자립적인 것(Independent)이란 스스로 지원 가능한 것, 자조(self-supporting)와 스스로 신뢰할 수 있는 것, 자신감(self-reliant)의 개념으로서 자신의 능력을 중요시하고 있다. 한편 사람들이 신체적인 손상을 입었을 경우, 이는 자신의 일상적인 역할을 자기 스스로 수행할 수 없음을 의미하고, 이러한 사람은 의존적인(dependent) 사람이라고 평가하게 된다. 이처럼 서구문화에 의하면, 자립적이지 못함이라 함은 종속적인 것을 의미하고 의존적이라 함은 다른 사람들에 의해 자신의 삶이 조정되는 것이다(오혜경, 1998).

이는 자립이란 다분히 개인의 문제에 국한된 것으로 자립의 개념을 장애인 개인을 둘러싸고 있는 사회와의 관계를 배제한 매우 협소한 차원에서 정의내린 것으로, 자립을 아무런 도움 없이 모든 일을 스스로 할 수 있다고 소극적으로 정의한 것이다. 이처럼 자립생활을 소극적인 측면에서 개념 정의하게 되면, 신체적 · 정신적 손상으로 인해 사회에서 경험하게 되는 사회적 배제, 분리, 차별 및 편견 등을 해소하기 위한 사회의 정책적 · 제도적 노력은 그 정당성과 필요성을 잃게 된다. 그뿐 아니라 자립생활은 여전히 의료적인 문제에 불과한 것이 된다.

(2) 적극적 개념

Brisenden(1986)은 자립생활 모델에서 장애인의 자립이란 장애인들의 신체나 지능적인 능력과 연관된 것이 아니고, 아무런 지원 없이 스스로를 보호하고 관리한다는 것이 아니라고 지적하였다. 그는 장애인의 자립이란 장애인이 스스로 필요한 원조와 지원을 다양한 지원체계를 통해 제공받음으로써 가능하게 되는 것이라고 주장하였다. 자립을 위한 개인적 지원은 개인 스스로 자신을 조정하는 일이 가능하게 되는 것으로, 이는 하루하루의 일상생활이 자립적인 생활이 될 수 있도록 지원한다는 것이다.

소극적 개념과는 다르게, 적극적인 측면에서의 자립이란 장애인 개인을 둘러싸고 있는 사회 및 환경의 지원을 배제하고는 생각할 수 없는 개념으로서, 장애인이 자신의 욕구를 충족시킬 수 있는 다양한 사회적 지원을 받으면서 자신의 생활 전반을 조정하고 관리하는 주체가 되는 것이다. 즉, 자립생활이란 지역사회의 지원을 기반으로 일상적인 자신의 삶에 대한 통제권을 지닌 채 타인에 대한 의존을 최소화하면서 지역사회 내에서 자신에게 주어진 사회적 역할을 주체적으로 수행해 나가는 삶을 의미한다. 그러므로 적극적 자립생활의 개념에서는 어떤 장애인이 타인의 도움을 더 많이 필요로 한다는 사실만으로 그가 그만큼 더 의존적이라고 단정할 수 없다. 예를 들면, 어떤 장애인이 타인의 도움을 받아 15분 만에 옷을 입고 일하러 나간다면, 2시간 동안 옷을 스스로 입고 집안에 머무는 사람보다 훨씬 더 자립적인 것이다(Dejong, 1981). 이와 같이 일상생활 및 사회생활에서 타인에 대한 의존성이 당사자의 선택권을 전제로 이루어질 경우, 적극적인 측면의 자립생활에서는 이와 같은 장애인을 자립적이라고 본다.

장애인 자립생활의 개념을 이처럼 적극적인 측면에서 접근할 때, 신체적 혹은 정신적 손상으로 인해 사회에서 경험하게 되는 사회적 배제, 분리, 차별 및 편견 등을 해소하기 위한 사회의 정책적 · 제도적 노력은 그 정당성과 필요성을 얻게 된다. 그리고 좀 더 중요한 것은 정당성과 필요성을 떠나서 장애인의 자립생활을 이같이 접근하고 해석하며 정책에 반영하고 실행하는 것이 장애인의 인권, 즉 인간으로서의 존엄성을 회복하는 것에 합치하는 것이기에 매우 중요하다.

아울러 중증장애인의 자립생활은 상대적인(relative) 측면이 강하다. 즉, 자립이란 한 사람 한 사람이 개별적으로 정의하지 않으면 안 되는 상대적인 개념이다(Frieden, Richards, Cole, & Bailey, 1979). 이처럼 장애인의 자립생활이란 장애인이 지니고 있는 장애유형을 포함한 장애인이 처한 모든 상황을 고려해서 개별적으로 정의내릴 수밖에 없는 상대적인 개념인 것이다.

Mathews와 Seekings(1987)는 장애인의 자립을 설명하는 모델로서 재활 모델과 자립생활 모델을 제외한 세 번째 가능성으로 인간발달 모델(human development model)을 제안했다. 이 모델에 의하면, 인간의 자립은 인간과 환경적 특징 간 상호작용의 산물로서, 인간의 특징에는 개인의 신체적 능력, 지식, 기술, 가치, 태도, 개인적 목표들이 포함되고, 환경적 특징에는 물리적 환경, 사회적 환경, 그리고 법률, 정책들과 같은 다양한 체계적 변수(systemic variables)들이 포함된다. 그리고 이러한 개인과 환경적 특징들의 연속체에서 발생하는 변화들이 개인의 자립에 영향을 미칠 뿐 아니라 모든 사람이 극대화된 촉진적인 환경에서 자립하면서 살아가는 것이 이론적으로 가능하다는 것이다.

따라서 중증장애인의 자립생활을 적극적이고 상대적인 개념으로 접근하면, 중증장애인의 자립생활을 구현하기 위해서는 이들의 고용, 의료, 주거, 소득, 교육, 일상생활, 이동 등 삶의 제반 영역에 대한 다학제간(multidisciplinary) 접근을 통해 정책과 제노가 수립 및 집행되어야 함을 일 수 있다.

2) 자립생활의 원리

자립생활의 원리는 몇 가지 가정에 기초하여 이루어져 있다. 첫째, 모든 인간의 삶은 가치 있는 것이다. 둘째, 어떠한 손상을 입은 사람이든지 누구나 자신은 스스로 자신이 원하는 것을 선택할 수 있는 능력이 있다. 셋째, 장애인은 신체적인 반응, 사회적 · 물리적 반응, 지능적인 반응, 감각의 손상, 그리고 정서적인 불안 등 다양한 형태의 기능상의 장애를 가지고 있을지라도 이들은 자신들의 생활 전반을 사정하고 관리하고 조정할 수 있는 권리가 있다. 넷째, 장애인들은 사회생활 전반에 참여할 권리가 있다(오혜경, 1998). 즉, 장애인도 비장애인처럼 지역사회 내에서 가치 있는 인간으로서 자신의 삶의 주체가 되어 삶을 선택, 관리 및 조정할 수 있을 뿐 아니라 그럴 권리를 지니고 있음을 의미한다. 그리고 동시에, 장애인이 지닌 장애는 장애인의 한 가지 특징 혹은 개성에 불과한 것이지, 그것이 장애인 전체를 대변하는 것은 아니라는 것이다.

자립생활의 핵심원리는 문제의 소재가 장애인 개인에게 있지 않으며, 재활 과정을 비롯하여 물리적 환경과 사회 전반에 편재된 사회통제 메커니즘(mechanism)을 포함한 환경에 있다는 것이다. 그리고 이 핵심원리는 다음의 세 가지 전제를 반영하고 있다(Dejong, 1978).

첫째, 당사자 주권을 가져야 한다. 전문가가 아닌 서비스의 실제적인 소비자가 자신들의 이익을 가장 잘 판단할 수 있다는 것이다. 궁극적으로 소비자가 자신들의 이익에 맞춰서 서비스가 어떻게 구성되어야 하는지를 결정하여야 한다.

둘째, 자기신뢰가 이루어져야 한다. 장애인들은 무엇보다도 자신들에게 주어져야 하는 권리와 혜택을 얻어낼 수 있는 자신들의 자원과 능력에 대한 믿음을 가져야 한다.

셋째, 정치 및 경제적 권리를 가져야 한다. 장애인들은 다양한 정치 및 경제적 영역에서 자유롭게 자신들의 이익을 위해 활동할 권리가 있다.

이런 원리를 재해석하면, 자립생활의 원리는 장애인당사자 중심, 지역사회 중심, 인권 중심으로 볼 수 있다. 자립생활 모델에서는 장애인문제에 대한 의료적 · 직업훈련적 접근보다는 지역사회생활에서 발생되는 문제의 제거 및 해결, 이를 위한 장애인당사자의 주체적인 역할과 그것을 위한 지원을 중시하는 것이다(김동호, 2000). 결국 장애인이 어디에 살고, 어떻게 살며, 그 환경에 어려움이 있다는 등 그 자체가 중요한 것이 아니라 그 상황 결정 과정에 있어 당사자인 장애인 자신이 얼마나 참여했는지가 더 중요한 핵심이다. 따라서 자신의 의사결정과 행동에 대한 책임성은 자립생활 원리에 있어 매우 중요한 것이다(Nosek, 1988).

4. 자립생활운동의 역사 및 중요성

자립생활운동은 장애인이 스스로의 삶을 영위해야 한다는 운동이다. 즉, 장애인당사자가 스스로 자신의 삶의 방식을 결정하고 그 생활 전반에 걸쳐 스스로의 삶을 주체적으로 이끌 뿐 아니라 사회활동에 적극적으로 참여하는 것이 바로 장애인의 자립생활운동인 것이다. 따라서 자립생활운동은 장애인에게 도움을 주거나 장애인에게 전문적인 서비스를 제공하는 모든 사람도 장애인의 인생에 개입할 수 없다는 점에서 의미를 지닌다. 다음에서는 자립생활운동의 역사와 그 중요성에 대해 살펴보도록 하자.

1) 자립생활운동의 역사

자립생활운동의 역사에 대해 미국과 일본은 개략적으로, 그리고 우리나라는 좀 더 자세하게 살펴보면 다음과 같다(변경희, 정무성, 고관철, 김동기, 나운환, 이거우 외, 2008; 최윤영, 이경준, 2010). 우선 미국의 경우, 1950년대부터 자립생활에 대한 필요성이 제기되었는데, 이는 1960년대 공민권, 시민권, 소비자운동 등에 그 이념적 배경과 시기를 같이하면서 차별과 불이익 없는, 장애인의 시민으로서의 동등한 삶을 지향하는 본격적인 장애인 자립생활운동의 서막이 되었다. 특히 1972년 캘리포니아의 버클리에 최초의 자립생활센터(Center for Independent Living; CIL)가 설치되어 연방정부의 재정지원을 받게 되면서부터 많은 자립생활센터가 탄생하게 되었으며, 1981년에는 전미장애인자립생활협의회가 설립되어 보다 체계적인 장애인 운동의 기틀을 마련하고 선구적이고 모범적인 장애인운동을 다양하게 전개하였다. 이러한 미국의 자립생활운동은 중증장애인이 구심점이 되어 자신들의 대사회적 참여권 보장 및 획득을 위한 적극적인 사회정치적 노력으로 일궈 낸 의미 있는 사회변혁운동이라 볼 수 있으며, 2007년 기준으로 미국 내 500여 개소의 자립생활센터가 존재하는 것으로 보고되고 있다.

다음으로 일본의 경우, 1981년 세계 장애인의 해를 맞아 전국적인 자립생활 세미나가 개최되었고, 이 세미나에 초청된 미국의 자립생활운동 및 센터의 지도자들이 당시 일본의 중증장애인들에게 적지 않은 영향을 끼치기 시작하였다. 동시에 이미 일본사회에서 장애인에 대한 인권유린이 자행되던 역사적 사건을 계기로 사회개혁을 주창해 오던 장애인단체들을 중심으로 인권회복 측면에서의 장애인운동이 전개되었는데, 이것이 오늘날의 자립생활 이념과 맥을 같이한다고 보는 견해도 있다. 1986년 하치오지 시에 최초의 자립생활센터가 설립되었고, 이후 2003년까지 전국에 110여 개의 자립생활센터가 설립된 것으로 보고되었다.

마지막으로 우리나라의 경우를 좀 더 자세하게 살펴보면, 한국에서의 자립생활 전개 과정은 1997년으로 거슬러 올라간다. 1997년 한국에서 개최된 국제장애인 학술대회에 일본의 자립생활 지도자 나카니시 쇼지 씨가 방한하였다. 당시 아시아에 자립생활 이념을 보급하고자 사명감이 높았던 나카니시 쇼지씨는 한국에 자립생활 이념을 보급하고 세미나를 공동 개최 가능한 협력단체를 찾고 있었다. 몇몇 단체가 물색되어 타진해 보았으나 결과적으로 한국소아마비협회가 선정되어 파트너로서 자립생활 이념을 보급하고자 3년 프로젝트를 실시하게 되었다. 1998년 5월 25일부터 27일까지 3일간 자립생활 실천 세미나가 정립회관에서 실시되었고 처음 소개되는 자립생활의 이념에 대하여 참가자의 대부분은 충분한 의미를 인식하지 못했지만 중증장애인의 새로운 지원 모델이라는 필요성을 인식할 수 있었던 좋은 계기가 되었다. 다음 해인 1999년에는 한국의 자립생활 지도자 4인을 일본에 초청하여 2주일간 자립생활 연수를 실시했으며 자립생활 이념과 실천의 실제적인 보급을 시도하였다. 2000년에는 '한 · 일장애인자립생활세미나 2000'이 제주, 광주, 대구, 서울 등 4개 장소에서 개최되었고 전국적인 홍보 전략과 함께 자립생활의 이념 보급과 중증장애인의 새로운 지원 모델의 가능성이라는 혁신적인 방향성을 제시하였다. 2000년 한 · 일 장애인자립생활 순회세미나가 끝난 후 한국소아마비협회와 일본 장애인자립생활센터협의회가 함께 한국 내의 장애인자립생활센터를 육성하기 위한 기금인 '한국 장애인자립생활지원기금'을 조성하였다. 이 기금은 사회적 지원체계가 만들어지지 않은 시기에 장애인자립생활센터가 자리 잡을 수 있도록 일정 정도의 재정문제를 해결하는 역할을 수행하였다.

3년간의 프로젝트를 종료하면서 한국소아마비협회 내에 한국자립생활지원기금이 정식으로 조직되었다. 이 기금은 일본의 장애인자립생활센터협의회 후원으로 설립되었으며 이를 통하여 동대문 피노키오 장애인자립생활센터와 광주 우리이웃 장애인자립생활센터가 우리나라 최초의 장애인자립생활센터로 자리 잡았다. 한국의 자립생활센터의 조직은 민간조직을 중심으로 점차로 확대되어 갔다. 우리나라에서 자립생활에 대한 관심과 이념의 보급이 점차로 확대되고 있는 가운데 정립회관이 2001 동료상담학교를 4회에 걸쳐 실시했으며, 이 프로그램을 수강한 전국에서 올라온 청년 장애인들이 자립생활의 이념 보급과 실천을 위하여 각지에서 노력하면서 자조조직을 결성하여 장애인자립생활센터로서의 기틀을 마련해 가는 계기가 되었다.

2001년 4월 공공기관으로서는 처음으로 국립재활원에서 '중증장애인 자립생활 현황 및 향후 방향'이라는 주제로 세미나를 개최하였다. 이 세미나는 국가 공공단체에서 자립생활에 관심을 표명했다는 데 큰 의의가 있다고 볼 수 있다. 이 세미나를 통하여 기존의 재활 모델의 문제점을 지적해 보고 중증장애인의 자립생활지원에 어떠한 방법들이 선행되어야 하는지에 대하여 이론적인 논제를 제기했다고 볼 수 있으며 기존의 재활 관련 분야에서 자립생활을 조명해 보는 좋은 계기가 되었다.

2002년 11월 상반기부터는 '서울시 장애인자립생활센터 시범사업'이 시작되어 5개 센터[1]가 지원을 받아 활동보조사업을 시작하였으며, 2003년 7월 1일부터 사회복지공동모금회 중앙회 기획사업 제2주제 '중증장애인의 지역사회 자립생활기반 조성사업'이라는 자립생활 지원사업을 통하여 전국 7개소의 장애인자립생활센터[2]가 선정되었고, 이를 바탕으로 한국에 실질적인 자립생활이 뿌리내릴 수 있는 기틀이 마련되었다. 이후 정부의 장애인자립생활센터의 필요성이 인정되고 자립생활 활동가들의 노력의 결과로 2005년 4월 최초로 국가지원의 장애인자립생활센터운영이 시작되었다. 2005년 시범사업센터로는 서울 지역 3개소, 제주 · 전주 · 부산 · 충남 · 경남 · 광주 · 대구 지역 7개소 등 총 10개 센터가 선정되었다. 그리고 2011년 4월 현재 전국에 약 200여 개의 자립생활센터가 운영되고 있는 것으로 추정된다.

1) 피노키오장애인자립생활센터, 광진장애인자립생활센터, 서울장애인자립생활센터, 중증장애인독립생활연대, 자립생활프렌드케어.

2) will장애인자립생활센터, 서울장애인자립생활센터, 노들장애인자립생활센터, 중증장애인독립생활연대, 전북손수레장애인자립생활센터, 우리이웃장애인자립생활센터, 제주장애인자립생활센터.

2) 자립생활운동의 중요성

자립생활운동이 중요한 이유는 첫째, 장애가 의료적인 것이 아니라 사회적이기 때문이다. 즉, 앞에서도 언급하였듯이 장애란 장애인에 대한 제한을 함축하는 모든 것으로서, 편견에서 제도적인 차별까지, 접근 불가능한 공공건물에서 사용 불가능한 교통체계까지, 분리교육에서 노동에서의 배제까지를 의미한다(이성규, 2000). 즉, 신체적 · 정신적 장애 그 자체가 문제가 아니라 장애인을 집단적으로 가치절하하고 체계적으로 배제하는 구조화된 사회적 의식과 제도들이 문제라는 것이다. 따라서 장애문제를 해결하기 위해 변해야 할 대상은 장애인 개인이 아니라 장애인을 체계적이고 구조적으로 억압하고 배제하는 편견과 차별의 사회적 환경이다. 그리고 사회행동(social action)이 이와 같은 사회환경을 개선할 수 있는, 그리고 그로 인해 장애문제를 해결할 수 있는 가장 실효성 있는 방법이며, 자립생활운동은 바로 그 사회행동에 속한다. 따라서 장애인들의 진정한 사회참여를 구조적이고 체계적으로 배제하는 사회 내의 편향된 의식과 각종 제도를 없애고 평등지향의 새로운 의식과 제도들을 만듦에 있어서 자립생활운동이 주도적으로 앞장서야 할 것이다.

자립생활운동이 중요한 두 번째 이유는 자립생활운동의 주체가 장애인 당사자이기 때문이다. 즉, 장애인이 직면한 문제와 욕구를 가장 정확히 알고 있는 자는 소위 재활전문가 또는 사회복지전문가가 아니라 장애인당사자다. 따라서 장애인당사자가 주체가 되어 진행하는 자립생활운동이야말로 장애인들의 권리에 기반하여 그들의 욕구를 가장 충실히 충족시켜 줄 수 있는 정책과 제도를 이끌어 낼 수 있다는 것이다.

요컨대 자립생활운동은 장애인을 둘러싼 사회환경과 관련된 변화의 방향을 전문가가 아니라 장애인당사자들에게 초점을 맞춤과 동시에 급격한 변화를 이끌어 낼 수 있기 때문에 그 중요성이 매우 크다 할 것이다.

5. 자립생활과 자립생활센터

1) 자립생활과 자립생활센터의 관계

자립생활센터는 자립생활운동의 창시자인 Ed Roberts가 설립 · 운영한 버클리 자립생활센터를 원형으로 한다. 버클리 자립생활센터는 1971년 Roberts와 그의 동료들이 자립생활운동의 일환으로 중증장애인 개개인의 자기결정권을 신장하고 타인에 대한 의존을 최소화하기 위한 직접 서비스 및 의뢰 · 조정 서비스 제공을 목적으로 처음 설립 · 운영되었다(서울시정개발연구원, 2004). 이와 같은 자립생활센터는 지역사회를 기반으로 하는 비수용시설로 소비자 주도와 소비자 참여를 특징으로 하고 있다. 또한 자립생활센터는 중증장애인들의 자기결정능력을 증대시키고 타인에 대한 의존성을 최소화하는 데 필요한 서비스를 직접적으로 제공하거나 의뢰를 통해 간접적으로 조정하는 일을 한다. 즉, 자립생활센터는 소비자에 의해 운영되는(consumer-controled) 지역사회 중심의(community-based), 전 장애영역을 포함하는(cross-disability) 비수용시설(non-residential)이면서 비영리(non-profit)기관이다(Frieden et al., 1979).

이와 같은 자립생활센터는 중증장애인의 자기결정권과 선택이라는 자립생활패러다임의 원칙에 기반하여 직접적으로 자립생활서비스를 제공해 줌과 동시에 중증장애인이 지역사회에서 자립적으로 사는 것을 방해하는 환경적 장벽을 제거하는 데 앞장서고 있다(Batavia & Schriner, 2001). 즉, 자립생활센터는 직접적인 지원서비스를 제공함과 동시에, 소비자인 장애인들에게 그들의 목적을 달성함에 있어 환경적인 제약들을 확인시켜 줌으로써 긍정적인 변화를 이끌어 낼 수 있는 방법을 가르쳐 준다(White & Gutierrez, 1996).

따라서 자립생활센터는 자립생활패러다임을 기반으로 운영되는 일종의 서비스 제공기관의 성격임과 동시에 중증장애인의 권익옹호에 앞장서는 운동단체로서의 성격을 지니고 있음을 알 수 있다. 그리고 이와 같은 자립생활센터가 존재하는 목적, 센터의 운영원칙 및 방향성에 대한 절대적인 기준이 바로 자립생활패러다임임에는 틀림이 없다. 그리고 이는 1985년 미국장애인평의회(National Council on the Handicapped; NCH)의 승인을 거쳐 만들어진 자립생활센터의 기준인 'NCH 기준'에도 잘 드러나 있다. NCH 기준에는 자립생활센터의 철학, 대상 집단, 성과 및 영향, 서비스 과정, 조직의 관리와 운영, 평가 등의 여섯 가지 기준에 대해 명시해 놓았는데(Lacht, 1988), 이들 중 자립생활센터의 철학을 살펴보면 자립생활패러다임이 자립생활센터의 운영에 있어 절대적인 기준임을 확인할 수 있다. NCH 기준 중 철학에 대한 내용은 〈표 10-2〉에 제시된 바와 같다.

〈표 10-2〉에 제시된 자립생활센터의 철학에 대한 기준은 기존의 재활패러다임하에 서비스를 제공하던 다른 전달체계와 자립생활센터를 구분하는 기준이므로 매우 중요하다. 즉, 중증장애인이 자신들의 생활을 관리하고 나아가 사회구성원들을 위해 헌신적으로 활동할 수 있음을 강조하는 것이다. 이러한 철학 안에서 자립생활센터의 서비스 전달체계는 장애인들의 권리와 위엄을 존중해야 하며, 이들이 받는 서비스의 본질과 특성에 영향을 미칠 수 있는 모든 의사결정에 당사자가 관여되어야 한다는 요건은 절

〈표 10-2〉 NCH가 제시한 자립생활센터의 기준

기준	내용
철학	센터의 운영과 관리에 있어서의 당사자 주도, 자립생활서비스의 목적과 서비스 개발에 있어서 당사자 주도, 자조 및 자기옹호, 장애인 개개인의 사회에 대한 동등한 접근, 프로그램과 시설에 대한 동등한 접근, 동료관계와 동료역할 모델의 개발, 지역사회에서의 구체적인 자립생활 욕구에 대한 충족, 모든 장애인을 대상으로 하는 서비스 제공

대적인 것이다. 이러한 철학적 기준이 없다면, 기존의 많은 전통적인 재활패러다임의 서비스 전달체계와 자립생활센터는 별반 다르지 않을 것이다(Lacht, 1988). 요컨대 자립생활패러다임과 자립생활센터의 관계를 정리한다면, 자립생활패러다임에 의해 운영되고 자립생활패러다임이 궁극적으로 추구하는 장애인 자립생활을 위해 존재하는 현실적인 대안적 프로그램이 자립생활센터다.

2) 자립생활센터의 운영원칙

자립생활센터의 운영원칙은 미국 재활법(75조)에 잘 명시되어 있으며, 그 내용은 다음과 같다(Dejong, 1983). 첫째, 센터의 운영 방향과 정책 수립, 의사결정, 서비스의 실천과 경영에 있어서 소비자에 의한 관리(consumer controled)다. 이것은 장애를 가진 사람이 조직의 정책이나 운영절차, 서비스 제공, 지역사회활동 등을 관장하는 결정에 주도적인 역할을 해야 함을 의미한다. 이런 입장에서 넓은 의미의 '소비자(consumer)'란 직접적으로 서비스를 받는 장애인을 포함하여 권익옹호활동의 노력으로 인해 이차적인 혜택을 받게 되는 장애인들까지 의미하는 것이다. 의사결정에 있어서의 소비자 주도는 정책, 운영절차, 서비스, 활동 등이 장애인들의 욕구에 민감하게 반응하고 이들의 권리가 존중될 수 있도록 하기 위한 것이다.

둘째, 자조와 권익옹호(self-help and self-advocacy)활동의 전개다. 자립생활은 당사자가 자립적인 생활양식을 이루어 내기 위해 지역사회 내의 환경 및 사회적인 장애물이 반드시 제거되어야 한다는 입장을 가지고 있다. 따라서 이를 위해 개별서비스와 지역사회 권익옹호, 이 두 가지 모두를 위해 힘을 쏟아야만 한다.

셋째, 동료관계 및 동료 간 역할 모델의 발전이다. 자립생활에서 동료 역할 모델을 강조하는 것은 장애를 가지고 자신들의 지역사회에서 생산적이고 의미 있는 삶을 성공적으로 달성한 동료 장애인들의 식견과 지원이 장애를 가진 다른 이들에게 크게 도움이 된다는 신념을 반영하고 있다는 것이다. 자립적인 생활을 얻어 내고자 노력하는 장애인당사자들에게 이러한 동료는 강력한 역할 모델이자 촉매자가 되는 것이다.

넷째, 공공기금, 민간기금을 불문하고 사회 및 모든 서비스와 프로그램, 활동, 자원, 설비에 대한 중증장애인의 평등한 접근이 보장되어야 한다. 자립생활 프로그램은 소비자들이 서비스에 쉽고 평등하게 접근하도록 구성되어야 한다. 자립생활센터에 있어서, 이러한 노력은 소비자들에게 서비스 접근 방식을 알리고 서비스를 필요로 하는 소비자들에게 즉각적으로 반응하는 아웃리치(outreach)를 통해 표방된다.

따라서 자립생활센터의 운영 원칙은 장애인당사자 주도에 의한 운영, 동료 지지의 중요성, 개별서비스 제공 및 지역사회 권익옹호 등으로 특징 지어질 수 있으며, 동시에 자립생활센터는 전 장애 영역(cross disability) 포함 및 탈시설화(deinstitutionalization)를 강조하고 있음을 알 수 있다.

3) 자립생활센터의 법적 환경

자립생활의 발원지인 미국의 경험에서 유추해 볼 때, 장애인들이 자신의 삶의 주체로서 자립적인 생활을 영위하기 위해서는 장애인들의 지역사회 참여를 위한 각종 지원서비스와 아울러 사회적 장애물(barrier)의 제거가 필수적인 과제로 등장한다. 이것은 자립생활운동이 단순히 장애인복지서비스 영역에서만이 아닌 사회 전반에 걸친 변혁을 필요로 한다는 것을 의미한다. 그러므로 자립생활운동을 현실적으로 보장하는 법적·제도적 장치들이 부재한 경우, 장애인의 자립생활이란 단순한 수사에 그칠 우려가 있다(이소영, 2005). 그만큼 자립생활센터에 대한 법적 장치의 마련은 장애인의 자립생활 달성과 자립생활센터의 안정적인 운영 및 확립을 위해서 필수불가결한 요소임을 알 수 있다. 이에 자립생활운동의 발원지인 미국과 2007년 「장애인복지법」이 개정되면서 자립생활 관련 조항이 뒤늦게나마 명문화된 우리나라를 중심으로 자립생활센터의 법적 환경을 살펴보고자 한다.

(1) 미국

미국의 경우 1973년 재활법(Rehabilitation Act)은 자립생활운동에 커다란 도약을 가져다주었다. 첫째, 이 법에서는 대부분의 중증장애인들이 최우선적으로 서비스를 받도록 강제하고 있다. 둘째, 제V항에서 장애인의 법적 권한을 확대하고 있다. 501조와 503조에서는 장애인의 고용에 대해, 연방정부의 책임하에 연방정부와 계약한 조직이 적극적인 조치를 취하도록 강제하고 있다. 502조에서는 건축물과 교통시설준수위원회(the Architectural and Transportation Compliance Board)를 신설하도록 하고 있다. 그리고 504조에서는 어떠한 프로그램이나 활동, 연방정부의 재정보조 등과 관련하여 장애로 인한 차별을 금지하고 있다. 앞에서 언급한 4개조로 구성된 제V항은 재활법의 시민권 항(Civil Rights Title)이라 불린다. 그리고 자립생활서비스에 재정지원이 요구되는 법적 강제력은 카터 대통령이 1978년 P.L. 95-602에 서명하면서 생겼다. 이 수정 재활법에서는 제VII항이 '자립생활을 위한 포괄적 서비스(Comprehensive Services for Independent Living)'라는 이름으로 신설되었다. 이 항에서는 네 가지로 구성된 프로그램을 제공하고 있다. 첫째, 주 정부의 직업재활국에 의해 운영되는 자립생활 프로그램, 둘째, 자립생활센터에 대한 보조금지원 프로그램, 셋째, 시각장애가 있는 노인들에 대한 자립생활 프로그램, 넷째, 중증장애인들의 권리를 보호해 줄 수 있는 보호 및 옹호 프로그램이다(Dejong, 1981).

그리고 1986년의 개정을 통해 자립생활센터에 대한 소비자 통제가 강화되었다. 즉, 각 주는 자립생활서비스의 확장 또는 수정을 결정하는 데 있어, 주 자립생활평의회(State Independent Living Council; SILC)의 권고사항을 고려하도록 하였으며, 자립생활평의회와 센터위원회에 장애인이 다수를 차지하도록 함으로써 소비자 통제와 장애인당사자주의의 이념이 강화되었다. 또한 자립생활센터에 직접적인 재정지원이 가능해진 것은 1992년의 개정 이후의 일이다. 즉, 각 주의 상대적인 인구에 따라서 지원금이 할당되며, 특히 Part C의 이양금은 센터에 직접 제공될 수 있게 하였다. 정부의 재정적 지원을 받는 센터의 요건은 소비자 통제, 지역사회 기반, 전 장애 영역, 비수용형 비영리기구로서 정의되고 있다. 1992년 개정을 통하여 자립생활센터에 대한 재정적 지원이 명확화됨과 동시에 센터의 요건도 확립됨으로써 자립생활운동을 안정화시키는 기틀이 마련되었다고 볼 수 있다(이소영, 2005).

(2) 한국

우리나라의 경우, 지난 2007년 4월에 비로소 「장애인복지법」 내에 자립생활 관련 법조항이 신설되었고, 10월 「장애인복지법 시행령」이 개정되었다. 2007년 4월에 개정된 「장애인복지법」의 장애인 자립생활센터 관련 조항을 살펴보면 〈표 10-3〉에 제시된 바와 같다.

〈표 10-3〉 2007년 자립생활센터 관련 「장애인복지법」 개정

조	내용
제53조 자립생활지원	국가와 지방자치단체는 중증장애인의 자기결정에 의한 자립생활을 위하여 활동보조인의 파견 등 활동보조서비스 또는 장애인보조기구의 제공, 그 밖의 각종 편의 및 정보 제공 등 필요한 시책을 강구해야 한다.
제54조 중증장애인 자립생활지원 센터	① 국가와 지방자치단체는 중증장애인의 자립생활을 실현하기 위하여 중증장애인 자립생활지원센터를 통해 필요한 각종 지원서비스를 제공한다. ② 제1항의 규정에 따른 중증장애인 자립생활지원센터에 관하여 필요한 사항은 보건복지부령으로 정한다.

이처럼 「장애인복지법」 개정을 통해 자립생활센터의 법적 근거는 마련되었지만 그 이후로 위의 제54조 2항에 따른 자립생활센터에 관한 필요사항에 대한 보건복지부령 개정은 무기한 연기되었다. 그리고 4년이 지난 2011년 4월에서야 비로소 「장애인복지법 시행규칙」이 개정되어 자립생활센터의 운영기준이 새롭게 마련되었다. 이에 대한 자세한 내용은 〈표 10-4〉

〈표 10-4〉 2011년 자립생활센터 관련 「장애인복지법 시행규칙」 개정

조	내 용
제39조의2 (중증장애인 자립생활지원 센터의 운영기준)	① 법 제54조 제2항에 따른 중증장애인자립생활지원센터(이하 "자립생활센터"라 한다)의 의사결정, 서비스 제공 및 운영 등은 장애인 주도로 이루어져야 하며, 그 운영기준은 다음 각 호와 같다. 1. 자립생활센터는 의사결정기구의 과반수를 장애인으로 구성하여야 한다. 2. 자립생활센터는 장애동료 상담전문가 1인 이상의 인력을 갖추어야 하며, 센터의 장 이외의 직원 중 1인 이상은 장애인이어야 한다. 3. 자립생활센터는 법 제54조 제1항의 목적을 실현하기 위하여 다음 업무를 주로 수행하여야 한다. 가. 장애인의 자립생활 역량강화 및 동료상담 등 장애인 동료에 의한 서비스 지원 나. 모든 유형의 장애인이 지역사회에서 참여적이고 통합적인 생활이 가능하도록 정보제공 및 의뢰 등 다양한 서비스의 제공과 이를 실현할 수 있는 지역사회의 물리적 · 사회적 환경개선사업 다. 장애인이 지역사회에 참여하고 생활하는 데 있어서의 차별 해소 및 장애인 인권의 옹호 · 증진 라. 중증장애인에게 적합한 서비스의 제공 ② 지방자치단체는 보조금을 지원하는 자립생활센터를 정기적으로 평가하여야 하고, 평가 시 제1항의 운영기준에 대한 성과를 중시해야 한다. ③ 자립생활센터는 조직 운영, 사업 수행, 재정 확보, 운용 등에 대해 객관적으로 평가받을 수 있도록 관련 기록 및 자료를 관리하여야 한다. ④ 그 밖에 자립생활센터의 운영에 관하여 필요한 사항은 보건복지부장관이 정한다.

와 같다.

이처럼 「장애인복지법 시행규칙」이 개정되어 자립생활센터 운영기준에 대한 법적 근거가 좀 더 명확하게 자리매김되었다. 하지만 2011년 4월 「장애인복지법 시행규칙」 개정은 큰 제한점을 지니고 있다. 즉, 자립생활센터가 현재 보건복지부 시범사업으로 진행되고 있는데, 앞으로 자립생활센터의 설치 및 지원에 대한 방향성을 전혀 제시하지 못하고 있다. 예를 들면, 자립생활센터 종사자에 대한 인건비 및 관리운영비 지원의 기준, 근거 및 규모 등에 대한 내용은 누락되어 있다.

4) 자립생활센터의 기능

장애인자립생활센터는 이와 같은 원칙하에 서비스 전달체, 지역사회 참여의 장, 사회운동체라는 세 가지 기능을 담당해야 한다(변경희 외, 2008).

(1) 서비스 전달체로서의 기능

우선 장애인자립생활센터는 장애인들의 자립생활을 지원하고 당사자의 역량강화를 도모할 각종 서비스를 제공해야 한다. 장애인들에게 있어 자립생활은 실패의 가능성을 동반한 위험한 선택이다. 이러한 선택이 나름의 의미 있는 결과로 이어지기 위해서는 다양한 서비스를 필요로 한다. 그러므로 자립생활지원과 역량강화를 위한 서비스 전달체로서 장애인자립생활센터는 활동보조서비스, 정보 제공 및 의뢰, 자립생활 기술 훈련, 주택의뢰 및 지원, 보장구 지원 빛 보수, 이동서비스, 권리주장훈련, 동료상담 등의 사업을 진행해야 한다.

(2) 지역사회 참여의 장으로서의 기능

다음으로 장애인자립생활센터는 지역사회 참여의 장으로서 기능해야 한다. 장애인이 시설에서 나와 자립생활을 감행하는 궁극적인 이유는 분리되어 살지 않고 지역사회에서 어울려 살기 위함이다. 따라서 장애인자립생활센터는 장애인이 지역사회에 능동적으로 참여할 수 있고 그 속에서 지역주민들과 지극히 평범한 일상을 자연스레 공유하며 어울릴 수 있는 여건을 마련하고 그러한 어울림의 장으로 기능해야 한다. 따라서 지역사회 참여와 어울림의 장으로서 장애인자립생활센터는 장애인들이 지역사회에 능동적으로 참여하여 지역주민들과 함께 평범한 일상을 엮어 갈 수 있도록 의식적인 노력을 경주해야 한다. 그와 관련된 사업으로서 장애인자립생활센터는 지역사회 인식개선사업, 지역사회 인적·물적 네트워크 구축, 여가문화 이벤트사업 등을 수행해야 한다.

(3) 사회운동체로서의 기능

마지막으로 장애인자립생활센터는 사회운동체로서 기능해야 한다. 장애는 의료적이기보다 사회적이다. 장애인을 집단적으로 가치절하하고 체계적으로 배제하는 구조화된 사회적 의식과 제도에 대한 문제 제기와 개선을 이루어 내고 장애인의 평등한 사회참여를 가능케 할 제반 환경과 제도적 장치를 만드는 노력을 의식적으로 전개해야 한다. 이를 위해 장애인자립생활센터는 장애인들의 사회참여를 구조적이고 체계적으로 배제하는 사회 내의 편향된 의식과 각종 제도를 없애고 평등지향의 새로운 의식과 제도를 만드는 일에 결합해 들어가야 한다. 즉, 장애인자립생활센터는 사회적 장벽제거 및 시스템적 권익옹호와 관련하여 이동권 및 접근권 운동, 반차별 운동, 탈시설화 운동, 장애인자립생활 제도화 연구사업 등을 진행해야 한다.

5) 자립생활센터의 서비스

보건복지부의 2011 장애인복지사업안내에 따르면, 자립생활센터의 기본사업은 정보 제공과 의뢰(information/referral), 권익옹호(advocacy), 동료상담(peer counseling), 자립생활기술훈련(independent living skill training)의 네 가지이고, 선택사업은 활동보조서비스(personal assistance service), 주거서비스(assistance in obtaining and modifying accessible housing), 이동서비스(transportation), 보조기구 관리 · 수리 · 임대(equipment maintenance, repair and loan) 및 기타 사업의 다섯 가지로 총 아홉 가지의 서비스로 분류된다(보건복지부, 2011). 각 서비스에 대한 구체적인 내용은 〈표 10-5〉와 같다.

〈표 10-5〉 자립생활센터의 서비스

구분	자립생활서비스	내용
기본 사업	정보 제공과 의뢰	자립생활에 영향을 미칠 수 있는 각종 제도 · 정책, 지역사회 자원에 대한 정보 제공과 다른 기관에서 적절한 서비스를 받을 수 있도록 알선하는 활동
	권익옹호	개인적 · 사회적 권리 침해에 대해 옹호적 활동을 하고, 법률적 자문지원 * 인권교육 및 인식 개선 사항 등을 포함할 수 있다.
	동료상담	자립생활을 경험한 동료장애인에 의하여 제공되는 상담 동료역할 모델을 통해 자기신뢰(장애수용) 등을 목적으로 한다. 이외 가족관계, 지역사회자원 활용방법, 곤란한 문제에의 대처방법 및 법률적 자문 등에 대해 상담을 하거나 정보를 제공한다.
	자립생활 기술훈련	스스로의 의사결정의 중요성, 활동보조서비스 관리, 신변처리 및 일상생활 관리, 개인 재정관리, 지역사회자원의 활용 등에 대한 교육 프로그램 · 동료지원 방식을 적극 활용한다. * 자립생활 체험홈을 활용하는 프로그램을 포함할 수 있다. * 장애인의 자립을 위한 기본적인 교육활동 프로그램도 포함할 수 있다(예: 야학, 검정고시 대비 등).

선택 사업	활동보조서비스	중증장애인에게 신변활동, 가사 및 일상생활의 보조, 이동 등의 활동보조서비스 지원 ※활동보조서비스를 자원봉사서비스와는 달리 유료로 하는 것은 장애인이 선택권과 결정권을 가지고 서비스를 구매하는 소비자(당사자)의 입장에서 서비스 시간, 용도 등을 스스로 결정할 수 있게 하여 자신의 삶에 대한 통제권과 자율성을 높이기 위한 것이다.
	주거서비스	주택의 개조(改造), 소개, 주택비용의 조성, 지원 제도의 활용 등의 서비스
	이동서비스	리프트 차량 등을 활용한 이동(Door to Door)서비스
	보조기구 관리, 수리, 임대	각종 장애인보조기구, 관련 장비의 유지 · 관리 및 지원
	기타 사업	시설장애인의 자립생활전환 지원사업, 장애청소년사업, 가족지원사업, 교육 · 훈련사업, 고용지원사업, 자원개발사업 등 기타 사업

6. 자립생활과 재활패러다임에 입각한 장애인복지시설과의 관계

자립생활패러다임의 확산은 곧 기존의 재활패러다임의 포기가 아니라 양자 간의 공존을 의미한다. 따라서 재활패러다임을 중심으로 하고 있는 기존의 장애인복지시설과 자립생활과의 관계를 짚어 보는 것은 매우 의미 있는 일이다.

1) 자립생활의 생활시설에의 적용 방안

자립생활은 현재 장애인복지정책뿐 아니라 실천 현장에서도 거부할 수 없는 흐름이며, 생활시설 또한 자립생활의 이념을 수용하고 받아들여야 할 상황에 놓여 있다. 이에 자립생활의 생활시설에의 적용 방안에 대해 살펴보도록 하겠다.

첫째, 시설장의 자립생활패러다임에 대한 진정한 인정이 필요하다. 시설경영은 시설장의 비전과 가치관, 그리고 장애를 바라보는 관점에 따라 크게 달라지는데, 향후 시설장은 자립생활패러다임을 시설경영의 큰 축으로 인정해야 할 것이다. 자립생활패러다임을 시설경영의 큰 축으로 인정한다는 것은 장애인의 선택권과 결정권을 존중하기 위해 시설경영을 비장애인 전문가 중심이 아닌 장애인 비전문가 중심으로 전환함을 인정하는 것이며, 더 나아가 시설의 주인이 시설장이 아니라 장애인당사자임을 인정하는 것이다. 예를 들면, 생활시설의 경우 시설운영위원에 장애인 입소자 과반수 이상의 참여를 보장한다든지, 또는 장애인가족협의체를 구성하거나 인정하여 시설경영에 대한 일정 부분의 권한을 부여하는 방향으로 전환해야 할 것이다.

둘째, 시설종사자의 자립생활 이념교육의 내실화 및 체계화다. 시설장이 아무리 자립생활 이념에 대한 확신과 철학을 가지고 있어도 일선에서 직접 장애인에게 서비스를 제공하는 시설종사자가 장애에 대한 기본적인 태도와 가치관을 동시에 바꾸지 않는 한 장애인복지시설에서의 자립생활이념 적용은 매우 요원한 일이다. 시설장이 시설 운영의 큰 축을 만들었다면, 시설종사자는 그 축에 맞는 서비스를 기획하고 집행하며 평가해야 할 때 자립생활 이념을 토대로 해야 할 것이다. 그리고 이를 위해 정기적인 자립생활 이념에 대한 교육이 시설 안에서, 그리고 시설 밖에서 이루어져야 할 것이다. 현재 국립재활원에서 제공하고 있는 교육은 매우 바람직한 대안이 될 수 있을 것이다.

셋째, 시설 내 기존 프로그램을 자립생활 이념대로 개편하는 것이다. 기존 장애인복지시설의 프로그램은 소비자인 장애인 중심이 아니라 공급자인 시설 중심에서 제공되는 경향이 매우 강한 것이 사실이다. 하지만 우리는 자립생활패러다임이 등장하게 된 배경을 반드시 기억해야 할 것이다. 즉, 중증장애인의 경우 기존의 장애인복지시설에서 제공하는 서비스에 대한 불필요성과 불신에서 자립생활패러다임이 등장하게 된 것이다. 이는 기존의 서비스가 아닌 장애인당사자 입장에서 필요한 서비스가 장애인당사자에게 제공되어야 함을 의미한다. 예를 들면, 생활시설의 경우, 피복 같은 물품을 현물지급 대신 현금지급의 방식으로 바꾼다든지, 동료상담 프로그램 또는 자립생활기술훈련 등의 프로그램을 제공하는 방식으로 바뀌어야 할 것이다.

넷째, 장기적으로 생활시설의 규모가 대규모에서 소규모로 전환되어야 할 것이다. 생활시설을 자립생활 이념에 맞게끔 운영하기 위해서 가장 현실적으로 필요한 것은 사례관리(case management)다. 왜냐하면 자립생활은 상대적인 개념으로서 개별적인 장애인의 욕구와 문제에 맞는 서비스 지원이 필수적이기 때문이다. 따라서 이를 위해서는 사례관리시스템이 구축되고 더 나아가 실효성이 담보되어야 하는데, 현재와 같은 대규모 시설에서는 현실적으로 사례관리 흉내만 내기도 급급하다. 따라서 향후 소규모 시설로의 전환을 통해 체계적이고 실효성 있는 사례관리가 이루어져야 할 것이다.

2) 자립생활센터와 장애인복지관의 연계 방안

장애인복지관과 장애인자립생활센터는 서로 다른 이념적 토대와 서비스 내용의 차이로 기관들 간의 연관성이 거의 없었다. 오히려 장애인자립생활센터가 설립되었던 초기에는 장애인당사자 중심으로 운영되는 장애인자립생활센터와 재활전문가 중심으로 운영되는 장애인복지관과의 서비스패러다임의 차이로 인해 두 기관 간의 서비스 연계에 대한 부정적인 우려도 있었다. 그러나 장애인복지현장 전반에 자립생활패러다임이 정착하고 있다.

또한 최근 들어 활동보조인제도가 본격적으로 도입되면서 두 기관은 같은 사업을 수행하고 있으며, 앞으로 장애인복지관 서비스 제공 중심이 재가성인장애인으로 전환되고 있기 때문에 장애인자립생활센터 이용자들과 중복될 것이다. 따라서 두 기관이 각자 그 역할과 기능 정립을 통해 서로 상호 연계를 맺고 다양한 사업을 진행할 수 있도록 지원하는 것이 필요할 것이다. 이에 장애인복지관과 자립생활센터의 서비스 연계 방안과 연계 모델에 대해서 살펴보도록 하겠다(변경희 외, 2008).

(1) 서비스 연계 방안

장애인복지관과 자립생활센터의 서비스 중 중복적인 사업은 재가복지, 상담 및 직업 관련 사업이다. 이 세 가지 유형의 서비스 연계 방안을 살펴보면 다음과 같다. 첫째, 재가복지에서 활동보조지원사업은 성인 중심의 서비스는 자립생활센터에서 진행하고, 아동 및 지적장애 영역은 장애인복지관에서 집중적으로 서비스를 제공하는 방식으로 진행할 필요가 있다. 또한 주택, 이동서비스의 경우, 장애인복지관의 지역별 네트워크를 중심으로 자원개발 후 자립생활센터에 연계해 주는 방향으로 진행하는 것이 바람직하다.

둘째, 상담사업의 경우, 장애인복지관의 종합적인 진단 판정을 거쳐 동료상담이 필요한 성인장애인에 대해 장애인자립생활센터로 연계하는 방향으로 진행하는 것이 바람직하다. 또한 자립생활센터에서 동료상담서비스 외 추가 재활서비스가 필요하다고 판단될 경우, 장애인복지관의 초기 상담으로 연계하여 종합적인 서비스 제공이 가능하도록 진행해야 할 것이다.

셋째, 직업 관련 사업의 경우, 장애인복지관의 종합적인 직업상담 및 평가를 거쳐 자립생활기술훈련이 필요한 성인장애인은 장애인자립생활센터로 연계할 필요가 있다. 그리고 직업재활사업의 연계를 통해 부가적으로 재활공학 및 주택, 보조장비서비스가 필요한 경우, 수시로 지역 네트워크를 활용한 연계 사업으로 전개해야 할 것이다.

(2) 서비스 연계 모델

장애인복지관과 자립생활센터 양자 모두 향후 추구하는 서비스 제공 방향은 사례관리다. 왜냐하면 개별 장애인들의 개별화된 욕구에 부합하는 사례관리서비스를 통해서 장애인들의 사회통합과 삶의 질 향상이 향후 장애인복지관과 자립생활센터가 추구하는 서비스 전개이기 때문이다. 하지만 향후 양자 간의 연계를 추진함에 있어, 선결과제로서 장애인복지관과 장애인자립생활센터는 자립생활의 철학과 이념에 대한 공유를 선행해야 할 것이다.

장애인복지관에서 제공하는 프로그램이 필요하든, 또는 자립생활센터에서 제공하는 프로그램이 필요하든 그 어느 경우에도 장애인당사자의 선택권과 결정권이 보장되어야 하며, 양자 간에 긴밀한 협력관계가 구축되어 있을 때 그 선택권과 결정권이 보다 용이하게 보장될 수 있다. 그리고 더

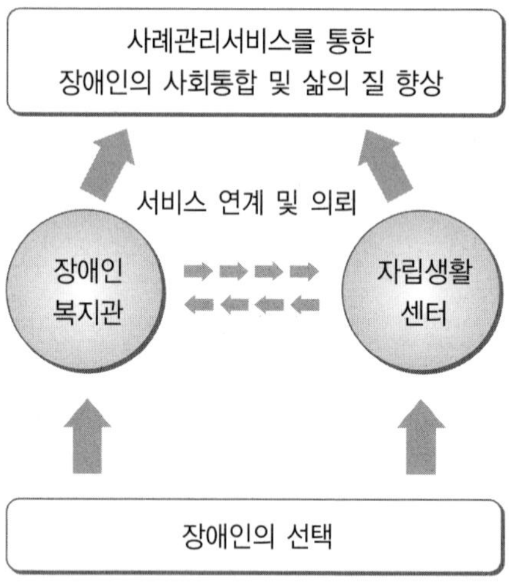

[그림 10-1] 장애인복지관과 장애인자립생활센터 연계 모델

나아가 현재 장애인복지서비스 전달체계에서 자립생활 이념에 충실하게 기관을 운영하는 전달체계는 자립생활센터밖에 없기 때문에 기성 장애인 복지관은 자립생활센터의 운영원칙 및 철학 등을 정확히 이해하고 각자의 기관에 적용하기 위해서 반드시 자립생활센터와 긴밀한 협력관계를 구축하고 일정 부분 도움을 받아야 할 것이다.

7. 장애인의 사회참여 증진을 위한 자립생활 실천 전략

1) 자립생활과 장애인의 사회참여와의 관계

장애인의 사회참여는 장애인이 사회의 부분이 되어 장애인이 속한 사회적 · 문화적 활동에 비장애인과 동등하게 참여하는 것을 의미한다(이익섭, 1993; Mank & Buckley, 1989). 즉, 이것은 장애인들이 지역사회 내에 존재하고 참여하는 정도를 말하는 것으로 그 안에 사회활동과 참여의 의미를 내재하고 있음을 밝히고 있다. 따라서 장애인이 온전히 사회통합을 하고 있다는 뜻은 지역사회 내에서 일상활동과 생산적인 활동, 그리고 여가활동을 수행하는 데 어려움이 없다는 것이고, 이용자 중심과 자기결정이라는 사회복지의 기본 가치에 손상 없이 살아가고 있다는 뜻이다(신은경, 2007). 이와 같은 장애인의 사회참여는 장애인에게 있어서 그 의미가 매우 크다. 즉, 그동안 우리 사회에서 사회참여가 조직적이면서 체계적으로 철저하게 배제되었던 장애인에게 있어 사회참여는 달성하고자 하는 삶의 궁극적인 목적이 될 수 있을 정도로 그 의미가 크다는 것이다.

그런데 장애인의 사회참여는 자립생활패러다임에 의해 재조명될 수 있다. 자립생활이란 Frieden 등(1979)에 의하면 의사결정과 일상생활에서의 타인의 의존을 최소화하며, 자신들이 만족스럽게 선택한 사항에 따라서 스스로의 생활을 관리하는 것이다. 즉, 일상적인 자신의 삶에 대한 통제권을 지닌 채 지역사회 내에서 자신에게 주어진 사회적 역할을 주체적으로 수행해 나가는 삶이 바로 장애인의 자립(IL)인 것이다. 그러므로 자립생활패러다임에서는 어떤 장애인에게 타인의 도움이 더 많이 요구된다는 사실만으로 그가 그만큼 더 의존적이라고 단정할 수 없다. 일상생활 및 사회생활에서 타인에 대한 의존성이 당사자의 선택권을 전제로 이루어질 경우, 이를 장애인의 자립으로 본다는 자립생활패러다임의 관점은 기존 재활패러다임을 통해 불가능했던 장애인의 사회참여의 가능성을 열어 두고 있다. 즉, 장애인의 서비스체계 참여와 자원 선택의 권한이 사회참여의 중요한 구성요소로 포함되고 있는 점은 기존의 재활패러다임에서 찾아볼 수 없었던 자립생활패러다임의 핵심적인 내용이라 할 것이다(박수경, 2006). 따라서 기존의 재활패러다임에서는 장애인에게 소비자로서의 삶에 대한 선택권이 보장되지 않았던 반면, 자립생활패러다임은 장애인이 소비자로서 삶에 대한 선택권과 통제권을 가지고 있는 자립적인 존재라는 점을 전제로 하고 있기 때문에, 장애인의 사회참여가 자립생활패러다임을 통해서 장애인의 권리로서 확실하게 보장받아야 하는 정당성을 얻게 되는 것이다.

2) 장애인의 사회참여 증진을 위한 자립생활 실천 전략

장애인의 사회참여 증진을 위한 자립생활 실천 전략은 크게 두 가지로 접근할 수 있다. 즉, 장애인의 선택권 강화를 위해 개인별 자금지원제도(Individualized Funding; IF)의 도입과 장애인지 예산제도(disability-sensitive budgeting)의 도입이다.

(1) 개인별 자금지원제도의 도입

같은 장애인정책에 쓰이는 자원이라도 그것의 전달 과정이 어떻게 이루어져 있는가는 매우 중요한 사안이다. 왜냐하면 경우에 따라서는 장애인들에게 직접적인 체감 정도가 매우 낮은 상태에서 전달비용만 과대하게 들어가는 비효율적인 전달체계가 작동할 수도 있기 때문이다. 반대로 적은 전달비용으로 장애인들에게 가장 만족도 높은 정책효과를 내는 전달체계도 있을 수 있다. 전통적으로 지역사회생활서비스 자금지원방식은 자금을 정부가 장애인이 아닌 서비스 제공자 또는 케어 제공자에게 지급하는 것이다. 이러한 방식을 총액자금지원(Block Funding; BF)이라고 부른다. BF는 서비스 공급자 중심이다. 장애인이 누구로부터 서비스를 받고, 어떤 종류의 서비스를 받을 것인가에 있어서 장애인에게 많은 선택권을 주지 않는다. 그러나 이와 반대로 개인별 자금지원제도는 장애인에게 돈을 직접적으로 지급하는 소비자 중심 자원전달체계를 채택한다. 장애인은 IF를 통해 자신이 원하는 케어를 자신이 선택한 서비스 제공자에게서 받을 수 있고 그 대가도 자기가 지불할 수 있다. 이와 같은 개인별 자금지원제도를 채택하고 있는 국가로는 영국, 독일 및 캐나다 등을 들 수 있으며, 개인별 예산제도의 효율성은 다음의 인용문에도 잘 드러나 있다(김동기, 이상호, 전정식, 신숙경, 윤여방, 2008).

> "정부는 항상 서비스 제공자에게 직접적으로 돈을 주었고 서비스 제공자는 그 돈으로 장애인이 필요로 하는 서비스를 제공하였다. 하지만 때때로 이러한 방식은 사람들의 필요에 제대로 응하지 못했고 오히려 그들의 필요에 맞지 않는 서비스로 끝나 버린다. IF에 의해서, 정부는 장애인이 필요한 서비스에 대해 비용을 지불할 수 있도록 장애인에게 돈을 직접직으로 준다. 이러한 방식은 장애인에게 더 많은 선택을 할 수 있게 하고 장애인이 선택한 전반적인 서비스와 지원들을 관리할 수 있게 한다. 많은 사람들은 IF 방식을 좋아한다. 왜냐하면 IF는 그들에게 어떤 서비스가 그들에게 최상인지 결정하는 데 있어 더 많은 파워를 주기 때문이다. 그들에게 주어진

돈을 가지고, 그들은 다른 누군가가 자신이 원하는 서비스를 선택하도록 하는 것 대신에 그들이 필요한 서비스를 본인 스스로 선택할 수 있다."

브리티시컬럼비아 자기권익옹호재단 편.
『발달장애인이 그들의 생각(의견)을 말할 수 있도록 지지하기』

장애인 자립생활의 핵심은 장애인의 선택권 보장이다. 따라서 장애인의 선택권을 보다 폭넓게 보장하기 위해서는 앞에서 제시한 개인별 자금지원제도가 중장기적인 측면에서 논의 및 도입되어야 할 것이다. 하지만 이와 같은 제도의 도입은 곧 장애인복지 전달체계의 대폭적인 수정을 의미하는 것이다. 즉, 기존의 공급자 중심의 전달체계가 소비자 중심의 직접 전달체계로 수정되어야만 이와 같은 개인별 자금지원제도가 도입될 수 있다. 그러나 선진국의 사례가 보여 주듯 그 효용성과 실행 가능성이 이미 입증되었기 때문에, 장애인의 자립생활 실현 측면에서 반드시 중장기적인 관점에서는 도입 및 실행되어야 할 것이다.

(2) 장애인지 예산제도의 도입

장애인이 지역사회에서 자립생활을 영위하기 위해서는 반드시 일정 수준 이상의 제도적 · 정책적 지원이 필수적이다. 즉, 장애인이 사회의 구성원으로 살아감에 있어 열악한 교육 및 소득수준, 사회적 인식의 차별과 무관심 등으로 인해 비장애인과 비교했을 때 그 출발선이 다르다. 따라서 그 출발선상에 있어서 중증장애인이 뒤처져 있는 정도를 보충해 주기 위해서는 반드시 사회의 제도 및 정책적 지원이 필요하며, 그것이 바로 자립생활의 기본 전제다. 그리고 그 지원의 핵심이 바로 공공부문으로서 국가의 예산이란 점은 자명한 사실이다.

즉, 장애인의 고용, 소득, 교육, 의료 및 일상생활 등에 대한 국가 예산의 지원을 통해 장애인이 지역사회에서 자립생활을 영위할 수 있는 것이다.

물론 예전에 비해 장애인들의 자립생활수준이 향상된 것은 사실이지만, 아직까지도 장애인의 완전한 자립생활은 매우 소원한 일이다. 그 의미는 장애인의 자립생활 달성 여부와 직결되어 있는 기존의 국가예산제도만을 통해서는 장애인의 완전한 자립생활의 실현은 매우 힘들다는 것이다. 그러므로 이에 대한 실효성 있는 다른 수단이 필요한데, 그것이 바로 장애인지 예산제도라는 것이다.

장애인지 예산제도는 성인지 예산제도의 도입 및 발전을 통해 최근 스칸디나비아 반도의 국가들을 중심으로 도입되었다.[3] 성인지 예산제도가 여성만을 위한 예산편성이 아니라 양성평등이라는 목적을 가진 예산제도인 것처럼, 장애인지 예산 또한 장애인만을 위한 예산편성이 아니라 장애인과 비장애인의 평등을 추구함으로써 장애인의 사회통합을 실현하기 위한 목적을 가진 예산제도다. 즉, 장애인지 예산은 예산이 장애인과 비장애인에게 미치는 효과를 예산 과정에서 고려하여 자원이 장애인과 비장애인에게 평등한 방식으로 사용될 수 있도록 예산의 배분구조와 규칙을 변화시키고자 하는 일련의 활동으로서, 장애 영역에서 기존의 시혜 차원의 접근이 아닌 인권에 바탕을 둔 관점에서 장애인의 시설과 자원에 대한 접근이 가능하도록 하기 위한 것이다. 이러한 장애인지 예산에 대한 정당성은 적절한 예산 분배가 없이는, 인권적인 차원에서의 장애인 권리나 복지가 현실화되기 어렵다는 전제에서 이루어진다는 것이다(Sharp & Broomhill, 2002). 즉, 적절한 예산분배 없이는 인권적인 차원에서의 장애인의 사회통합은 실현될 수 없다는 것이며, 기존의 국가예산제도를 통해서는 적절한 예산 분배를 이끌어 낼 수 없기에 장애인지 예산제도라는 새로운 메커니즘이 필요하

---

3) 우리나라의 경우 1998년부터 여성단체의 예산운동 과정에서 성인지 예산의 필요성이 공론화되기 시작하여, 2002년부터 여성 국회의원들이 국회 내에서 성인지 예산을 적극적으로 의제화하였으며, 그 결과 2006년 제정된 「국가재정법」에 성인지 예산의 법적 근거가 마련되었다. 동법에 따라 2010년 회계연도부터 정부는 성인지 예산서와 결산서를 의무적으로 제출하게 되었다.

다는 것이다(김동기, 2008).

요컨대 장애인의 자립생활을 실현하기 위해서는 국가 및 지방자치단체의 예산지원이 절대적으로 필요한데, 기존의 예산제도를 통해서는 정부와의 예산협상을 통한 제한된 수준에서의 지원만 현실적으로 이루어진다. 따라서 적절한 예산분배를 이끌어 내기 위해 중장기적인 관점에서 장애인지 예산제도의 도입 및 적용을 고려해 볼 필요가 있다.

참 | 고 | 문 | 헌

김동기(2008). 사회통합 관점에서 바라본 장애인지 예산제도 필요성에 관한 연구. 한국장애인인권포럼 연구용역과제.

김동기, 이상호, 전정식, 신숙경, 윤여방(2008). 자립생활 비용효과분석과 자립생활 지원모델 개발. 한국장애인인권포럼 연구용역과제.

김동호(2000). 자립생활패러다임에서 본 한국장애인복지관 연구. 연세대학교 행정대학원 석사학위논문.

박수경(2006). 자립생활패러다임에 따른 장애인의 사회통합에 관한 연구. **한국사회복지학, 58(1)**, 237-264.

변경희, 정무성, 고관철, 김동기, 나운환, 이거우, 전정식, 최영광(2008). 장애인 자립생활센터와 장애인복지관의 기능 및 역할 재정립연구. 보건복지부연구 용역과제.

보건복지부(2011). **장애인복지사업안내**.

서울시정개발연구원(2004). **장애인자립생활센터 운영기반 조성방안**.

서울장애인자립생활센터 역(2003). 자립생활 서비스 모델: 역사적 뿌리, 핵심요소, 실천방안.

신은경(2007). 장애인 사회참여와 개인 및 지원환경요인의 관계에 관한 연구. 연세대학교 사회복지대학원 박사학위논문.

오혜경(1998). 장애인자립생활 실천에 관한 연구. **사회복지리뷰**, 3(1), 39-63.

이경혜(2000). 지체장애인의 자립생활에 영향을 미치는 요인. 중앙대학교 대학원 석사학위논문.

이성규(2000). **사회통합과 장애인복지정책**. 서울: 나남출판.

이소영(2005). 미국 재활법에 관한 고찰-장애인 자립생활을 중심으로-. **미국 법연구, 16**(2), 233-260.

이익섭(1993). 한국장애인복지정책의 이념정립을 위한 고찰. **한국사회복지학회 추계 학술 대회 자료집**, 247-257.

최윤영, 이경준(2010). **장애인복지론**. 서울: 학지사.

Batavia, A. I., & Schriner, K. (2001). The Americans with Disabilities Act as engine of social change: Models of disability and the potential of a civil rights approach. *Policy Studies Journal, 29*(4), 690-702.

Brisenden, S. (1986). Independent living and medical model of disability. *Disability, Handicap and Society, 1*(2), 173-178.

Dejong, G. (1978). *The Movement for Independent Living. Origins, Ideology and Implications for disability Research.* Boston, MA: Medical Rehabilitation Institute Tufts-New England Medical Center.

Dejong, G. (1981). *Environment Accessibility and Independent Living Outcomes.* 정립회관 역(2001). 장애인의 접근여건과 자립생활의 성과. **장애인복지정책과 장애인복지 연구의 방향.**

Dejong, G. (1983). Defining and Implement the Independent Living Concept. In N. Crew, I. Zola & Associates (Eds.), *Independent Living for Physically Disabled People.* San Francisco, CA: Jossey-Bass Publishers.

Dejong, G., & Wenker, T. (1983). Attendant care as a Prototype Independent Living Service. *Caring Nov.* 26-30.

Frieden, L., Richards, L., Cole, J., & Bailey, D. (1979). *ILRU Source Book: A technical assistance manual on independent living.* Houston: Institute for Rehabilitation and Research.

Lacht, M. A. (1988). *The Independent Living Service Model.* Center for Management, Inc. Hampton, New Hampshire.

Mank, D. M., & Buckley, J. (1989). Strategies for integrated employment. In W.

E. Kiernan & R. L. Schlock (Eds.), *Economics, industry, and disability: A look ahead*. Baltimore: Paul H Books Publishing.

Mathews, R. M., & Seekings, T. (1987). An Interactional Model of Independence. *Rehabilitation Psychology, 32*(3), 165-172.

Nosek, M. A. (1988). *Independent Living and Rehabilitation Counseling*. Contemporary to the Rehabilitation Counseling Press.

Sharp, R., & Broomhill, R. (2002). Budgeting for Equality: The Australian Experience. *Feminist Economics, 8*(1), 25-37.

Smith, L. W., & Smith, Q. W. (1994). Independent Living Centers: Moving into the 21st century. *American Rehabilitation, 20*(1), 14-22.

White, G. W., & Gutierrez, R. T. (1996). Preventing and Managing Secondary Conditions: A Proposed Role for Independent Living Centers. *Journal of Rehabilitation, 62*(3), 14-21.

제 11 장

장애를 가진 아동과 청소년

사회적 능력을 중심으로

정소연

학습 목표

1. 사회적 능력 개념을 이해하고 이에 대한 다양한 이론적 접근을 파악한다.
2. 장애 아동 및 청소년의 사회적 능력을 이해한다.
3. 우리나라 장애 아동 및 청소년 인구의 장애유형별 분포, 학교생활 및 방과 후 시간 활용 실태를 통해 장애 아동 및 청소년의 대인관계 특성과 어려움을 인식한다.
4. 장애 아동 및 청소년의 사회적 능력 관련 요인을 파악하고 그 요인들이 어떻게 영향력을 행사하는지를 이해한다.
5. 장애 아동 및 청소년의 사회적 능력을 향상시키기 위한 실천적 대안을 제시할 수 있다.

1. 서 론

장애인복지의 궁극적 지향점은 사회통합이다(정무성, 양희택, 노승현, 2006). 장애인 전체 인구에서 아동 및 청소년기에 있는 장애인으로 논의의 초점과 대상을 제한한다 하더라도 장애인복지의 궁극적 지향점이 달라지는 것은 아니다. 장애인 통합교육의 궁극적 목적도 장애인복지의 지향점과 다르지 않다. 즉, 장애 학생들이 비장애인과 상호공존하는 가운데 긍정적으로 상호작용하는 것을 배움으로써 사회에 진출하게 되었을 때 시민의 한 사람으로서 모든 차원의 사회활동에 완전한 참여를 이룰 수 있는 능력을 배양하는 것이 장애인 통합교육의 목적이라고 할 수 있는데(박승희, 2003), 이는 장애 아동 및 청소년들을 교육하고 양육하는 데 있어 사회통합이라는 가치가 차지하는 중심적인 위치를 다시금 확인케 해 준다.

장애인들의 완전한 사회참여를 이루기 위해서는 전방위적인 노력이 필요하다는 것은 주지의 사실이다. 먼저 사회적 차원에서는 장애인에 대한 사회적 인식이 개선될 필요가 있으며, 사회적 약자에 대한 배려가 몇몇 개인에 대한 자선 형태가 아니라 권리로서 모든 구성원에게 제공될 수 있어야 한다. 실제적인 평등이 보장될 수 있도록 법률적 · 제도적 체계를 갖추는 것 역시 핵심적인 필요조건이 될 것이다. 미시적 차원에서는 각 개인이 사회의 한 구성원으로서의 권리를 누리고 의무를 다할 수 있도록 필요한 능력을 키우는 것이 요구된다고 할 수 있다. 특히 장애인복지의 궁극적 목적이 사회통합이라고 전제할 경우, 장애 아동 및 청소년들이 사회적 능력을 강화시키는 일의 중요성은 아무리 강조해도 지나치지 않을 것이다. 장애 아동 및 청소년들의 사회적 능력은 이들이 비장애인과 더불어 조화를 이루며 살아가는 능력, 사회에 원활히 적응할 수 있는 능력과 직결되기 때문이다.

사회적 능력은 '효과성'과 '적절성' 차원에서 조명된다. 효과성은 개인적으로 어떤 성과를 성취할 수 있어야 함을 의미하고, '적절성'은 그러한 성과를 성취하기 위해 사용된 방법이 사회적으로 허용되는 것이어야 함을 함축하고 있다(Drasgow, Lowrey, Turan, Halle, & Meadan, 2008). 이처럼 사회적 능력은 사회적으로 용납되는 방법으로 사회적 상호작용을 하고 사회적으로 적절하다고 여겨지는 방식으로 자신이 바라는 사회적 성과를 이룰 수 있는 능력을 의미하는데, 아동 및 청소년이 '사회적 능력'을 잘 발달시킨 경우 만족스러운 또래관계를 형성 및 유지할 수 있으며(Odom, McConnell, & Brown, 2008), 학업성취 역시 높은 경향을 보인다(정대영, 한경임, 2007). 또한 사회적 능력은 취업 후 직업유지에도 기여하는 것으로 알려져 있다(신현기, 2002). 반면 낮은 사회적 능력은 비행, 물질사용 등의 문제행동뿐 아니라(Masten & Coatsworth, 1998) 다양한 심리정서적 문제의 발생 가능성을 증가시키는 위험요인으로 작용한다(정대영, 한경임, 2007).

선행연구들은 대체로 동년배의 비장애인에 비해 장애 아동 및 청소년들의 사회적 능력이 통계적으로 유의하게 낮은 수준이라고 보고하고 있다. 장애로 인해 사회적 능력을 습득하고 개발하는 것에 현실적인 어려움이 있기 때문으로 풀이되는데 이러한 어려움은 발달장애, 지적장애, 언어장애의 경우 더 두드러지는 경향이 있다(김향지, 1995; Guralnick, Neville, Connor, & Hammond, 2003; Middleton, 1999; Semrud-Clikeman, 2007). 그러나 모든 장애인이 낮은 사회적 능력을 가지고 있는 것은 아니다. 한 연구에 따르면 장애 아동의 약 30%가 또래관계에서의 문제를 보이지 않았고 또래와 성공적인 관계를 맺은 것으로 나타났다(Odom, Zercher, Li, Marquart, Sandall, & Brown, 2006). 또한 선행연구들은 장애 아동들이 사회성을 함양하기 위해 설계된 다양한 훈련을 통해 문제행동을 감소시키고 사회적으로 요구되는 적절한 반응 양식을 배우는 것이 가능하다는 것을 보여 주고 있다(김향지,

1995). 이는 적절한 사회, 심리 혹은 교육적 서비스가 제공될 경우 장애 아동 및 청소년의 사회적 능력이 증진될 수 있으며 궁극적으로 장애인들의 사회참여도 역시 향상될 수 있음을 의미한다. 즉, 장애 아동 및 청소년들이 성인이 되었을 때 사회에 적극적으로 참여하고 사회의 한 구성원으로서 권리와 의무를 다할 수 있도록 하기 위해서는 사회적 능력을 적극적으로 개발하는 것이 무엇보다 중요하다고 하겠다.

이 장에서는 이러한 인식을 바탕으로 장애 아동 및 청소년의 사회적 능력에 대해 살펴보고자 한다. 먼저 '사회적 능력' 개념에 대한 다양한 이론적 접근을 소개할 것이며, 선행연구에 기초하여 장애 아동 및 청소년들의 사회적 능력의 수준을 파악해 보고자 한다. 또한 2005년도와 2008년도 장애인실태조사 결과를 바탕으로 우리나라 장애 아동 및 청소년 전체 및 장애유형별 인구수에 대해 알아보고 이들의 학교생활 및 방과 후 시간 활용 실태를 통해 이들이 경험하고 있는 대인관계적 어려움과 사회적 능력을 개발하는데 있어 어떤 어려운 점이 있는지를 간접적으로나마 살펴보고자 한다. 그 뒤를 이어 장애 아동 및 청소년의 사회적 능력에 영향을 미치는 주요 요인과 영향을 미치는 과정을 조명할 것이며, 마지막으로는 장애 아동 및 청소년의 사회적 능력을 함양하기 위해서는 어떤 노력이 필요한지를 제시하고자 한다.

2. '사회적 능력' 개념에 대한 이론적 접근

사회적 능력에 대한 학계의 관심은 최근만의 일이 아니다. 지금까지 많은 학자들이 사회적 능력에 대해 활발한 연구를 전개하였으나 현재까지도 대다수가 동의하는 사회적 능력 개념에 대한 정의는 존재하지 않을 정도로 (Dodge, 1986) 이 개념은 여전히 논의와 논쟁의 중심에 있다고 할 수 있다.

이 개념의 영역 혹은 관련 특성을 규정하려는 시도를 체계적으로 분류하는 것조차 쉽지 않은 과제가 되었다(Waters & Sroufe, 1983). 그러나 사회적 능력에 대한 다양한 학문적 접근을 체계적으로 정리하려는 시도는 꾸준히 이루어져 왔는데, 가장 대표적인 연구로 Waters와 Sroufe의 연구(1983), O'Malley의 연구(1977), 그리고 Dirks, Treat와 Weersing의 연구(2007)를 꼽을 수 있을 것이다.

이 세 연구가 사회적 능력에 대한 기존의 연구를 분류하기 위해 사용한 체계와 접근법은 동일하다고 할 수는 없으나 적지 않은 유사성을 보이고 있는데, 이들이 제시한 틀은 '사회적 능력'이라고 하는 복잡한 개념과 이에 대한 학자들의 다양한 접근법의 큰 흐름을 파악하는 데 있어 유용한 틀을 제공해 주고 있다. 이 중에서도 Waters와 Sroufe(1983)의 연구, Dirks 등(2007)의 연구는 특히 중요하게 검토되어야 할 가치가 있다. 전자는 사회적 능력 개념에 대한 논의가 활발하게 진행되기 시작한 초기 단계의 대표적인 연구라 할 수 있고, 후자는 2007년에 발표된 논문으로서 Waters와 Sroufe(1983)의 연구 결과에 더하여 비교적 최근에 발표된 논문까지 포함한 보다 광범위한 검토를 할 수 있었다는 이점을 가지고 있기 때문이다. 이 연구자들은 사회적 능력이라는 개념이 어디에 근원을 두고 있는지를 기준으로 기존 연구의 접근법을 크게 두 가지 모형으로 구분하였다. 개인특성모형(trait model)은 타고난 성격적 특성을 강조하고 사회적 기술모형(social skill model)은 학습과 훈련을 통해 습득된 사회적 기술을 강조한다. 이번 장에서는 Dirks 등(2007)의 분류체계를 기본으로 하되 다른 학자들의 분류법을 가미하여 전자를 '포괄적 특성모형'으로, 그리고 후자를 '사회적 기술모형'으로 명명하고자 한다. 이 절에서는 먼저 이 두 모형에 대해 각각 살펴본 후, 이 두 모형이 가진 이론적 특성이 모두 반영된 사회적 능력에 대한 또 다른 접근법에 대해 다루게 될 것이다. 이 세 번째 접근법은 '통합모형'이라는 이름으로 제시되었다.

1) 포괄적 특성모형

포괄적 특성모형에서 사회적 능력은 개인에게 내재된 어떤 성향 및 기질적 특성으로 이해된다. 즉, 이 모형에서 사회적 능력은 특정 시기나 상황에 따라 달라질 수 있는 것이라기보다는 일생 동안 일관되게 유지되는 성격적 혹은 생물학적 특성으로 간주된다고 볼 수 있다. 이러한 접근법에 기초할 때, 사회적 능력은 자신에게 요구되는 바에 대해 적절히 반응하고 자신의 반응을 조화롭게 조정할 뿐 아니라 주변 환경에서 기회를 만들고 이용할 줄 아는 능력으로 정의된다(Waters & Sroufe, 1983).

사회적 능력을 생물학적으로 결정된 일련의 능력과 환경 간의 상호작용으로 규정한 바 있는 Dodge(1986)의 접근도 타고난 본성과 생물학적으로 주어진 능력을 중시한다는 점에서 포괄적 특성모형의 관점을 반영하고 있다고 볼 수 있다. 생물학적 결정 요인을 강조한 Dodge(1986)의 견해는 장애 아동 및 청소년들이 자주 경험하는 사회적 관계의 어려움을 설명하는 데 유용한 틀을 제공해 준다(Semrud-Clikeman, 2007). 예를 들어, 지적장애와 같이 제한된 인지적 능력을 가진 아동과 청소년들의 경우는 환경을 정확히 인지하지 못하거나 대인관계에서의 상대방이 전달하는 언어적 · 비언어적 신호와 메시지를 적절하게 해석하는 데 어려움을 가지고 있기 때문에 사회적 능력의 발달이 저해될 수밖에 없다는 것이다(Voeller, 1994). 또한 반항성 장애(oppositional defiant disorder)나 행동장애(conduct disorder)를 가진 아동들은 흔히 또래의 놀이에 참견하고, 자신의 순서를 인내하며 기다리지 못하며 누군가 자신의 행동을 방해하면 심술궂게 반응함으로써 또래들로부터 거부당하는 위기를 경험하는 것으로 알려져 있는데(Voeller, 1994), 이러한 행동을 보이는 아동 역시 생물학적 원인의 영향력이 적지 않다는 점에서 포괄적 특성모형에 의거한 설명이 가능하다.

포괄적 특성모형은 '능력 혹은 유능성(competence)'을 일생 동안 거의 변하지 않는 개인의 특성으로 이해하기 때문에, '사회적 능력'과 관련하여 모든 연령대에 적용 가능한 포괄적이고 공통적인 개념 정의가 가능하다고 본다(Waters & Sroufe, 1983). 이러한 특성은 이를 측정하고 연구에 활용하는 데 있어 장점으로 간주될 수 있다. 동시에 이 점은 포괄적 특성모형의 제한점으로 지적되기도 한다. Dirks 등(2007)은 타고난 성격적 특성으로 사회적 능력을 규정하는 접근법은 측정에 있어서 의미 있는 기여를 할 수 없다고 주장한 바 있다. 사회적 능력이라는 잠재변수는 결국 관찰 가능한 친사회적 행동이나 기술로 측정될 수밖에 없는데 모든 연령대의 사람들에게 적절하다고 간주될 수 있는 사회기술은 그리 흔하지 않기 때문이다. 즉, 어린아이에게는 적절한 사회적 행동이 성인에게는 부적절한 행동이 되는 예는 쉽게 찾아볼 수 있을 만큼 흔하다. 이는 모든 연령대에 보편적으로 적용될 수 있는 사회적 능력 개념이 존재할 수 있는 것인지 혹은 적절한 것인지에 대한 문제를 제기한다.

그뿐 아니라 포괄적 특성모형에서 사회적 능력은 사회적 기술 이상의 어떤 인간의 본질적인 속성으로 규정하고 있음에도 불구하고, 사회적 능력을 측정하기 위해서는 사회적 기술의 (활용) 수준으로 파악할 수밖에 없는 한계를 가지는데 이는 포괄적 특성모형이 뒤에서 다루게 될 사회적 기술모형과의 차이를 스스로 모호하게 만드는 모순에 빠지게 되는 결과로 이어진다(Waters & Sroufe, 1983). 포괄적 특성모형의 또 다른 문제점은 이 모형의 타당성에 대한 경험적 연구의 지지와 뒷받침이 견고하지 않다는 것이다. 포괄적 특성모형에 기초하여 사회적 능력을 측정하기 위해 개발된 여러 척도는 성인 인구층에서 적정 수준의 신뢰도와 타당도를 확보하지 못했으며, 인위적이지 않은 자연스러운 상황에서 행위자의 적절한 사회적 반응과 행동을 예측하는 데 있어서도 만족스러운 결과를 보이지 못하는 것으로 평가받고 있다(Waters & Sroufe, 1983).

2) 사회적 기술모형

사회적 기술모형은 개인이 아니라 개인의 구체적인 행동에 기초하여 사회적 능력에 접근한다. 이 모형에서는 어떤 행동은 본질적으로 친사회적인 반면 어떤 행동은 본질적으로 반사회적이거나 사회적으로 부적절하다고 가정된다(Dirks et al., 2007). 자기주장성과 공격성을 각각 전자와 후자의 대표적인 예로 생각해 볼 수 있다. 즉, 이 모형에서는 사회적 기술의 부재가 사회적 무능성으로, 그리고 적정 수준의 사회적 기술 활용이 사회적 능력으로 등치됨을 알 수 있다. 긍정적 대인관계 형성을 촉진시키는 친사회적 행동을 항시적으로 수행하는 아동을 사회적 능력의 표상으로 이해하고, 반대로 친사회적 행동을 좀처럼 보이지 않거나 공격성과 같이 부정적 대인관계를 발생시키는 행동을 주로 하는 아동들을 사회적 능력의 결여로 파악하는 Ladd(2005)의 견해는 사회적 기술모형의 기본 관점을 잘 보여 준다고 할 수 있다.

'행동의 수행'에 기초하여 사회적 능력의 개념을 규정해야 한다고 주장하는 Odom, McConnell과 Brown(2008)도 사회적 기술모형의 관점을 반영하는 학자들로 분류될 수 있을 것이다. 이들에 따르면 사회적 능력이란 일반적으로 연속적 개념으로 이해되는데, 그 개념의 한쪽 끝에 위치한 사회적으로 유능한 아동들은 사회적으로 적절하고 효과적인 행동 전략을 선택하는 반면, 반대편 끝에 위치한 아동들은 대인관계에서 효과적 전략을 사용하지 못함으로써 타인과 만족스러운 관계를 형성하고 유지하는 것에 어려움을 겪게 된다. Odom 등(2008)은 사회적 능력이 결여된 아동들의 행동양식을 공격성 및 반항적 행동과 같은 외현화된 문제와 사회적 위축 및 소외와 같은 내현화된 문제로 분류하였는데 이 두 행동 양식 모두 또래로부터 거부, 무시 등 대인관계에서의 실패와 직접적으로 관련된다고 주장하였다.

사회적 기술모형은 측정에 있어서 포괄적 특성모형이 가진 근본적인 문제를 해소하였으나 '개념'적 차원에서의 약점을 안고 있다. 적절한 사회적 기술이라는 것은 그러한 기술을 사용하는 사람의 연령과 그 사람이 처한 상황에 따라 달라진다는 점에서 본질적으로 '구체적'일 수밖에 없는데, 어떤 개인의 유능성 혹은 무능성을 측정한 결과가 특정한 상황, 과업 또는 연령을 뛰어넘는 함의를 가지지 못한다면 인간발달에 대한 조사연구의 관점에서 보았을 때 그 개념의 유용성은 그만큼 낮아지기 때문이다(Waters & Sroufe, 1983). 또한 사회적 기술의 습득 및 활용이 '지능'을 비롯한 다양한 개인의 타고난 속성 혹은 자질과 불가분의 관계에 있다는 사실은 사회적 능력을 사회적 기술과 동일시하는 이 모형의 타당성에 의문을 제기한다(Waters & Sroufe, 1983).

측정과 관련한 약점도 존재한다. 한 개인의 사회적 기술 수준을 측정하는 데 있어, 어떤 행동 영역을 선택할 것인지, 분석을 위한 행동의 단위를 어떻게 규정할 것인지, 그리고 어떤 구체적인 행동을 유능하다고 판단하고 어떤 행동을 무능하다고 판단할 것인지는 모두 연구자의 주관적인 견해와 가치가 개입될 수밖에 없는 지점을 보여 준다(Dirks et al., 2007). 이처럼 사회적 기술의 사용 여부 및 그 정도를 측정하는 데 있어 연구자들의 주관적인 판단의 개입이 불가피하다는 것은 '사회적 능력'에 대한 객관적인 측정이 그만큼 훼손될 수밖에 없음을 의미한다.

측정에 있어서 이와 같은 한계를 극복하기 위한 방법으로 Odom 등(2008)은 아동이 대인관계에서 보여 주는 사회적 수행력은 그 아동의 환경에서 중요한 사회적 존재에 의해 판단되어야 하며 아동의 사회적 능력을 정확하고 완전하게 측정하기 위해서는 복수의 정보원으로부터 수집된 정보가 활용되어야 한다고 강조하였다. 어떤 아동의 사회적 능력을 측정하기 위하여 그 아동을 잘 알고 있고 또한 지속적으로 긴밀히 상호작용하는 복수의 사람들이 제공한 정보를 활용한다는 것은 측정의 객관성 확보라는 점에서 진일보한 접근이라고 할 수 있을 것이다. 그러나 이와 같은 접근법도 '어떤 영역에서 어떤 정보를 수집할 것인가' 그리고 '어떤 행동을 사회적으로 유능하다고 판단할 것인가'를 결정하는 권한을 연구자가 가진다는 점에서 연구자의 주관성을 완전히 배제했다고 보기 어려우며 복수의 정보원을 활용하는 것은 금전적 · 행정적 비용을 상승시켜 실제적 활용 가능성이 낮은 만큼 측정에 있어 사회적 기술모형이 노정하고 있는 문제에 대한 근본적인 해결책으로는 한계가 있다고 하겠다.

3) 통합모형

일단의 연구자들은 사회적 능력을 개인이 타고난 속성과 후천적으로 개발된 행동양식의 결합으로 이해한다. 즉, 이러한 접근은 앞에서 살펴본 포괄적 특성모형과 사회적 기술모형의 특성을 모두 반영하고 있다고 할 수 있을 것이다. 이처럼 통합적 시각을 바탕으로 한 접근법의 대표적인 학자로 Katz와 McClellan(1997)을 꼽을 수 있을 것이다. 이들에 따르면 사회적 능력은 '감정 조절(emotion regulation)' '사회적 지식과 이해(social knowledge and understanding)' '사회기술(social skills)' '사회적 성향(social disposition)'이라고 하는 4개의 하위요소로 구성된 개념이다. 이 중 사회적 성향이 포괄적 특성모형과의 공통점을 가장 많이 가진 하위요소라고 한다면 사회기술과 감정 조절은 사회적 기술모형과 밀접한 관련을 보이는 하위요소라 할 수 있다. 또한 사회적 지식과 이해의 경우는 두 가지 모형의 특성이 모두 반영되어 있다고 볼 수 있다. 왜냐하면 이해는 '지능'과 같은 타고난 인지적 능력에 좌우되는 측면이 있고 지식이라는 것은 후천적 노력에 의해 습득되는 측면이 강하기 때문이다.

4개의 하위요인에 대해 보다 자세히 살펴보면, 먼저 '감정 조절'은 어떤 특정한 상황에서 요구되는 것에 대한 개인의 정서적 반응 양식이라고 할 수 있다. 이는 영속적인 것은 아니나 어느 정도의 지속성을 갖는 개인의 특성으로 이해된다(Cole, Michel, & Teti, 1994). 보다 구체적으로 감정 조절은 사회적 상황에서 사회문화적으로 용납되는 방식으로 자신의 정서적 반응을 표현하는 능력이며 또한 필요하다면 자신의 정서적 반응을 즉각적으로 표출하지 않고 늦출 수 있는 능력으로 정의된다(Katz & McClellan, 1997). 사회적 상황에서 자신의 감정을 통제하여 행동하는 능력을 가진 아동들은 또래들과 잘 어울릴 뿐 아니라 친사회적 행동을 발달시키며 이러한 능력은 또래집단 내에서의 지위를 결정하는 주요요인인 것으로 알려져 있다(Fox, 1994; Odom et al., 2008). 이러한 까닭에 감정 조절은 사회적 능력의 핵심 요소로 간주된다(Denham, Mason, Caverly, Schmidt, Hackney, & Caswell et al., 2001; Katz & McClellan, 1997)

'사회적 지식과 이해'는 이름이 암시하는 바와 같이 '지식'과 '이해'의 2개 차원으로 이루어져 있다고 할 수 있다. 먼저 사회적 지식은 어떤 개인이 자신의 속한 집단의 사회적 관습과 표준적 규범에 대한 지식은 물론 동년배가 사용하고 있는 언어를 적절히 활용하기 위해 요구되는 지식까지 포함한다(Katz & McClellan, 1997). 사회적 이해는 타인과의 상호작용에서 흔히 발생하는 사건이나 특정한 상황에 대해 타인이 어떤 반응을 보일 것인지에 대해 정확히 예측하고 다른 사람의 경험하는 감정을 이해하는 능력과 관련이 있다(Katz & McClellan, 1997). 상호작용에 있어서 언어적인 것뿐 아니라 얼굴표정, 몸짓과 같은 비언어적 신호를 적절하게 사용하고 타인의 반응을 정확하게 해석할 수 있는 능력은 성공적인 상호작용의 전제가 되는 요소로서 사회적 능력을 발달시키는 데 있어 핵심적인 부분을 차지한다(Katz & McClellan, 1997; Semrud-Clikeman, 2007).

'사회기술'이란 다른 사람과 효과적으로 상호작용하기 위해 사회적으로 허용되지 않는 행동은 피하고 사회적으로 용납되는 행동을 수행할 줄 아는 개인의 특성을 일컫는다. '사회적 지식과 이해'가 사회적 능력의 인지적 차원과 관련이 깊다면 사회기술은 사회적 능력의 행동 차원과 보다 관련이 된다고 할 수 있을 것이다. Katz와 McClellan(1997)은 사회적 능력이 뛰어난 아동들은 또래집단에 쉽게 수용되는 경향이 있는데 이들은 다른 사람에게 '고마움'을 표시한다든지 혹은 적절한 질문을 하는 등의 긍정적인 관심을 기울일 줄 알고 타인과의 상호작용에서 자신의 순서를 지키는 등의 행동적 특성을 보인다고 설명하였다. Gresham과 Elliott(1990) 역시 이와 유사한 주장을 전개하였다. 이들에 따르면 사회기술을 정의하는 방법은 세 가지 정도로 요약할 수 있는데 그중 가장 유용성이 높은 '사회적 타당성' 방법에 기초할 경우 아동의 사회적 능력은 또래의 수용, 사회기술과 관련하여 부모와 교사와 같이 중요한 타자로부터의 긍정적 평가, 뛰어난 학업 성적, 적정 수준의 자아개념 및 자아존중감, 적정 수준의 심리적 적응으로 평가할 수 있다. 즉, 아동이 사회적 능력이 뛰어날수록 이러한 특성을 많이 보여 준다는 것이다.

Katz와 McClellan(1997)이 제시한 사회적 능력의 마지막 하위 차원은 '사회적 성향'이다. 수용적인 태도, 우호적 태도, 감정이입적 태도, 관대한 태도, 협조적 태도 등은 친사회적 성향의 예가 된다(Katz & McClellan, 1997). Katz와 McClellan(1997)은 일반적으로 '성향'은 타고나는 특성으로 간주되나 모든 성향이 타고나는 것은 아니며 이는 경험을 통해 형성되거나 강화될 수 있다고 보았다. '성향'은 분명한 목표 아래 의도된 교육을 통해 형성되지는 않으나 아동들은 자신의 삶에 있어 중요한 위치에 있는 성인을 모델로 하여 어떤 특정 '성향'을 배우게 된다는 것이다.

3. 장애 아동 및 청소년의 사회적 능력

이제까지의 경험적 연구들은 장애 아동 및 청소년의 사회적 능력이 같은 연령대의 비장애 또래에 비해 유의미하게 낮은 수준이라고 비교적 일관되게 보고하고 있다. 지적장애 및 발달장애 아동의 사회적 능력에 대해 많은 연구를 해 온 Guralnick 등(2003)에 따르면 경증의 장애를 가진 경우라 하더라도 아동이 유치원에 들어갈 나이가 될 즈음이면 장애 아동이 또래와의 관계에 있어서 통상적이지 않은 어려움을 가지고 있다는 사실이 분명해진다고 한다. 유치원에 다니는 유아를 대상으로 한 연구들이 공통적으로 기술하고 있는 장애 아동의 사회적 관계와 관련된 특성들은 이들이 비장애 아동에 비해 또래와의 상호작용이 더 적고, 또래와의 관계에서 리더의 역할을 수행하지 못하며, 상호작용이 요구되는 사회적 놀이에 오랫동안 머무르지 못하고 자주 혼자만의 놀이를 할 뿐 아니라, 사회적 관계에서 갈등이 발생했을 때 부적절한 방법으로 문제 해결을 하려고 한다는 것 등으로 요약될 수 있다(Guralnick et al., 2003; Odom, McConnell, McEvoy, Peterson, Ostrosky, & Chandier, 1999). 이처럼 사회적 능력이 부족한 장애 아동은 또래의 놀이친구로 선호되지 않으며 또래로부터 자주 거절당하는 인기 없는 아동의 위치를 점하게 되는 것으로 알려져 있다(김향지, 1995; 2003).

사회적 관계와 관련한 지적장애 아동의 어려움은 보통 이들이 학령기에 들어선 이후에도 지속되며 이들은 또래뿐 아니라 교사와의 관계에서도 어려움을 겪게 된다. 학령기의 지적장애 아동과 비장애 아동을 비교한 한 연구에 따르면 지적장애 아동은 비장애 아동에 비해 교사와 덜 가까운 관계를 가진 반면, 갈등과 의존성의 정도는 더 높게 나타나는 등 부정적인 특성이 상대적으로 더 강한 것으로 나타났다(Eisenhower, Baker, & Blacher, 2007). 경증의 장애를 가진 아동의 사회적 능력과 정서적 기능에 대한 경험적 연구들을 깊이 있게 분석한 Gresham과 MacMilan(1997)의 연구 결과 역시 비슷한 결론을 도출해 냈다. 즉, 심하지 않은 지적장애, 주의력결핍과잉행동장애(Attention Deficit Hyperactivity Disorder; ADHD), 학습장애와 같은 경증의 장애를 가진 아동들은 적절한 사회적 기술을 발달시키지 못했으며 다른 사람들을 방해하거나 부산한 행동을 하는 경향이 두드러졌는데, 이들은 학교환경에서 또래 및 교사와의 관계에서 긍정적인 관계를 형성하거나 성공적인 적응을 하는 데 어려움을 겪고 있다는 것이다.

장애의 정도가 심할 경우 이와 같은 어려움은 더욱 증가되는 양상을 보인다. 서울 소재의 장애인복지관을 이용하는 3세 이상 13세 이하의 지적장애 아동과 그 어머니들을 대상으로 한 조사에 따르면 어머니가 평가한 지적장애 아동의 사회적 능력은 아동의 장애 정도에 따라 유의미하게 달랐으며 장애 정도가 심할수록 사회적 능력 정도가 낮아지는 경향이 있었다(김미옥, 김용득, 이선우, 2004). 이처럼 장애 정도가 심할수록 사회적 능력이 낮은 것에 대해 Drasgow 등(2008)은 중증장애인들이 학습의 속도가 느리고, 학습한 행동을 각기 다른 상황이나 사람에 적용시키는 일반화 능력이 낮으며, 스스로 자신을 돌보고 지키는 자조기술이 부족한 것을 그 원인으로 꼽았다. 더불어 이 연구자들은 많은 중증장애인이 자주 의료적 개입을 필요로 하는 건강상태에 있는 것과 타인과의 의사소통을 자연스럽게 시작하고 유지할 수 있는 의사소통능력이 부족한 것이 중증장애인의 사회적 능력 향상을 저해하는 요인이 된다고 분석하였다.

장애 유무에 따른 사회적 능력 정도를 이해하기 위해 기획된 연구의 대부분은 연령대에 있어서는 학령기 전후의 아동을 그리고 장애유형으로는 지적장애나 발달장애를 연구의 주요 대상으로 하고 있어서 장애 아동 및 청소년의 사회적 능력에 대한 이해가 아직은 상당히 제한적일 수밖에 없다. 그러나 사회적 능력을 획득하고 건강하고 긍정적인 관계를 형성하는 데 있어 어려움을 겪는 것은 지적장애나 발달장애를 가진 경우에 국한되는 것이 아니라는 점은 분명해 보인다. 비록 사회적 능력을 획득하는 데 있어서의 어려움이나 또래수용과 관련하여 정도의 차이는 있겠지만 감각기관장애, 내부기관장애, 신체장애를 가진 아동과 청소년들도 비장애 아동에 비해 사회적 능력의 발달 정도는 일반적으로 더 낮은 수준으로 알려져 있다.

소년기결여간질이 있는 아동(children with absence epilepsy) 62명, 복합성 부분발작증세가 있는 아동(children with complex partial seizures) 90명과 건강한 아동 91명의 사회적 능력을 비교한 Caplan과 동료들에 따르면, 낮은 사회적 능력으로 인해 임상적인 개입이 필요하다고 판단된 아동의 비율이 비장애 아동의 경우는 6%에 지나지 않았으나 두 간질 아동집단의 경우는 모두 30%를 상회한 것으로 나타났다(Caplan, Sagun, Siddarth, Gurbani, Koh, & Gowrinathan et al., 2005).

신체장애를 가진 청소년이 겪는 어려움이나 위축된 대인관계의 특성은 이들의 자아인식에서도 확인할 수 있다. King, Shultz, Steel, Gilpin과 Cathers(1993)는 뇌성마비, 지체장애 등 신체장애를 가진 청소년들의 자아인식을 측정한 후, 남성과 여성으로 구분하여 각각 동성의 비장애 청소년의 표준점수(norm)와 비교하였는데, 장애 청소년의 '사회적 능력'과 관련하여 다음과 같은 두 가지 주목할 만한 결과가 도출되었다. 첫째, 장애 청소년들이 스스로가 평가한 '이성으로서의 매력' 점수가 남녀 집단 모두에서 비장애 청소년 표준점수보다 유의미하게 낮았다. 둘째, 여자 장애 청소년들이 스스로 평가한 '사회적 수용' 점수가 여자 비장애 청소년 표준점수에 비해 유의미하게 낮았다. 이와 같은 결과는 장애 청소년들이 자신이 또래 사이에서 인기가 없다고 인지하거나 자기 스스로를 매력이 없다고 평가하는 정도 혹은 빈도가 비장애 청소년에 비해 더 높음을 보여 준다. 비록 이 연구 결과가 조사 대상자의 인지 혹은 주관적 평가에 기초하고 있어서 객관적인 사실과는 차이가 있을 수 있으나 장애 청소년들이 자기 스스로를 매력이 없다고 평가하거나 혹은 또래가 자신을 호의적으로 평가하지 않을 거라고 인식하고 있다는 것은 이들이 또래와의 사회적 관계에서 겪고 있는 어려움을 반영하고 있는 것으로 해석될 수 있을 것이다.

장애 아동 및 청소년의 사회적 능력과 관련하여 이제까지 발표된 선행연구를 검토해 볼 때, 이들이 비장애 또래와 비교하여 사회적 능력을 발달시키기 어려운 신체적 및 환경적 조건에 처해 있을 가능성이 높으며 실제로 통계적으로 유의미하게 낮은 정도의 사회적 능력을 가지고 있다고 할 수 있다. 그러나 장애 아동 및 청소년의 사회적 능력을 보다 정확히 이해하기 위해서 반드시 고려되어야 할 몇몇 중요 이슈가 있는데, 이를 정리하면 다음과 같다. 첫째, 장애 아동 및 청소년이 상대적으로 낮은 사회적 능력을 가지고 있을지라도 장애가 반드시 낮은 사회적 능력으로 귀결되는 것은 아니라는 것이다. 통합적인 교육환경에 있는 유치원 아동을 관찰한 Odom 등(2006)은 약 30%에 가까운 장애 아동들이 또래들과 잘 어울리는 등 적절한 수준의 사회적 능력 수준을 보였다고 보고한 바 있다. 즉, 장애를 가졌다고 해서 반드시 사회적으로 무능한 것이 아니며 사회적으로 유능하다고 평가될 수 있는 장애 아동 및 청소년도 적지 않음을 알 수 있다.

둘째, 장애 아동 및 청소년의 사회적 능력은 변화 불가능한 특성이 아니며 적절한 교육과 훈련을 통해 사회적 능력을 향상시키는 것이 가능하다는 것이다. 앞서 살펴본 바와 같이 Katz와 McClellan(1997)은 사회적 능력이 감정 조절, 사회적 지식과 이해, 사회적 기술 및 사회적 성향이라고 하는 4개의 하위 개념으로 구성되어 있다고 주장했는데, 이중 사회적 성향을 제외한 세 가지 하위 개념은 모두 후천적인 노력과 훈련에 의해 변화될 수 있는 성질의 것이라는 점을 주목할 필요가 있다. 실제로 Jenkins, Odom과 Speltz(1989)는 통합적인 교육환경에서 교사들이 장애 아동과 비장애 아동의 상호작용을 활성화시키기 위한 노력을 기울였을 때 장애 아동들이 사회적 능력에 유의미한 향상이 있었음을 발표한 바 있다. 이 연구 결과는 장애 아동 및 청소년의 사회적 능력이 적절한 통합적 환경 및 개입이 전제될 때 성공적으로 발전할 수 있음을 보여 주는 것으로서 장애 아동 및 청소년의 교육과 심리사회적 개입과 관련하여 중요한 함의를 제시하고 있다고 하겠다.

셋째, 장애 아동 및 청소년들이 상대적으로 낮은 수준의 사회적 능력을 가진 것으로 평가되는 것에는 이들의 특성 외에 이들과 상호작용하는 비장애인들의 특성 및 환경적 특성이 영향을 미친다는 것이다. 사회적 능력이라는 것은 본질적으로 어떤 개인의 환경에서 중요한 위치를 점하고 있는 타인(들)에 의한 긍정적인 평가의 성격을 띠게 된다(Gresham, 2001). 실제로 적지 않은 연구에서 아동의 사회적 능력은 또래나 교사의 평가에 기초하여 측정되고 있기도 하다. 그런데 이러한 평가는 측정하고자 하는 개념 이외의 것에 의해 영향을 받을 가능성이 농후한 것으로 알려져 있다. 예를 들어 어떤 학생이 학교에서 학업성적이 우수한 경우 교사는 그 학생의 사회적 능력에 대해 높이 평가하는 경향이 있다는 것이다(Vaughn & Haager, 1994). 한 경험적 연구에서 교사 및 또래평가를 통해 학습장애 아동과 비장애 아동의 사회적 능력을 비교한 결과, 학습장애 아동과 학업성취도가 낮은 비장애 아동은 또래관계, 사회적 인지, 행동문제, 및 사회적 기술 등 4개 항목 모두에서 유의미한 차이를 보이지 않은 반면 학습장애 아동과 학업성취도가 보통 이상인 비장애 아동은 사회적 기술 및 행동문제에서 유의미한 차이를 나타냈다(Vaughn & Haager, 1994). 이러한 결과는 학업성취도가 중요하게 간주되는 학교환경에서 교사와 동료 학생들이 학업성취도가 낮은 학생들에 대해 가지고 있는 선입견이 학습장애 아동 및 학업성취도가 낮은 비장애 학생들의 사회적 능력을 평가하는 데 영향을 미쳤을 가능성을 보여 준다. 이 연구 결과는 더 나아가 장애 아동 및 청소년의 사회적 능력이 낮게 평가되는 중요 이유 가운데 하나는 사회적으로 장애인에게 부여된 부정적 이미지 및 평가일 수 있음을 함의하고 있다.

이상의 내용은 장애 아동 및 청소년의 사회적 능력이 상대적으로 비장애 또래보다 낮지만 성장과 발전이 가능하며 그러한 성장과 발전을 이루기 위해서는 장애 아동 및 청소년 차원에서의 노력뿐 아니라 비장애인과 사회 차원에서의 노력이 함께 경주되어야 함을 보여 준다고 하겠다.

4. 우리나라 장애 아동 및 청소년 인구: 인구학적 특성과 생활실태

1) 장애 아동 및 청소년 인구

2005년도 장애인실태조사에 따르면 우리나라 전체 인구 중 장애출현율은 4.5%로 전국적으로 11,728,924명의 장애인이 있을 것으로 추정된 반면, 만 0세에서 19세 이하의 장애 아동 및 청소년 인구 중 장애출현율은 0.78%로서 총 97,026명의 아동과 청소년이 장애를 가지고 있을 것으로 추정되었다. 조사모집단을 등록장애인으로 국한시켰던 2008년도 장애인실태조사에서는 전국적으로 2,137,226명의 장애인이 있을 것으로 추정되었는데 이중 3.9%가 만 0세에서 17세 이하의 아동 · 청소년 인구로 보고되었다. 이 자료에 기초하여 우리나라 장애 아동 및 청소년 인구를 장애유형별로 정리하면 〈표 11-1〉과 같다.

〈표 11-1〉에 제시된 장애유형별 장애 아동 및 청소년 인구수는 장애유형별 전체 인구수에서 아동 · 청소년 비율을 고려하여 산출한 추정치라는 점을 먼저 밝혀두고자 한다. 장애인 전체 분포에서는 지체장애인의 수가 가장 많았고 그 뒤를 이어 시각장애, 뇌병변장애, 청각장애, 지적장애, 정신장애의 순으로 인구수가 많았으나 장애 아동 및 청소년 인구에서는 지적장애인의 수가 약 42,000여 명으로 가장 많았고 그 뒤를 이어 지체장애, 자폐성장애, 뇌병변장애, 청각장애, 시각장애의 순서로 추정 인구수가 많았다. 이처럼 장애 아동 및 청소년 인구와 전체 장애인 인구에서 높은 비중을 차지하는 장애유형이 다소 차이를 보이는 것은 전체 장애인 인구에는 사고와 질병으로 후천적으로 장애를 갖게 된 사람들이 비중이 높은 반면, 장애 아동 및 청소년 인구에서는 선천적이거나 영유아기 때 장애를 갖게 된 경

〈표 11-1〉 아동 및 청소년 장애인구: 장애유형별

장애유형	전체 장애인구(명)	각 장애유형에서 아동 · 청소년 비율(%)	아동 및 청소년 장애인구(명)
지체장애	1,132,116	0.9%	10,189
뇌병변장애	219,156	3.8%	8,328
시각장애	220,061	1.8%	3,961
청각장애	207,383	2.1%	4,355
언어장애	15,103	7.7%	1,163
지적장애	140,079	30.4%	42,584
자폐성장애	12,329	78.5%	9,678
정신장애	84,780	0.3%	254
신장장애	48,284	0.3%	145
심장장애	14,606	6.9%	1,008
호흡기장애	14,393	0.0%	0
간장애	6,514	4.4%	287
안면장애	2,185	6.6%	144
장루요루장애	11,356	1.4%	159
간질장애	8,881	4.3%	382

출처: 보건복지가족부, 한국보건사회연구원(2009).

우가 많은 것과 관련이 있을 것으로 보인다.

2) 장애 아동 및 청소년들의 학교생활 적응 및 문제점

(1) 학교생활 적응

장애인실태조사 결과를 살펴보면 많은 장애 아동 및 청소년들이 학교 등 공식적 교육환경에서 적응에 어려움을 겪고 있음을 확인할 수 있다. [그림 11-1]은 2008년도 장애인실태조사에서 보고된 장애 아동 및 청소년의 학교생활적응도를 주요 장애유형에 한해 도표로 정리한 것이다. 그림에서 쉽게 확인되는 바와 같이 절대 다수의 장애 아동 및 청소년들이 학교생활에 적응을 못하고 있다는 부정적인 입장을 보였다. '전혀 적응을 못한다' 혹은 '잘 적응을 못한다'는 응답을 합한 비율이 지체장애의 경우 96.7%, 언어장애의 경우 94.6%, 뇌병변장애 91.9%, 청각장애 85.4%, 지적장애 76.9%, 자폐성장애 72.2%, 시각장애 61.3%로 나타났다.

장애 아동 및 청소년의 학교적응도와 관련하여 중요하게 고려되어야 할 사항은 이들이 특수학교에 재학 중인지 아니면 일반학교에 재학 중인지 여부다. 인지적 능력과 의사소통능력에 있어서 비장애 또래와 비교하여 차이가 거의 없을 것으로 보이는 지체장애에서 '학교생활에 적응을 못하고 있다'는 부정적 응답이 비율이 97%에 육박할 정도로 높은 반면, 시각장애, 지적장애, 자폐성장애 및 청각장애에서 학교생활에 부적응 비율은 80%에 미치지 못하는 등 상대적으로 그 비율이 낮았던 것은 이들이 재학하고 있

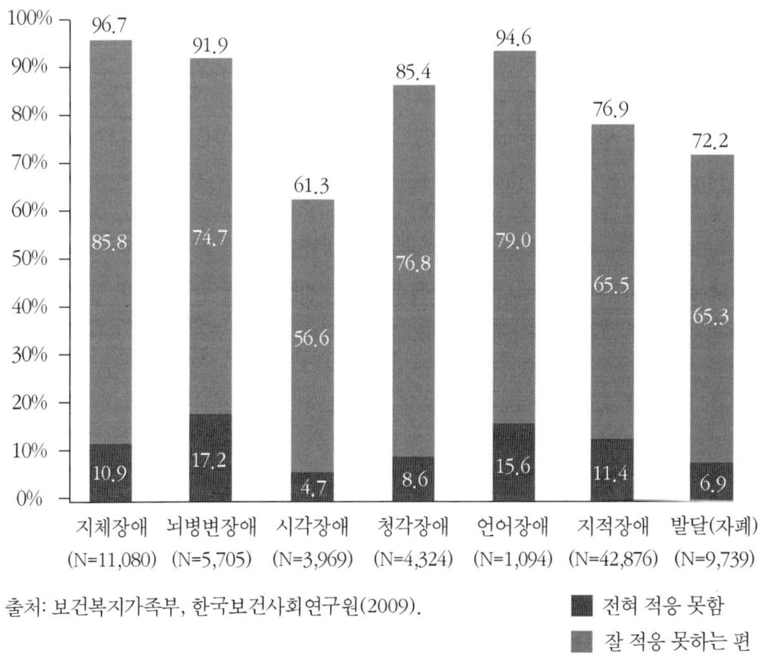

[그림 11-1] 학교생활(보육시설/유치원 포함) 적응 정도

는 학교의 특성이 반영되었을 가능성을 보여 준다. 2005년도 장애인실태조사 자료에서 모든 장애유형 중에서 특수학교를 다니고 있는 비율이 가장 높은 장애유형 세 가지가 바로 지적장애, 발달장애, 청각장애라는 사실은 이러한 추론에 설득력을 더해 준다. 만약 일반학교에 다니고 있는 장애 아동 및 청소년이 실제로 학교적응에 많은 어려움이 있다면 이는 통합교육환경에 있는 장애 아동 및 청소년을 위한 지원 확대와 같은 개입의 필요성이 그만큼 크다는 것을 의미할 것이다.

(2) 학교생활 문제점

학교생활과 관련하여 장애 아동 및 청소년들이 겪고 있는 구체적인 문제는 매우 다양한 것으로 파악된다. [그림 11-2]는 2008년도 장애인실태조사에 응한 장애 아동 및 청소년들이 1순위로 꼽은 학교생활문제와 그 비율을 제시해 주고 있다. 가장 많은 장애 아동 및 청소년들이 선택한 문제는 '수업 내용을 이해하는 것' 이었다. 전체의 34.6%가 이를 1순위 학교생활 문제로 선택했는데, 이를 통해 많은 장애 학생들이 비장애 학생들과 마찬가지로 학업적 성취에 대해 많은 가치를 부여하고 있으며 동시에 이와 관련하여 스트레스를 느끼고 있음을 알 수 있다. 또 다른 한편으로, '수업 내용의 이해'가 어렵다는 응답은 학교에서 이루어지는 교육이 비장애 학생을 중심으로 이루어지는 반면 장애 학생들이 수업에 참여하고 수업 내용을 소화하기 위해 기본적으로 필요로 하는 지원체계는 미약한 현실을 반영하는 것일 수 있다. 장애 학생들에 대한 지원이 미약하다는 것은 이들을 위한 '전문교사의 부족'(8.2%), '특수교육보조원 미배치'(3.6%), '교육도구나 기자재 사용 시 불편'(1.9%), '학교 내 편의시설 부족'(1.4%) 등을 1순위 문제로 선택한 학생들이 존재한다는 것에서도 엿볼 수 있다. 비록 이러한 항목들을 선택한 학생들의 비율은 상대적으로 낮았지만 이 수치를 가볍게 여겨서는 안 될 것으로 보인다. 왜냐하면 이 비율은 이러한 항목을 '가장

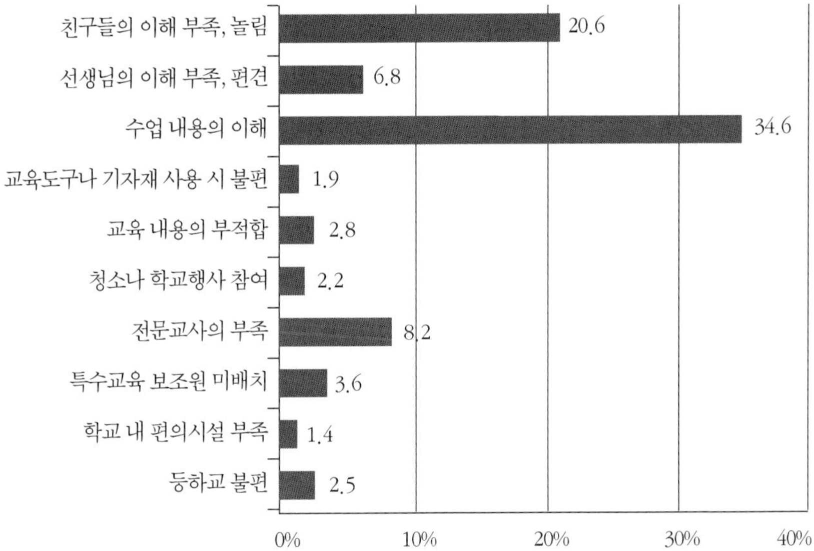

출처: 보건복지가족부, 한국보건사회연구원(2009). (N=80,760)

[그림 11-2] 학교생활(보육시설/유치원 포함) 문제점(1순위)

심각한 학교문제'로 꼽은 학생들의 비율을 의미하는 것으로 실제로 이러한 항목을 '문제'로 느끼고 또 경험하고 있는 장애 학생의 비율은 제시된 수치보다 훨씬 높을 것으로 예상되기 때문이다.

장애 학생들의 사회적 능력과 관련하여 보다 중요하게 살펴보아야 할 사항은 바로 두 번째와 네 번째로 빈도수가 높았던 항목이다. '친구들의 이해 부족과 놀림'을 가장 심각한 학교생활문제로 꼽은 장애 학생의 비율이 20.6%, 그리고 '선생님의 이해 부족과 편견'을 선택한 학생의 비율은 6.8%였다. 즉, 4명의 장애 학생 중에 1명 이상이 학교와 관련한 가장 심각한 문제로 대인관계적 어려움을 선택했음을 알 수 있다.

3) 장애 아동 및 청소년들의 학교에서의 차별 경험

장애 아동 및 청소년들이 학교환경에서 대인관계적 어려움을 겪고 있다는 것은 이들이 학교환경에서 느끼고 있는 '차별'을 통해서도 확인할 수 있다. 2008년도 장애인실태조사에 따르면 17세 이하의 장애 학생들 가운데 교사에게 차별을 경험한 적이 있다고 응답한 학생은 전체의 20.9%였고 또래학생들로부터 차별을 경험한 적이 있다는 응답은 54.7%에 이르렀다. 교사로부터의 차별을 경험한 장애 학생은 5명 중의 1명꼴이고 또래 학생들에게 차별을 경험했다는 장애 학생은 2명 중 1명이 넘는 셈이다.

[그림 11-3]과 [그림 11-4]는 2005년도 장애인실태조사 결과를 바탕으로 장애 학생들이 교사와 또래 학생들로부터 받은 사회적 차별 경험 비율을 주요 장애유형별로 정리한 것이다. 각 장애유형 이름 아래 제시된 수치는 해당 장애유형의 전체 표본 수를 의미한다. '교사로부터 사회적 차별을 받은 적이 있다'는 응답 비율이 높았던 장애유형을 순서대로 제시하면, 언어장애(38.4%), 자폐성장애(32.0%), 지적장애(27.9%), 뇌병변장애(24.1%), 청각장애(17.9%), 지체장애(12.4%), 시각장애(9.7%)의 순이다. '또래 학생들로부터 차별을 받은 경험이 있다' 항목의 경우에는 지적장애(64.4%), 언어장애(56.8%), 뇌병변장애(45.6%), 청각장애(43.3%), 지체장애(43.0%),

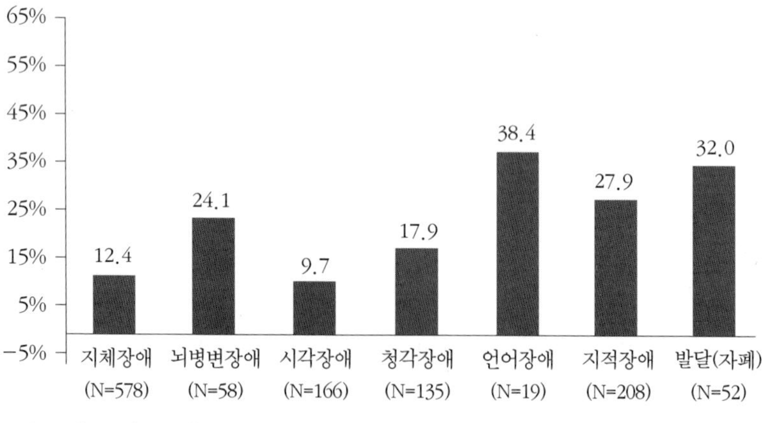

출처: 보건복지가족부, 한국보건사회연구원(2009).

[그림 11-3] 학교교사로부터의 사회적 차별 경험

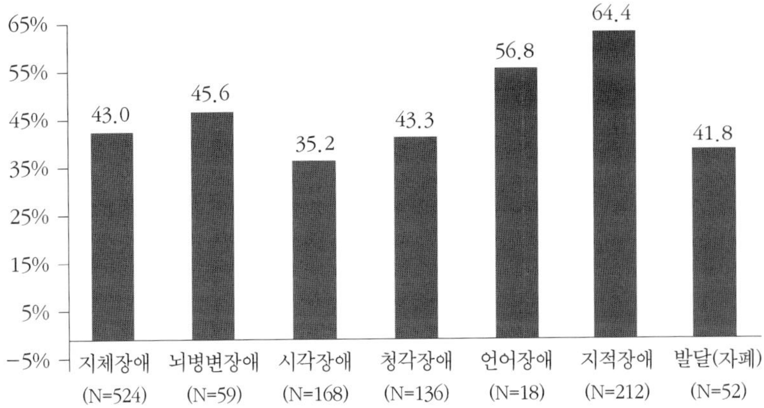

출처: 보건복지가족부, 한국보건사회연구원(2009).

[그림 11-4] 또래 학생들로부터의 사회적 차별 경험

자폐성장애(41.8%), 시각장애(35.2%)의 순으로 차별 경험을 인정하는 응답 비율이 높았다. 장애 학생들이 보고한 차별 경험은 주관적으로 인지한 차별로서 실제의 차별 발생 여부와는 차이가 있을 수 있기 때문에 해석에 주의가 필요한 것이 사실이다. 그러나 '사회적 능력' 과 관련해서는 과반수의 장애 학생들이 또래의 다른 학생들로부터 이해받지 못하고 차별적 대우를 받았다' 고 인지하고 있다는 것 자체가 심각한 문제로 이해될 필요가 있다. 왜냐하면 이 같은 통계는 다수의 장애 학생들이 주위의 중요한 타자로부터 수용되지 못했을 뿐 아니라, 상호이해와 존중을 바탕으로 한 상호작용에 어려움을 겪고 있음을 보여 주는 것이기 때문이다. 더불어 이러한 생각은 부정적 자아인식, 사회적 관계에서의 위축된 태도, 사회 및 타인에 대한 적대감 등 건강하다고 볼 수 없는 심리상태 및 행동문제로 발전할 가능성이 적지 않다는 점에서 문제의 심각성이 더하다고 볼 수 있다.

4) 장애 아동 및 청소년들의 방과 후 시간 사용

'사회적 능력'과 관련한 우리나라 장애 아동 및 청소년 생활 실태의 마지막 항목으로 살펴보고자 하는 것은 장애 아동 및 청소년들의 방과 후 시간 활용에 관한 것이다. 2008년도 장애인실태조사는 이에 대한 내용을 발표한 바 있는데 이를 도표로 정리한 것이 [그림 11-5]이다. 그림에서 보는 바와 같이 절대 다수의 장애 아동 및 청소년들이 방과 후에 '집에서' 시간을 보내고 있는 것으로 나타났다. '복지시설'이나 '학원'에 간다는 응답은 각각 9.3%와 8.8%에 지나지 않았으며 '유치원이나 학교의 방과 후 프로그램에 참여'한다는 응답 역시 2.2%에 불과하였다. 반면 '가정에서 부모나 가족과 지낸다'(64.2%)거나 '집에서 혼자 지낸다'(7.5%)는 비율은 무려 71.7%에 이르렀다. 이처럼 대다수의 장애 아동 및 청소년들이 방과 후에 집에서 시간을 보내고 있다는 것은 이들이 가족 이외의 사람들과 만나서 상호작용을 하는 기회 자체가 상당히 차단되어 있음을 의미하는 것으로서

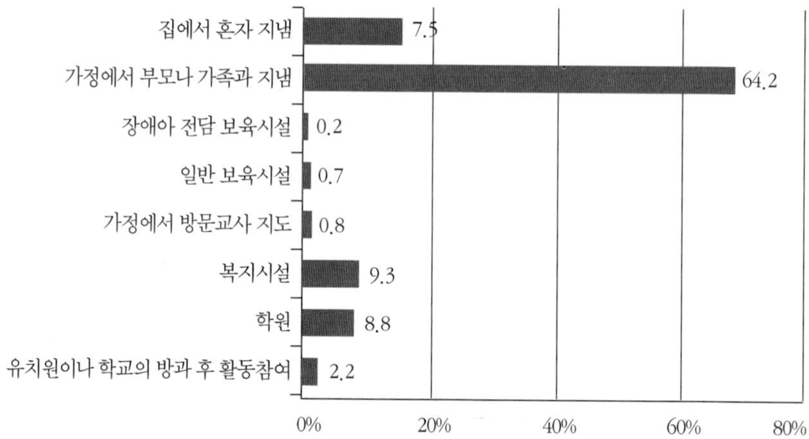

출처: 보건복지가족부, 한국보건사회연구원(2009). (N=80,760)

[그림 11-5] 낮 시간/방과 후 시간 사용

이와 같은 생활방식은 장애 아동 및 청소년들의 사회적 능력 개발에 부정적인 영향을 미칠 것으로 예상된다.

5. 사회적 능력 관련 요인

여기에서는 선행연구에 기초하여 장애 아동 및 청소년의 사회적 능력에 영향을 미치는 주요 요인에 대해 다루게 될 것이다. 먼저 장애 아동 및 청소년이 왜 비장애 또래에 비해 상대적으로 낮은 수준의 사회적 능력을 갖고 있는지를 설명할 수 있는 중요 요인으로 지능과 의사소통능력에 대해 알아본 후 부모의 양육태도 등 청소년의 사회적 능력을 후천적으로 개발하는데 영향을 미칠 수 있는 요인들에 대해 살펴보고자 한다.

1) 지능

어떤 아동들은 또래와 성공적으로 상호작용을 하는 반면 어떤 아동들은 다른 사람들이 선호하지 않는 행동을 함으로써 사회적 관계에서 어려움을 겪게 되는데, Ladd(2005)에 따르면 그 이유에 대한 하나의 가능한 설명은 바로 아동의 인지적 능력 때문이라는 것이다. 즉, 인지적 능력은 아동이 어떻게 또래와 상호작용하며 주어진 상황에 맞게 반응하는지를 결정하는 주요한 요인의 하나라는 것이다. 이에 근거해 볼 때 지적장애 아동 및 청소년들이 비장애 또래에 비해 사회적 유능성이 낮은 것의 주된 이유 중 하나로 '지능'을 꼽을 수 있다.

사회적 능력은 사회의 규범 및 대인관계의 바탕이 되는 문화에 대한 적응과 유사한 측면이 있고, 적응행동은 지능과 개념적으로 중복되는 부분이 있을 정도로 관련이 깊은 것으로 알려져 있다(김향지, 2003). 이는 사회적 유능성이 본질적으로 지능과 밀접한 연관성이 있음을 암시해 준다. 지능이 높은 사람은 사회적 규범이나 문화를 이해하고 필요한 기술을 익히며, 자신의 의사를 논리적이고 설득력 있게 피력할 수 있는 언어적 능력을 개발하는 데 있어 지능이 낮은 사람들에 비해 유리한 위치에 있기 때문이다. 지적장애 아동 및 청소년들은 제한된 '학습'능력으로 인해 사회적으로 통용되거나 혹은 바람직하다고 여겨지는 예의범절이나 사회규범을 익히는 데 더 많은 어려움을 겪으며 다른 사람들이 미묘하게 표현하는 불쾌함이나 슬픔, 두려움과 같은 감정을 정확히 포착하지 못할 때가 많은 것이 사실이다. 간질아동과 건강한 아동의 사회적 유능성을 비교분석한 Caplan 등(2005)에 따르면 장애와 상관없이 낮은 지능의 아동들은 높은 지능의 아동에 비해 통계적으로 유의미하게 낮은 사회적 유능성 점수를 기록하였는데, 이는 아동이 적절한 수준의 사회적 능력을 발달시키는 데 있어 지능의 영향력을 보여 준다고 하겠다.

2) 의사소통능력

장애 아동 및 청소년의 사회적 능력에 대해 이해하고자 할 때, 지능과 더불어 개인적 차원에서 중요하게 고려해야 할 요인은 바로 의사소통능력이다. 특히 '적절한 언어구사력'은 아동과 청소년들이 또래와 관계를 형성하고 그 관계를 지속하는 데 있어 필수적인 상호작용수단이기 때문에 이러한 능력을 가지고 있지 못할 경우 이는 또래와의 사회적 상호작용을 하는 경험과 기회가 박탈되기 쉬운 상태에 놓이게 됨을 의미한다(Schneider & Goldstein, 2008). 언어장애를 가지고 있거나 언어구사능력에 손상을 입은 아동들은 신체적 연령에 적절한 수준의 언어기술을 발달시키는 데 치명적인 한계를 갖게 되는데 이는 이들이 정상적인 지능을 가지고 있음에도 불구하고 왜 비장애 또래에 비해 낮은 수준의 사회적 능력을 가지고 있는지를 설명해 준다. 의사소통과 관련한 장애를 가진 아동과 청소년들은 일반적으로 건강한 비장애 또래에 비해, 적절한 사회적 기술을 발달시키지 못하고, 더 적은 수의 또래와 관계를 맺으며, 또래와의 상호작용 수준도 더 낮고, 또래 사이에서 인기도 더 낮은 수준에 있다는 선행연구 결과(Fujiki, Brinton, & Todd, 1996; Schneider & Goldstein, 2008)는 의사소통능력과 사회적 능력이 얼마나 밀접하게 관련되어 있는지를 경험적으로 보여 주고 있다.

3) 부모의 장애 수용

부모가 자녀를 있는 그대로 받아들이는 수용 정도가 높은 경우 아동의 사회적 능력에 긍정적인 영향을 미치는 것으로 알려져 있다(박호준, 정영숙, 1993). 많은 학자들은 수용적인 부모가 보이는 자녀에 대해 지지적이며 존중하는 태도가 아동이 자신과 타인을 존중하고, 타인과 적절하게 상호작용하며 서로 협력할 줄 아는 능력의 개발을 촉진시키게 됨을 강조한다(Coopersmith, 1967).

그러나 자녀에 대한 수용과 관련하여 장애 아동의 부모는 특별한 어려움을 가지고 있다. 자녀가 장애를 가지고 있을 경우 부모는 죄책감, 부끄러움, 당황스러움, 실망감, 슬픔, 분노 등 정서적으로 격렬한 부정적인 감정을 경험하기 쉽기 때문이다(Vash & Crewe, 2004). 어머니가 임신기간 중 영향섭취에 소홀했거나, 부적절한 약물을 사용하는 등 자신의 부주의로 아동이 장애를 가지게 되었다고 생각될 경우 죄책감의 정도는 더욱 심각할 수 있다. 자녀의 장애와 관련하여 부모가 자신을 책망하는 것은 자녀가 출생 시부터 장애를 가지고 있는 경우에 국한되지 않는다. 아동이 성장기 동안 질병을 앓거나 사고를 통해 장애를 가지게 된 경우에도 부모는 자신이 제대로 돌보지 못했기 때문이라고 생각하며 자기 자신을 원망할 수 있다.

그러나 부모가 장애 아동에 대해 이러한 감정을 가지고 있을 경우 장애 아동은 자신의 장애를 '부끄럽고, 슬퍼해야 마땅하며 자신과 가족에게 고통을 주는 비정상적인 상태'로 이해하게 될 가능성이 높다. 장애에 대한 부정적 인식은 장애를 가진 자기 자신 전체에 대해 부정적인 인식으로 확대될 수 있으며 이는 장애 아동이 사회적 관계에서 자신감을 잃고 위축되는 결과를 초래할 수 있다. 이는 부모가 자녀의 장애를 있는 그대로 받아들이고 인정하는 태도를 가질 때 장애 아동의 사회적 능력이 향상될 수 있음을 암시해 준다. 실제로 3세 이상 13세 이하의 지적장애 아동의 사회적 능력과 관련 변인에 대해 실증적으로 분석한 김미옥, 김용득과 이선우(1993)에 따르면 가족의 장애 수용 정도가 높을수록 장애 아동의 사회적 능력이 높아지는 경향이 있었다.

4) 장애 아동에 대한 부모의 과잉보호 및 과잉통제

질적연구방법을 통해 장애를 가진 대학생들의 어린 시절 경험을 연구한 Middleton(1999)에 따르면 연구참여자의 대부분이 성장기 동안 비장애인 부모로부터 과잉보호를 받았다고 느꼈다고 한다. 즉, 이 연구에 참여한 장애 대학생들은 자신의 형제자매는 자유롭게 밖에 나가서 놀고, 친구의 집을 방문하며 클럽활동을 할 수 있었던 반면 자신들은 항상 집에서 지내는 등 부모가 자신을 보호하기 위해 형제자매와는 다른 방식으로 대우했음을 보고하였다. 이에 대해 Middleton(1999)은 보다 좋은 환경을 제공해 주고 싶은 부모의 바람과는 달리 이러한 과잉보호는 장애 아동으로 하여금 고립감을 느끼게 하거나 형제자매들과 마찰을 불러일으키는 등의 역효과로 이어질 수 있음을 지적하고 있다.

장애 아동의 사회적 능력에 영향을 미치는 가족변인에 대해 양적 분석을 실시한 Guralnick 등(2003)은 장애를 가진 자녀가 또래와 함께 놀이를 할 수 있도록 하는 등의 부모의 환경조성 노력은 장애 아동의 사회적 능력과는 아무 관련이 없었으며 장애 자녀에 대해 강한 통제력을 바탕으로 한 사회화 전략을 양육 방법으로 선택한 경우에는 심지어 장애 아동의 사회적 능력 발달에 부정적인 영향을 미칠 수 있음을 발견하였다. 부모의 강한 통제가 장애 아동의 사회적 능력과 부적 상관관계를 보이는 것에 대해 연구자들은 부모가 아동의 자신의 기술을 직접 시험하고 또래관계에서 자신의 사회적 능력을 발전시킬 수 있는 기회를 차단하기 때문이라고 설명하였다(Guralnick et al., 2003). 김향지(2003) 역시 장애 아동이 사회적으로 요구되는 행동을 적절히 수행하지 못하는 것은 장애 그 자체와도 관련이 있지만 장애 아동이 직접적으로 행동을 수행할 수 있는 기회가 주어지지 않는 것과 그러한 행동에 대한 동기를 가지지 않는 것 때문일 수 있다는 견해를 피력하였다.

5) 자율적이며 성취지향적인 부모의 양육태도

사회적 능력이 뛰어난 아동의 어머니들은 자녀와의 관계에서 권위를 가지며 아동의 긍정적인 행동에 대해 칭찬하고 적극적으로 반응하면서 자녀의 성취와 발전을 격려하는 특징이 있다(Katz & McClellan, 1997). 아동의 또래관계와 사회적 능력에 대해 많은 문헌을 검토하고 정리한 Ladd(2005)는 부모가 자녀에 대해 관심과 주의를 가지고 반응하면서 동시에 자녀에게 일정 수준의 역할을 부여하고 그 역할을 적절히 수행할 것을 요구하는 양육태도는 자녀의 사회성 발달을 촉진시키게 된다고 주장하였다. 권위적인 양육태도, 권위를 가진 양육태도, 허용적인 양육태도, 무관심한 양육태도 등 양육태도에 대한 네 가지 전통적인 분류 가운데, '권위를 가진 양육태도'는 아동의 정신적 및 행동적 자신감, 그리고 능력(competence) 발달과 정적인 관련성이 있는 반면 나머지 세 가지 유형의 양육태도는 부적인 관련성을 가진다고 한다(Ladd, 2005). '자녀에 대한 높은 수준의 기대와 요구 및 반응성'으로 특징지어지는 '권위를 가진 양육태도'는 자녀에 대한 애정과 관심을 바탕으로 자녀의 성취를 격려하는 양육태도로 이해될 수 있다. 이처럼 자녀가 보다 많은 성취를 할 수 있도록 부모가 적극적으로 관심을 기울이고 격려하는 양육태도가 갖는 긍정적인 영향력은 비장애 아동 및 청소년에게뿐 아니라 장애를 가진 아동과 청소년에게도 유효한 것으로 보인다. 장애를 가진 아동과 청소년의 양육자를 대상으로 한 최근의 한 조사는 부모가 자녀의 성취를 고취시키는 태도를 가질수록 장애 자녀의 사회적 능력 점수가 향상되는 경향이 있음을 경험적으로 확인한 바 있다(정소연, 2009).

자녀에 대해 성취지향적인 태도와 더불어 장애 아동 및 청소년의 사회적 능력 발달에 긍정적인 기여를 할 것으로 기대되는 또 다른 핵심적인 양육태도는 자녀에게 적절한 자율성을 허용하는 것이다. 앞에서도 기술한 바와 같이 장애 자녀를 둔 부모는 자녀에 대해 죄책감과 안쓰러운 감정에 많은 것을 통제하고 보호하려는 행동을 보이기 쉬운데, 이러한 부모의 과도한 통제는 장애 자녀가 스스로 외부세계를 탐색하고 경험하는 기회를 박탈함으로써 자녀의 사회적 성장을 방해할 가능성이 높다. 반면 적절한 정도의 자율성은 장애 아동 및 청소년의 긍정적인 자아상과 대인관계능력을 촉진시킬 수 있을 것으로 기대된다. 이와 같은 기대는 초등학교 및 중학교에 재학 중인 지적장애 학생 100명과 이들의 담임교사를 대상으로 한 조인수와 한옥희(2006)의 연구에 의해 강력히 지지된 바 있다. 조인수와 한옥희의 연구(2006)에서 '애정적' '거부적' '통제적' '자율적'으로 구분된 네 가지 양육태도 가운데 앞의 세 가지 양육태도는 사회성 일반, 놀이활동, 대인관계, 책임감, 자기존중, 자기보호, 규칙과 법 등으로 구분된 모든 사회적 능력 영역에서 유의미한 관련성을 보이지 않은 반면, 자율적 양육태도는 7개 영역 모두에서 정적 상관관계를 나타냈다.

6) 교사의 지지

아동이 성장하여 유치원과 학교에 입학하게 되면 점차 많은 시간을 가정을 떠나 공적 교육환경에서 생활하게 된다. 이때 아동과 청소년들의 자기 인식, 사회화 및 대인관계 활동에 결정적인 영향을 미치는 존재는 바로 교사다(Katz & McClellan, 1997). Katz와 McClellan(1997)은 단순히 아동을 다른 또래들과 함께 상호작용할 수 있는 환경에서 생활할 수 있도록 하는 것이 이들의 사회적 능력을 증진시키지 않는다는 점을 분명히 하면서 아동의 사회적 능력을 증진시키기 위해서는 적절한 물리적 환경과 성인, 즉 교사의 지도와 역할이 필수적임을 강조하였다. 일반적으로 교사가 어떤 가치와 신념을 가지고 있고 어떻게 학급을 운영하느냐 하는 것은 학생들의 복지와 발달에 많은 영향을 미치는 것으로 알려져 있다. 아동의 사회적 능력도 예외가 아니다. 최근의 한 연구는 실증적인 자료 분석을 통해 교사의 신념이 아동의 사회성 발달에 많은 영향력을 끼칠 수 있음을 확인하였다. 이영석과 이은주(2007)는 비장애 유아를 대상으로 한 연구에서 교사의 신념이 유아의 사회적 유능감과 정적 상관관계가 있었을 뿐 아니라, 분석에 포함된 모든 독립변수(교사 신념, 유아 성별, 유아 연령, 어머니의 양육태도, 교사 경력, 어머니의 취업 유무) 가운데 표준화된 회귀계수가 가장 크다는 연구 결과를 발표한 바 있다.

장애 아동의 사회적 능력 증진에 있어 교사의 역할이 얼마나 중요한지는 Jenkins 등(1989)의 연구에서도 분명하게 확인된다. 이 연구자들에 따르면, 통합적인 교육환경에서 교사들이 장애 아동들을 사회적으로 유능한 비장애 아동과 함께 놀이에 참여할 수 있도록 환경을 만들고, 필요한 경우 이들에게 적절한 역할을 부여하는 등 관계 증진을 위한 기회를 제공한 결과 이러한 통합적인 특수교육 환경에 있는 장애 아동은 언어능력과 사회적 능력에 있어 통제집단에 비해 더 많은 성장을 보였다. 이 연구 결과는 통합적 교육환경에 있는 장애 아동 및 청소년들이 사회적 능력 향상과 같은 실제적 혜택을 경험하기 위해서는 교사의 적극적인 노력이 뒷받침되어야만 한다는 것을 함의하고 있다고 하겠다.

7) 장애에 대한 사회적 인식

앞에서도 기술한 바와 같이 어떤 개인이 사회적으로 적절한 행동을 하는지 여부는 사회적 맥락에서 판단된다. 이는 어떤 개인의 사회적 능력을 올바로 이해하기 위해서는 행위의 주체자뿐 아니라 그 행위를 해석하는 사람(들)의 특성 역시 중요하게 고려되어야 한다는 것을 함축한다. 특히 사회적으로 부정적 이미지가 부여된 소수자 집단에 속한 사람들의 경우 그들의 행동을 평가하는 주류사회의 영향력은 더욱 막대하다고 할 수 있을 것이다. 장애를 가진 대학생들을 대상으로 이들의 아동기 시절 경험에 대해 질적 분석을 시도한 Middleton(1999)의 연구는 장애인을 바라보는 사회와 비장애인의 태도 및 인식이 장애 아동 및 청소년들의 사회적 능력 발달에 미치는 영향력에 대해 이해할 수 있는 몇몇 단서를 제공하는데, 이는 대략 세 가지로 정리해 볼 수 있다. 첫째, 비장애인들은 장애를 가진 사람들을 어딘가 부족하거나 모자란 사람으로 바라보는 경향이 있는데 이는 장애 아동 및 청소년들을 정서적으로 불편하게 할 뿐 아니라 위축된 자아상을 갖도록 영향을 미칠 수 있을 것으로 보인다. 둘째, 사람들은 장애인에 대해 처음에는 동정심을 갖지만 장애인들이 자신의 기대와는 다른 행동을 하게 되면 적대감을 표시하는 경향이 있는데 이는 장애인들로 하여금 수동적인 태도를 강화시키는 기제로 작용할 가능성이 있다. 비장애인이 어딘가 불편해 보이는 장애인에게 동정과 호의를 가지고 무엇인가를 도와주려 할 때 장애인이 이를 거절하고 스스로 하려는 모습을 보일 경우 비장애인은 이를 편안하게 받아들이지 못하고 오히려 장애인들을 부정적으로 인식하게 된다고 한다. 이는 장애 아동 및 청소년들이 자신에게 의존적인 모습을 기대하는 주변 사람들의 눈높이에 맞춰 행동하게 됨으로써 대인관계에서 적극성과 진취성보다는 수동성을 발현시킬 가능성이 그만큼 높아질 수 있음을 암시해 준다. 셋째, 장애인은 장애로 인해 불가피하게 비장애인과는 다른 행동을 하거나 다른 모습을 보이는 경우가 있는데 비장애인들이 이를 오해하여 대인관계에 부정적인 결과를 초래할 수 있다. Middleton(1999)의 연구에서 한 학생은 자신이 손에 장애를 가지고 있어서 항상 그 손을 주머니에 넣고 다녔는데 많은 사람들이 자신을 건방진 사람으로 생각했었던 사실을 토로하였다. 이상의 내용은 장애 아동 및 청소년들이 적절한 사회적인 능력을 개발시킨다 하더라도 사회의 다른 구성원들이 장애인에게 부정적인 시각을 가지고 있거나 장애에 대해 정확하게 이해하지 못하여 이들을 오해할 경우 장애인과 비장애인이 건강하고 긍정적인 관계를 형성하고 상호작용하는 것은 여전히 요원한 일임을 암시해 준다고 하겠다.

6. 장애 아동 및 청소년의 사회적 능력 함양을 위한 실천적 제언

일부의 학자는 사회적 능력을 개인이 타고나는 어떤 본질적이고 생물학적인 특성으로 이해하지만 다수의 학자들은 사회적 능력이 후천적으로 발전할 수 있다는 입장을 지지한다. 장애 아동 및 청소년의 경우 장애로 인해 특히 인지적 능력이나 의사소통능력의 결함으로 인해 비장애 또래에 비해 사회적 능력이 상대적으로 낮은 경향이 있지만 다양한 선행연구는 장애 아동 및 청소년에게 적절한 양육, 교육 및 심리사회적 개입이 제공될 때 사회적 능력이 향상 발전할 수 있음을 증명해 왔다. 그렇다면 무엇보다 중요하게 고민해야 할 이슈는 바로 어떻게 장애 아동 및 청소년의 사회적 능력을 증진시킬 수 있는지, 그 방법일 것이다. 장애 아동 및 청소년의 사회적 능력에 대한 내용을 마무리하는 이 절에서는 선행연구 및 우리나라 장애 아동 및 청소년에 대한 통계 자료에 기초하여 장애 아동 및 청소년의 사회적 능력을 증진시키기 위해 어떤 노력을 기울여야 하는지에 대해 제안하고자 한다.

첫째, 부모는 장애를 포함하여 자녀의 모습을 있는 그대로 받아들이고 존중하는 자세를 갖도록 노력할 필요가 있다. 자녀가 장애를 가지고 있는 경우 부모들은 죄책감을 비롯한 다양한 부정적 감정을 경험하기 쉬운데 이는 장애 아동 및 청소년의 자아상에 부정적인 영향을 미칠 가능성이 높다. 부정적인 자아상은 대인관계에서의 위축된 모습을 초래할 수 있는 만큼, 부모는 자녀가 장애와 자기 자신에 대해 긍정적인 시각을 가질 수 있도록 스스로 자녀의 장애를 받아들이고 인정하는 자세를 갖추어야 할 것이다. 이는 장애 아동 스스로가 자신의 장애를 '비정상'이 아닌 하나의 '다름'으로 이해하고 자신에 대한 수용과 존중의 마음을 발전시키는 데 긍정적인 영향을 끼치게 될 것이다.

둘째, 부모가 장애를 가진 자녀의 자율성을 인정하고 성취지향적인 양육태도를 가질 수 있도록 도움을 주는 부모대상 교육 및 훈련 프로그램이 활성화되어야 한다. 장애 아동 및 청소년의 사회적 능력에 강력한 영향을 미치는 요인의 하나는 바로 부모의 태도다. 자녀가 장애를 가지고 있을 경우 부모는 자녀가 해야 할 일도 부모가 대신하거나 안전하게 집에 머무르게 하는 등 과잉보호하려는 경향이 있는데, 이는 장애 자녀가 스스로 세상을 탐색하고 경험하는 기회를 차단함으로써 사회적 능력 발달을 저해하는 것으로 알려져 있다. 따라서 장애 자녀를 둔 부모를 대상으로 한 교육 프로그램에서는 이와 같은 과잉보호가 갖는 문제점과 자녀의 자율성을 인정하는 것이 갖는 중요성에 대해 정확히 이해시킬 필요가 있다. 또한 선행연구에 기초할 때, 장애 아동의 부모를 대상으로 한 교육 프로그램에 성취지향적인 양육태도를 증진시키기 위한 요소를 강화시키는 것이 바람직할 것으로 보인다. 성취지향적인 양육태도의 중요성을 강조하는 학자들은 성취를 하기 위한 도전에서 아동이 실패를 경험하더라도 시행착오를 통해 성장을 경험할 수 있음을 강조한다. 스스로 문제에 부딪치고 그 문제를 스스로 해결하기 위해 노력할 수 있는 기회를 장애 자녀에게 허용하면서 동시에 실패를 경험한 자녀가 그 실패를 딛고 일어설 수 있도록 지지하는 부모의 역할을 수행하는 것은 말처럼 쉬운 일이 아닐 것이다. 따라서 장애부모를 위한 교육 프로그램에서는 자녀를 양육하는 데 있어 이러한 양육태도를 구체적으로 어떻게 실현시킬 수 있는지에 대한 지식과 더불어 관련 기술을 체화할 수 있도록 도움을 주는 체계적인 훈련요소를 포함시킬 필요가 있다.

셋째, 학교환경에서 적응 및 대인관계에 있어서 어려움을 경험하고 있는 장애 학생을 위한 다양한 형태의 지원과 학교 구성원 전체를 대상으로 하는 심리사회적 개입 프로그램이 제공될 필요가 있다. 지난 20여 년간 우리나라에서 장애인 학교교육과 관련한 가장 중요한 화두는 통합교육이라고 할 수 있을 것이다. 그러나 국내외의 실증적 연구들은 장애인을 물리적으로 비장애인과 같은 공간에서 생활하도록 하는 것이 자동적으로 상호이해를 증진시키는 등의 긍정적인 효과로 이어지는 것은 아니라는 사실을 비교적 일관되게 보고하고 있다. 장애인실태조사에서 장애 학생의 절대 다수가 학교 적응에 어려움을 토로하고 있으며 교사와 또래학생들로부터 차별을 경험했다는 사실, 특히 이러한 어려움이 일반학교에 재학 중인 장애 학생들의 경우 더욱 큰 것으로 의심되는 현실은 물리적 차원을 넘어 문화적 차원에서 학교환경 변화가 절실히 요구됨을 보여 준다고 하겠다. 장애 학생과 비장애 학생이 상호 이해를 증진시킬 수 있는 집단 프로그램, 장애 학생에 대한 이해 제고 및 교수법 개발에 도움을 줄 수 있는 교사 대상의 교육 프로그램 등을 구체적인 예로 생각해 볼 수 있을 것이다. 선행연구들은 장애 아동과 비장애 또래가 함께 활동에 참여하도록 하는 구조화된 프로그램이 제공되었을 때 장애 아동이 또래 사이에서 긍정적으로 인식되고 선호되는 친구로 선택되는 비율이 높아졌으며 교사의 신념이 장애 아동의 사회적 능력 향상과 높은 관련이 있음을 보여 주었다. 이러한 연구에 기초할 때, 교사와 학생 등 다양한 계층의 사람들을 대상으로 한 장애 인식 개선 프로그램 및 상호이해와 긍정적 관계형성을 증진시키기 위한 프로그램이 활성화될 경우 장애 아동 및 청소년의 사회적 능력 제고에 긍정적인 효과를 가질 것으로 기대된다.

넷째, 장애 아동 및 청소년의 사회적 능력 향상을 목표로 하는 사회복지 프로그램을 기획할 때 그 대상을 장애 아동 및 청소년으로 국한시키기보다 비장애 또래도 함께 참여하는 통합적 방법을 선택할 것이 추천된다. 앞서 간단하게 살펴본 바와 같이, 장애 아동의 사회적 능력을 향상시키는 다양한 개입 방식의 효과성을 검증한 Odom 등(1999)은 비장애 또래가 함께 프로그램에 참여할 경우 장애 아동의 사회적 능력이 향상될 수 있음을 입증한 바 있다. 특히 이 연구에서 주목해야 할 결과는 사회적 능력 기술을 전파하는 가장 좋은 교사는 또래친구라는 전제 아래 비장애 아동을 대상으로 사회적 기술을 가르치고 이들을 프로그램의 적극적인 매개체로 활용하는 접근법(peer-mediated intervention)이 장애 아동의 사회적 능력을 함양하기 위한 여러 가지 유형의 개입 방법 중 대체로 가장 긍정적인 결과를 이끌어 냈다는 사실이다. 비장애 또래를 적극적으로 활용한 이 접근법은 어떤 개입도 주어지지 않은 통제집단은 물론 비장애 아동을 함께 프로그램에 참여시키되 장애 아동들에게 중점적으로 사회적 기술을 훈련시키는 개입 방법보다 더 큰 프로그램 효과성을 도출해 냈다. 이러한 결과는 장애 아동 및 청소년의 사회적 능력을 향상시키기 위해서는 이들과 같이 호흡하며 동시대를 살아갈 비장애 또래에 대한 개입이 바람직한 접근 방법이 될 수 있음을 보여 준다. 또한 이러한 접근 방법은 장애 아동 및 청소년에게만 혜택이 주어지는 것이 아니라는 점을 기억할 필요가 있다. 이러한 통합적 프로그램은 비장애 아동 및 청소년들에게 '장애'에 대한 편견을 없애고 자신과 다른 환경과 조건에 있는 다른 사람에 대한 이해를 높이는 기회를 제공할 수 있다는 점에서 비장애 아동 및 청소년들에게도 많은 도움을 줄 수 있을 것으로 기대된다.

다섯째, 장애에 대한 사회적 인식이 제고되어야 한다. 장애인에 대한 부정적인 사회적 이미지는 장애인과 비장애인 간 긍정적인 상호작용을 가로막는 장벽이 될 수 있음은 주지의 사실이다. 앞서 살펴본 바와 같이 Middleton(1999)의 질적 연구 결과는 장애인에 대한 비장애인의 몰이해와 오해가 장애인들로 하여금 부정적인 자아상을 형성하거나 대인관계에서 수동적인 태도를 갖도록 유도할 가능성이 적지 않음을 보여 주었다. 이에 근거해 볼 때, 장애 아동 및 청소년들이 적절한 수준의 사회적 능력을 발달시키기 위해서는 장애 아동 및 청소년 자신의 노력뿐 아니라 이들을 편견 없이 바라보고 대하는 사회의 성숙한 인식이 반드시 함께 추구되어야 할 필요가 있다고 하겠다.

참고문헌

김미옥, 김용득, 이선우(1993). **장애와 사회복지**. 서울: 학지사.

김향지(1995). 발달장애아의 사회적 능력 특성과 사정 및 중재전략. **특수교육학회지**, 16(3), 125-140.

김향지(2003). 정신지체 아동의 사회적 능력 특성 모형: 개념 및 구성요인을 중심으로. **특수교육학연구**, 38(3), 81-98.

박승희(2003). **한국장애학생 통합교육**. 서울: 교육과학사.

박호준, 정영숙(1993). 어머니의 사회심리적 역량 및 자녀에 대한 수용성과 아동의 사회적 역량과의 관계. **충북가정학회지**, 2(1), 1-15.

보건복지가족부, 한국보건사회연구원(2009). **2008년도 장애인실태조사**.

신현기(2002). 사회적 지능의 관점에서 본 정신지체인의 적응행동 특성과 그 함의 개관. 특수교육, 1, 89-109.

이영석, 이은주(2007). 유아의 사회적 유능감에 영향을 미치는 유아, 부모, 교사 관련 변인 탐색 연구. 미래유아교육학회지, 14(1), 255-277.

정소연(2009). 장애청소년의 사회적 능력에 영향을 미치는 가족 및 학교 특성 요인. 재활복지, 29(2), 287-312.

정무성, 양희택, 노승현(2006). 장애인복지개론. 서울: 학현사.

정대영, 한경임(2007). 발달장애 아동의 사회적 기술 훈련. 서울: 양서원.

조인수, 한옥희(2006). 정신지체아의 사회적응기술과 부모의 양육태도와의 관계. 특수교육저널: 이론과 실천, 7(4), 431-449.

한국보건사회연구원(2006). 2005년도 장애인실태조사.

Caplan, R., Sagun, J., Siddarth, P., Gurbani, S., Koh, S., & Gowrinathan, R. et al. (2005). Social competence in pediatric epilepsy: insights into underlying mechanisms. *Epilepsy & Behavior, 6*, 218-228.

Circk, N. R., & Dodge, K. A. (1994). A review and reformulation of social information-processing mechanisms in children's social adjustment. *Psychological Bulletin, 115*, 74-101.

Cole, P. M., Michel, M. K., & Teti, L. O. D. (1994). The development of emotion regulation and dysregulation: A clinical perspective. *Monographs of the Society for Research in Child Development, 59*(2/3), 73-100.

Coopersmith, S. (1967). *The antecedants of self-esteem.* San Francisco: Freeman.

Denham, S., Mason, T., Caverly, S., Schmidt, M., Hackney, R., & Caswell, C. et al. (2001). Preschoolers at play: Co-socialisers of emotional and socia lcompetence. *International Journal of Behavioral Development, 25*, 290-301.

Dirks, M. A., Treat, T. A., & Weersing, V. R. (2007). Integrating theoretical, measurement, and invervention models of youth social competence. *Clinical Psychology Review, 27*, 327-347.

Dodge, K. A. (1986). A social information processing model of social competence in children. In M. Perlmutter (Ed.), *Minnesota Symposium on Child Psychology* (Vol. 18) (pp. 77-125). Hillsdale, NJ: Erlbaum.

Drasgow, E., Lowrey, K. A., Turan, Y., Halle, J. W., & Meadan, H. (2008). Social competence interventions for young children with severe disabilities. In W. H. Brown, S. L. Odom & S. R. McConnell (Eds.), *Social competence of young children: Risk, disability, & Intervention* (pp. 3-29). Baltimore, MD: Brookes.

Eisenhower, A. S., Baker, B. L., & Blacher, J. (2007). Early student-teacher relationships of children with and without intellectual disability: Contributions of behavioral, social, and self-regulatory competence. *Journal of School Psychology, 45*, 363-383.

Fox, N. A. (1994). Introduction to Part I. In the development of emotion regulation and dysregulation: A clinical perspective. *Monographs of the Society for Research in Child Development, 59*(2/3), 3-6.

Fujiki, M., Brinton, B., & Todd, C. M. 1996. Social skills of children with specific language impairment. *Language, speech, and Hearing Services in Schools, 27*, 195-202.

Gresham, F. M. (2001). Assessment of social skills in children and adolescents. In D. H. Saklofske, J. J. W. Andrews & H. L. Janzen (Eds.), *Handbook of psychoeducational assessment: A practical handbook* (pp. 325-355). San Diego, CA: Academic Press.

Gresham, F. M., & Elliot, S. N. (1990). *Social Skills Rating System manual.* Circle Pines, MN: American Guidance Service.

Gresham, F. M., & MacMillan, D. L. (1997). Social Competence and Affective Characteristics of Students with Mild Disabilities. *Review of Educational Research, 67*(4), 377-415.

Guralnick, M. J., Neville, B., Connor, R. T., & Hammond, M. A. (2003). Family factors associated with the peer social competence of young children with mild delays. *American Journal on Mental Retardation, 108*(4), 272-287.

Jenkins, J. R., Odom, S. L., & Speltz, M. L. (1989). Effects of social integration on preschool children with handicaps. *Exceptional Children, 55*, 420-428.

Katz, L. G., & McClellan, D. E. (1997). *Fostering children's social competence: The teacher's role.* Washington, DC: National Association for the Education of Young Children.

King, G. A., Shultz, I. Z., Steel, K., Gilpin, M., & Cathers, T. (1993). Self-evaluation and self-concept of adolescents with physical disabilities. *American Journal of Occupational Therapy, 47*(2), 132-140.

Ladd, G. W. (2005). *Children's peer relations and social competence: A century of progress.* Hew Haven, CT: Yale University Press.

Masten, A. S., Coatsworth, J. D., Neemann, J., Gest, S. D., Tellegen, A., & Garmezy, N. (1995). The structure and coherence of competence from childhood through adolescence. *Child Development, 66*, 1635-1659.

Masten, A. S., & Coatsworth, J. D. (1998). The Development of competence in favorable and unfavorable environments: Lessons from research on successful children. *American Psychologist, 53*, 205-220.

Middleton, L. (1999). *Disabled children: Challenging social exclusion.* Malden, MA: Blackwell Science.

Odom, S. L., McConnell, S. R., McEvoy, M. A., Peterson, C., Ostrosky, M., & Chandier, L. K. et al. (1999). Relative effects of interventions supporting the social competence of young children with disabilities. *Topics in Early Childhood Special Education, 19*(2), 75-91.

Odom, S. L., Zercher, C., Li, S., Marquart, J. M., Sandall, S., & Brown, W. H. (2006). Social acceptance and rejection of preschool children with disabilities: A mixed-method analysis. *Journal of Educational Psychology, 98*, 807-823.

Odom, S. L., McConnell, S., & Brown, W. H. (2008). Social competence of young children: Conceptualization, assessment, & influences. In W. H. Brown, S. L. Odom & S. R. McConnell (Eds.), *Social competence of young children: Risk, disability, & intervention* (pp. 3-29). Baltimore, MD: Paul H. Brookes Publishing.

O'Malley, J. M. (1977). Research perspective on social competence. *Merrill-Palmer Quarterly, 23*(1), 29-44.

Schneider, N., & Goldstein, H. (2008). Peer-related social competence interventions for young children with communication and language disorders. In W. H. Brown, S. L. Odom & S. R. McConnell (Eds.), *Social competence of young children: Risk, disability, & Intervention* (pp. 233-252). Baltimore, MD: Brookes.

Semrud-Clikeman, M. (2007). *Social competence in children.* New York: Springer.

Vash, C. L., & Crewe, N. M. (2004). *Psychology of disability.* New York: Springer Publishing.

Vaughn, S., & Haager, D. (1994). Social Competence as a Multifaceted Construct: How Do Students with Learning Disabilities Fare? *Learning Disability Quarterly, 17*(4), 253-266.

Voeller, K. K. S. (1994). Techniques for measuring social competence in children. In G. R. Lyon (Ed.), *Frames of reference for the assessment of learning disabilities: New views on measurement issues* (pp. 523-554). Baltimore: Paul H. Brookes Publishing Company.

Waters, E., & Sroufe, L. A. (1983). Social competence as a developmental construct. *Developmental Review, 3*, 79-97.

제 12 장

장애와 여성

곽지영

학습 목표

1. 장애 여성의 경험이 장애 남성 및 비장애 여성과 다른 점이 무엇인지 설명할 수 있다.
2. 세계적 흐름 속에서 장애 여성 인권에 대한 변화 과정에 대해 설명할 수 있다.
3. 장애 여성이 향유해야 하는 권리라는 측면에서의 현실의 제약을 설명할 수 있다.
4. 장애 여성의 권리보장을 위해 해결되어야 할 정책적 과제에 대해 설명할 수 있다.

1. 서 론

자유를 억압과 간섭이 없는 상태로 보는 것은 자유에 대한 소극적인 규정이다. 몸과 정신이 구속당한 인간도 자유롭지 못하지만, 굶주리고 아파도 치료받을 수 없거나, 배우고 싶어도 배울 기회가 없고, 일하고 싶어도 일할 수 없는 인간도 자유롭지 못하다. 이런 기본적인 것이 결핍된 경제 · 사회적 부자유는 인간을 무력하게 만든다.

결핍으로부터 자유로워야 진정한 자유를 누릴 수 있으며(류은숙, 2009), 결핍으로 인해 자유롭지 못한 대표적인 존재 중 하나가 바로 장애 여성이다. 장애와 여성이라는 이유로 개인의 자율성과 권리를 보장받지 못한 장애 여성은 경제 · 사회적 부자유를 경험하고 그 결과 건강하게 사회참여를 할 수 없다.

장애 여성의 인권보장을 통한 건강한 사회참여를 이끌어 내기 위해서는 장애 여성이 처한 현실에 대해 인식하고, 이를 토대로 어떻게 인권보장을 통한 건강한 사회참여를 도출해 낼 수 있는지에 대한 점검이 필요하다.

그러므로 이 장에서는 장애 여성의 경험의 차이를 통해 장애 여성의 현실을 파악하고, 이제까지 장애 여성의 권리 향상을 위한 변화 과정을 살펴보고자 한다. 이러한 변화과정 고찰과 현실적인 장애 여성 인권의 현황 분석을 통해 장애 여성의 인권보장을 통한 건강한 사회참여를 이루어 낼 수 있는 방안을 모색하고자 한다.

2. 장애 여성의 차이와 경험

1) 무성적 존재로서의 무력감

장애 여성은 사회화 과정에서 장애 남성 또는 비장애 여성과 일정 부분은 공유하기도 하지만 본질적으로 다른 차이를 경험한다. 그중 대표적인 것 중의 하나가 장애 여성이 경험하는 무력감(powerlessness)이다. Staple (1990)은 무력감의 본질을 구조적이거나 사회적인 것으로 보았다. 즉, 사회적 실재가 힘이 있는 사람들이 기득권을 강화시키는 방향으로 구조화되고 유지되는 경향이 있기 때문에, 무력감을 느끼는 개인은 힘이 없기보다는 힘이 없는 집단에 속해 있으므로 힘이 부족하다고 느낀다는 것이다. Parsons(1991)는 일반적으로 사람들이 경제적 불안정, 정치적 영역에서의 경험 부족, 정보에 대한 접근성 부족, 경제적 지지 결여, 추상적이고 비판적인 사고에 대한 훈련 부족, 신체적이고 정서적인 스트레스 등으로 인해서 스스로 무력하다고 느끼며 권한과 힘의 부재를 경험하게 된다고 무력감의 원인을 설명한다.

장애 여성은 성정체성과 관련하여 장애 남성과 다른 소외를 경험한다. 장애 남성에게는 육체의 손상이 기능적인 장애만을 의미하는 반면 장애 여성에게 있어서 육체의 손상은 '정상적인 여성성'의 상실로 간주되어 기능적인 손상을 가진 장애 여성은 여성이라는 범주에서 제외된다. 이러한 사회적 시선은 장애 여성을 무성적인(asexual) 존재로 규정하거나 아내 혹은 어머니로서의 전통적인 여성 역할을 수행하지 못하는 존재로 가치절하하도록 이끈다(Fawcett, 2000).

장애 여성의 무력감은 장애로 인해 생산적인 사회구성원이 될 수 없다는 사회적 편견과 무성적인 존재로 대우받게 되면서 인식하게 되는 여성으로서의 역할 부재 등을 통해 학습된다. 장애는 곧 무능력이라는 잘못된 편견을 경험하면서 생기는 무력감은 장애 남성의 경험과 공유될 수 있는 부분이지만, 무성적인 존재로 대우받게 되면서 인식하게 되는 무력감은 장애 남성은 경험하지 않는 영역의 무력감이다. 비장애 여성도 사회적으로 기대되는 성역할보다 가정 내에서 기대되는 성역할을 더 요구받게 되면서 비장애 남성에 비해 생산적 사회구성원으로서 역할의 비중이 상대적으로 줄어든다. 이러한 비장애 여성의 경험은 장애 여성의 경험과 일부 공유될 수 있지만 성정체성 면에서 무성적 존재로 대우받는다는 면에서 장애 여성의 무력감의 경험은 차이가 있다.

장애 여성 중 상당수는 가족 내에서 여성성을 억압받으며 성장하고 비장애 여성에게는 당연한 모성의 성역할을 기대받지 못하면서, 스스로를 무성적인 존재로 인식하도록 강요받는다. 장애 여성에게 가해지는 여성성 억압은 모성역할의 배제에만 한정되지 않고, 장애 여성을 무성적 존재로 간주하는 가족으로 인해 성적인 존재로서의 기본 권리와 성에 대한 알 권리의 배제까지를 포함한다. 이러한 배제는 적절한 성적 자기결정권을 행사할 수 있는 기본적인 정보에서 소외되어 오히려 성폭력에 심각하게 노출되는 이율배반적인 상황으로 연결되는 심각성을 드러낸다.

2) 비가시성

어느 사회에서나 장애 여성은 숨겨진 존재로 살아간다. 장애 여성은 그들을 가치절하하는 사회환경에서 여러 가지 방식으로 드러나지 않는 존재로 표현되는데, 실제로 세상 속에 나타나는 빈도가 적고, 사실상 공공연히 나타나는 일이 거의 드물며, 신체적으로 보이지 않을 뿐 아니라 심리적으로도 보이지 않는다. 또 소수집단으로서 종종 다수의 사람들에 의해 무시당하고 있다(Lonsdale, 1990).

장애 여성들은 두 가지 방식으로 무가치한 존재로 대우받고 있다. 즉, 장애인으로서 종종 의존적이고 비생산적이라는 고정관념의 대상이 되며, 이중적 무능력자라는 낙인으로 인해 여성으로서, 성인으로서 기대되는 역할을 박탈당한다. 장애 여성들은 근로자나 로맨틱한 애인, 양육자 또는 어머니로 기대받지 못한다. 사회적으로도 어린이도 아니고 성인도 아닌 중간 상태의 존재로 규정된다. 이러한 미묘하고 끊임없는 종류의 억압과 맞서 투쟁해 나가기는 매우 어려운데, 이러한 억압이 장애 여성들이 싸우기 위해 필요한 자기에 대한 감각을 훔쳐가기 때문이다. 장애 여성들은 이러한 가치절하된 지위를 경험함으로써 스스로를 눈에 보이지 않는 존재처럼 느낀다(Gill, 1996).

이러한 장애 여성들의 비가시성은 장애 남성과 비장애 여성의 경험과는 다른 독특한 문제다. 일례로 장애 여성의 경우 장애 남성과 비장애 여성에 비해 교육에서 쉽게 배제된다. 장애 남성의 경우는 부양자 역할을 하는 사람으로 성장하기를 바라기 때문에 교육의 중요성을 느껴서 지원하는 부모가 많은 반면, 장애 여성은 피부양자로 역할을 한정하기 때문에 부모는 교육을 부수적인 것으로 인식하여 가족 내의 상황에 따라 쉽게 교육기회에서 배제시킬 수 있다. 이렇게 교육 받을 기회에서 배제되면서 장애 여성은 가족 내에서도 형제자매와 다른 자신의 위치를 내면화하게 되고 스스로를 의존적이고 무력하여 가족 구성원으로서 의견을 드러낼 수 없는 비가시적인 존재로 인식하게 된다. 또한 이러한 가족 내의 경험은 그대로 사회로 연결되어, 사회가 요구하는 독립적인 성인이 될 준비를 하지 못한 장애 여성은 사회 속에서 자신의 위치와 역할을 발견할 수 없게 된다. 이러한 특성은 장애 여성 당사자를 위한 각종 정책과 제도, 서비스에서도 그들의 의견을 낼 수 있는 능력 자체를 억압하여 당사자의 욕구를 반영할 수 없도록 영향을 미치기도 한다.

3) 다중차별

장애 여성은 장애와 여성이라는 두 조건이 합쳐지면서 장애 남성과 다른 복합적인 어려움을 경험한다. 이러한 어려움이 다중차별(multi discrimination)이다.

다중 차별은 장애 여성에게 가해지는 이중차별(double discrimination) 이상의 복합적이고 가중적인 불이익을 의미한다. 즉, 장애 차별(disablism), 여성 차별(sexism)과 장애와 여성의 혼합(장애+여성의 상호작용)으로 나타나는 복합적 불이익을 경험한다는 것이다. 장애 여성은 장애인이기 때문에 주어지는 사회적 억압기제와 집합적 배제 · 분리를 경험하고, 여성이기 때문에 주어지는 가부장적 지배구조와 무성적 인지 · 왜곡을 통해 결혼, 출산, 양육, 성폭력 등에 무성적 시각의 투영을 경험한다. 그리고 장애인과 여성의 상호작용의 결과로 나타나는 복합적 불이익인 경제적 결핍(빈곤)이나 정치적 무기력(powerlessness) 등을 경험한다는 것이다(이동영, 2009).

다중차별은 유형별, 정도별, 계층별로 장애 여성 안에 엄연히 존재하는 다양한 차이를 이중차별의 개념으로 설명하기에 무리가 있다는 현실을 반영한다. 더욱이 장애문제와 여성문제 모두 개인의 문제가 아닌 사회적인 상호작용 속에서 발생하는 사회적 문제이기 때문에 그 두 가지 조건은 단순하게 합쳐질 뿐 아니라 조건 그 자체가 상호작용을 하는 가운데 복합적인 문제를 만들어 낼 수밖에 없는 현실이 반영되었다.

이중차별은 '여성으로서의 경험'과 '장애인으로서의 경험'을 분리하여 구체적인 경험을 드러냄으로써 비장애 여성 또는 장애 남성의 경험과 같을 수도 있지만 결코 하나로 환원될 수 없는 장애 여성의 고유한 경험의 양상을 그대로 드러낼 수 없다는 한계를 가진다. 다중차별의 개념은 이러한 이중차별의 개념이 가진 한계를 극복하면서 장애 남성과 비장애 여성과 다른 장애 여성의 경험을 드러낸다.

3. 세계적인 흐름에서 살펴본 장애 여성의 인권

1) 장애인인권에 대한 국제적 노력

1948년부터 국제사회에서는 장애인문제를 인권의 관점에서 조명하기 시작하였고, 이때부터 유엔 차원에서 인간의 존엄성과 평등에 바탕을 둔 여러 가지 권리선언이 결의되기 시작하였다. 이전까지 재활(rehabilitation)과 장애 예방을 기조로 한 의료모델에 입각한 장애인정책을 제시해 왔다면, 1950년 전후부터는 장애인의 자립생활이나 차별 없는 평등, 사회참여, 사회적 장벽 제거 등을 요구하는 국제 장애인운동의 철학이 유엔에 점차 반영되기 시작하였다. 그 결과 유엔 장애인정책이 의료 모델 중심에서 인권 모델 중심으로 조금씩 전환하기 시작하여, 장애인의 국제인권기준이 하나씩 설정되게 된다. 즉, 장애인문제에 관한 인식(awareness) 단계로서 유엔 인권존중의 권리선언과 헌장(1948), 장애인 재활 10년(1970), 정신지체 장애인의 권리선언(1971)과 장애인의 권리선언(1975) 등이 결의되었다. 즉, 장애인이 주체적 역할을 수행하고, 다른 시민과 마찬가지로 시민적 · 정치적 · 사회적 · 경제적 · 문화적 권리를 향유한다는 인권 모델의 사고방식에 입각한 것이다. 인권 모델에서는 장애인의 사회참여와 평등을 방해하는 사회적 장벽을 제거하는 것이 강조되었다.

1976년 31차 유엔총회에서 장애인의 사회통합을 이루기 위해서 1981년을 '세계 장애인의 해'로 선언하고 그 테마를 '완전참여와 평등'으로 한 것은 장애인인권이라고 하는 관점에서는 인권 모델을 향한 획기적인 정치적 전진이라고 할 수 있다. 유엔은 1980년 1월 13일 '세계 장애인의 해 행동계획'을 채택하여 '유엔 장애인 10년(1983~1992)' 동안 비장애인들이 누리는 권리를 장애인도 똑같이 누려야 한다는 원칙하에 교육, 노동, 이동,

접근과 문화향유 등의 모든 영역에서 장애인의 일반적인 권리를 보장하도록 권유하면서 장애문제를 인권 차원에서 해결하려는 노력을 촉구하였다. 그리고 1993년 유엔이 주도한 세계인권대회에서 채택된 '빈 선언 및 행동계획'은 장애문제를 인권의 시각에서 해결하라는 원칙을 다시 한 번 강조하였다.

이와 같은 국제선언을 통해 장애인문제를 해결하기 위한 출발점을 공통적으로 '인권'에 두고 있다는 것을 확인할 수 있다. 이는 장애인의 욕구와 서비스를 중심으로 해결 방안을 설정하다 보면 각 국가별로 변화하는 서비스 내용이 가변적일 수밖에 없기 때문이다. 또한 장애인의 완전한 사회참여와 평등을 전제로 사회통합을 강조하고 있다는 점도 공통적이다. 즉, 장애인을 위한 시설의 확충보다 가족생활과 지역사회 통합을 강조하면서 교육이나 고용 등의 문제에서도 분리보다는 통합정책을 권고한다는 것을 알 수 있다.

하지만 법적 영향력이 없는 권고나 선언문으로는 오랜 세월 동안 구조화된 장애인의 문제를 해결하기에는 역부족이었기에 1987년부터 장애인권리협약을 제정하려는 움직임이 시작되었고, 2001년 제56차 유엔총회에서 장애인인권조약에 대한 논의가 시작되었다. 2003년 유엔 특별위원회에서 '장애인권리협약'이 채택되어 초안 작성을 위한 실무자 그룹회의가 5년 동안 총 8차례에 걸쳐 이루어졌고, 그 결과 2006년 12월 13일 유엔총회에서 최종 채택되었으며, 20개국 비준 후 2008년 5월 3일부터 발효되었다.

2) 장애 여성 인권에 대한 국내적 노력

1980년대부터 장애 여성들은 국내 장애인운동 내에서 꾸준히 활동해 왔다. 1980년대 후반까지만 해도 장애인운동에 참여한 여성의 비율은 꽤 높았다. 하지만 장애인단체에서 활동했던 장애 여성들은 대개 장애인 조직 내부의 남성 중심성, 가부장주의를 뛰어넘어야 한다는 인식도 힘도 부족했으며, 장애인문제가 해결되면 장애 여성 문제도 자연스럽게 해결될 것이라는 낭만적 전망을 가지고 늘 장애 남성의 부차적 역할을 감수했다. 그러나 단체 활동에 헌신하면서 남성 못지않은 몫을 담당했으나 결국 장애 여성 당사자들의 문제가 해결될 전망이 보이지 않자 하나둘씩 장애인단체를 떠나게 되었다. 오히려 장애 여성이 스스로를 정체화하기 시작한 계기는 세계적인 흐름, 국내 여성계 흐름과 맥락에서 이해될 수 있다(김효진, 2005).

국내에서는 1990년대 초반에도 장애 여성의 독자적인 움직임이 부각되지 않은 채 장애우 권익문제연구소에서 장애 여성 분과인 '빗장을 여는 사람들'의 활동을 지원하면서 성폭력, 가정폭력 등의 소재로 장애문제를 드러내기 시작했다. '빗장을 여는 사람들' 활동을 통해 모임을 가진 장애 여성들이 여성단체의 지원에 힘입어 세계대회에 참여하는 기회를 가지게 되고, 세계의 장애 여성들과 교류를 통해 장애 여성의 권리에 눈을 뜨게 되면서 장애 여성들의 독자적인 활동이 시작된다. 서구의 장애 여성에 대한 논의는 1990년 세계장애인연맹(Disabled People International; DPI) 세계회의, 1995년 베이징여성대회 등에서 이들의 문제점에 관한 실태와 대책이 공론화되면서 본격적으로 시작되었는데, 국내 장애 여성 운동도 1995년도 베이징여성대회 참석이 계기가 되어 장애 여성의 집단적인 움직임이 시작된 것이다. 1998년 창립된 '장애 여성 공감'은 한국 최초 장애 여성의 독자적인 자조단체로서 장애 여성의 독특한 문제와 요구를 드러내기 시작하였다. 또한 장애 여성 스스로가 주체가 되는 전국 단위의 장애 여성 인권운동 연합체인 한국장애인여성연합이 1999년 창립되면서 장애 여성 운동의 체계적인 조직화가 시작될 수 있었다.

그러나 1990년대까지 장애 여성은 집단적 정체성을 확인하지 못하였기에 관련 정책 및 제도, 서비스에서 스스로의 목소리를 낼 수 없었다. 한국장애인인권헌장,[1)]「장애인복지법」「장애인고용촉진 및 직업재활법」 등에 반영된 장애 여성 관련 조항은 모두 전문가 혹은 장애 남성들에 의해 작성되었다. 2000년대에 들어 「장애인차별금지법」, 장애인권리협약에 이르러서야 장애 여성들은 스스로의 목소리로 자신들의 이해를 대변하게 되었다. 그 결과 「장애인차별금지법」 제33조와 장애인권리협약 제6조에 단독조항을 반영하였고, 기타 관련 조항에도 장애 여성의 요구와 경험을 담는 성과를 내게 되었다.

특히 장애인권리협약에서 장애 여성 단독 조항인 제6조는 한국이 제5차 특별위원회에서 별도 조항을 제시한 이후 반영된 것으로 마지막 8차에 이르기까지 논란이 되었으나, 합의 도출 과정에서 장애 여성 조항을 최종 반영하였고 성인지적 관점을 반영할 수 있었다. 또한 장애인권리협약에서의 장애 여성 조항의 반영은 한국을 포함한 모든 장애인권리협약 당사국들에게 장애 여성에 대한 별도의 노력을 요구하게 되었으며, 그 결과 각 나라별로 국내법 개정과 정책의 확대를 가져올 수 있는 당위성을 가지게 되었다는 점에서 의의가 있다.

4. 장애 여성의 일반적 실태

1) 인구 규모와 연령별 분포

우리나라 장애 여성 인구의 규모를 파악해 보면, 2008년 12월 말 현재 등록장애인 수 총 2,246,965명 중 장애 여성은 901,408명으로 전체 등록장애인 중 40.1%를 차지하는 것으로 나타났다. 2차에 걸친 장애범주 확대 등으로 2000년(958,196명)에 비해 등록장애인의 수는 2.3배 이상 증가하였

1) 1998년 선포된 장애인인권헌장(1998년 12월 9일 선포, 총 13개조) 제11조에 여성 장애인은 임신, 출산, 육아 및 가사 등에 있어서, 생활에 필요한 보호와 지원을 받을 권리를 가진다고 되어 있어 우리나라에서 여성 장애인의 권리에 대한 국가·사회의 책임이 최초로 명시된 바 있다.

〈표 12-1〉 성별 등록 장애인 인구구조 (단위: 명, %)

	장애 여성				장애 남성			
	전체	연소연령	생산연령	노령인구	전체	연소연령	생산연령	노령인구
'07	828,800 (100.0)	19,780 (2.4)	449,967 (54.3)	351,053 (42.4)	1,284,089 (100.0)	36,126 (2.8)	910,132 (70.9)	337,831 (26.3)
'08	901,408 (100.0)	20,386 (2.3)	475,345 (52.7)	405,677 (45.0)	1,345,557 (100.0)	36,877 (2.7)	942,543 (71.0)	366,137 (27.3)

*: 연소연령: 14세 이하, 생산연령: 15~64세, 노령인구: 65세 이상
출처: 보건복지가족부(2008).

다. 이러한 상황에서 2000년 288,434명이던 장애 여성 수가 2008년에는 3.1배 증가한 901,408명에 달하고 있다. 그 결과 전체 등록 장애인 중 2000년 30.1%였던 장애 여성 비율이 2008년에는 40.1%로 급증한 것을 알 수 있다.

장애 여성의 연령별 분포를 14세 이하의 연소연령, 15세에서 64세까지의 생산연령, 65세 이상의 노령인구로 구분하여 인구구조를 살펴보면(〈표 12-1〉 참조), 2008년 현재 장애 여성 중 생산연령인구는 52.7%인 데 비해 노령인구 45.0%, 연소인구 2.3%로 장애 여성의 절반 가까이가 생산연령인구가 아닌 부양인구에 속함을 알 수 있다. 이에 비해 장애 남성은 전체의 71.0%가 생산연령인구로 장애 여성과 뚜렷한 차이를 보인다. 이를 2007년과 비교하면, 장애 여성의 경우 생산연령인구가 1.6% 포인트 감소하고 노령인구는 2.6% 포인트 증가한 반면, 장애 남성의 경우 생산연령인구는 거의 변화가 없는 가운데 노령인구만이 1% 포인트 증가한 것으로 나타났다. 이러한 양상은 우리 사회의 고령화 사회의 진입이라는 사회적 흐름을 반영한 측면도 있지만, 특히 고령화가 여성에게 있어 장애로 연결되는 현상을 보여 주는 것이어서 여성 노령장애인에 대한 정책 마련이 필요함을 보여준다.

2) 장애특성별 분포

(1) 장애등급별 분포

2008년 장애인의 성별 · 등급별 분포를 보면(〈표 12-2〉 참조), 가장 중증장애등급인 1급 9.3%, 2급 15.8%, 3급 17.6%, 4급 14.4%, 5급 19.9%, 6급 23.1%로 나타난다. 이를 성별로 보면, 연령별 분포에서와는 달리 등급에 따른 성별 차이가 뚜렷하게 나타나지 않고, 장애 남성은 장애 여성에 비해 가장 낮은 등급인 6급이 6.9% 포인트 더 많은 반면, 장애 여성은 5급이 장애 남성에 비해 4.1% 포인트 더 높게 나타났다.

〈표 12-2〉 성별 · 장애등급별 등록 장애인 분포 (단위: 명, %)

	전체	1급	2급	3급	4급	5급	6급
전체	2,246,965 (100.0)	207,804 (9.3)	354,139 (15.8)	394,633 (17.6)	324,537 (14.4)	447,729 (19.9)	518,123 (23.1)
여성	901,408 (100.0)	86,829 (9.6)	146,815 (16.3)	145,069 (16.1)	150,208 (16.7)	201,757 (22.4)	170,730 (18.9)
남성	1,345,557 (100.0)	120,975 (9.0)	207,324 (15.4)	249,564 (18.6)	174,329 (13.0)	245,972 (18.3)	347,393 (25.8)

출처: 보건복지가족부(2008).

(2) 장애유형

2008년 12월 말 현재 등록장애인의 장애유형별 분포를 살펴보면 지체장애 53.0%, 뇌병변장애와 시각장애 각각 10.3%, 청각장애 9.7%, 지적장애 6.6%, 정신장애 4.0% 순으로 높은 비중을 차지하고 있으며, 심장, 호흡기, 간장애 등 내부장애는 상대적으로 그 비중이 낮다(〈표 12-3〉 참조). 이를 성별로 보면, 남녀 모두 지체장애가 절반을 넘어 가장 높은 분포를 보이는 가운데 여성은 남성에 비해 상대적으로 시각 및 청각장애와 정신장애 비율이 더 높고 남성은 지적장애와 호흡기장애, 자폐성장애가 여성에 비해 상

〈표 12-3〉 성별 · 장애유형별 등록 장애인 현황 (단위: 명, %)

	전체	여성	남성
지체장애	1,191,013(53.0)	471,135(53.0)	719,878(52.9)
뇌병변장애	232,389(10.3)	97,462(10.0)	134,927(10.4)
시각장애	228,126(10.3)	88,982(10.7)	139,144(10.0)
청각장애	223,102(9.7)	98,032(10.4)	125,070(9.2)
지적장애	146,898(6.6)	57,421(6.0)	89,477(6.9)
정신장애	86,624(4.0)	39,969(4.6)	46,655(3.5)
신장장애	50,474(2.3)	21,986(2.3)	28,488(2.2)
언어장애	15,458(0.7)	4,195(0.5)	11,263(0.9)
심장장애	14,732(0.7)	5,645(0.7)	9,087(0.7)
호흡기장애	14,984(0.7)	3,343(0.3)	11,641(0.9)
자폐성장애	12,954(0.6)	2,100(0.3)	10,854(0.8)
장루 · 요루장애	11,740(0.5)	4,438(0.5)	7,302(0.6)
간질장애	9,166(0.4)	4,050(0.5)	5,116(0.4)
간장애	6,968(0.3)	1,680(0.2)	5,288(0.4)
안면장애	2,337(0.1)	970(0.1)	1,367(0.1)
계	2,246,965(100.0)	901,408(100.0)	1,345,557(100.0)

출처: 보건복지가족부(2008).

대적으로 더 많은 것으로 나타났다.

5. 장애 여성과 인권

1) 장애 여성의 생존권

(1) 관련 실태

생존권이란 생존, 즉 의식주처럼 생활에 필요한 모든 조건을 확보하기 위하여 이를 요구 · 쟁취하는 권리를 말한다. 2008년도 장애인실태조사에

〈표 12-4〉 사회 및 국가에 대한 요구사항(1순위) (단위: %, 명)

구분	성별		연령별				장애 정도		전체
	남자	여자	17세 이하	18~44세 이하	45~64세 이하	65세 이상	중증 (1-2급)	경증 (3-6급)	
주거보장	15.1	15.9	10.5	18.7	15.8	13.8	16.5	15.0	15.4
장애예방	3.8	3.4	2.5	3.9	3.9	3.3	4.4	3.3	3.6
보육·교육 보장	3.7	3.3	41.5	3.6	2.2	0.9	5.6	2.8	3.5
의료보장	27.3	34.0	13.9	20.2	28.4	38.8	26.1	31.5	30.1
이동권 보장	2.3	4.1	0.6	2.3	2.4	4.5	3.3	3.0	3.1
고용보장	10.4	6.0	6.7	13.9	11.7	2.3	6.8	9.2	8.6
문화여가생활 및 체육활동보장	1.6	1.1	1.3	2.0	1.3	1.1	1.3	1.4	1.4
소득보장	21.6	22.3	8.5	17.5	21.0	26.7	21.7	22.0	21.9
장애인인권보장	6.8	4.1	8.1	8.7	6.7	2.7	7.4	5.1	5.7
장애인 인식 개선	4.9	3.4	5.6	6.7	4.8	2.3	4.5	4.2	4.3
없음	1.7	2.0	0.0	1.0	1.2	3.1	1.9	1.8	1.8
기타	1.0	0.3	0.8	1.5	0.6	0.3	0.3	0.8	0.7
계	100.0	100.0	100.0	100.0	100.0	100.0	100.0	100.0	100.0
전국 추정 수	1,251,979	885,247	82,700	396,684	886,908	770,934	553,749	1,583,476	2,137,226

출처: 보건복지가족부, 한국보건사회연구원(2009).

의하면 재가장애인이 사회나 국가에 가장 우선적으로 원하는 복지요구는 의료보장, 생계보장의 순으로 나타나, 장애인의 상시적 소득 결핍 상황이 열악한 현실을 추정할 수 있다.

장애 여성의 경우 의료보장(34.0%), 소득보장(22.3%) 같은 생존권 관련 욕구를 호소하는 비율이 전체 장애 여성의 반수가 넘는 것을 알 수 있다(〈표 12-4〉 참조). 이를 좀 더 구체적으로 살펴보기 위해서 장애 여성의 월평균 총 가구 소득액을 살펴보면(〈표 12-5〉 참조), 월평균 소득 99만 원 이하인 장애 여성의 비율은 42.0%로, 장애 남성이 33.7%인 데 비해 현저하게 높게 나타나, 장애 여성의 대부분이 절대빈곤 상황에 놓여 있어 장애 여성의 생존권 확보가 이루어지지 못하고 있음을 알 수 있다.

〈표 12-5〉 월평균 총 가구 소득액 (단위: %, 명, 만원)

구분	성별			연령별			장애 정도		전체
	남자	여자	17세 이하	18~44세 이하	45~64세 이하	65세 이상	중증 (1-2급)	경증 (3-6급)	
50만 원 미만	8.9	17.1	4.4	6.5	9.1	19.7	13.9	11.7	12.3
50~99만 원	24.8	24.9	5.5	16.6	21.5	34.9	26.5	24.3	24.8
100~149만 원	16.9	15.6	19.1	18.1	16.1	15.4	15.6	16.6	16.3
150~199만 원	11.2	11.3	16.6	14.0	11.4	9.0	13.3	10.5	11.2
200~249만 원	12.0	8.2	10.2	13.8	13.3	5.5	8.3	11.2	10.4
250~299만 원	6.4	5.2	8.7	8.7	6.7	3.4	5.5	6.1	5.9
300~349만 원	6.7	5.7	10.4	7.7	7.8	3.4	5.6	6.6	6.3
350~399만 원	3.9	4.3	6.3	4.1	4.4	3.5	2.8	4.5	4.1
400~499만 원	4.1	4.2	7.3	4.9	4.7	2.8	3.8	4.3	4.1
500만 원 이상	5.0	3.5	11.6	5.5	4.9	2.3	4.7	4.3	4.4
계	100.0	100.0	100.0	100.0	100.0	100.0	100.0	100.0	100.0
전국 추정 수	1,251,538	884,988	82,701	396,426	886,862	770,540	553,086	1,583,441	2,136,526
평균 금액	192.0	167.7	284.2	209.5	199.3	136.8	174.9	184.4	181.9

출처: 보건복지가족부, 한국보건사회연구원(2009).

(2) 생존권 증진 방안

장애 여성의 생존권을 증진하기 위해서는 장애 여성의 독립적인 생활을 가능케 하고 기본적인 삶을 꾸려 갈 수 있는 소득을 보장해 주는 것이 필요하다. 2010년 7월부터 생활이 어려운 중증장애인의 소득보장을 강화하기 위해 기초장애연금제도가 도입되어 장애로 인하여 일을 할 수 없거나 하기 어려운 저소득층 중증장애인에 대한 사회안전망이 구축되었다. 기초장애연금은 경제활동기회를 박탈당하여 발생하는 경제적 손실로 인한 소득보전(장애인연금)이므로 장애 정도에 상관없이 소득획득능력기준에 따라 이루어져야 하고, 기존의 수당형태의 급여는 장애의 특성에서 오는 특별지출의 추가비용이므로 이는 장애 정도, 소득능력에 관계없이 보전되어야 하나, 현재의 기초장애연금은 모든 장애인의 특별지출에 대하여 보편적으로 주어지지 않고 기초생활수급권자와 차상위만 그 대상이 되고 있다. 또한 장애연금은 장애수당마저도 폐지된 채 도입되어 추가비용 지출이 높은 장애인에게 실질적인 혜택으로 다가오지 못한 것이 현실이다. 연금의 최소한의 특징인 보편성의 확대, 소득보장, 사각지대 해소 중 어느 것 하나 충족시키지 못하는 기초장애인연금제도를 앞세워 장애인 추가지원을 폐지해서는 안 되며, 장애인에 대한 추가수당지원은 일하고 싶어도 일할 수 없는 중증장애인의 생존권을 보장하기 위해 지자체 내에서 별도의 조례를 제정해 안정적으로 지급하는 것이 필요하다. 더욱이 장애 여성은 장애 남성에 비해 더욱 열악한 환경 속에 처해 있기 때문에 전체 장애 영역으로 일괄 적용될 수 없다면 장애 여성에게 우선순위를 부과하는 것도 고려할 필요가 있다.

2) 장애 여성과 교육권

(1) 관련 실태

교육권은 법으로 규정되어 보장되는 인간의 기본적인 권리다. 장애인의 경우도 1994년 「특수교육진흥법」의 전반적인 개정을 통하여 장애 아동의 초 · 중등 과정이 의무화되어 있다. 그러나 장애인의 경우 장애를 이유로 취학 유예를 합법적으로 인정받을 수 있기 때문에 현실적으로는 상당수가 취학을 유예하고 있거나 적절한 교육환경에 배치되지 못하고 있는 실정이며, 현재 교육권에서 가장 심각하게 배제되는 대상이 장애 여성이다.

2008년에 조사된 장애인실태조사 결과를 중심으로 장애인의 성별 교육수준별 분포를 살펴보면, 장애 여성 중 무학이 28.9%로 장애 남성의 4배 수준에 달하고 대학 이상의 학력을 가진 장애 여성의 비율은 4.9%로 장애 남성의 3분의 1 수준에 불과한 것으로 나타났다. 이러한 결과는 장애 여성의 교육권이 보장되지 못한 현실을 드러내고 있다. 또한 장애 여성의 교육

〈표 12-6〉 성별 학력 분포 (단위: %)

구분	2005년						2008년		
	장애인			국민 전체			장애인		
	여성	남성	전체	여성	남성	전체	여성	남성	전체
무학	28.1	7.9	16.0	7.7	2.9	5.3	28.9	7.8	16.5
초등학교	35.0	27.3	30.4	20.3	15.9	18.0	38.4	29.2	33.0
중학교	13.8	18.7	16.8	13.3	11.9	12.5	11.8	18.8	15.9
고등학교	18.0	31.6	26.2	32.6	32.2	32.2	16.4	30.1	24.4
대학 이상	5.0	14.6	10.7	26.1	37.1	32.0	4.6	14.4	10.2
계	100.0	100.0	100.0	100.0	100.0	100.0	100.0	100.0	100.0

* 2005년은 재가장애인을 대상으로 조사한 결과이며 2008년은 등록장애인을 대상으로 한 것임.
출처: 보건복지가족부, 한국보건사회연구원(2009); 한국보건사회연구원(2006); 통계청(2005).

기회 박탈과 이로 인한 낮은 학력수준은 전 생애 동안 성인 장애 여성의 노동권을 침해하여 독립적인 성인으로서의 생존권까지 침해당할 수 있는 매우 심각한 문제를 야기할 수 있는 원인이 될 수 있다.

(2) 교육권 증진 방안

첫째, 장애 여성의 교육기회 확보는 사회적으로 배제되지 않기 위한 기본적인 출발점이다. 그러므로 장애 여성이 의무교육에서 제외되지 않도록 하는 대책이 필요하다. 장애 여성의 교육을 위해 가족의 지원만을 기대할 것이 아니라 학교에서는 가족이 아닌 보조자가 장애인의 이동과 학업을 도와줄 수 있도록 제도화하여 모든 장애인이 공교육에서 배제되지 않도록 정당하게 편의를 제공하는 제도적 보완이 필요하다.

둘째, 장애 여성의 교육권을 확보하기 위해서는 공적 평등 접근법(formal egalitarian approach)의 적용이 필요하다. 이는 공공의 영역에서 어떠한 집단이라도 그들의 권리를 침해받아서는 안 된다는 입장이며 평등을 보장하는 방법을 취해야 한다는 것이다(최철영, 2007). 즉, 장애 여성의 교육을 위한 정당한 편의가 제공되어야 한다. 여기에는 지체장애인의 접근이 용이하도록 편의시설을 설치하는 것부터 수업 내에서 장애의 특성이 교육을 방해하지 않도록 다양한 편의를 제공하는 것이 필요하다.

셋째, 공교육에서 배제당한 장애 여성들을 위한 평생교육 기회의 확대가 필요하다. 교육권을 보장받지 못한 성인 장애 여성이 경험하는 장벽 중의 하나가 학력 기준일 수 있기 때문이다. 이러한 제도적 장벽을 낮추기 위해서 한시적으로는 학력을 기준으로 한 훈련원 입소보다 훈련에 필요한 기본적인 능력을 검사할 수 있는 보조도구를 활용하여, 공교육에서 배제당하여 학력을 취득하지 못한 장애 여성들도 훈련을 받을 수 있도록 하는 것이 필요하다. 현재 제3차 특수교육발전5개년계획의 일환으로 교육과학기술부가 추진하는 '생애주기별 장애인 교육지원체계 구축사업'이 계획되어 있음에도 불구하고, 교육과학기술부는 성인지적 관점의 접근을 고려하지 않고 있다. '생애주기별 장애인 교육지원체계 구축사업'에 장애 여성을 위한 평생교육 지원사업을 추진하는 방안을 강구할 필요가 있다.

넷째, 장애인 교육은 모든 형태 및 단계에서 이용 가능성, 접근성, 수용성 그리고 적용성이 상호 연관된 고려가 필요하다(경제적 · 사회적 · 문화적 권리 위원회의 일반논평 제14호). 이용 가능성(availability)이라는 점에서는 교육기관 및 프로그램을 충분히 이용할 수 있도록 적절한 건물 등의 시설, 위생시설, 안전한 식수, 훈련된 교사, 교육자료, 정보기술 등의 설비 등이 필요하다. 접근성(accessibility)은 '비차별' '물리적인 접근성' '경제적 접근성'으로 나누어 볼 수 있다.[2] 수용성(acceptability)은 교과과정 및 교수법 등 교육 형태와 내용이 적절하고 높은 수준으로 구성되어 학생 또는 학부모가 받아들일 수 있어야 하는 것으로 교육의 목적과 교육기준에 부합해

2) '비차별'은 교육이 가장 취약한 집단에게 어떠한 차별도 없이 법률상 접근이 가능해야 한다는 것을 의미하고, '물리적 접근성'은 합리적으로 편리한 지리적 장소로의 등교가 가능해야 함을 의미하고, '경제적 접근성'이란 누구나 부담할 수 있어야 한다는 것으로 점진적인 무상교육으로 이행되어야 한다는 것이다.

야 함을 의미한다. 적응성(adaptability)은 변화하는 사회와 공동체의 필요에 부응하며 다양한 사회적 · 문화적 이익이 최우선 고려사항이 되어야 한다는 것이다. 장애 여성 교육의 질을 향상시키기 위해서는 장애 남성과의 공통점과 차이점을 고려한 상황에서의 이용 가능성, 접근성, 수용성과 적응성을 고려할 필요가 있다.

3) 장애 여성의 노동권

(1) 관련 실태

노동권은 노동할 의사와 능력을 가진 사람이 가지는 노동의 권리를 의미한다.

장애 여성의 노동권에 관련해서 2008년도 장애인실태조사 결과에 의하면 15세 이상 장애인 중 장애 남성의 인구 대비 취업자 비율은 47.6%이고, 장애 여성은 23.7%로서, 장애 여성의 취업 비율이 장애 남성에 비해 현저히 떨어짐을 알 수 있다. 이처럼 경제활동참가율이 낮은 이유는 장애 여성이 교육에서 차별을 받고 있기 때문에 낮은 교육수준으로 인해 노동시장에 진입할 수 있는 기회가 원천적으로 봉쇄되어 있는 탓이다. 개인적으로 아무리 노력해도 경쟁 위주, 능력 우위의 시장논리가 관철되는 노동시장의 장벽을 돌파하기 어려울 수밖에 없는 것이다.

〈표 12-7〉 성별 취업 인구 및 취업률 (단위: %, 명)

구분	15세 이상 인구	경제활동인구			비경제 활동인구	경제활동 참가율	취업률	실업률	인구 대비 취업자 비율
		계	취업	실업					
남자	1,209,706	631,195	575,580	55,615	578,511	52.18	91.19	8.81	47.58
여자	861,890	219,642	204,474	15,168	642,248	25.48	93.09	6.91	23.72
계	2,071,596	850,837	780,054	70,783	1,220,759	41.07	91.68	8.32	37.65

출처: 보건복지가족부, 한국보건사회연구원(2009).

또한 2008년 장애 여성 취업자의 경제활동 분야를 보면, 전체의 34.8%가 단순노무종사자이고 농업 · 임업 · 어업 숙련종사자 19.5%, 판매종사자 18.4%, 서비스종사자 16.0%, 사무종사자 4.0% 순이다(〈표 12-8〉 참조). 장애 여성 취업자의 종사상의 지위에서도 임금근로자가 전체의 56.6%이고, 43.4%는 비임금근로자인 것으로 나타났는데(〈표 12-9〉 참조), 임금근로자 중 상용근로자는 18.5%인 데 비해 일용근로자는 상용근로자의 두 배에 가까운 32.1%에 달해 장애 여성 취업자의 고용 불안정이 매우 심각한 상황임을 알 수 있다.

장애 여성은 노동시장구조가 가지는 속성 때문에 구직 시에 겪는 어려움이 취업 유지 후에도 변형된 형태로 영향을 미쳐 몇 배의 어려움에 직면한

〈표 12-8〉 장애인의 경제활동 분야(직종) (단위: %, 명)

구분	성별		연령별			장애 정도		전체
	남자	여자	15~44세 이하	45~64세 이하	65세 이상	중증 (1-2급)	경증 (3-6급)	
의회의원, 고위임 직원 및 관리자	1.5	0.0	0.9	1.4	0.6	0.0	1.2	1.1
전문가	2.6	0.2	1.4	2.4	1.6	4.3	1.7	2.0
기술공 및 준전문가	3.0	2.7	4.4	3.1	1.0	6.3	2.6	2.9
사무종사자	4.3	4.0	11.2	3.1	0.0	9.3	3.7	4.2
서비스종사자	7.5	16.0	11.8	10.6	5.3	11.3	9.6	9.8
판매종사자	9.4	18.4	16.2	11.8	7.0	10.7	11.9	11.8
농업 · 임업 · 어업 숙련종사자	24.9	19.5	3.7	18.8	58.0	18.3	24.0	23.5
기능원 및 관련 기능 종사자	10.2	2.0	14.3	8.0	1.5	5.3	8.4	8.1
장치 · 기계조작 · 조립종사자	8.9	2.4	10.1	8.2	1.4	2.8	7.7	7.2
단순노무종사자	27.5	34.8	26.1	32.8	23.6	31.6	29.2	29.4
계	100.0	100.0	100.0	100.0	100.0	100.0	100.0	100.0
전국 추정 수	574,147	204,475	171,977	447,239	159,405	77,728	700,893	778,622

출처: 보건복지가족부, 한국보건사회연구원(2009).

〈표 12-9〉 종사상 지위 (단위: %, 명)

구분	성별		연령별			장애 정도		전체
	남자	여자	15~44세 이하	45~64세 이하	65세 이상	중증 (1-2급)	경증 (3-6급)	
자영업자	40.7	26.8	18.8	33.8	65.9	31.9	37.6	37.0
고용주	4.4	0.5	4.2	3.8	1.0	1.2	3.6	3.3
상용근로자(전일제)	25.6	16.3	43.8	21.3	6.1	25.4	22.9	23.1
상용근로자(시간제)	1.4	2.3	2.8	1.7	0.0	4.0	1.3	1.6
임시근로자	8.6	5.9	11.7	8.7	1.5	8.3	7.9	7.9
일용근로자	16.2	32.1	15.6	24.2	14.8	19.4	20.5	20.4
무급가족종사자	3.2	16.2	3.0	6.5	10.7	9.9	6.2	6.6
계	100.0	100.0	100.0	100.0	100.0	100.0	100.0	100.0
전국 추정 수	574,147	204,475	171,977	447,240	159,404	77,729	700,891	778,622

출처: 보건복지가족부, 한국보건사회연구원(2009).

다. 저학력, 중증장애 등으로 인해 구직 시에 진로 선택에 제한이 많았던 장애 여성의 경우 담당 업무 선택 제한으로 변형되어 차별이 유지되며, 물리적 · 환경적 낮은 접근권이 구직 시의 장벽이었다면 취업 후에는 장애 특성이 배려되지 않는 작업환경에서 차별이 유지되고 있는 것이다. 또 구직 시 경증장애 남성 위주의 취업을 선호하는 풍조로 인해 불이익을 받는다면 취업 후에는 낮은 수입 및 임금 차별을 수용하게 만드는 환경으로 인해 불이익이 가중되는 양상이 나타나고 있다. 따라서 이처럼 차별이 구직이나 취업 후에 지속되지 못하도록 하는 대안이 마련되어야 한다.

직업훈련 기회의 부족, 구직 정보 부족으로 인해 장애 여성이 겪는 어려움도 크다. 장애인고용공단 취업알선사업에 대한 장애 여성의 불만도 표출되고 있는데, 이는 남성편향적 의무고용제를 운영하는 탓으로 여겨진다. 한국여성정책연구원(2009)에서 장애인의무고용제도에 대한 성별 수혜분석을 실시한 결과, 장애인의무고용제도에 의해 2008년 현재 고용되어 있는 장애인은 총 104,134명인데, 장애 여성은 그중 13.4%인 13,989명, 장애 남성은 86.6%인 90,145명으로 나타났다. 이를 등록장애인을 모집단으로 하여 성별에 따른 수혜율로 비교해 보면 장애 여성은 등록장애인 100명 중 1.6명만이 혜택을 받은 데 비해, 장애 남성은 100명 중 6.7명이 혜택을 받은 것으로 나타났다. 즉, 장애 여성의 의무고용 수혜율은 남성의 1/3 수준이다. 장애 여성들의 공단에 대한 인지도 자체를 높이고 경증 장애 남성 위주의 장애유형과 개인의 자격, 적성을 고려하지 않는 취업알선을 지양하는 방안 마련이 필요하다. 장애 여성의 전문성을 높이기 위한 장애인고용공단의 실질적인 방안 모색이 필요하다.

(2) 노동권 증진 방안

첫째, 장애인의무고용[3)]으로 인하여 장애인 취업이 증가하고 있지만, 남녀평등에 대한 고려 없이 장애인을 고용·채용함으로써 장애 남성과 장애 여성의 고용률 차이가 현저해지고 있는 것이 문제점으로 드러나고 있다. 장애인 의무고용제도와 장애인고용촉진 및 직업재활기금의 수혜에 있어서 성별 격차를 분석한 연구에 의하면 장애 여성의 의무고용 수혜율은 남성의 3분의 1 수준에 머물고 있으며 성별 격차도 심화되고 있다. 이러한 남성 편향적 의무고용제의 운영이 장애 여성의 낮은 고용률을 야기하고 있는 것으로 나타났다. 장애 여성의 노동권 확보를 위해서는 장애 남성에게 편중되어 있는 의무고용기회를 개선하여 장애 여성이 공평한 의무고용기회를 얻을 수 있도록 성평등한 제도적 방안이 강구되어야 할 것이다. 장기적으로는 의무고용률에 여성 비율을 할당할 수 있는 방안이 마련되어야 하고, 단기적으로는 채용목표제 등을 도입해서 단계적으로 장애 여성에게 공평한 의무고용기회를 제공할 수 있도록 노력해야 한다(곽지영, 2010).

둘째, 장애 여성의 인적자원 강화와 직업적응을 위한 대안이 필요하다.

---

3) 「장애인고용촉진 및 직업재활법」에 의하면 동법 제3조에 국가 및 지방자치단체는 중증장애인 및 장애 여성에 대한 고용촉진 및 직업재활을 중요시해야 한다고 명시함으로써 장애 여성의 고용촉진에 대한 국가 및 지방자치단체의 책임을 규정하고 있다.

장애 여성들의 인적자원 강화를 위해서는 검정고시 등 학력 취득을 위한 교육도 필요하며 이와 더불어 장애 여성들이 사회인으로서 직업활동을 하는 데 필요한 기본 지식과 자질, 역량을 강화하기 위한 평생교육기회를 확대해야 한다. 이와 동시에 장애 여성을 위한 훈련직종 다양화와 취업연계 맞춤형 직업훈련수요 발굴 노력을 강화해야 한다. 즉, 성차별적인 노동시장 내의 성별 직업분리에 대응하기 위해서 장애 여성을 위한 훈련직종 개발이 필요하다. 여성들이 선호하며 구인 수요가 많은 훈련 직종을 발굴하여 장애 여성들의 직업훈련 선택의 폭을 넓혀 줄 필요가 있다. 또한 각 훈련센터에서는 지역사회에서 장애 여성 인력을 채용하려는 기업체를 적극적으로 발굴하여 기업의 요구에 부응하는 맞춤형 훈련을 실시하는 노력을 강화해 나가야 할 것이다. 특히 취업연계 맞춤형 직업훈련은 직업훈련이 취업과 바로 연계된다는 점에서 장애 여성들의 높은 관심을 이끌어 낼 수 있을 것으로 기대된다.

셋째, 취업 장애 여성의 직업유지를 위한 구체적인 지원이 필요하다. 취업 장애 여성의 경우 직업세계의 동료관계나 상하관계에서 적절한 역할행동에 대한 사회화가 부족하여 직장 적응에 어려움을 겪기도 하고, 직장 내의 불평등한 지위로 인해 어려움을 경험하기도 한다. 이러한 어려움은 직업유지를 방해하는 제약요소로 작용할 수 있다. 그러므로 취업 장애 여성의 부족한 직업적 사회화를 보완하기 위해서 선배 취업 장애 여성과 직장 경험을 공유하고 지지할 수 있는 네트워크 마련이 요구된다.

넷째, 노동시장 진입 장벽 및 노동시장 내부의 차별 철폐가 필요하다. 취업 장애 여성의 대다수가 비정규직의 영세한 직장에서 근무하고 있어, 불안정한 고용상태에 놓여 있다. 그래서 취업 장애 여성은 노동시장 내에서 경험하는 여러 가지 차별과 어려움을 개인적인 문제로만 해석하고 수용할 수밖에 없게 된다. 그러므로 노동시장 내에서 경험하는 장애 여성의 문제를 개인적 차원에서 다루는 것이 아니라 좀 더 집합적인 차원에서 다루는 것이 필요하다. 장애 여성이 직면하고 있는 문제를 사회문제로 표출할 수 있도록 취업 장애 여성들 간의 연대를 위해 구체적인 장(arena)의 마련이 필요하다.

4) 장애 여성의 건강권

(1) 관련 실태

건강권은 생명과 건강을 지키는 인간의 권리로서 천부적인 인권의 하나로 인정되고 있다. 건강권은 단순하게 질병에 걸리지 않는 상태가 아니라 행복한 삶의 추구를 위한 인간의 기본적인 권리를 의미한다. 1995년 제4차 세계여성대회에서 채택된 베이징행동강령은 여성이 최상의 수준으로 신체적 · 정신적 건강을 향유할 권리를 여성 인권과 시민권의 중요한 요소로 강조하고 있다.

장애인과 비장애인 간의 건강상의 문제에 대한 실태조사를 비교해 보면, 장애인은 비장애인에 비해 전반적으로 건강상태가 나쁘다고 인식하고 있는 것으로 나타났고, 남자에 비해서 여자가 더욱 건강상태를 나쁘게 인식하고 있는 것으로 나타났다. 장애 여성의 경우 건강상태가 나쁘다고 인식

〈표 12-10〉 평소 건강상태 및 건강만족도 (단위: %, 명)

구분	장애인 건강상태[1]		장애인 건강만족도[1]		비장애인 건강상태[2]	
	남자	여자	남자	여자	남자	여자
매우 좋다	7.6	2.9	8.1	2.6	5.4	4.0
약간 좋다	19.8	12.4	18.9	12.1	41.5	33.9
보통이다	27.7	22.8	27.8	21.6	36.5	34.7
약간 나쁘다	30.2	41.9	29.3	42.8	14.8	23.3
매우 나쁘다	14.6	20.0	15.9	20.9	1.8	4.1

출처: 1) 보건복지가족부, 한국보건사회연구원(2009).
2) 보건복지가족부, 질병관리본부(2008).

하는 경우가 61.9%인 반면, 장애 남성은 44.8%, 비장애 여성 27.8%로 나타났다. 이로써 장애 여성의 경우 장애 남성이나 비장애 여성에 비해 평소 건강상태가 나쁘다고 인식하고 있음을 알 수 있다. 건강만족도에서도 장애 남성은 45.2%가 불만족하는 반면 장애 여성의 경우는 63.7%가 불만족으로 나타나, 장애 여성의 건강만족도가 상당히 낮음을 알 수 있다.

이러한 현실은 장애 여성이 장애 남성에 비해 건강을 유지하거나 증진시키는 데 더 큰 어려움에 봉착하며 덜 건강하다는 연구 결과(조정아, 2007; Hughes, 2006)와도 일치한다. 곧 장애 여성의 건강은 비장애인에 비해서나 장애 남성에 비해서 건강상태가 좋지 못함을 알 수 있어, 장애 여성의 건강권이 보장되지 못하는 현실을 발견할 수 있다.

2008년도 장애인실태조사 결과 3개월 이상의 만성질환 여부에서도 장애 남성은 70.6%가 만성질환을 가지고 있는 반면, 장애 여성의 경우는 83.4%가 만성질환을 가지고 있다. 이는 건강의 인식뿐 아니라 실제적인 건강상의 질병에서도 장애 여성이 더욱 많은 위험에 노출되어 있음을 보여 준다. 아픈데도 병의원에 가지 못한 경험을 묻는 2008년도 장애인실태조사 결과에서도 장애 남성 19.4%, 장애 여성 25.9%가 그러한 경험이 있는 것으로 나타났다. 돈이 없어서 병의원에 가지 못한 경우는 장애 남성 55.9%, 장애 여성 58.8%로 나타나고 있으며, 현재 장애로 인한 추가 소요비용도 장애 남성은 월평균 50만 3천 원인 데 비해 장애 여성은 65만 7천 원으로 더 높은 것으로 나타나, 경제적인 어려움에 처한 장애 여성의 건강권은 심각하게 침해될 수 있음을 알 수 있다.

황혜민과 이명선(2009)은 국내의 지체장애 여성들의 건강 관련 경험의 본질을 '세상으로부터의 고립과 소외' '몸에 대한 왜곡된 인식' '고정된 성역할로 인한 어려움' '끊임없이 시달리는 만성 통증' '스스로 참고 감수해야 할 건강문제' 그리고 '자립을 통한 승화'라는 총 여섯 가지의 핵심범주로 도출하였다. 이러한 결과는 여성 지체장애인들이 사회 속에서 경험하는 건강상의 고통을 단적으로 드러내고 있다고 할 수 있다.

더욱이 건강은 교육수준과 경제상태와 밀접한 관련이 있는데, 장애 여성의 경우 낮은 교육수준과 낮은 경제상태로 건강권의 위협이 장애 남성이나 비장애인에 비해 심각함을 알 수 있다. 그리고 장애 여성들은 의료진의 장애인식 부족, 장애특성을 고려한 적절한 조치 부족, 편의시설 미비로 인한 접근성의 제약, 의사소통의 제약 등 의료서비스 이용에서도 다양한 어려움을 겪고 있다. 그러므로 장애 여성의 특성을 이해하는 의료서비스를 제공받을 수 있는 대책 마련이 필요하다. 우리 사회에서 장애 여성들은 장애를 이유로 의료기관 이용을 제한당하거나 장애를 이유로 민간 건강보험 가입을 거부당하는 등 여러 가지 이유로 건강권을 위협받고 있으며, 장애 여성에게는 사실상 대부분의 보험이 접근 불가능하다는 것도 건강권을 위협받을 수밖에 없는 현실을 보여 주는 단적인 증거라 할 수 있다.

(2) 건강권 증진 방안

첫째, 장애 여성 친화적 의료환경 조성이 필요하다. 의료환경에서 장애 여성의 특성을 이해하고, 장애 여성의 필요에 대처할 수 있도록 의료환경 종사자들에 대한 교육이 필요하다. 장애 여성을 배려하지 않는 의료진이나 의료기관에 대해서는 옴부즈맨 제도 등을 통한 지속적인 모니터링이 필요하다. 또한 장애 여성의 신체적 특성에 알맞은 기자재 구입, 병원 내 편의시설 및 장치 설치 지원, 장애전문 간호 인력 고용에 대한 재정적 지원 그리고 세금 감면 등 다양한 인센티브 제공을 통해 보다 장애 여성 친화적인 의료 환경 조성을 위한 다각적인 모색이 필요하다.

둘째, 정부가 장애 여성의 건강권 보장을 제한하는 관련 법률을 정비하도록 적극 지원해야 한다. 장애인권리협약 제25조(건강)에 의하면, "당사국은 장애인이 장애를 이유로 차별 없이 달성할 수 있는 최고 수준의 건강을 향유할 권리가 있음을 인정한다. 당사국은 보건 관련 재활을 포함하여

성별을 고려한 보건서비스에 대한 장애인의 접근을 보장하는 모든 적절한 조치를 취한다."라고 명시하고 있다. 특히 "건강보험 및 국내법에 따라 허용되는 생명보험의 제공 시 장애인에 대한 차별을 금지하며, 이러한 보험은 공평하고 합리적인 방식으로 제공된다."라고 되어 있다. 하지만 장애인권리협약 국내비준 시(2008.12.2) 「상법」 제732조("15세 미만자, 심신상실자 또는 심신박약자의 사망을 보험사고로 한 보험계약은 무효로 한다.")와의 충돌을 이유로 이 조항을 유보한 것이 빌미가 되어 장애인의 보험차별은 여전히 지속되고 있다. 이로 인해 장애 여성들 자신의 보험 접근에 제약이 있음은 물론 태아 혹은 자녀들의 보험 가입조차 막혀 있어 이에 대한 시정이 시급히 필요하다.

5) 장애 여성의 재생산권과 모성권

(1) 재생산권 관련 실태

재생산권은 국내법적 개념이기보다는 국제기구 및 세계여성회의 등을 통해 반복적인 선언으로 주장되기 시작하면서 인식된 권리다.[4] 국제기구 및 세계여성회의에서 선언된 재생산권은 다음의 세 가지로 구분할 수 있다. 첫째, 성관계에 있어서의 피임 등과 관련한 평등한 성적 자기결정권, 둘째, 재생산의 여부 · 시기 및 횟수 조절 등과 관련하여 강요된 낙태를 하

4) 1994년 카이로에서 열린 세계인구회의에서 채택된 행동강령에 의하면, "재생산권은 이미 국가 법률, 국제인권법 그리고 기타 유엔이 합의한 문서에서 인식되는 인권의 어떤 측면을 포함한다. 재생산권이란 모든 커플과 개인들이 그들의 자녀의 수, 터울, 시기를 자유롭고 책임 있게 결정할 수 있는 기본적 권리 및 그 권리를 행사할 수 있는 정보와 수단, 그리고 가장 높은 수준의 성적 · 재생산적 건강을 누릴 권리를 포함한다." 이는 그동안 여성의 출산력을 인구통제 수단으로 여겨 온 기존의 국제기구 · 인구 기관들과 여성 자신의 내재된 권리로 바라보는 여성주의자들의 주장이 절묘하게 결합되고, 재생산권을 여성의 건강, 권리, 평등, 역량강화의 중요성을 포함하는 통합적인 인권의 틀로 위치시키는 계기가 되었다.

지 않을 권리 및 원치 않는 임신에 대해 자유로운 결정을 할 수 있는 권리인 낙태 관련권, 셋째, 출산 과정에서 육체적, 정신적으로 안전한 보장을 위한 건강권을 그 내용으로 한다고 볼 수 있다(차선자, 2007).

장애 여성에게 재생산권은 성적 주체자로서 장애 여성의 가능성이 무시됨은 물론 전통적 의미에서 여성의 성역할로 간주되고 있는 능력이 없다고 여겨져 기회를 제한당하거나 실제 성역할을 수행하고 있어도 가치를 인정받지 못하는 현실에서 중요한 의미를 가질 수 있다. 그동안 성과 관련한 문제에서 장애 여성은 대부분 성폭력의 피해자로만 부각되어 왔으며, 최근 들어서야 장애 여성의 모성보호문제가 주목을 받기 시작하였다. 하지만 재생산권의 문제는 성, 임신, 출산, 건강의 문제를 포괄하는 개념으로서 모성보호뿐 아니라 성적 주체로서의 권리(안전하고 만족스러운 성생활을 영위할 권리)까지를 포함하는 권리적인 측면이 함께 논의되어야 비로소 보장될 수 있다. 이는 단순히 성적 폭력이나 학대로부터 보호받을 권리에서 한걸음 더 나아가 임신, 출산, 성생활 등 재생산과 관련된 모든 영역에서 장애 여성이 차별, 강제, 폭력으로부터 자유로운 결정을 할 수 있는 권리를 보장하고, 성인지적 관점에서 정보, 교육 및 제 수단을 지원받을 수 있는 권리로 보아야 한다.

그러나 현실에서 장애 여성은 성적 주체로서의 건강한 자기결정권을 보장받을 수 있는 정보 및 교육에서 배제됨은 물론, 최근 들어 주목받는 모성보호에서도 여전히 권리를 침해받고 있다. 2008년도 장애인실태조사에 따르면, 장애 여성의 유산 경험은 48.7%로 나타났고, 인공임신중절인 경우 주위의 권유에 의한 경우가 22.9%로 나타나 강요된 낙대를 하지 않을 권리라는 면에서 재생산권이 침해받고 있음을 알 수 있다.

또한 재생산권의 내용 중 성적 관계 결정권에 관해서도 장애 여성의 경우 완전한 성적 자기결정권의 실현은 현실적으로 기대하기 어려운 상황이다. 공미혜 등(2007)은 장애 여성의 성에 대한 인식을 성적 무관심과 무지,

금기시되는 성, 허용적인 성 등의 세 가지 유형으로 분류하였다. 장애 여성의 성에 대한 인식은 금기시되는 성인식이 가장 많았고, 다음은 허용적인 성인식, 성적 무관심과 무지의 순으로 나타났다. 장애 여성의 성적 장애요인으로는 성폭력, 사생활 부족, 성 관련 정보 부족, 데이트 상대 부족 등을 제시했는데 이중 가장 많이 지적된 요인은 성폭력과 성 관련 정보 부족이었다. 이러한 연구 결과에서 장애 여성의 성적 자기결정권은 심각하게 침해받고 있으며, 이러한 침해의 원인은 성폭력 희생 경험과 성 관련 정보에서의 배제라는 것을 알 수 있다.

(2) 모성권 관련 실태

모성권은 장애 여성들도 비장애 여성과 동일하게 출산, 육아 등 어머니로서의 역할을 수행할 수 있는 권리를 의미한다. 모성은 임신, 출산, 수유와 같은 생물학적 요소뿐 아니라 양육 및 이데올로기라는 사회적 요소까지 포함하는 복합적인 개념으로 정의할 수 있다. 모성으로 사용되는 용어에는 motherhood와 mothering이 있다. motherhood는 모성, 어머니됨, 어머니되기 등으로 번역되며, 어머니로서의 경험(및 정체성)을 의미한다. mothering은 어머니 노릇, 어머니 역할 수행 등으로 번역되며, 부모역할 수행과 관련된 신체적 · 정신적 · 정서적 활동과 일을 의미한다(김경화, 2003).

장애 여성들은 무성적 존재로 취급되는 무력감을 경험하고 다중차별에 처하게 되면서 모성권을 보장받지 못하는 현실에 놓이는 동시에 장애 때문에 엄마역할을 성공적으로 수행하지 못할까 하는 불안감에 시달려야 한다.

장애를 가진 부모의 자녀양육과 관련된 기존의 연구들은 부모의 장애가 자녀에게 미치는 부정적인 영향에 초점을 두고 있어 장애 여성 모성능력에 대한 부정적인 측면이 주로 부각되고 있다(Olsen & Clake, 2003; Olsen & Wates, 2003).

2008년도 장애인실태조사 결과에서도 임신 경험이 있는 장애 여성의 경우 임신 기간 동안 가장 힘들었던 점이 '자녀가 장애를 가질 것 같은 두려움'(23.7%)과 '자녀양육을 잘할 수 있을지에 대한 두려움'(7.5%)으로 나타나, 장애 여성의 경우 자녀 출산과 양육의 두려움이 가중되고 있음을 알 수 있다. 또한 장애 여성이 가장 필요로 하는 서비스가 '출산비용 지원'(14.8%), '자녀양육 지원서비스'(13.6%), '자녀교육 도우미'(8.7%), '산후조리서비스'(8.5%), '여성장애인 임신출산 전문병원'(8.1%) 등 장애 여성의 모성권과 관련한 필요서비스로, 장애 여성에게는 모성 관련 서비스에 대한 필요도가 높음을 알 수 있다.

Lloyd(1992)는 장애 여성을 '돌봄의 대상(혹은 의존적인 존재)'만으로 보는 것은 장애 여성의 모성 경험을 반영하지 못하는 것이라고 지적하면서, 장애 여성을 돌봄을 받는 동시에 또 다른 돌봄을 행하는 주체로 바라볼 것을 촉구하였다. Morris(1996) 역시 돌봄(caring)·부모역량(parenting capacity)을 신체적 기능으로 환원하는 것에 대해 비판하고 있으며, 장애 여성의 부모역할은 보다 포괄적인 의미로 해석되어야 하며, 자녀돌봄과 관련되어 장애 부모에게 필요한 지원욕구를 보편적 권리로 접근해야 한다고 강조하고 있다.

국내에서도 장애 여성의 모성권이 보장되지 못하고 있는 현실에서, 모성권을 보편적 권리로 보장받기 위한 구체적인 지원방안 마련과 정책의 제정 및 개정이 필요하다.

(3) 재생산권과 모성권 증진 방안

첫째, 현행 「형법」과 「모자보건법」에서 낙태의 범위를 규정하면서, 출산과정에서의 자기결정권을 행사할 수 있는 다양한 사회문화적 이유를 위법성 사유에서 배제하여 규정하고 있다. 그러나 장애 여성의 시각에서 볼 때 이들의 재생산이 갖는 특수성을 전혀 인지하지 못하고 있어 장애 여성의 재생산권과 관련된 자기결정권을 침해할 가능성이 있다. 그러므로 현행 법질서에 비추어 실질적으로 장애 여성의 재생산권을 보장할 수 있는 방안 마련이 필요하다.

둘째, 재생산권과 모성권 관련 정보 제공 및 교육 프로그램 활성화가 필요하다. 장애유형별로 다른 신체적인 조건에 따른 출산의 문제, 장애 특성을 고려한 육아 환경 준비에 관련한 정보 제공이 필요하며, 이러한 정보 제공도 장애유형에 따라 적합한 방식으로 제공되는 것이 필요하다. 즉, 장애 여성의 재생산권과 모성권 관련 정보 접근성 확보가 필요하다.

셋째, 상담지원체계 구축이 필요하다. 장애 여성들은 임신, 출산 과정부터 자녀 출산 이후에도 비현실적인 두려움으로 인해 장애 아이를 낳는 꿈을 꾸는 등 지속적인 스트레스를 경험하고 있다. 장애 자녀 출산에 대한 비현실적인 두려움에 적절히 대처할 수 있도록 적절한 의료검진 지원과 장애 특성을 고려한 산전 교육 등을 통한 전문가의 개입이 필요하다. 또한 자녀를 양육하는 과정에서도 장애 특성으로 인해 비장애 여성에게 유용한 다양한 육아정보가 실질적으로 도움이 되지 못하는 경우가 많아 더욱더 어려움을 경험하고 있으므로, 자녀를 양육한 경험이 있는 선배 장애 여성의 경험을 공유할 수 있는 다양한 상담지원체계의 구축이 필요하다.

넷째, 장애 여성의 자녀를 지원하는 프로그램이 필요하다. 일반적으로 자녀교육을 여성이 전담하고 있는 현실에서 엄마의 장애는 아동의 육아와 교육의 장애물로 작용하고 있다. 장애유형별 장애인 육아 프로그램 운영이나, 자녀들과의 관계에서 발생할 수 있는 문제 해결을 위한 상담 및 가족관계 개선을 지원할 수 있는 다양한 프로그램을 마련해야 한다. 또한 장애 여성에게 자녀 학교생활 접근성을 확보하기 위해 학부모의 장애에 따라 이해 가능한 자녀 정보 제공 의무화가 필요하다. 자녀가 학교에 입학하면서 물리적 접근성뿐 아니라 의사소통의 장벽 등으로 교사와 학부모 간의 연대에서도 소외되기 쉬운 장애 학부모를 위해 학교에서 제공되는 정보를 학부모가 인식할 수 있는 형태로 제공하는 것을 의무화할 필요가 있다. 시각장애와 청각장애를 가진 학부모가 학교에서 매일 제공되는 알림장 등의 정보를 접근할 수 있도록 학교 홈페이지에 이들을 위한 서비스가 제공된다면, 자녀의 원활한 학교생활을 지원하는 데 학부모의 장애가 제한으로 작용되지 않을 수 있다.

7) 장애 여성의 안전권

(1) 관련 실태

장애 여성의 안전의 권리는 특히 장애 여성에게 가해지는 성폭력과 가정폭력에서의 안전을 통해 살펴볼 수 있다(장명숙, 2009). 부산여성장애인연대 부설 성폭력상담소의 2001~2008년까지 8년의 상담통계를 살펴보면, 상담사례 총 8,325건 중 성폭력 76.5%, 가정폭력 2.4%, 성매매 1.2% 등으로 성폭력 상담이 가장 높은 비율을 나타내고 있으며 성폭력뿐 아니라 가정폭력, 성상담, 가족문제 등 종합적이고 전반적인 상담을 하고 있는 것으로 나타났다. 피해의 지속성은, 다른 상대로부터 지속적으로 피해를 입는 경우가 44.0%로 가장 높게 나타났으며, 같은 상대로부터 지속적으로 피해를 입는 경우가 22.5%로 나타나 반복적이고 지속적인 피해를 경험하는 비율이 심각하게 높음을 알 수 있다. 피해자의 장애유형은 지적장애 60.7%, 지체장애 8.4%의 순으로 나타나고 있다. 지적장애인은 지적능력의 제약으로 성폭력에 대한 인지·판단 능력이 낮아 자신을 방어할 수 있는 능력이 부족하여 성폭력 범죄에 노출되는 악순환이 반복되고 있다. 또한 장애인 생활시설을 비롯한 각종 시설에서 발생되는 장애 여성에 대한 성폭력은 시설의 특성상 자기결정권이 매우 제한되는 특성으로 인해 성폭력이 가해질 경우 그 후유증과 문제 역시 심각하고, 피해기간도 장기간 지속적으로 이루어질 수 있으나 사건이 공론화되기는 어려운 특성을 가지고 있다는 점에서 심각한 문제를 내포하고 있음을 알 수 있다.

장애 여성이 경험하는 가정폭력은 일회적이고 우발적인 가정 내 폭력사태를 의미하는 것이 아니라 가족구성원 중 한 사람이 다른 가족에게 계획적, 반복적, 의도적으로 물리적인 힘을 사용하거나 정신적 학대를 통해 정신적·육체적 손상과 고통을 주는 행위를 말한다. 가정폭력은 배우자뿐 아니라 부모(계부모), 시부모, 형제, 자녀, 친인척 등을 통해 발생할 수 있다. 2006년 한국여성장애인연합에서 장애 여성 가정폭력 전국 실태 조사를 실시한 결과, 가정폭력을 경험한 경우 정서적 폭력이 54.4%로 가장 높았고, 언어폭력 44.8%, 경제적 폭력 40.2%, 성적 폭력 32.4% 순으로 나타났다. 장애 여성의 가정폭력 경험 시기는 10대가 43.6%로 가장 높게 나타났고, 20대 23.6%, 30대 18.6% 순으로 나타나 여성이면서도 장애를 가졌다는 조건으로 어린 시절부터 가정폭력에 노출되는 현실을 알 수 있다. 장애 여성에 대한 가정폭력이 드러나지 못하는 이유는, 가정은 독립된 독자적 영역이기 때문에 그 속에서 일어나는 문제가 잘 드러나지 않는 특성 때문이다. 이러한 특성으로 드러나지 않는 더 많은 장애 여성이 가정폭력의 피해자가 될 수 있다.

성폭력과 가정폭력에 노출되어 있는 장애 여성의 경우 인권의 사각지대에 놓여 있기 때문에 적절한 대안 마련이 시급히 필요하다.

(2) 안전권 증진 방안

첫째, 장애 여성에 대한 성폭력, 가정폭력은 최근 들어 급증하고 있다. 폭력은 여성 개인의 문제가 아니라 가부장적 사회에서 일어나는 사회적 문제이고 우리 사회가 함께 지고 가야 할 몫이다. 그리하여 우리 사회의 약자인 장애 여성에게 가해지는 폭력을 근절시켜 인간다운 삶을 확보하기 위해서는 사회적인 인식의 변화가 무엇보다도 선결되어야 한다.

둘째, 전국에 장애 여성을 위한 성폭력상담소는 18개소, 성폭력피해자

보호시설 2개소와 가정폭력상담소 2개소, 가정폭력피해자 보호시설은 1개소가 있다. 너무나 적은 시설로 인해 장애 여성들은 성폭력, 가정폭력을 당하고도 갈 곳이 없는 것이 현실이다. 성폭력 · 가정폭력피해자들이 심리적 · 육체적으로 안정을 찾을 수 있는 쉼터와 상담소의 추가적인 설치가 필요하고, 성폭력 가정폭력을 예방하고 근절하기 위한 법과 제도의 마련이 필요하다.

6. 장애 여성 인권보장을 위한 장애인정책의 나아갈 방향

1) 현행 장애인정책의 문제점

첫째, 장애 여성의 차이를 간과한, 특수성과 취약성에 초점을 맞춘 정책을 들 수 있다. 우리 사회에서 장애 여성은 성폭력 · 가정폭력의 대상, 임신 · 출산 · 양육의 어려움을 겪고 있는 취약계층으로 인식되어, 장애 여성의 차이가 간과된 채로 생물학적 차이를 근거로 한 임신, 출산, 양육문제와 폭력문제에 정책의 초점이 맞춰졌다는 것이다. 장애인정책에서 성평등을 이루려면 임신, 출산, 양육과 폭력문제 해결 외에도 장애 여성이 교육과 노동 등 모든 권리를 동등하게 누리고 참여할 수 있도록 정책과 프로그램을 디자인, 실행, 모니터, 평가해야 할 필요가 있다.

둘째, 현행 장애인정책은 장애 여성을 복지 대상으로만 규정하고 시민으로서 사회참여의 대상으로 포함시키지 않고 있다. 장애 여성에게 제공되는 서비스를 장애 여성의 권리를 지원하기 위한 정당한 편의 제공으로 간주하지 않고 시혜적인 서비스로 간주한다는 것이다. 즉, 동정적 · 시혜적 관점으로 장애 여성의 권리보장과 사회참여를 지원하는 서비스와 정책을 바라보고 있다는 것이다. 장애 여성의 임신 · 출산 · 육아를 지원하기 위한 서비스와 제도를 시행하는 것은 모성권을 지원하는 것임에도 불구하고 장애 여성과 그 자녀가 처한 어려움을 강조하다 보면 장애 여성의 '육아능력 없음'을 강조하는 결과를 초래하는 것 등이 그 예다. 장애 여성의 모성권을 향유할 수 있는 정책으로 전환할 필요가 있다.

셋째, 장애인정책의 성 중립적인 시행을 문제점으로 지적할 수 있다. 장애 여성이 사회구성원으로서 책임과 의무를 다하기 위해서는 교육권, 노동권 등 인간으로서 기본적인 권리를 누릴 수 있어야 하는데 성중립적인 장애인정책의 운용으로 장애 여성이 장애 남성에 비해 현저히 낮은 삶의 질을 유지할 수밖에 없는 현실에 대한 구체적인 노력이 전무하다. 따라서 제반 장애인정책에서 성형평성을 제고하기 위한 노력이 뒷받침되어야만 장애 여성의 삶이 실질적으로 변화할 수 있으며, 장애 여성의 정당한 사회참여가 가능할 수 있다.

마지막으로 장애인정책 전달체계의 문제를 들 수 있다. 정책 전달체계에서 장애 여성 정책 및 서비스가 당사자이자 소비자인 장애 여성의 욕구와 목소리를 제대로 반영하지 않고 공급자 중심으로 이루어지고 있다. 이러한 이유 때문에 장애 여성은 단지 정책과 서비스의 대상자일 뿐 역량강화(empowerment)할 수 있는 기회가 제한되어 있으며, 스스로의 역량을 발휘할 기회를 박탈당하고 있다. 오랫동안 복지 프로그램의 대상자로만 머물렀던 장애 여성들이 자신들의 목소리를 통해 조직화함으로써 자신들의 삶의 주체가 될 수 있는 힘을 길러 궁극적으로 자신들 삶에 대한 통제권을 획득해 나갈 수 있도록 지원하는 것이야말로 지역사회와 정부의 역할일 것이다.

2) 필요한 관점의 변화

첫째, '공급자 중심에서 수요자 중심으로'의 관점 변화가 필요하다. 1990년대까지 장애인정책은 공급자 중심이었다. 장애인의 삶과 관련된 문제에서 장애인 자신의 의견은 배제된 채 전문가들이 이해관계를 대변해 왔기 때문이다. 하지만 장애인당사자의 요구가 있었기에 재활에서 자립으로, 시혜와 동정에서 인권으로 복지정책의 패러다임이 변화하기에 이르렀다. 장애 여성 관련 정책에서도 예외가 아니어서 이제까지 당사자의 요구와 경험은 반영되지 못했기에 장애 여성이 체감하는 삶의 변화에 이르기에는 한계가 있었다. 장애 여성당사자의 목소리에 귀 기울일 때 진정 차별받고 소외되어 있는 장애 여성의 삶이 변화할 수 있을 것이다.

둘째, '시혜적 복지에서 권리적 복지로' 관점 변화가 필요하다. 장애 여성의 문제를 해결하기 위한 올바른 방안을 찾기 위해서는 장애 여성의 현실을 총체적이고 객관적으로 인식할 필요가 있다. 따라서 무기력하고 자기의지가 결핍된 수동적인 존재, 인권을 유린당하는 피해자이거나 인간승리를 이끌어 낸 비현실적인 영웅이라는 양극단의 시각에서 벗어나 우리 사회 구성원으로서 의무와 권리를 누리며 살아가고 있는 건강하고 긍정적인 측면이 부각되어야 한다.

셋째, '트윈 트랙 어프로치(Twin Track Approach)'의 적용이 필요하다. 트윈 트랙 어프로치 방식은 장애인권리협약 제정 당시 장애 여성 단독 조항을 두고 전 세계가 뜨거운 논쟁을 벌인 결과 채택한 접근 방식이기도 한데(이익섭, 2007), 장애 관련 정책과 법률에 장애 여성 관련 내용을 녹이는 성주류화 관점 외에도 장애 여성의 차별이 워낙 극심하고 차별 양상이 매우 복잡하므로 장애 여성 단독 법률과 정책이 병행되어야만 평등에 가까워질 수 있다. 가령 장애 여성 지원법이라든가 장애 여성 인권법 등의 단독 법률과 정책이 뒷받침된다면, 장애 여성의 권익 향상을 앞당기는 데 도움이 될 것이다.

3) 정책결정과정에 장애 여성의 참여와 의사결정권 보장

첫째, 장애 여성 관련 법률 정비 및 모니터링이 필요하다. 장애 여성의 요구와 경험을 반영하기 위해 장애인 관련 법률의 제정 및 개정 등 정비가 필요하다. 현행 「장애인복지법」상의 장애 여성의 권익 보호를 위한 조항은 기초학습과 직업교육 등 필요한 시책을 강구하여야 한다는 제7조와 제37조, 제55조에 산후조리도우미 지원과 임신한 장애 여성에 대한 활동보조서비스 지원에 대한 내용에 초점이 맞춰져 있다. 임신, 출산, 양육과 폭력 문제 해결 외에도 장애 여성이 교육과 노동 등 모든 권리를 동등하게 누릴 수 있도록 보장하는 내용이 있어야 하며, 장애 여성 관련 정책과 프로그램의 디자인, 실행, 모니터, 평가에 장애 여성의 참여를 보장해야 한다.

둘째, 성별 통계와 성예산의 구축이 필요하다. 성별 통계를 구축할 때는 열악한 현실을 드러내는 결과지표의 개발도 필요하지만 장애 여성의 문제와 현실을 드러낼 수 있는 원인지표의 개발이 필요하다. 이러한 장애 여성에 대한 지표 개발 이외에도 기존 국가 승인 장애 관련 통계에 성인지적 관점이 반영되어야 하며, 이를 바탕으로 성예산이 반드시 뒷받침되어야 한다. 실태조사 등 양적 통계 외에도 모든 장애인 관련 통계에 성별에 따른 주관적 경험과 삶의 현실이 반영되어야 한쪽에 치우치지 않은 정책이 나올 수 있다. 또 성예산이 뒷받침되지 않는 정책은 공허할 수밖에 없다. 장애인정책 발전 5개년계획이 3차에 걸쳐 시행되고 있지만 장애 여성정책과 제도가 나열되어 있을 뿐 성예산이 뒷받침되지 않아 실제 추진이 되지 않고 있는 것들이 많다. 그나마 현재 확보되어 있는 성예산도 질적인 측면보다는 실적을 중시하는 양적 측면에 초점이 맞춰져 평가되고 있어 장애 여성의 요구에 부응하기에는 한계가 있다. 장애 여성이 자신들의 문제 해결을 위한 노력에서조차 소외되는 것은 물론 그 해결 노력 과정에서 이중, 삼중의 상처와 억압을 겪지 않도록 적절한 대처가 필요하다.

셋째, 장애 여성을 위한 정책기구와 전담부서의 설치가 필요하다. 보건복지부를 비롯해서 각 부처별로 장애 여성 전담부서는 없다. 보건복지부에 장애 여성 담당자가 배치되어 있기는 하나 여러 가지 업무 중 일부일 뿐이어서 전문성과 집약성을 기대하기 어려운 현실이다. 공무원의 잦은 부서이동은 공무원의 전문성 향상을 기대할 수 없고, 장애 여성에 대한 이해를 기대할 수 없어 장애 여성 친화적 정책 실현으로 이어지기는 어려운 것이 현실이다. 최소한 보건복지부와 여성가족부에 장애 여성 전담 부서가 있어야만 책임감을 갖고 정책을 집행함으로써 장애 여성의 피부에 와 닿는 정책이 실현될 수 있을 것이다. 이와 더불어 장애 여성 관련 공무원 외에도 관련 종사자, 전문가, 정책담당자들을 대상으로 한 성인지 교육을 통해 장애 여성에 대한 이해를 높이는 것이 필요하다.

참 고 문 헌

공미혜, 김경화, 김현지, 주경미(2007). 장애 여성의 삶과 복지. 서울: 신정.

곽지영(2010). 장애 여성의 노동시장 진입 및 유지요인에 관한 연구. 장애인 고용.

김경화(2003). 장애 여성과 모성경험의 이중적 의미. 가족과 문화, 제15권 3호.

김효진(2005). 장애 여성 운동의 흐름. 진보평론, 21호.

류은숙(2009). 인권을 외치다. 파주: 푸른숲.

보건복지가족부(2008). 등록장애인 현황(2008년 12월 말).

보건복지가족부, 질병관리본부(2008). 2008 국민건강통계.

보건복지가족부, 한국보건사회연구원(2009). 2008년도 장애인실태조사.

부산여성장애인연대 부설 성폭력상담소(2006). 여성장애인 성폭력 실태와 대안 모색.

이동영(2009). 국제장애인 국제협약 국내비준에 따른 장애 여성정책의 발전방안에 관한 연구. 한국사회복지조사연구, 21호.

이익섭(2007). 장애인권리협약의 의미와 핵심과제. 보건복지포럼.

장명숙(2009). 여성장애인과 인권. 여성학 연구.

조정아(2007). 개인요인과 환경요인이 장애인의 건강성에 미치는 영향. 연세대학교 대학원 박사학위논문.

차선자(2007). 장애 여성의 재생산권에 대한 고찰. 법학논총, 제27권 2호.

최철영(2007). 장애인권리협약과 장애인 등에 대한 특수교육법의 비교연구. 정신지체연구, 제9권 4호.

통계청(2005). 인구총조사.

한국보건사회연구원(2006). 2005년도 장애인실태조사.

한국여성장애인연합(2006). 여성장애인 가정폭력 전국 실태조사.

한국여성정책연구원(2009). 장애인고용촉진 및 직업재활기금의 성인지적 분석.

황혜민, 이명선(2009). 여성 지체장애인의 건강 관련 경험에 관한 페미니스트 질적 연구. 성인간호학회지, 제21권 4호.

Fawcett, B. (2000). *Feminist Perspective on Disability*. London: Prentice Hall.

Gill, C. J. (1996). Becoming Visible. *Women with Physical Disability*. Paul H. Brookes

Hughes, R. (2006). Achieving Effective Health Promotion for Women with Disabilities. *Family Community Health, 29*(1s), 44s-51s.

Lloyd. (1992). Does she boil eggs? Towards a feminist model of disability. *Handicap and Society, 7*(3), 201-221.

Lonsdale, S. (1990). *Women and disability: The Expierence of Physical Disability among Women*. New York: St. Martin's Press.

Morris, J. (1996). *Encounters with Strangers: Feminism and Disability*. London: The Women's Press.

Olsen, R., & Clake, H. (2003). *Parenting and Disability: Disabled Parents' Experiences of Raising Children*. Bristol: The Policy Press.

Olsen, R., & Wates, M. (2003). *Disabled Parents: Examining Research Assumptions*. Darlington: Research in Practice.

Parsons, R. J. (1991). Empowerment: Purpose and Practice Principle in Social

Work. *Social work with groups.*

Staples, L. H. (1990). Powerful ideas about Empowerment. *Administration in Social Work, Vol. 14*, pp. 29-42.

제 13 장

장애와 노인

문수경

학습 목표

1. 장애 노인의 장애 원인과 유형에 관한 현황을 파악한다
2. 장애 노인의 특성을 이해한다
3. 장애 노인의 사회참여 모델에 관하여 학습한다
4. 실질적인 사례분석을 통한 사례관리 과정을 학습하여 장애 노인의 사회참여 증진 방향을 모색한다

1. 서 론

생애주기 중 노년기 이전의 장애의 원인은 각종 사고 및 질병이 대부분이다. 그러나 노년기 이후의 장애의 원인으로는 노화라는 피할 수 없는 인생의 발달과업도 이들에 포함된다. 생의 초기에 장애를 겪는 장애인이 노인이 된 장애 노인뿐 아니라 노년기 이후 노인성 질환으로 인한 장애 노인 모두 장애와 노화라는 이중고를 겪게 된다. 65세 이상 노인의 80% 정도는 어떤 형태로든 질병을 앓고 있으며 두세 가지 이상의 질병으로 고통을 겪고 있는 노인도 50%나 된다(Blazer, 1998). 이러한 신체적 질병은 지속적으로 노인들의 건강상태와 일상생활활동을 위협하며 성공적으로 이에 대처하지 않으면 마침내 독립성을 상실한 장애 노인이 되기가 쉽고 장기적인 요양보호가 필요하다. 장애와 질병의 관계는 강하게 서로 관련되어 있으며 환경적 요인은 장애의 정도를 조절한다(문수경, 박은영, 최지현, 2009). 비록 건강했던 노인이라도 질병을 겪게 되면서 환경적인 요인들이 지지적이지 않을 때 일상생활활동을 잘할 수 없고 장애인이 될 수 있는 확률은 더 높아진다. 신체적 기능 변화 또는 상실 그리고 이로 인한 심리정서 및 사회적 역할 변화에 따른 노인의 삶의 질 저하는 적절한 개입이 필수적으로 요구된다. 하지만 장애 노인을 위한 보건 · 의료 분야뿐 아니라 사회복지 실천 및 정책에서의 개입도 아직 미미한 단계에 머무르고 있다.

최근 성공적인 노화라는 주제로 많은 연구들이 진행되고 있다. 과연 성공적 노화는 비장애 노인에게만 해당되는 개념인지에 대한 질문을 해 본다. 장애 노인의 성공적 재활에 관한 중요한 정보를 제공해 주는 핵심요건이 사회참여다. 사회참여는 사회통합과 같은 개념으로 장애 노인의 독립성 정도를 설명해 주는 지표로서 물리적 환경에서 수행할 수 있는 일상생활활동과 사회적 역할의 정도를 의미한다. 따라서 독립성과 관련된 사회참여의 수행 수준은 장애 노인들의 삶의 질의 한 지표로서(Bhogal, Teasell, Foley, & Speechley, 2003) 설명할 수 있다. 장애 노인에게도 지속적인 독립성 유지와 관련된 사회참여가 삶의 질의 한 지표라면 사회참여 수행 수준의 향상은 성공적 노화를 이끌어 갈 수 있는 주요한 요인으로 고려할 수 있다.

따라서 이 장은 장애 노인의 사회참여와 관련된 주제를 바탕으로 첫째는 장애 노인의 장애 원인과 유형을 제시해 주는 일반적 현황을 파악하고, 둘째는 장애 노인의 일반 및 심리·사회적 특성에 대하여 알아본다. 셋째, 사회참여를 위한 적절한 개입 방법을 모색하기 위하여 사회참여 모델을 학습하고, 넷째, 실질적인 사례를 중심으로 사회참여의 향상을 위한 사례관리에 대하여 논의하도록 한다. 하지만 일반적으로 선천적 혹은 생활주기상 노년기 이전에 장애를 겪은 장애 노인은 신체기능의 구조상 장수하기 힘든 특성이 있기 때문에 이 장에서는 주로 노년기 이후 장애를 겪는 장애 노인에 초점을 두기로 하겠다.

2. 장애 노인의 장애 원인과 유형에 관한 현황

산업화가 진행되면서 의료기술의 발달은 인간의 기대수명을 연장하였고 인구의 고령화가 진행됨에 따라 장애 노인의 출현율도 함께 빠르게 증가하고 있다. 65세 이상 노인인구 중 장애 노인의 비율은 15.6%이고, 2000년의 경우 전체 장애인의 30.3.%가 장애 노인이었으나 2005년에는 32.5%로 증가하였다(한국보건사회연구원, 2006). 〈표 13-1〉에서 제시한 바와 같이 2008년에는 장애 노인이 34.3%로 지속적으로 증가하였으며, 15~64세의 장애인구 비율이 63.1%로 가장 높게 나타났다. 이들의 연령분포 내에서 60~64세 이하의 연령대에 속한 장애인을 고려해 본다면 향후 장애 노인비

〈표 13-1〉 고령장애인 및 전체 인구수-연령별 (단위: %, 명)

구분	전체	0~14세	15~64세	65세 이상
전체 인구	48,606,787	8458098	35,132,663	5,016,026
비율	100%	17.40%	17.4	10.3
장애인구	2,246,965	57,263	1,417,888	771,814
비율	100	2.5	63.1	34.3

출처: 장애인고용촉진공단 고용개발원(2009).

율은 더욱더 증가할 것으로 예측된다.

장애 발생 원인을 살펴보면 〈표 13-2〉에서 제시한 바와 같다. 선천적 장애의 원인으로는 언어장애가 20.5%로 가장 많고, 후천적 질환으로 발생한 노인성 장애는 뇌병변장애가 95.7%로 나타났다. 또한 후천적 사고로 발생한 장애는 50% 이상이 지체장애이며 원인불명은 정신지체로 24.2%가 차지했다.

65세 이상 등록장애인의 장애유형별 분포를 살펴보면, 지체장애(51.0%)가 가장 많고, 뇌병변장애(15.3%), 청각장애(15.90%), 그리고 시각장애가(11.2%)의 순으로 나타났다.

결론적으로 장애 노인의 장애 원인은 노화와 관련된 뇌병변 질환과 사고

〈표 13-2〉 장애유형별 장애 원인 (단위: %, 명)

구분	지체 장애	뇌병변 장애	시각 장애	청각 장애	언어 장애	정신 지체	정신 장애	신장 장애
선천적	0.3	0	0	1	20.5	9.3	0	0
출생 시	0	0	0	0	0	0	0	0
후천적 질환	48.3	95.7	65.9	74.7	70.1	26.8	89.3	100
후천적 사고	50	3.7	25.5	16.4	9.4	39.7	10.7	0
원인불명	1.4	0.6	8.5	7.9	0	24.2	0	0
계	100	100	100	100	100	100	100	100
수	275,330	134,647	78,772	121,578	3,777	2,946	3,385	7,937

출처: 장애인고용촉진공단 고용개발원(2009).

〈표 13-3〉 65세 이상 등록장애인의 장애유형별 (단위: %, 명)

구분	지체장애	뇌병변장애	시각장애	청각장애	
비율	51	15.3	11.2	15.9	
전체(%)	100	100	100	100	100

출처: 장애인고용촉진공단 고용개발원(2009).

이며 장애의 유형으로는 지체장애가 가장 높은 것으로 나타났다. 따라서 장애 노인을 위한 실천이나 정책적 과제는 장애 발생 원인을 감소시킬 수 있는 예방책이 주요 과제이며 뇌병변 및 지체장애 노인을 위한 환경적 개선과 재정적 지원을 위한 대책이 국가적 차원에서 마련됨이 바람직할 것이다.

3. 장애 노인의 특성

1) 일반적 특성

장애 노인의 정의는 발생시기에 따라 두 집단으로 분류된다. 첫째는 노령화된 장애 노인으로서 선천적 혹은 생의 이른 시기에 장애가 발생하여 노년기 이전부터 장애를 겪으면서 노년기를 맞는 장애 노인이다. 둘째는 노화나 뇌졸중, 관절염, 치매 등과 같은 노인성 질환으로 인하여 생의 후기에 장애를 경험하는 노인성 장애 노인이다.

이 두 집단의 특성을 비교해 보면, 선천적 혹은 생의 이른 시기에 장애를 겪으면서 노인이 된 장애 노인은 노년기 때 장애를 겪는 장애 노인보다 어떤 문제 상황 속에서는 더 잘 적응한다(한국보건사회연구원, 2006). 노인이 될 때까지 그들의 욕구를 해결하기 위하여 필요한 사회제도와 관계하면서 다양한 경험을 했을 것이고 이러한 경험들이 노후생활을 위한 긍정적 대처 기제로서 작용했을 것이다. 그러나 장기간 장애인으로 살면서 비장애인보다 더 많은 문제에 쉽게 봉착한다. 예를 들면, 소아마비로 인한 장애인은 근력과 지구력이 매우 쉽게 약화될 수 있는 소아마비후증후군에 쉽게 걸린다. 이동을 위하여 휠체어를 타고 내리면서 어깨의 관절은 정상적인 속도보다 더 빨리 손상된다. 이러한 상황 속에서 노년기를 맞게 되면 노화와 함께 신체적 기능과 건강은 급속도로 악화된다.

노화와 관련된 장애 노인을 생각해 보자. 먼저 노화의 개념은 정상적 노화와 병리적 노화로 설명된다. 무엇이 정상적인 노화인가? 이러한 질문은 단순해 보이지만 매우 복잡하고 중요한 주제임엔 틀림없다. 정상적 노화란 나이가 들어감에 따라 예측되고 피할 수 없는 변화를 말한다. 권중돈(2010)은 노화란 퇴행적 발달을 의미하며 시간의 흐름에 따라 생물학적 · 심리적 · 사회적 측면에서 점진적이고 정상적인 발달 과정상의 변화라고 정의한다. 이러한 변화는 질병 혹은 기능장애의 원인에 의해 발생되지 않는다. 예를 들면, 당뇨병으로 인한 노화는 비정상적이고, 병리학적 과정이며 해로운 결과를 초래한다. 그러나 이는 치료와 예방이 가능하지만 정상적인 노화라 할 수 없다.

인간의 발달 과정을 살펴보면, 장애가 없이 태어난 유아들은 모든 발달 과정이 확실하고 정상적인 과정을 거쳐 기능적인 역량을 발휘하면서 자란다. 하지만 나이가 들어감에 따라 많은 영향을 받게 되는데, 즉 유전적 특질, 습관, 영양, 환경적인 상황, 손상, 운동, 관계, 성격, 그리고 태도 등에 의한다. 이러한 인자들은 축적되어서 나이가 들어감에 따라 처음에는 작은 부분에서 시작하여 모든 기관체계에 영향을 주고 결국에는 다양한 신체, 심리, 사회적인 영역에 영향을 미치게 된다(Poon, Gueldner, & Sprouse, 2003). 사람들은 각각 다른 각도로 여러 방법에 의해 영향을 받게 되고 개인차는 나이가 들어감에 따라 결국은 더 크게 벌어지게 된다. 다음의 사례를 살펴보자.

사례

영자와 순자는 58세의 동갑내기이고 건강한 유년시절을 보냈고 지금은 결혼하여 슬하에 세 자녀를 두었다. 영자의 부모님은 어머니는 86세, 아버지는 90세이며 현재 건강하게 살고 계신다. 영자는 거의 청소년기부터 일주일에 5회 정도 정기적으로 운동을 하고 있으며 행복한 결혼생활과 함께 친한 친구들이 많고 이미 성장한 자녀들과도 좋은 관계를 유지하고 있다. 반면 순자의 부모님은 어머니가 62세 때 유방암, 아버지는 69세에 심근경색으로 돌아가셨다. 순자는 규칙적인 운동도 하고 있지 않으며 몸무게는 이상적인 상태를 유지하고 있지만 지난 35년 동안 하루에 한 갑 정도의 담배를 피우고 있으며 체중조절 때문에 담배를 끊지 못하고 있다.

비록 이 두 사람이 현재 유사한 신체적인 능력을 가지고 있다 하더라도 노화가 진행되면서 이들은 아주 극적으로 다른 상황 속에 있게 될 것이라는 것을 예측할 수 있다. 아직까지 두 사람 사이에 다른 증상을 발견할 수 없지만 생체적인 역량은 나이가 들어감에 따라 매우 달라질 것이다. 이러한 기능적인 이질성이 지속적으로 증가하는 것이 노화의 현저한 특성이라 할 수 있다.

치매나 퇴행성관절염과 같은 병에 걸린다는 것도 정상적 노화는 아니다. 하지만 우리가 나이가 들수록 이러한 질병에 걸릴 확률은 높다. 노인의 대부분은 고혈압, 근골관절염, 당뇨병 등 다양한 만성질환을 가지게 된다. 정상적 노화에서 환경, 식습관, 음주 및 흡연 등 위험인자가 개입되면 신체의 기능과 구조가 약화되고 변화되어 질병에 걸릴 확률이 높아지는데, 이를 병리적 노화라 한다(권중돈, 2010). 앞의 예에서 순자의 경우 정상적 노화 과정에 흡연이라는 위험인자가 개입하여 병리적 노화로 전환하여 질병에 걸릴 확률은 영자보다 훨씬 더 높아진다는 사실을 알 수 있다. 정상적 노화

뿐 아니라 병리적 노화로 인하여 생의 후반부에 장애가 발생하면 비록 사회적 지원이 필요해도 대부분의 노인은 자신의 장애를 인정하지 않으려 하고, 사회적으로도 장애인으로 분류되지 않는 경향이 있다(Poon et al., 2003).

건강 관련 전문가나 환자 자체도 자주 이러한 노화 상태를 치료하기란 쉽지 않다고 생각하여 개입에 실패한 경우가 자주 있다. 물론 현재 장기요양보험제도의 실시로 중증장애 노인일 경우 기본적인 공적 요양지원을 받고 있다 할지라도 1차적인 지지체계로서 가족지원은 장애 노인에게 있어서는 필수적인 매우 강한 비공식 지지 자원이다. 하지만 현대 사회의 가족의 형태는 매우 다양해지고 여성의 사회진출과 이혼율의 증가는 가족의 기능을 약화시키는 원인이 되었다. 가족의 기능약화는 독립성이 상실된 장애 노인에게 더욱더 다양한 측면에서의 문제를 가중시킨다.

더불어 일반적인 물리적 환경에서의 적응은 장애 노인의 심리 · 정서적 문제를 유발하고 삶의 질을 저하시킨다. 이러한 상황 속에서 장애 노인을 위한 적절한 개입과 지원은 필수적이지만 아직 이들을 위한 지원은 미흡한 상황이다. 장애 노인 이용시설에 대한 이용 욕구도 높게 나타나고 있지만 이들을 이용한 실제적인 비율은 다른 연령층에 비하여 상대적으로 낮다(권중돈, 2010).

2) 심리 · 정서적 특성

장애 노인이 겪는 심리 · 정서적 문제는 질병으로 인한 통증과 미래의 불확실한 결과로 인한 불안증도 있지만 가장 빈번한 심리 · 정서문제는 우울증이다(Blazer, 1998). 장애 노인이 신체적 장애에 적응하지 못했을 때 심각한 우울증을 겪는다(Grant, Elliot, Giger, & Bartolucci, 2001). 이러한 우울증 유발은 자살시도의 주요 원인이 된다(Desrosiers, Bourbonnais, Noreau, Rochette, Brabo, & Bourget, 2005). 자살한 노인의 50~87%가 자살 시 우울증을 겪고 있는 것으로 나타났다(오병훈, 2006).

노년기 우울증의 원인은 일반적으로 유전, 화학전달물질의 불균형, 질병에 의한 신체기관의 분열 등이 있다(Blazer, 1998). 하지만 장애로 인한 역할 상실과 더불어 일상생활에서 겪는 외로움과 분노로 인한 내적 갈등 및 사회적 고립, 그리고 장기치료로 인한 재정적 부담, 일상생활 동작을 수행하기 위한 이동, 물리적 환경으로의 접근성 등에서 발생하는 생활스트레스가 우울증을 한층 더 심화시킨다(문수경, 박은영, 최지현, 2009; Desrosiers, Noreau, Rochette, Bravo, & Boutin, 2002). 특히 주요 우울증보다 신체적 질병과 변화에 적응하지 못하여 발생하는 적응장애로 인한 우울증이 더 흔하게 장애 노인에게 나타난다(Blazer, 1998). 이전의 활동을 독립적으로 수행할 수 없을 때 사회적으로 고립되며 소외로 인한 외로움을 느낀다. 그리고 자신 스스로를 무가치한 존재로 인식하면서 심리·정서적으로 부정적인 영향을 받게 된다.

더욱이 환경적 요인인 사회적 지지와 우울증은 직접적인 상관관계가 있는데 풍부한 가족의 지원은 장애 노인의 자존감 향상과 건강한 행동을 증진하여 우울증을 감소시킨다(Auslander, Soffer, & Auslander, 2003). 신체장애인이 심각한 통증을 느낄 때 가족의 지속적인 정서적 지지를 받는 사람은 이런 지지를 받지 않은 사람보다 우울증 유발이 낮다(Brown, Wallston, & Nicassio, 2006).

모든 사람이 우울증 증상을 동일하게 느끼지 않지만 수면장애, 사고력과 주의집중력 저하, 일상적 활동에 대한 의욕상실, 체중감소가 일반적으로 느끼는 우울증상이다. 하지만 우울증을 겪고 있는 장애 노인은 무력감과 절망감을 동반한 자신감 감퇴, 무가치와 죄책감 등의 신경정신적인 증상도 혼합되어 나타나 이로 인하여 재활의지가 감소될 뿐 아니라 일상생활활동 유지도 어렵게 된다.

장애 노인의 우울증 개입 방법으로는 일반적으로 상담, 약물치료, 전기

자극치료 등을 선택하지만 다양한 평가척도를 사용하고, 가족면담을 통하여 스트레스 및 사회적 환경과의 갈등에 대한 원인을 파악하여 해결점을 찾는 것이 중요하다.

에릭슨 이론에 따르면 노인이 자신의 지나간 과거사를 돌아보며 자신의 인생이 가치 있다는 사실을 발견했을 때 인생의 의미와 목적을 얻는다고 하였다. 생애회고 프로그램은 비록 장애를 겪고 있을지라도 자신의 인생을 돌아볼 때 의미 있는 일을 발견하고 자신의 가치를 찾아낼 수 있는 데 초점을 두고 있다. 따라서 생애회고 프로그램의 참여를 유도하는것도 우울증 감소에 도움이 될 것이다.

인지심리치료도 우울증 치료에 효과가 있다. 이 치료의 목적은 우울증을 악화시키는 신념체계나 인지를 바꾸도록 권유하고 격려한다(Blazer, 1998). 과거의 전통적인 심리치료와 대조적으로 치료자는 지금-여기라는 현재의 주제에 초점을 두어 문제를 해결하는 데 치료의 초점을 둔다.

상담을 통하여 매일 현실적인 활동계획을 세워 이를 실행할 수 있도록 한다. 긍정적인 강화를 시도하여 계획에 따라 매일의 활동을 실천하도록 장애 노인을 격려하는 것도 우울증 감소에 도움이 된다. 활동계획은 무기력하여 아무것도 하고 싶지 않거나 무가치한 인간이라는 잘못된 믿음을 가지고 있는 장애 노인이 이 상황을 극복해 나갈 수 있는 역할을 한다.

가족치료도 장애 노인의 우울증 치료에 효과적이다. 가족과 함께 약물복용 관리나 심리치료를 의논하고 가족과 노인이 적절하게 의사소통할 수 있도록 우울증에 대한 교육을 시킨다. 하지만 가족에게 너무 많은 책임을 부과하지 않도록 신중하게 결정하고 치료계획에 대한 가족의 협조를 확보하기 위해 의사나 노인전문가들은 노력해야 한다. 만약 우울증 증상이 심각하다면 약물치료도 함께 병행하는 것도 고려해야 할 사항이다.

4. 장애 노인의 사회참여 모델

최근 장애인의 사회참여는 사회통합, 직무수행, 생활행동 그리고 참여라는 개념을 바탕으로 한 다양한 모델이 활용되고 있다. 이러한 모델은 집과 가족, 일과 생산성, 그리고 친목과 여가활동의 광범위한 영역에서의 역할과 기능을 수행하는 데 초점을 두고 있다. 이들 모델은 장애인을 환자로 여기는 기존의 의료적 모델에서 벗어나 생체심리사회 모델로서 생애주기의 심리적 · 정서적 · 인지적 · 사회적 과업의 발달 과정을 중심으로 접근하고 있다(Mackelprang & Salsgiver, 1999). 특히 Fougeyrollas가 개발한 사회참여는 일상생활활동과 사회적 역할 정도를 포괄하는 생활행동(life habit)의 개념으로 장애형성 과정 모델(disability creation process model; DCP)이다. 이 모델은 ICF 모델과 유사한 개념으로 장애인뿐 아니라 일반인들에게도 적용할 수 있는 중립적이고 긍정적인 용어로 표현된다. 하지만 DCP는 환경적인 요인의 역할을 더 강조하고 있다.

[그림 13-1]에서 제시한 바와 같이 사회참여는 개인적 특성과 사회환경의 상호작용에서 이루어진 결과다(Noreau et al., 2000). 사회참여는 수행의 정도에 따라 최적의 성취 수준과 극단적인 장애 상황의 연결선상에 놓여 있다(Desrosiers et al., 2002). 만약 개인요인과 환경요인이 적절치 않거나 지지적이지 않을 때 사회참여 수준은 저하되고 장애 정도는 심각해진다(Desrosiers et al., 2005). 사회참여의 수준이 향상되면 개인의 생활환경은 서로 원활하게 상호작용하고 신체적 활동과 수용할 수 있는 사회적 역할을 성취할 수 있는 능력은 증진된다(Noreau et al., 2000).

사회참여의 수행수준을 나타내 주는 생활행동이 포괄하고 있는 개념은 두 가지로서 일상생활활동과 사회적 역할이다. 일상생활활동의 영역은 영양, 운동, 사적 케어, 의사소통, 집안관리, 이동성을 포함하며, 사회적 역

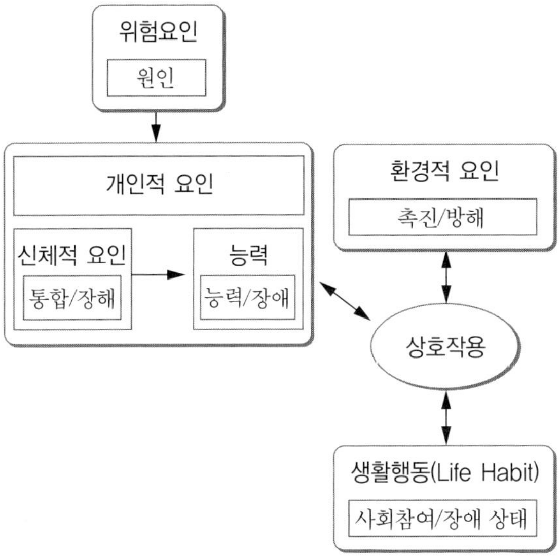

[그림 13-1] 장애형성 과정 모델(Disability Creation Process Model)

할은 개인 책임성, 상호관계, 지역사회활동, 교육, 직업, 여가활동을 나타내 주고 있다. 가장 최적의 사회참여는 보조기나 보조원의 도움에 관계없이 생활행동을 독립적으로 수행하는 것이다.

정리해 보면 환경과의 적응을 통한 개인의 역량강화로 사회참여의 수준은 변하고 생활행동의 변수들이 상호적으로 밀접하게 작용하여 연결되는 다이내믹한 과정을 통하여 사회참여는 이루어진다(Desrosiers et al., 2002). 환경으로 빚어진 장애물, 즉 일반적인 건강 약화에 대한 불안감이나 재정적인 염려, 그리고 본래의 역할 변화에 따른 가족갈등과 같은 환경적 요인은 개인적인 능력이나 사회활동에 참여하고자 하는 잠재능력을 방해하므로 이에 따라 장애 정도는 상황적일 수 있다(Deserosiers et al., 2002). 따라서 이 모델에서 제시하고 있는 사회참여 수준에 촉진과 방해의 역할을 하는 장애 노인의 가족지지와 같은 사회적 지지자원은 중요한 조절 요인으로 작용한다. 하지만 이런 환경과의 상호작용에서 개인의 사회문화적 환경에 가치를 둔 개인적 대처능력 또한 배제할 수 없는 중요한 요인이다.

5. 장애 노인의 사회참여 수준 향상을 위한 사례관리

1) 사례관리의 개념

인구의 고령화에 따른 노인욕구가 다양해지고 있는 반면 가족의 부양기능이 약화되고 서비스의 접근성이 제한되면서 지속적이고 통합적인 서비스를 제공받을 수 있는 전달체계가 필요하게 되었다. 특히 장애 노인은 장애와 노화라는 이중고를 겪으면서 다양한 차원에서의 통합적 서비스가 요구되는 취약계층이다. 사례관리란 이런 장애 노인과 같은 복합적 문제나 욕구를 지닌 사람들의 기능과 복리를 최대화시키기 위하여 공식 및 비공식적 지지망의 활동을 조직하고 서비스를 연결, 조정, 평가하는 서비스 전달체계다.

사례관리의 목적은 장애 노인의 독립성 유지를 위하여 다각적으로 문제해결을 위한 지식과 기술습득능력을 향상시켜 주며 지역사회의 공식적, 비공식적 자원을 활용할 수 있는 능력을 강화시켜 나가는 데 있다.

사례관리자의 역할은 장애 노인에게 지속적·체계적 서비스, 통합적 서비스를 제공하여 이들의 역량을 강화할 뿐 아니라 노인의 자기결정권과 존엄성을 존중하면서 효과적이고 효율적으로 총체적인 서비스를 제공해야 한다.

2) 사례관리의 과정

사례관리 과정은 클라이언트의 발굴–선별적격검사–문제와 욕구사정–개입계획과 자원의 개발–서비스의 연계, 조정, 점검–재사정–종결이다.

1. 클라이언트의 발굴은 세 가지의 중점적인 방법으로 이루어지는데 아웃리치, 의뢰, 그리고 기관에서의 중복서비스를 받고 있는 노인과 중요한 서비스를 받지 못하고 있는 노인을 구별해 내는 것이다.
2. 선별적격검사는 노인이 필요한 서비스를 기관에서 제공할 수 있는지, 기관의 규정에 맞는 서비스 대상자인지를 심사하여 사례관리 대상자를 선정하는 것이다.
3. 문제와 욕구사정은 사례관리의 가장 중요한 단계로서 노인이 가지고 있는 강점 및 욕구 그리고 지지체계를 구조화된 도구를 사용하여 신체, 심리, 사회환경적 영역에서의 요인을 포괄적으로 확인하는 작업이다.
4. 개입계획과 자원의 개발은 사정을 통하여 평가된 욕구를 가장 중요하고 시급한 문제부터 해결해 나가기 위하여 계획을 세우는 단계다.
5. 서비스의 연계, 조정, 점검과정은 개입계획에 따라 현재 기관에서 혹은 다른 기관이나 혹은 지지자원에서 서비스를 받을 수 있도록 연결하고 장애 노인의 상황에 맞도록 조정하는 단계다.
6. 재사정은 장애 노인이 필요한 서비스에 만족하지 못했을 때 어떠한 원인인지를 파악하기 위하여 다시 사정을 실시하고 이에 따라 서비스 개입계획을 변화시켜 나가기 위한 단계다.
7. 노인이 필요한 서비스가 제공되었거나 이를 통하여 노인과 사례관리자가 목표했던 개입계획이 수행되었다는 것을 확인한 후 서비스를 종결한다.

3) 사례를 통한 사례관리의 실천 과정

다음은 사례를 통하여 실천 과정 중 가장 중요하게 다루어야 할 사정 및 개입에 대한 실질적인 과정을 소개해 보기로 한다.

사례

김삼순 할머니는 75세로 남편과 사별 후 남편이 전 부인과의 사이에서 낳은 둘째아들의 두 자녀(중학생 손녀, 초등학생 손자)와 함께 살고 있다. 둘째아들은 몇 년 전 이혼했으며 이혼한 며느리는 연락이 두절된 상태다. 그리고 금전문제로 아들과는 심한 갈등을 겪고 있는 상황이다.

할머니는 기초생활수급자이며 오른쪽 무릎에 심한 골관절염을 앓고 있으며 이로 인하여 장애 3등급을 받았다. 그 외에도 후두암과 직장암으로 투병 중에 있으며 고혈압 및 당뇨병 등의 만성질환과 우울증에 시달리고 있다. 할머니는 손자녀 양육스트레스가 높으며 옆집과 심하게 다투어 고소상태까지 갔고, 이로 인해 이사를 가고 싶다는 욕구가 매우 강하다.

김삼순 할머니의 신체, 심리, 그리고 사회환경적인 영역을 포함한 포괄적 사정을 다음과 같이 실시하였다.

(1) 사정

① 신체적 영역

신체적 영역에서는 병력 및 합병증 유무, 일상생활 수행능력과 도구적 생활 수행능력, 흡연, 음주, 운동을 포함한 건강습관, 약물치료 및 질병관리능력을 평가하여 사회참여의 수행 수준을 알아보았다. 김삼순 할머니의 신체적 영역은 〈표 13-4〉에서 제시한 바와 같다. 목욕, 실내외에서의 이동, 교통수단 이용, 의사소통능력, 식사 준비, 간단한 청소, 일반가사는 부분적으로 도움이 필요하였다. 건강상태는 두 종류의 암과 노인성 질환을 앓고 있어서 신체적으로 의존성이 높은 것으로 나타났다.

〈표 13-4〉 신체적 영역

신체 영역	용변처리	■가능 ① 부분 도움 필요( ) ② 전적인 도움 필요( )
	개인위생	■가능 ① 부분 도움 필요( ) ② 전적인 도움 필요( )
	목욕	ⓞ 가능 ① 부분 도움 필요(○) ② 전적인 도움 필요( )
	이동(실내)	ⓞ 가능 ① 부분 도움 필요(○) ② 전적인 도움 필요( )
	이동(실외)	ⓞ 가능 ① 부분 도움 필요(○) ② 전적인 도움 필요( )
	교통수단 이용	ⓞ 가능 ① 부분 도움 필요(○) ② 전적인 도움 필요( )
	전화사용	■가능 ① 부분 도움 필요( ) ② 전적인 도움 필요( )
	의사소통능력 (듣기/말하기)	ⓞ 가능 ① 부분 도움 필요(○) ② 전적인 도움 필요( )
	식사준비	ⓞ 가능 ① 부분 도움 필요(○) ② 전적인 도움 필요( )
	간단한 청소	ⓞ 가능 ① 부분 도움 필요(○) ② 전적인 도움 필요( )
	일반가사	ⓞ 가능 ① 부분 도움 필요(○) ② 전적인 도움 필요( )
	금전관리	■가능 ① 부분 도움 필요( ) ② 전적인 도움 필요( )
	전화걸기/받기	■가능 ① 부분 도움 필요( ) ② 전적인 도움 필요( )
	물건구입	■가능 ① 부분 도움 필요( ) ② 전적인 도움 필요( )
	건강상태	① 양호 ② 보통 ● 불량
	주요 병력	후두암, 직장암, 관절염, 당뇨, 고혈압, 심장질환
	질병관리력	1) 주 이용 병원: 여의도성모병원(직장암 관련 및 뇌신경계 질환, 월 1회) 2) 입원력(사유 및 병원): 보라매병원(관절염 5회, 팔골절 2회, 직장, 대장암수술 3) 복용약 ① 무 ● 유 투약관리능력 ● 가능 ① 부분 도움 필요( ) ② 전적인 도움 필요( )
	장애	① 무 ② 유(종류/등급 3) ③ 장애 원인:
	보장구	① 무(필요보장구 ② 유(보유보장구: ■지팡이 □휠체어(전동/수동) □의족 □의수 □보청기 □기타
	건강습관	●운동 □흡연 (/day) □음주(주량 및 빈도)

② 심리 · 정서적 영역

심리 · 정서적 영역에서는 불안, 우울, 건강염려증을 포함한 정신건강, 약물중독 여부, 치매 여부, 그리고 자살충동 및 생각 등을 각각의 평가도구를 통하여 알아본다.

김삼순 할머니의 심리 · 정서 영역을 평가해 본 결과 〈표 13-5〉에서 나타난 바와 같이 우울증이 있으며 자주 화를 내고 특히 이웃과의 갈등으로 인하여 옆집 아주머니를 만날 때마다 심하게 분노를 표출하였다. 다행히 알코올 등과 같은 약물중독은 없는 것으로 나타났으며 치매 증상도 나타나지 않았다.

〈표 13-5〉 심리 · 정서적 영역

심리 · 정서적 영역	1. 정신건강 ① 기쁨 ② 슬픔 ③ 평온함 ● 우울 ⑤ 즐거움 ● 분노(화) ⑦ 지루함 ⑧ 무기력 ⑨ 스트레스 ⑩ 불안 ⑪ 자살시도 여부(● 무 ② 유: 시기 및 사유:) 2. 알코올 및 약품남용 ① 알코올 남용(● 무 ② 유: 시기 및 사유:) ② 약품 남용(● 무 ② 유: 시기 및 사유:) 3. 치매 여부 ① 치매 여부(● 무 ② 유: 시기 및 사유:)

③ 사회환경적 영역

사회환경적 영역에서는 개인 및 사회적 관계, 수입, 종교, 교육, 주거지, 고용상태, 이동, 여가활동, 그리고 법률적인 원조를 평가할 수 있는 도구로는 생태도, 가계도, 생의주기표, 사회적 관계망 등을 사용하여 평가하였다.

할머니의 가계도는 [그림 13-2]에서 나타난 바와 같이 할머니와 손자녀

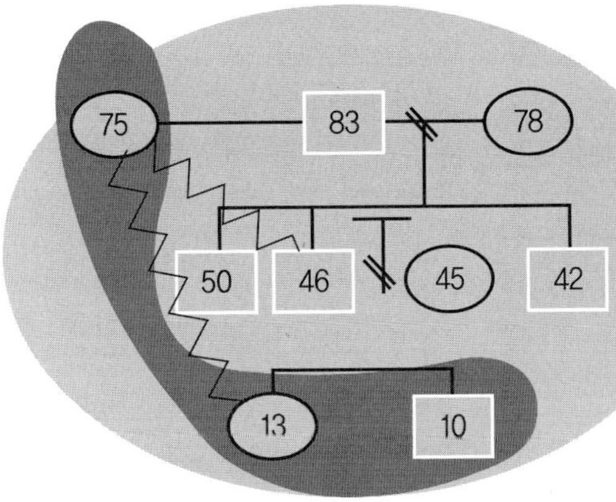

[그림 13-2] 가계도

는 함께 살고 있으며 아들과 손녀딸과는 갈등관계를 유지하고 있다. 할아버지는 전처와 이혼하고 할머니와 7년 동안 함께 사시다 1996년에 돌아가셨다. 전처는 할아버지와 이혼 후 돌아가셨으며 할머니와 만난 적은 없었다.

할머니와 함께 그린 [그림 13-3]에서 나타난 할머니의 생태도를 살펴보면, 가장 중요한 강점은 조카딸과 밀접한 관계를 유지하고 있으며 근처의 종합사회관에서 많은 지지자원을 사용하고 있었다. 조카와는 하루에 한 번씩 전화로 모든 얘기를 나누고 있으며 할머니의 유일한 가족지지자원이기도 하다. 할머니는 복지관에서 반찬서비스를 제공받고 있으며 각종 손자녀를 위한 양육 프로그램과 우울증 예방 프로그램에도 적극적으로 참여하고 있다. 김할머니는 병원에 치료 및 진료를 받을 때마다 이동서비스를 제공하고 있는 까치봉사대를 자주 이용하고 있으며 기사아저씨와도 좋은 관계를 유지하고 있다. 가끔 성결교회에서 제공해 주는 차량지원서비스도 받고 있다. 그 외 보건소와 집과 가까이 위치한 경로당에 나가 잡담을 나누기도 하지만 바로 옆집인 이웃과는 관계가 좋지 않아 할머니가 옆집을 고소한 상태이며 자주 복지관에 들러서 이사를 할 수 있도록 도와달라고 집요하

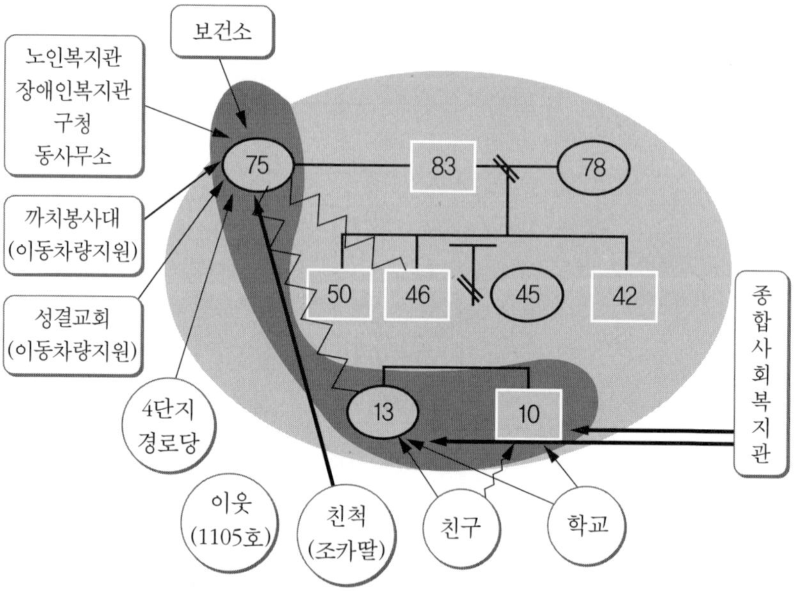

[그림 13-3] 생태도

게 요구하였다.

손자녀들은 복지관의 방과 후 프로그램에 적극적으로 참여하고 있다. 하지만 손자는 친구들과 자주 싸워서 친구관계가 별로 좋지 않다.

이 외에도 [그림 13-4]에서 제시하고 있는 생애주기를 나타내 주는 주기표가 있다. 생애주기는 장애 노인이 일생에 겪었던 경험을 주기별로 나타내 주는 그림으로서 과거에 경험했던 문제를 파악해 보고 이에 대한 해결점을 찾아내 현재의 문제 해결에 도움을 주는 역할을 한다.

할머니는 할아버지와 1989년에 결혼하여 7년 정도 함께 살면서 행복했다고 말씀하셨다. 할아버지가 돌아가시고 조금 남겨진 재산 문제로 둘째아들과 불화가 생겨서 지금까지 아들과의 사이는 좋지 않고 이혼하면서 자녀들을 돌볼 수 있는 여건이 되지 않아 아들이 할머니께 무작정 아이들을 보내 할머니가 손자녀 양육을 맡게 되었다. 손녀와는 갈등이 있지만 손자와

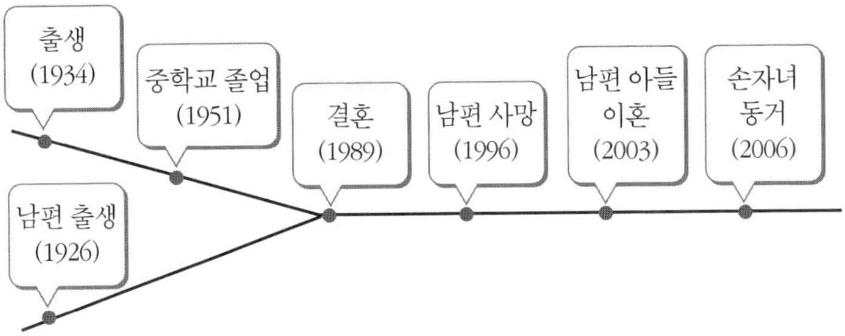

[그림 13-4] 생애주기

는 잘 지내고 있고, 손자가 말썽을 부리기는 해도 공부를 잘해 할머니가 거는 기대 또한 크다.

(2) 사회참여 수행 수준에 대한 사정

할머니의 상황을 고려하여 책임성, 타인과의 관계성, 지역사회활동, 그리고 여가활동을 중심으로 사회참여의 수행 정도를 측정한 결과는 〈표 13-6〉에서 제시한 바와 같다. 책임성은 사회의 한 구성원으로서 물건을 구입하고 자녀와의 관계에서의 책임성, 그리고 시민으로서 지켜야 할 책임에 대한 질문에 어느 정도로 독립적 수행이 가능한지 그 정도를 나타내 주는 것이다.

할머니는 화폐를 사용하여 물건을 구매할 수 있지만 카드를 사용하는 것은 불가능하고 은행을 이용할 때는 도움이 필요한 정도다. 손자녀를 보살피는 것이나 교육을 시키는 것도 타인의 도움이 필요한 것으로 나타났다.

타인과의 관계의 정도는 가족, 즉 조카와의 관계는 독립적으로 수행할 수 있지만 타인과의 관계에 있어서 수행 수준은 낮은 것으로 나타났다. 즉, 가족 외의 타인과의 관계형성에서는 어렵게 수행하고 있는 것으로 나타났는데 이러한 결과는 현재 할머니가 겪고 있는 우울증 및 불안증과 같은 심리·정서적 문제가 원인인 것으로 예측 가능하다.

지역사회활동의 수행 정도를 살펴보면, 소규모 집회나 집 근처 조그마한 슈퍼는 출입이 가능하지만 백화점이나 관공서와 같은 공공건물에는 도움을 받아야만 수행하는 것으로 나타났다.

여가활동은 주로 스스로 참여하는 것보다는 도움을 준다면 참여가 가능한 것으로 나타났다.

전체적으로 김삼순 할머니의 사회참여 수행 정도는 일부 도움이 필요한 것으로 나타나 자신의 사회적 역할의 독립적 수행이 낮은 것으로 나타났다.

〈표 13-6〉 사회참여 수행 수준

	항목	성취수준				
		수행불가 (완전한 도움 필요)	도움에 의해 수행	어렵게 수행	어려움 없이 수행	적용 불가
책임성	1. 돈의 가치를 알고 다른 지폐나 동전을 정확하게 사용하기	①	②	③	●	⑤
	2. 은행카드나 자동화폐를 사용하기	①	●	③	④	⑤
	3. 물건 구입하기(상품고르기, 지불방식, 전화로 물품구매 등)	①	●	③	④	⑤
	4. 예산 혹은 재정적인 계획을 세우는 것(소비, 저축, 지불 등)	①	●	③	④	⑤
	5. 타인과 사회적 관계성에 대한 책임 인식하기 (권리를 존중하고 타인의 재산을 인정하고, 선거, 법을 지키고 법에 따라 행동하는 것 등)	①	②	③	●	⑤
	6. 사적인 일 혹은 가족에 대한 책임 인식하기	①	②	③	●	⑤
	7. 자녀 교육에 대한 책임지기	①	●	③	④	⑤
	8. 자녀 보살피기(건강, 의식주 등)	①	●	③	④	⑤
타인과의 관계	9. 배우자와 친밀한 관계 유지하기	①	②	③	④	●
	10. 자녀와의 친밀한 관계 유지하기	①	②	③	④	●
	11. 부모와의 친밀한 관계 유지하기	①	②	③	④	●
	12. 다른 친지(형제자매, 삼촌 등)와의 친밀한 관계 유지하기	①	②	③	●	⑤
	13. 교우관계 유지하기	①	②	●	④	⑤
	14. 주위 사람들(이웃, 여가활동에서 만난 사람 등)과 친밀한 관계 유지하기	①	②	●	④	⑤

	15. 성적 관계 (건강하고 적절하고 안전한 성적 관계)	①	②	③	④	●
지역사회활동	16. 지역사회에 있는 공공건물 접근 가능 (정부, 재정, 재판, 우체국 등), 시청, 동사무소	①	②	③	●	⑤
	17. 지역사회에 있는 공공건물에 출입하거나 방문하기 (정부청사, 재정, 재판, 우체국 등)	①	●	③	④	⑤
	18. 지역사회에 있는 공공서비스 이용하기 (주민등록등본, 등기소, 은행 업무)	①	●	③	④	⑤
	19. 지역사회의 상업시설 이용하기(백화점, 쇼핑몰, 편의점 등)	①	●	③	④	⑤
	20. 이웃 상점 이용하기(슈퍼마켓, 쇼핑몰, 세탁소 등)	①	②	③	●	⑤
	21. 사회 혹은 지역사회 그룹에 참여하기 (사회클럽, 자선 혹은 종교단체 등)	①	②	③	④	●
	22. 종교활동(집회)에 참여하기	①	②	③	●	⑤
여가 활동	30. 스포츠 혹은 여가활동에 참여하기(걷기, 스포츠, 게임 등)	①	●	③	④	⑤
	31. 예술적 · 문화적 · 활동 참여하기(음악, 댄스, 목공활동 등)	①	②	③	④	●
	32. 스포츠 행사 관람하기(하키, 야구, 축구 등)	①	②	③	④	●
	33. 예술적 혹은 문화적 행사 관람하기(콘서트, 영화, 연극 등)	①	●	③	④	⑤
	34. 여행활동에 참여하기 (여행, 자연 혹은 역사적 장소 방문하기, 캠핑 등)	①	●	③	④	⑤
	35. 아웃도어활동에 참여하기(하이킹, 등산 등)	①	●	③	④	⑤
	36. 인근의 여가서비스 이용하기(도서관, 지역사회 여가센터 등)	①	●	③	④	⑤

(3) 개입계획

1 사정을 통하여 김삼순 할머니와 사례관리자가 중요하게 해결하고 싶어 하는 할머니의 욕구

① 옆집과의 갈등으로 인한 이사

② 손자녀의 제대로 된 양육

③ 할머니 신체적 건강문제 및 우울증에 대한 개입

④ 아들과의 갈등 해결

⑤ 가사부담

[2] 담당 사례관리자가 인식하고 있는 할머니 사례에 대한 욕구

① 할머니의 이야기를 들어주지 않으면 막무가내의 폭언과 행동을 일삼는 것에 대한 스트레스

② 담당시간에 대한 한계(어디까지 들어줄 것인가에 대한 고민)

③ 손자녀의 조모에 대한 병력 인식 방법

[3] 이 욕구를 바탕으로 개입의 단기 및 장기 목표

① 단기 목표: 가사부담 감소, 이웃과의 마찰 조정, 할머니의 건강 유지

② 장기 목표: 손자녀 양육기능 향상, 아들과의 갈등 해결(가족기능 회복)

- 가사부담은 요양보호사를 파견하여 가사지원서비스를 제공하였다.
- 이웃과의 마찰을 조정하기 위하여 이웃과 상담을 진행했지만 할머니의 비협조적인 참여로 실패하였고 할머니의 이사에 대한 강한 욕구를 해소하기 위하여 주택공사 담당자를 만났다. 사건의 전말을 이해시키기 위하여 노력하였지만 옆집과의 갈등으로 인한 이사는 매우 해결하기 어려운 문제였다. 왜냐하면 이사 이유가 적합하지 않고 보통 저소득층을 위한 임대주택은 이사를 할 수 있는 기회가 많지 않기 때문이다. 사례회의를 몇 번에 걸쳐 진행한 결과, '클라이언트의 이익이 우선한다'라는 원칙 아래 할머니의 건강과 관련된 문제를 연결하여 주택공사에 도움을 요청하였고 급기야 다른 동 3층에 빈집이 나와서 할머니는 이사를 하게 되었다. 결과적으로 이웃과의 갈등은 이사를 함으로써 해결되었을 뿐 아니라 할머니의 일상생활에서 느끼는 스트레스도 많이 해소되었다.
- 할머니의 건강유지를 위하여 암치료를 받을 수 있도록 규칙적인 병원방문을 연계하였다.
- 우울증에 대한 교육과 상담을 위하여 기관에서 실시하고 있는 우울증 프로그램을 안내하였다. 프로그램에 대한 지속적인 참여 유도를

위하여 격려하였다.

- 손자녀의 양육문제는 조손가정 부모교육을 연결하여 상담과 교육을 동시에 진행하였다. 12주 교육으로 최근 초 · 중 · 고생들의 생활과 이해해야 할 부분에 대한 주제로 초점을 둔 교육으로 할머니가 손자녀를 이해할 수 있도록 프로그램에 연계하였다.
- 프로그램 진행 시 부수적으로 떠오르는 재정적인 지원은 결연후원금을 지속적으로 지원할 수 있도록 후원자를 연결하였다. 아들과의 갈등 해결은 아직 미해결된 과제로 남아 있고 자녀들이 잘 자라면서 아들이 양어머니에 대한 신뢰와 감사를 느끼면서 가족의 화합을 유도하기 위한 전략이 진행되고 있다.
- 김삼순 할머니의 성격적인 문제로 인하여 발생한 사회복지사의 스트레스 해결 방법
  - 할머니께서 복지관에 방문하셨을 때 최대한 정중한 태도로 맞이하면서 "오늘 면담은 시간관계상 5분 정도로 할머니의 문제를 들어보도록 하겠습니다."라고 하면서 1분 남겼을 때 할머니께 시간을 알려 드리고 5분이 되었을 때 정중하게 오늘은 이것으로 마치고 다음 방문 시간을 확인한 다음 문을 열어 드리면서 인사를 나누는 것으로 시간관리에 대한 자문을 받았다. 사례관리자의 지속적인 시도는 할머니의 행동을 변화시켰고 현재는 잦은 복지관 방문이 감소되었으며 막무가내의 폭언과 행동도 감소되었다.
- 손자녀의 조모에 대한 병력 인식 방법
  - 병원방문 시 손자녀를 대동하고 할머니와 함께 의사 선생님께 병에 대한 설명과 치료 방법에 대하여 자세한 설명을 듣고 난 후 할머니에 대한 손자녀의 태도가 변화되었다.
  - 할머니와 손자녀 간의 관계를 개선시킬 수 있도록 사례관리자의 지속적인 관리와 노력이 필요하다.

(4) 결론

김삼순 할머니와 같이 장애 노인이 직면하는 욕구는 다양하다. 특히 지역사회 거주 장애 노인은 사회적 환경 내에서 적응하기 위하여 다양한 문제에 봉착한다. 장애 발생 과정 모델에서 제시한 바와 같이 환경적인 요인은 장애 정도를 조절하는 매우 중요한 조절요인으로 작용한다. 할머니의 환경요인 중 비공식적인 지지체계인 가족은 매우 약하지만 공식적 체계인 국가의 도움과 기관의 지원은 할머니의 장애 정도를 감소시키는 중요한 요인으로 활용된다. 장애 노인이 필요한 가족과 함께하는 교육과 상담 및 가족치료가 필수적인(Kemp & Mosquedo, 2004) 부분을 고려하여 할머니에게 제공되는 기관의 장기적인 도움은 할머니의 사회참여를 향상시킬 수 있는 중요한 필수요건이 될 것이다.

6. 장애 노인의 사회참여를 위한 제언

다른 장애인과 달리 장애 노인은 지속적으로 노화라는 퇴행적 발달 과정을 겪으면서 지낸다. 시간이 흐를수록 장애 정도는 심화될 것이고 이 때문에 독립성 상실은 삶의 질 저하로 이어질 것이다. 그러므로 장애 시기와 관계없이 모든 장애 노인은 자신이 겪고 있는 증상과 함께 장애와 관련된 문제의 해결을 위한 적절한 전략이 필요하다. 장애 노인의 삶의 질 지표가 사회참여라면 이를 위한 궁극적 목적은 남아 있는 잔존 기능을 최대한 이용하여 독립성을 유지시킬 수 있는 효율적인 방법을 찾는 것이 중요한 과제다. 본인은 물론이거니와 가족들까지 현재 직면한 스트레스 상황에 따라, 개인의 욕구에 따라 잔존해 있는 능력을 최대한 발휘할 수 있도록 적절한 보조장구의 사용과 활동보조서비스 등의 확대를 적극적으로 지원해야 할 것이다. 장애 노인에게도 의료기구는 독립성 유지를 도와주는 중요한 도구라는 것을 상기해야 하며 이를 위한 정책적 지원도 필수적이라는 것을 잊지 말아야 할 것이다(한국보건사회연구원, 2006). 일상생활 수행능력과 관련된 신체기능 향상을 위한 물리치료 및 작업치료와 같은 의료서비스의 제공은 기본적으로 실행되어야 한다. 추가하여, 장애 노인이 본래의 역할을 수행할 수 있는 사회적 환경을 개선하고 사회적 역할능력을 향상시켜 주기 위한 사회심리적 개입 서비스를 통합하는 보건의료와 복지의 연계서비스를 확충할 필요가 있다.

참 | 고 | 문 | 헌

권중돈(2010). **노인복지론**. 서울: 학지사.

권중돈, 김동배(2005). **인간행동과 사회복지실천**. 서울: 학지사.

문수경, 박은영, 최지현(2009). 지역사회복지관 이용 신체장애노인의 일상생활수행능력이 스트레스에 미치는 영향과 사회적 역할참여의 매개효과 검증. **한국사회복지조사연구**, 21, 203-224.

오병훈(2006). 노인자살문제와 예방. **대한임상노인의학회 춘계학술대회 자료집**.

장애인고용촉진공단 고용개발원(2009). **2009 장애인 통계**.

한국보건사회연구원(2006). **2005년도 장애인실태조사**.

Auslander, G. K., Soffer, M., & Auslander, B. A. (2003). The supportive community: Help seeking and service use among elderly people in Jerusalem. *Social Work Research, 27*(4), 209-221.

Bhogal, S. K., Teasell, R. W., Foley, N. C., & Speechley, M. R. (2003). Rehabilitation of aphasia: more is better. *Top Stroke Rehabilitation, 10*(2), 66-76.

Blazer, D. (1998). *Emotional problems in later life: Intervention strategies for professional caregivers* (2nd ed.). NY: Springer Publishing Company.

Bovbierg, V. E., McCann, B. S., Brief, D. J., Follette, W. E., Retzlaff, B. M., &

Dowdy, A. A. et al. (1995). Social support and long term adherence to lipid lowering diets. *American Journal of Epidemiology, 141*, 451-460.

Brown, G. K., Wallston, K. A., & Nicassio, P. M. (2006). Social support and depression in rheumatoid arthritis: A one-year prospective study. *Journal of Applied Social Psychology, 19*(14), 1164-1181.

Clarke, P., Marshall, V., Black, S.E., & Colantonio, A. (2002). Well-being after stroke in Canadian seniors: findings from the Canadian study of health and aging. *Stroke, 33*, 1016-1021.

Desrosiers, J., Noreau, L., Rochette, A., Bravo, G., & Boutin, C. (2002). Predictors of handicap situations following post-stroke rehabilitation. *Disability and Rehabilitation, 24*(15), 774-785.

Desrosiers, J., Bourbonnais, D., Noreau, L., Rochette, A., Brabo, G., & Bourget, A. (2005). Participation after stroke compared to normal aging. *Journal rehabilitation Medicine, 37*.

Grant, J. S., Elliot, T. R., Giger, N., & Bartolucci, A. A. (2001). Social problem solving abilities, social support, and adjustment among family caregivers of individual with a stroke. *Rehabilitation Psycholgy, 46*(1), 44-57, 353-357.

Kemp, B., & Mosquedo, L. (2004). *Aging with a disability: what the clinician needs to know*. WC: The Johns Hopkins University Press.

Landerman, R., George, L. K., Cambell, R. T., & Blazer, D. G. (1989). Alternative models of the stress buffering hypothesis. *Journal American Journal of Community Psychology, 17*(5), 625-642.

Poon, L., Gueldner, S. H., & Sprouse, B. (2003). *Successful Aging and Adaptation with Chronic Diseases*. NY: Springer Publishing Company.

Noreau, L., & Fougeyrollas, P. (2000). Long term consquences of spinal cord injury on social participation: the occurrence of handicap situations. *Disability and Rehabilitation, 22*(4), 170-180.

Mackelprang,R., & Salsgiver, R. (1999). *Disability: A diversity Model approach in human service practice*. Pacific Grove, Califormia: Brook/Cole.

찾 | 아 | 보 | 기

편저자 소개

故 이익섭

미국 University of Chicago 사회복지학 박사

전 연세대학교 사회복지대학원 교수

박수경

연세대학교 문학 박사(사회복지 전공)

현 대진대학교 사회복지학과 교수

저자 소개

신은경

연세대학교 사회복지학 박사

현 단국대학교 사회복지학과 교수

김혜성

미국 State University of New York at Albany 사회복지학 박사

현 강남대학교 사회복지학부 교수

박수지

독일 Justus-Liebig 대학교 정책학 박사

현 한국보건사회연구원 복지서비스연구실 부연구위원

백인립

독일 Philipps 대학교 정책학 박사

현 연세대학교 정경대학 사회과학부 교수

김동기

연세대학교 사회복지학 박사

현 목원대학교 사회복지학과 교수

정소연

미국 University of Texas at Austin 철학 박사(Social Work 전공)

현 서울여자대학교 사회복지학과 교수

곽지영

연세대학교 사회복지학 박사

현 한국사이버대학교 사회복지학과 교수

문수경

연세대학교 사회복지학 박사

현 대진대학교 사회복지학과 교수

장애와 사회참여

2012년 5월 10일 1판 1쇄 인쇄
2012년 5월 15일 1판 1쇄 발행

편저자 • 故 이익섭, 박수경
펴낸이 • 김진환
펴낸곳 • (주) 학지사
121-837 서울시 마포구 서교동 352-29 마인드월드빌딩 5층
대표전화 • 02-330-5114 팩스 • 02-324-2345
등록번호 • 제313-2006-000265호

홈페이지 • http://www.hakjisa.co.kr
커뮤니티 • http://cafe.naver.com/hakjisa

ISBN 978-89-6330-627-8 93330

정가 18,000원

편저자와의 협약으로 인지는 생략합니다.
파본은 구입처에서 교환해 드립니다.